阎崇年史学论集

满学卷

阎崇年 著

生活·讀書·新知 三联书店

图书在版编目（CIP）数据

阎崇年史学论集 . 满学卷 / 阎崇年著 . —北京：生活 · 读书 · 新知三联书店，2023.4
ISBN 978－7－108－06953－5

Ⅰ . ①阎…　Ⅱ . ①阎…　Ⅲ . ①史学－文集②满族－民族学－中国－文集
Ⅳ . ① K0-53 ② K282.1-53

中国版本图书馆 CIP 数据核字（2020）第 165654 号

责任编辑　张　龙
装帧设计　蔡立国
责任印制　卢　岳
出版发行　生活 · 讀書 · 新知 三联书店
（北京市东城区美术馆东街 22 号 100010）
网　　址　www.sdxjpc.com
经　　销　新华书店
制　　作　北京金舵手世纪图文设计有限公司
印　　刷　山东新华印务有限公司
版　　次　2023 年 4 月北京第 1 版
2023 年 4 月北京第 1 次印刷
开　　本　635 毫米 × 965 毫米　1/16　印张 28.5
字　　数　316 千字
印　　数　0,001－3,000 册
定　　价　99.00 元
（印装查询：01064002715；邮购查询：01084010542）

阎崇年，北京市社会科学院研究员，著名历史学家。从事清史、满学和北京史研究。获得北京市有突出贡献专家、中国版权事业终生成就者等称号，享受国务院特殊津贴。

总　序

拙著《阎崇年史学论集》，经责任编辑从我发表学术论文中，遴选80篇、附录5篇，按类组合，分成五卷——《清史卷》（上）、《清史卷》（中）、《清史卷》（下）、《满学卷》和《燕史卷》，由生活·读书·新知三联书店出版。笔行于此，体会有三。

第一，学习历史的重要。每个人，从出生到离世，生命时间太短，生活空间太窄，亲身阅历太浅，交往师友太少。怎样使自己的生命，时间延长到千年、空间拓展到全球、师友延展到人类？一个好办法，就是读历史。人类在自然、社会和自身演进中，兴与亡、君与臣、官与民、正与邪、胜与败、荣与辱、浮与沉、合与分、喜与悲、健与病等，留下记忆，传给后人。历史上圣人、贤人、智者、勇者之德功言行，既有成功宝典，也有失败殷鉴。茹古涵今，知行知止，淡泊寡欲，平满安流。学习成功者的智慧与修养，鉴戒失败者的贪婪与骄纵。从历史中学知识、长经验、悟智慧、润品德。

第二，历史研究的难点。学术研究，难在其始，苦在其中，乐在其后。历史研究的学术论文，是衡量史学研究者学术水平的重要标尺。一篇具有开创性的论据充分的学术论文，胜过10本平庸之作。学术论文，贵在开创：说别人没有说过的义理，用别人没有用过的资料，写别人没有濡墨的论著，能够经得住时间不断的考问。这才是一篇高水准的学术论文。愚实在不才，却心向往之。

第三，研究历史的方法。史学是一门科学，需遵循科研路径。读书人多算作“士”，许慎《说文解字》“士”云：“士，事也。数，始于一，终于十，从一从十。孔子曰：‘推十合一为士。’”这里说了读书、做事的两个过程：“始一终十”和“推十合一”。我做一个补充，就是“从一贯十”。我治史的体验是，始一终十、推十合一、从一贯十，这可以譬喻治史的三个阶段。第一阶段：始一终十，就是“博”，所研究专题的视野、史料，要“独上高楼，望尽天涯路”。第二阶段：推十合一，就是“约”，研究论题的水平，达到创新专精，为前人世人所未发未解。第三阶段：从一贯十，就是“通”，如《淮南子》所说，在“四方上下”“往古来今”中求索，亦如司马迁所说：“究天人之际，通古今之变。”从“博”经“约”到“通”——贯天人、通古今。然而，古往今来，众多学者，或在“始一终十”时停步，或在“推十合一”时辍止，而能走完上述全程者，稀矣，少哉！是为治史成功者赞言，亦为自己之不才镜戒！

治史的基本方法，依然是问题、考据、顿悟、论述。

以上赘言，是为总序。

目　录

满学：正在兴起的国际性学科

满学是近年来国内外人文科学中正在兴起的一门国际性的学科。兹就满学的定义、条件、衍变、现状和前瞻，浅述管见，冀求探讨。

一

在人文科学的诸多学科中，满学算是一门比较新兴的学科。满学作为一门新兴的独立学科，它的定义，诸多方家，各申所见。简括而言，关于满学定义诸说，以其界说的范围来划分，有狭义与广义之别。美国夏威夷大学的陆西华（Roth Li）博士认为，用满文做满洲研究之学，叫作满学。〔1〕这个满学定义，以研究者是否用满文作为研究手段，来规约满学的界定。无疑，用满文研究满洲之学，应是满学。然而满学定义应揭示概念内涵及其外延的逻辑关系，指明概念所反映对象的本质属性；但上述满学界说未能揭明满学所内含的逻辑关系，也未能揭明满学所反映的本质属性。按照上述的满学定义，不仅会将绝大部

〔1〕 陆西华《美国的满洲学》，美国夏威夷大学，1989年。

分不用满文作手段，而研究满洲历史文化和研究清代历史的学术成果，摒除在满学的学科之外；而且会将绝大多数不用满文作手段，而研究满洲历史文化和研究清代历史的专家学者，排除在满学的学者专家之外。显然，用满文研究满洲之学而叫作满学，应是满学的狭义界定。

同满学狭义界定相并行的是满学广义界定。满学的广义界定，是从满学所反映对象的发展变化中，全面地探究其内在联系，从而具体地揭示其本质特征。由是说，我认为：满学（Manchuology）即满洲学之简称，是主要研究满洲历史、语言、文化、八旗、社会等及其同中华各族和域外各国文化双向影响的学科。在这里，研究满洲历史、语言、文化、八旗和社会，是满学定义的内涵与核心；研究满洲同中华各族和域外各国文化的双向影响，则是满学定义的外延与伸展。它的内涵与外延，可分作三个层次，加以具体的阐述。

第一，满学主要是研究满洲的历史、语言、文化、八旗和社会。满洲族群体是满学研究的基本文化载体。满学研究对象的核心与重点，是满洲自身的悠久历史、丰富语言、灿烂文化、八旗制度和有机社会及其变化演替、内外联系。这正如藏学研究藏族的历史、语言、宗教、文化和社会，蒙古学研究蒙古族的历史、语言、宗教、文化和社会一样。但满洲族曾建立过清朝，缘此便产生满学与清史的关系问题。应当说，满学与清史是两个既各自独立又互相关联的学科。清史，主要是研究有清一代的断代历史；满学，主要是研究满洲的历史、语言、文化、八旗和社会。在二者之间，既相联系，又相区别。满学与清史的区别甚多，以纵向而言，满学涵盖的时间比清史长，它上则探究满洲先世源流，下则研究满洲于辛亥鼎革之后直至当代；

以横向而言，满学涵盖的空间与清史略同，但二者研究的重点和角度不同。如在清代中国有诸多民族，它们都是清史研究的对象；满洲同中国诸多民族的关系，则是满学研究的对象，且其时间比清史更上推、更下延。由此可见，满学研究的内核，是满洲历史、语言、文化、八旗和社会等的发展变化及其内在联系。这是满学区别于清史的基本特征和本质属性。

满学不仅研究满洲内在自身的历史、语言、文化、八旗和社会，而且研究满洲外在相关的联系——满洲同中华各族和域外各国的文化联系，即满学界说的外延。其相关联系，略分述如下。

第二，满学也研究满洲同中华其他兄弟民族文化的相互影响。中国现有56个民族，其中汉族人口最多、住区最广、历史最悠久、文化最发达。除满族之外，还有54个少数民族。满族同汉族有着久远的历史文化渊源，彼此间的文化影响至远、至广、至深。满族吸收大量汉族文化，又以自身文化影响着汉族文化。例证之多，繁不胜举。在关外地区，满族同蒙古族、朝鲜族、锡伯族、达斡尔族、鄂伦春族、鄂温克族、赫哲族等少数民族为邻，彼此间文化交往密切。满文的创制借用蒙古文字母，即是一例。在关内地区，满族同藏族、维吾尔族、回族和壮族等，都有着密切的文化交流。《五体清文鉴》的纂修刊行，又是一例。总之，清军入关，定鼎燕京，有清一代，近三百年，满族在中华各族中居于主导地位，它同中华各族文化的撞击与融合，有着质的飞跃。因此，满学应当研究满洲同中华各族文化的互动作用和双向影响。

第三，满学亦研究满洲同域外各国文化的双向交流。早在清军入关之前，满洲同朝鲜已编织成政治与军事、经济与文化、民族与社会的关系网络，《李朝实录》《建州纪程图记》和《建州闻见录》等官私文献，载记大量女真—满洲史料，是个明显的例证。满洲入主中原后，满洲文化同域外各国文化发生联系。东亚和东南亚的日本、朝鲜、越南、泰国、缅甸和尼泊尔等国，同满洲文化的交流至为密切。中亚和西亚的邻邦诸国，同满洲文化的交往亦然。至于西方诸国，先是一些耶稣会士，研习满文，出入宫廷，将西方文化传介给满洲，又将满洲文化传播给西方。顺治时德意志人汤若望（Johann Adam Schall von Bell），康熙时法兰西人张诚（Jean François Gerbillon）的《满洲语入门》和雷孝思（Jean Baptiste Regis）等勘测绘制的《皇舆全览图》（原稿今藏巴黎法国外交部古文图书馆），乾隆时法兰西人钱德明（Joseph-Marie Amiot）编的《满蒙文法》和《满法词典》、俄国人柴哈洛夫（Zaharoff）编的《满俄大辞典》和《满洲文典》等，架起了满洲文化同西方文化交流的桥梁。在亚洲的日本、韩国，在美洲的美国，在欧洲的英国、法国、俄罗斯、德国、荷兰和意大利等国的图书馆中，收藏着满文图书档案。近代以来，清帝国与西方列强交涉日增，满洲文化同西方文化的双向影响更多。因此，满学研究的一个重要内容，是满洲文化同域外各国文化的互动交流。

上述满学界说狭义与广义之分，前者侧重于研究手段，后者侧重于研究对象。满学是一门综合性的学科，它的研究手段丰富而多样，语言仅为其一。在语言研究手段中，国内除满语外尚有汉语、藏语、蒙古语等 18 种语言，国外亦有日本语、朝鲜语、英语、法语、德语、俄语、意大利语和西班牙语等。无疑，应当运用多种语言，尤其是满语作为满学研究的手段。但是，应将满学的研究对象与研究手段，紧密相连，有机统一。

总之，应当运用满文、汉文及其他民族文字和外国文字，作为满学研究的语言学手段，向人文科学中的独立学科——满学研究之广度与深度开拓发掘，做出新的成绩。

二

满学作为人文科学中一门独立的学科，有其历史性与现实性之统一，理论性与实践性之统一。或言：中国现有 55 个少数民族，是否每个少数民族都要建立一门独立学科？至于诸多少数民族，应否建设独立学科，本文不作讨论。然而，一个民族建立一门学科，必定有其学科设立的条件。满学能够成为人文科学中一门独立的学科，是因为有其学科建立的条件与基石。

第一，满族历史悠久。满洲“朱果发祥，肇基东土，白山黑水，实古肃慎氏之旧封”〔1〕。满族的演进，从其先世肃慎算起，已有三千余年历史；从其先人唐末女真算起，已有一千余年历史；从 17 世纪初满洲族共同体形成算起，也已有三百余年历史。满洲族的族名，天聪九年（1635）十月十三日（11 月 22 日），天聪汗皇太极谕称：“我国原有满洲、哈达、乌喇、叶赫、辉发等名，向者无知之人，往往称为诸申。夫诸申之号，乃席北超墨尔根之裔，实与我国无涉。我国建号满洲，统绪绵远，相传奕世。自今以后，一切人等，止称我国满洲原名，不得仍前妄称。”〔2〕至于诸申与满洲之关系，这里姑不讨论。但是，皇太极汗谕将女真

---

〔1〕《四库全书总目》卷六八《满洲源流考提要》，中华书局影印本，1965 年，第 604 页。

〔2〕《清太宗文皇帝实录》卷二五，天聪九年十月庚寅，中华书局影印本，1986 年。

改称满洲，标志着满洲族作为一个正式族名，开始出现在中华大地和人类史册上。此后不久，清朝建立，移鼎燕京，满洲族进入了其民族发展史上最为辉煌的时期。

第二，满族建立清朝。在我国少数民族中，鲜卑、党项、契丹等都曾建立过民族政权，但为时短暂，局处一隅，至多是半壁河山。在我国55个少数民族中，建立过中华大一统政权的，只有蒙古族和满洲族。蒙古族崛起于大漠，入主中原，建立元朝，奄有华夏，仅享祚97年。满洲族崛兴于东北，清军入关，迁鼎燕京，统一全国，从关外后金算起则享祚近300年。清代的康、雍、乾“盛世”，中华版图东临大海，西至巴尔喀什湖，南及曾母暗沙，北达外兴安岭，约有1300万平方公里国土。强盛的清帝国屹立于亚洲东部，成为当时世界上最强大的多民族大一统的封建帝国（道光年间，中华人口达到了4亿）。但是，此时的西方世界，英国发生资产阶级革命，美国爆发独立战争，法国完成资产阶级革命，德意志实现国家统一，俄国彼得大帝实施改革，尔后东方的日本有明治维新，都取得积极的成果。在满洲族居于民族主导地位的17、18、19这三个世纪，恰是西方世界近代化的三个世纪，也是中国近代社会发生巨变的三个世纪。作为清代主导民族的满洲族来说，因何崛起、强盛？因何保守、拒变？又因何衰落、败亡？一个只有几十万人口的满洲族，却能牢固地统治数十个民族、几亿人口、千余万平方公里土地的大帝国，竟长达268年，其枢机何在？这个中国历史与世界历史的“斯芬克司之谜”，是需要认真研究并加以破解的。

第三，满族文献宏富。明万历二十七年（1599），努尔哈赤命额尔德尼巴克什等，创制满语的文字符号——满文，即无圈点满文或称老满文。天聪六年（1632），皇太极又命达海巴克什等，对无圈点满文加“圈”添“点”，做出改进，加以完善，后称之为加圈点满文或新满文。在后金时期，满洲人说满语、行满文。清迁都燕京之后，满语和满文成为清朝重要的官方语言和文字。在顺、康、雍三朝，凡属军政要务，皆以满文书写；在乾、嘉、道三朝，重要军报以满文书写，例行公文多用满文与汉文合璧书写；在咸、同、光、宣四朝，虽汉字公文日益增多，但按照朝廷定制，满语和满文仍为官方的语言和文字。因此，清代留下大量的满文档案和图书。满文档案分藏在中国第一历史档案馆、中国第二历史档案馆、辽宁省档案馆、吉林省档案馆、黑龙江省档案馆、内蒙古自治区档案馆等，台北故宫博物院和“中研院”史语所也存有大量珍贵的满文档案。而日本、韩国、蒙古、美国、法国、俄罗斯、英国、德国、意大利、荷兰、丹麦以至梵蒂冈等，都有满文档案和满文珍籍的收藏。仅中国第一历史档案馆即藏有《满文档案目录》107册，档案1528228件（册）。内分为8个全宗——军机处、宫中、内阁、内务府、宗人府、黑龙江将军衙门、宁古塔副都统衙门和珲春副都统衙门全宗。满文翻译的文史书籍，史书有《辽史》《资治通鉴纲目》等，小说有《三国演义》《水浒传》《西厢记》《金瓶梅》和《聊斋志异》等。据统计，中国大陆现存满文图书1000余种；还有大量满文碑刻拓片等。满族在文学、曲艺、书画、乐舞、服饰、礼俗、宗教、建筑、园林等方面，都具特色，引人注目。这是中华文化宝库中，也是人类文化宝库中巨大而绚丽的民族文化财富。

第四，满族人口众多。全国各省、自治区、直辖市，都有满族人居住。他们的住居特点是“小集中、大分散”，主要分布在北京市、辽宁省、河北省、黑龙江省和吉林省。在满族聚居的地区设置满族自治县、民族乡（镇）。中国现有13个满族自治县，即辽宁省的新宾、岫岩、凤城（1994年改为凤城市）、本溪、桓仁、宽甸、清原、北镇（1995年，改北镇满族自治县为北宁市，2006年改为北镇市），吉林省的伊通，河北省的青龙、丰宁、宽城和围场[1]，全国还有300余个满族乡（镇）。全国满族人口，据1990年全国人口普查统计资料，共为9851639人。中国满族人口分布，列表统计如下[2]：

中国满族人口分布表

分布	人数	分布	人数
辽宁	4954217	四川	12195
河北	1735203	青海	8527
黑龙江	1191577	广东	7065
吉林	1054535	云南	7044
内蒙古	460517	江苏	6008
北京	165043	广西	5914
河南	51519	安徽	5514
天津	31345	湖南	5446
山东	19552	福建	5329
新疆	18585	上海	4236
贵州	16844	江西	4185
甘肃	16701	浙江	2720
宁夏	16563	海南	627
陕西	13618	西藏	717
山西	13319	解放军	4317
湖北	12657		
总计	9851639		

〔1〕 围场为满族蒙古族自治县。

〔2〕 国务院人口普查办公室、国家统计局人口司编《中国1990年人口普查资料》第1册，第305页，《省、自治区、直辖市各民族人口数·满族》第4册，第496页，《中国人民解放军现役军人的民族构成·满族》，中国统计出版社，1993年。

这尚未包括中国大陆漏报的满族人口和台湾的满族人口以及香港、澳门的满族人口。据估计，我国满族人口超过1000万。这在中国55个少数民族人口中，列壮族之后而居第二位。统计资料还表明，满族人口增长较快，1990年比1982年增长128.18%，平均每年增长10.86%。民族人口统计说明，拥有上千万人口的民族，在中国56个民族中，只有汉族、壮族和满族三个民族；在世界2000多个民族中，也只有60多个民族。因此，人口众多的满族，不仅在中国是个大民族，而且在世界也是个大民族。

第五，满文特殊价值。满语属阿尔泰语系满-通古斯语族。属于这个语族的语言，主要有中国的满语、锡伯语、赫哲语、鄂温克语、鄂伦春语，俄罗斯的埃文基语、埃文语、涅基达尔语、那乃语、乌利奇语、奥罗克语、乌德语、奥罗奇语等。上述诸语言中的文字，最早为12世纪满族先世女真参照汉字笔画创制的女真文，但是早已失传，留存文献罕见。尔后直至20世纪，在中国，虽有1947年在满文基础上略加改动而成的锡伯文，但与满文差别不大；在俄罗斯，虽有20世纪20年代以拉丁字母、30年代以俄文字母为基础创制的埃文基文、埃文文、那乃文和乌德文（后未使用），但与满文的历史价值无法相比。由上可见，在世界上满-通古斯语族的诸民族中，只有满族留下大量本民族文字的历史档案和历史典籍。这对于研究满-通古斯语族各民族的语言、历史、宗教、文化、习俗、社会，具有重要的价值。尤其是对于东北亚诸多没有文字或文字不完善或文字创制甚晚的民族，其人类群体之文化人类学研究，更具有特殊的价值。

第六，满学国际交流。17世纪中叶以降，西方的耶稣会士或学者名流，对中国满洲的历史、语言和文化日渐重视。到20

世纪初期，虽然中国发生鼎革之变，但是国外学者对满洲历史和语言的研究兴趣，并未因中国政权更迭而淡漠。第二次世界大战结束以来，国外的满学研究日趋繁兴。日本、韩国、蒙古、美国、加拿大、俄罗斯、德国、法国、意大利、英国、波兰、芬兰、瑞典、丹麦和澳大利亚等国，都拥有一批满学专家教授，并取得不少研究成果。中国台湾的满学研究，也取得重大收获。有的外国满学家声言，他们那里是国际满学研究的中心。满学研究的中心应当在中国，在北京。其部分原因是：北京曾是清朝的京师，也是满洲文化的中心；北京禁卫八旗是满洲八旗之主干，各地驻防八旗则是满洲八旗之分蘖；北京珍藏的满文图书档案数量之多与价值之高，中国各地和世界各国都不能与之比拟；北京是满学、清史专家教授荟萃之区；北京是国内外满学研究信息之中枢；等等。因此，为了推动满学研究的发展，应当并必须加强国际满学交流；北京则为满学的国际交流提供了重要条件。

上面粗略分析了满学之所以成为独立学科的六项条件或谓六块基石。所述之诸项，彼此关联，密不可分。如果单独抽出其中某项而论，满学作为独立学科的条件或不完全具备。然而，上述诸项要素的总体整合与内在联系的有机统一，则使满学作为人文科学中的一门独立学科，建立在坚固的科学基石之上。显然，满学不是人们主观愿望之产物，而是科学客观衍变之必然。

三

满族有着辉煌的历史与文化。国内外对满族历史与文化的研究由来已久。但是，作为科学的满学研究，至今为时不算太长。尽管如此，历史上以满洲的历史、语言、文化、八旗和社会为对象所作的观察、记述、稽考，以及由此而形成的知识积累和资料梓印，则是源远流长的。因此，有必要对满洲的历史、语言、文化、八旗和社会的观察、载记、论述及其研究之历史衍变过程，作一概略的考察与评述。

满洲皇帝的直系祖先为建州女真人。明代对建州女真和海西女真作了大量的载述与研究，著述之多，兹不赘举。明万历十一年（1583），努尔哈赤崛起于辽左，明朝和朝鲜为之官私记载，更是史不绝书。但是，满洲的历史与文化，当时没有本民族文字的记载。

学之若有所立，首推文字为重。万历二十七年（1599），努尔哈赤主持创制无圈点满文，是为满洲史上、中华文化史上和东北亚文明史上划时代的大事。满文创制伊始，《满洲实录》记载：

> 时满洲未有文字，文移往来，必须习蒙古书，译蒙古语通之。二月，太祖欲以蒙古字编成国语，巴克什额尔德尼、噶盖对曰："我等习蒙古字，始知蒙古语；若以我国语编创译书，我等实不能。"太祖曰："汉人念汉字，学与不学者皆知；蒙古之人念蒙古字，学与不学者亦皆知。我国之言，写蒙古之字，则不习蒙古语者，不能知矣。何汝等以本国言语编字为难，以习他国之言为易耶？"噶盖、额尔德尼对曰："以我国之言，编成文字最善；但因翻编成句，吾等不能，故难耳。"太祖曰："写'阿'字下合一'玛'字，此非'阿玛'乎（阿玛，父也）；'额'字下合一'默'字，此非'额默'乎（额默，母也）！吾意决矣，尔

等试写可也。”于是，自将蒙古字，编成国语，颁行。创制满洲文字，自太祖始。[1]

初创的满文，后来称为无圈点满文或老满文。满文创制后，至天聪六年（1632），皇太极又命达海巴克什等，对无圈点满文即老满文加以改进。于此，《满文老档》记载：

十二字头，原无圈点。上下字无别，塔达、特德、扎哲、雅叶等，雷同不分。书中寻常语言，视其文义，易于通晓。至于人名、地名，必致错误。是以金国天聪六年春正月，达海巴克什奉汗命加圈点，以分晰之。将原字头，即照旧书于前。使后世智者观之，所分晰者，有补于万一则已。倘有谬误，旧字头正之。是日，缮写十二字头颁布之。[2]

改进的满文，后来称为加圈点满文或新满文。从此，满洲不仅有了初创的无圈点满文，而且有了完善的加圈点满文。这就为后来作为科学的满学之学科建立，奠定了满洲语言文字的基础。

满文创制之后，满洲的语言，有了本民族的文字符号；满洲的历史，有了本民族的文字记载；满洲的文学，有了本民族的文字记述；满洲的宗教，有了本民族的文字祝词；满洲的社

---

〔1〕《满洲实录》卷三，己亥年（万历二十七年）二月，辽宁通志馆铅印本，1930年。

〔2〕《满文老档·太宗朝》，天聪六年正月十七日。

会，有了本民族的文字载录。满洲创制了文字，后金—清初出现了一批兼通满、汉、蒙古文字的巴克什和秀才，额尔德尼、噶盖、达海、希福和尼堪等，以及文馆的直官“刚林、苏开、顾尔马浑、托布戚译汉字书籍，库尔缠、吴巴什、查素喀、胡球、詹霸记注国政”〔1〕。他们用满文翻译了一些经、史、子书。现存这一时期最珍贵的满洲文献是《无圈点老档》〔2〕，亦即《旧满洲档》及其七种重抄本。满语和满文是满洲在后金—清朝时期官方的语言和文字。

满洲历史、语言、文化、八旗和社会的载述与研究，在以满洲贵族为主体的清帝国时期，即顺治元年（1644）至宣统三年（1911），有重大的发展，也有重大的成就。清军入关后，迁鼎燕京，据有华夏，满语和满文由原在东北一隅的后金官方语言和文字，成为全中国的“国语”和“国书”。虽然满语和满文应用的范围、层次、程度，在清朝初期、中期、后期有所不同，但满语和满文作为有清一代官方的语言和文字地位，是始终没有改变的。

清代重视满洲的历史、语言、文化、八旗和社会的记载与研究，其主要表征为：第一，满语和满文谕定为全中国重要的官方语言和文字，凡属至要敕谕、表文、军报、祭词、碑文、殿额等，或全系满文，或满文、汉文合璧。第二，纂修了一批满洲历史与文化要籍，如《无圈点老档》《满洲实录》《皇舆全览图》《八旗通志》《八旗满洲氏族通谱》《满洲源流考》《玉牒》《盛京

〔1〕《清史稿》卷二二八《达海传》，中华书局，1977年，第9256页。

〔2〕阎崇年《〈无圈点老档〉及乾隆抄本名称诠释》，《历史研究》1998年第3期；陈捷先《〈旧满洲档〉述略》，《旧满洲档》第1册，台北故宫博物院，1969年，第2页。

吉林黑龙江等处标注战迹舆图》和《五体清文鉴》等。第三，满文纳入学校教育课程——宗学、觉罗学、景山官学、咸安宫官学、八旗官学等，将“国语骑射”列为其必修之课。第四，编印一批满文字书，如《大清全书》《清文汇书》《清文启蒙》《清文鉴》《无圈点字书》《清文典要》《清汉文海》《清文虚字指南编》和《清文总汇》等70余部辞书。第五，涌现一批兼通满、汉文的专家，如麻勒吉、王熙、图尔宸、伊桑阿、明珠、李霨、徐元文、于敏中、阿桂、王杰、董诰、鄂尔泰、舒赫德、徐元梦等。第六，策试满洲进士，顺治壬辰（1652）和乙未（1655）两科，共举满洲进士100名。第七，国史馆、实录馆、方略馆等汇集、编纂重要满文史书，《本纪》《实录》《起居注》《圣训》《满洲名臣传》《平定三逆方略》和《御制诗文集》等。第八，满译汉文经、史、子、集书籍雕梓，出版具有满洲色彩的文艺作品，并有泥金满文写本《大藏经》问世。第九，满洲的历史、语言、文学、宗教、科学等都有专书问世，《钦定满洲祭神祭天典礼》和《满洲四礼集》，是满洲祭祀和婚丧礼仪的两个书证；《几何原本》和《马经全书》，则是数学和医学的两个书证。第十，满文传至域外，在朝、日、法、德、意、俄等国，出现研习满洲历史文化的学者。

早在康熙时，耶稣会士汤若望、南怀仁、张诚等都兼通满文。张诚著《满洲语入门》在巴黎出版。乾隆时耶稣会士钱德明在巴黎出版《满蒙文法》和《满法词典》。嘉庆时郎格莱斯在巴黎创办“东方现代语学校”，自任校长并教授满文。在德国，穆麟德夫著《满洲文法》和《满洲语文献志》，并发明满文拉丁字母拼写法流行至今。在俄国，佛格达金与霍夫曼合译《清文启蒙》，后柴哈洛夫在圣彼得堡出版《满俄大辞典》和《满洲文典》。在朝鲜，李朝显宗八年即清康熙六年（1667），设立“清学厅”，选生入学，攻习满语，后编印《韩汉清文鉴》。在日本，有荻生徂徕的《满文考》、天野信景的《满文字式》、高桥景保的《清文辑韵》，以及后来编印的《翻译满语纂编》和《翻译清文鉴》等。〔1〕以上各国学者对满文的研习与传播，为后来作为科学的国际满学之研究奠定了基础。

满洲历史、语言、文化、八旗和社会的载记与研究，随着清朝的结束而发生了变化。辛亥革命以“驱除鞑虏，恢复中华”为号召，其主旨是推翻清朝封建帝制，其悖理则糅杂狭隘的民族偏见。武昌首义推翻清朝之后，满族人的地位与利益发生了陵谷之变。《末代皇弟溥杰传》一书载述道：“当时，不光是父母，甚至连整个爱新觉罗家族都对溥杰说，自从中华民国成立以来，满族到处受到排斥，皇族都必须改姓为金，如不改姓就不得就业。”〔2〕满族人连自己的满姓都要改为汉姓，更不要说重视对满洲历史与文化的研究了。满洲的历史与文化的修纂诸馆被撤销，满洲语言与文字的官方地位被取消，满文传习的官学在此前后被改为学堂。简言之，辛亥鼎革之后，对满洲历史与文化之载记与研究，较清朝兴盛时期一落千丈。

但是，在20世纪前半叶的民国时期，研究满洲历史、语言、文化、八旗和社会之学问，并未成为“绝学”。在国内，满洲瓜尔佳氏金梁先生，将盛京崇谟阁的《加圈点字档》（崇谟阁本），节译出版《满洲老档秘录》，使人们对“满洲秘史”耳目一新。在故宫文献馆时期，通满文者如鲍奉宽、齐增桂、张玉

---

〔1〕 陈捷先《满文传习的历史与现状》，《满族文化》1983年第4期。

〔2〕 船木繁著，战宪斌译《末代皇弟溥杰传》，民族出版社，1998年，第11页。

全和李德启诸先生，对大量满文档案进行整理和编目，其中有康熙至宣统间《满文起居注》4679册、《满文黄册》1400余册和军机处档簿437册等，并重现《无圈点老档》即《旧满洲档》和《满文木牌》。[1]李德启编印《满文书籍联合目录》，中华书局出版《清史列传》。著名学者孟森、金毓黻、谢国桢、萧一山等，对满洲历史与文献之研究均成绩斐然。在国外，不乏有识之士，精心搜求，笔耕不辍。日本内藤虎次郎（号“湖南”）于民国元年（1912），将盛京崇谟阁庋藏小黄绫本《加圈点字档》（崇谟阁本），拍成照片，带至京都。后来鸳渊一和户田茂喜试译《满文老档》成第一册。藤冈胜二亦据东洋文库藏《满文老档》照片上的满文，拉丁字转写，再译成日文，以《满文老档译稿》为书名，于1939年胶印出版。今西春秋和三田村泰助亦进行此项工作，但均未竟其业。

综上，中外学者对满洲历史、语言、文化、八旗和社会之搜集资料、观察考述、编修纂著、探讨研究，经过了晚明、后金、清朝和民国四百年的漫长历程。满学在清朝覆亡被冷落了近半个世纪之后，在中国大陆和台湾地区，在欧洲和美洲，在亚洲的日本和韩国，又重新走上振兴之路。

四

20世纪中叶，第二次世界大战结束后，中国大陆的战争不久也结束。世界的政治格局、经济情势、科学技术和文化交流

---

〔1〕 屈六生《六十年来的满文档案工作概述》，《明清档案与历史研究》（上），中华书局，1988年。

都发生了变化，对满洲历史文化的研究也随之发生了变化。在中国大陆和台湾地区，在欧洲的德国和意大利，在美洲的美国和在亚洲的日本等，都出现了满洲历史文化研究振兴的新局面。

中国是满学的故乡和发祥地，满学振兴当自中国始。六十年来，中国满族历史文化研究的现状，略述如下。

第一，培养多批满文专门人才。开展满学研究，要在培养人才。中国大陆满文专门人才的培训，20 世纪 50 年代，由中国科学院语言学研究所和近代史研究所（现均属 1977 年成立的中国社会科学院）联合创办满文研习班；60 年代，中央民族学院民语系又办满文班，学制五年；70 年代，中国第一历史档案馆（原故宫博物院明清档案部）再办满文专修班。以上三批集中培养的满文专门人才，成为三个不同年龄梯次的满学研究骨干。此外，中央民族学院（今中央民族大学）历史系、中国人民大学清史研究所、内蒙古大学蒙古史研究所、辽宁大学历史系、东北师范大学明清史研究所以及北京满文书院、吉林省伊通满族自治县等，先后举办 15 个满文短训班或函授班，培养数以百计的满文生。但目前通满文又从事专业满学—清史研究与翻译者约数十人。中国台湾满文专门人才的培训，始于 1956 年，台湾大学历史系开设满文课，后成立满文研究室。1981 年，台湾满族协会成立满文研究班，教习满文。[1]其他如政治大学等开设满文课。以上先后培养满文人才十余人。同培养满文人才相关联的是，出版了几部满语教学与研究之作。如《满语语法》（季永海、刘景宪、屈六生编著）、《满洲语语音研究》（乌拉熙春著）、《北京土话中的满语》（常瀛生著）、《满文教材》（屈六

〔1〕《满族文化》1982 年第 2 期，第 47 页。

生主编）、《清史满语辞典》（商鸿逵等编）、《现代满语研究》（赵杰著）、《满汉大辞典》（安双成主编）和《新满汉大辞典》（胡增益主编）等。但是，殷殷之中华大国，洋洋之满文档案，区区之数十学子，寥寥之几部字书，要完成整理满文档案，翻译满文册籍，进行满学研究，开展国际交流，显然是不能适应的。

第二，整理译编大量满文档案。在60年代，军机处的重要满文档案如《月折档》《上谕档》《议复档》《寄信档》等共7537卷进行整理，并将数以十万计的满文档案组卷、编目、上架。已翻译出版的满文档案有《清初内国史院满文档案译编》《清代中俄关系档案史料选编》《清代三姓副都统衙门满汉文档案选编》《盛京刑部原档》《清雍正朝镶红旗档》《雍乾两朝镶红旗档》《天聪九年档》《郑成功满文档案史料选译》《满文土尔扈特档案译编》《锡伯族档案史料》《满文老档》（译注）、《康熙朝满文朱批奏折全译》和《雍正朝满文朱批奏折全译》等。台湾地区则将《旧满洲档》影印出版，并出版了《清太祖朝老满文原档》（第一、二册）和《旧满洲档译注》（第一、二册）、《清代准噶尔史料初编》《孙文成奏折》等，其中《满文老档》和《旧满洲档》的汉译出版与影印出版，是中国大陆和台湾地区在满学研究史上的两件盛事，于清入主中原前满洲历史、语言、文化、八旗和社会的研究，功莫大焉。然而，已经翻译和出版的满文档案，与诸馆收藏的满文档案相比，确属微乎其微。现仍有数量极多与价值极高之满文档案，尚在尘封，尚待整理，尚期翻译，尚望出版，尚冀利用，更尚需研究。

第三，满族史研究有很大进展。满洲历史是满学研究的脊骨，也是满学研究的重点。近六十年来，对满洲历史的研究，取得了突破性的进展。近年对满洲的研究，主要展现在历史、八旗与人物三个方面。自50年代后期，满洲源流与历史的研究，被列为国家重点项目，发表和出版了一批调查报告和学术论著。前者如《满族社会历史调查》《满族的历史与生活——三家子屯调查报告》《满族的部落与国家》；后者如《沙俄侵华史》对满族源流做了系统的考述，李燕光和关捷教授主编的《满族通史》是迄今为止满族史研究最为详尽而系统的学术专著，以及《清代八旗王公贵族兴衰史》（杨学琛、周远廉著）等。此期推出了一批满族历史文化论集，如莫东寅教授的《满族史论丛》、王钟翰教授主编的《满族史研究集》、金基浩先生主编的《满族研究文集》、辽宁大学的《满族史论丛》、支运亭研究员主编的《清前历史文化》以及《满学研究》（一至四辑）等。关于八旗的探讨，有定宜庄博士的《清代八旗驻防制度研究》问世。满族人物的研究，有《努尔哈赤传》（阎崇年著）、《清太宗全传》（孙文良、李治亭著）、《皇父摄政王多尔衮全传》（周远廉、赵世瑜著）、《顺治帝》（周远廉著）、《康熙大帝全传》（孟昭信著）、《雍正传》（冯尔康著）、《雍正帝及其密折制度研究》（杨启樵著）、《乾隆皇帝大传》（周远廉著）和《乾隆传》（白新良著）、《乾隆帝及其时代》（戴逸著）、《康雍乾三朝史纲》（朱诚如著）、《嘉庆帝》（关文发著）、《道光传》（冯士钵、于伯铭著）、《光绪评传》（孙孝恩著）、《慈禧大传》（徐彻著），还有《我的前半生》和《溥杰自传》等。王思治教授等主编的《清代人物传稿》（上编）已出版九卷。此外，吉林文史出版社还推出十四卷本《清帝列传》。满学与清史的个人论文集，有郑天挺教授的《探微集》、商鸿逵教授的《明清史论著合集》、王钟翰教授的《清史杂考》及其《续考》《新考》，金启孮教授等的《爱新觉罗氏三代满学论集》、戴逸教授的《履霜集》、王思治教授的《清史论稿》、刘厚生教授的《旧满洲档研究》以及拙著《满学论集》《袁崇焕研究论集》《燕步集》和《燕史集》等。台湾地区则有陈捷先教授的《满洲丛考》《清史杂笔》（八辑）、《满文清实录研究》《满文清本纪研究》和《清史论集》，李学智教授的《老满文原档论辑》，庄吉发教授的《清高宗十全武功研究》，赖福顺教授的《乾隆重要战争之军需研究》和刘家驹教授的《清朝初期的八旗圈地》等。此外，出版的前清史料如辽宁大学历史系的《清初史料丛刊》，中国人民大学清史研究所潘喆、李鸿彬、孙方明合编的《清入关前史料选辑》（一至三辑），李澍田教授主编的《海西女真史料》，李林先生主编的《满族家谱选编》等，都予学人以方便。

第四，满族文化书籍大量出版。近年来出版了一批研究满族文化与宗教的成果，从文学艺术到饮食服饰，琳琅满目，不一而足。赵志辉主编的《满族文学史》（第 1 卷）、张菊玲教授著的《清代满族作家文学概论》、孙文良教授主编的《满族大辞典》、富育光和孟慧英合著的《满族萨满教研究》、赵展教授的《满族文化与宗教研究》、庄吉发教授的《萨满信仰的历史考察》，以及张秉戍教授的《纳兰词笺注》等出版，都是满族文化史研究的新收获。还有一批满族民间文学作品整理出版，《满族民间故事集》和《满洲神话故事》，是其代表作品。此外，满族民间音乐、舞蹈、戏曲的搜集、编演和出版，都有可喜的成绩。大型音乐舞蹈《珍珠湖》和戏曲《红螺女》，是满族乐舞戏曲搬上舞台的新尝试。它们与满族民族音乐、舞蹈、戏曲集成的《满族音乐卷》《满族舞蹈卷》《满族戏曲卷》，以及与之配套摄制的满族民间音乐、舞蹈、戏曲音像资料，都是满族文化推陈出新的宝贵财富。

第五，满学研究刊物相继出版。已出版的满学研究期刊或丛刊，有《满族文学研究》（1982 年创刊）、《满语研究》（1985 年创刊）、《满族研究》（1985 年创刊）、《满族文学》（1986 年创刊）以及《满学研究》（1992 年创刊），还有台湾满族协会创办的《满族文化》（1981 年创刊）。此外，中国人民大学清史研究所《清史研究》、北京《故宫博物院院刊》和《历史档案》、台北《故宫学术季刊》，则都以大量篇幅刊载研究满洲历史与文化的论文。还有黄润华和屈六生主编的《全国满文图书资料联合目录》，是一部目前收集最为详尽的满文图书文献目录。王戎笙教授编《台港清史研究文摘》，载述了台湾和香港满学研究的信息。以上刊物、目录和文摘，尽管都遇到经费的困扰与出版的困难，但都成为学术成果的载体与信息传播的媒介。

第六，满学专业研究机构建立。满学发展的重要标志，是专业学术机构的建立和专门学术团体的成立。为着促进作为科学的满学之建设与发展，1991 年 3 月 6 日，第一个专业的满学研究学术机构——北京社会科学院满学研究所正式建立。北京满学所的宗旨是，联系满学同仁，促进满学研究，密切学术交流，推动满学发展。随后非专业的中央民族大学历史系满学研究所、辽宁社会科学院满学研究中心等相继成立。1993 年 3 月 24 日，第一个满学专家教授的群众学术团体——北京满学会正式成立，并已先后举行过六届学术年会。1994 年 11 月 22 日，第一个以资助满学研究与交流为宗旨的基金会——北京满学研究基金会也注册成立。专业的满学研究机构、专门的满学民间学术团体和满学研究基金会的建立，表明满学作为人文科学中一门重要独立的学科，步入了崭新的发展阶段。

外国的满洲历史文化研究，近六十年来也取得许多成果。

欧洲的满洲研究，近年以德国和意大利最为活跃。德国满文学家福克斯（W. Fuchs）传人嵇穆（Martin Gimm）教授在科隆大学，不仅教习满文，而且编撰《满德辞典》和《国际满洲文献联合目录》；波恩大学魏弥贤（Michael Weiers）教授，研究满洲文化史很有成绩，著有《〈旧满洲档〉与〈加圈点档〉索校》（1620—1630 年）[1]。意大利威尼斯大学满文教授斯达里（Giovanni Stary），著述宏富，翻译问世《尼山萨蛮传》，出版《满洲研究世界论著提要》[2]。此外，英国纳尔逊（Howard Nelson）先生编印了《伦敦满文书目》。俄罗斯满洲历史学家论著很多，格·瓦·麦利霍夫（T. B. Melixob）就是其中之一。

美国近些年的满洲研究，西雅图华盛顿大学罗杰瑞（Jerry Norman）教授编著《满英字典》，杜润德（Stuve Durrant）教授将《尼山萨蛮传》译成英文出版。魏斐德（Frederic E. Wakeman Jr.）教授的《洪业——清朝开国史》译成中文出版。哈佛大学傅礼初（Joseph Fletcher）教授开设满文课，孔飞力（Philip Kuhn）教授对满洲史深有造诣。耶鲁大学史景迁（Jonathan Spence）教授著《中国皇帝：康熙自画像》，白彬菊（Beatrice S. Bartlett）教授著《君主与大臣：清中期的军机处（1723—1820）》。达特茅斯学院柯娇燕（Pamela Crossley）教授通满文，著《孤军——满洲三代家族与清世界之灭亡》[3]。印第安纳大学塞诺（Denis Sinor）

---

〔1〕《满洲时代》，1987 年，威斯巴登（Michael Weiers，“Konrordaez Zum Aktenmaterial”，*Aetas Manjurica*，1987）。

〔2〕Giovanni Stary，*Manchu Studies: An International Bibliography*，Kommissionsverlag Otto Harrassowitz，Wiesbaden，1990.

〔3〕Pamela Kyle Crossley，*Orphan Warriors—Three Manchu Generations and the End of the Qing World*，Princeton University Press，1990.

教授教习满文，对满洲语文深有研究，克拉克（Larrg Clarke）教授曾主编《满洲研究通讯》，司徒琳（Lynn Struve）教授对清初满洲史做了深入的研究。普林斯顿大学韩书瑞（Susan Naquin）教授、匹兹堡大学罗友枝（Evelyn S. Rawski）教授、哥伦比亚大学曾小萍（Madeleine Zelin）教授和加州理工学院李中清（James Lee）教授等，都对满洲史研究有绩。夏威夷大学陆西华（Gertraude Roth Li）博士，也是一位满学者，正在撰写英文《满语教程》。此外，美国学者以满文“喜鹊”为刊名，以满洲研究回眸为主旨，1996 年开始出版“Saksaha — A Review of Manchu Studies”。

第二次世界大战后的日本，神田信夫教授等发起成立“满文老档研究会”，由神田信夫、松村润、冈田英弘、石桥秀雄等将《满文老档》用拉丁字母转写，全部译成日文，从 1955 年开始，历时八年，分为七册出版。从此《满文老档》作为史料，变得易于被更多的学者利用。[1]1966 年，今西春秋教授等用拉丁字母转写成《五体清文鉴译解》。此前，在羽田亨教授主持下出版了《满和辞典》。冈田英弘教授编纂了东洋文库所藏满文书目。1986 年成立的日本满族史研究会，团聚了一批以神田信夫教授为会长的日本满族史研究专家。1991 年细谷良夫教授主编《清代东北史迹》一书，则是日本满学者踏查与研究中国关外满洲史迹的学术成果。1993 年中岛干起教授将《御制增订清文鉴》进行电脑处理，将满文用拉丁字母转写、满汉对照，陆续分册出版。阿南惟敬教授对满洲军事史、三田村泰助教授对清朝前期史、宫崎市定先生对雍正皇帝、池内宏先生对满—朝鲜史、

〔1〕 松村润《满学家神田信夫》，《满学研究》第 1 辑，吉林文史出版社，1992 年。

河内良弘教授对明代女真史等，均做了深入系统的研究，后者新著《明代女真史の研究》[1]，是其多年探究之学术结晶。神田信夫教授的《满学五十年》[2]，河内良弘教授的《满洲研究论著目录》，从两个侧面显现了日本半个世纪满洲历史、语言和文化研究发展的轨迹。

在韩国，满洲语和满洲史的研究取得成果。延世大学闵泳桂教授影印《韩汉清文鉴》。1974 年，汉城大学成百仁教授，将满文《尼山萨蛮传》（Nisan saman i bithe）译成韩文，书名为《满洲萨满神歌》，书末附影印的满文抄本。成百仁教授还对《旧满洲档》同《满文老档》进行比较研究，其论文《〈旧满洲档〉의 jisami와〈满文老档〉의 kijimi》[3]便是例证。汉阳大学任桂淳教授研究八旗驻防，著有英文《清八旗驻防之研究》，1993 年译成汉文，以《清朝八旗驻防兴衰史》为书名，在北京出版。崔鹤根先生的《满文大辽国史对译》和朴恩用先生的《满洲语文语研究》都是重要作品。圆光大学金在先教授对满洲文化，以及其他满学家的研究，也在在有绩。

在澳大利亚，墨尔本大学金承艺教授在满洲历史研究方面，康丹（Daniel Kane）教授在满文研究方面，或发表多篇论文，或做出有益贡献。

各国的满学家对国际满学的发展都做出了贡献。为着加强各国间的满学学术交流，促进满学发展，1992 年 8 月，第一届国际满学研讨会在北京举行。会后出版了论文集即《满学研究》第

〔1〕 河内良弘《明代女真史の研究》，同朋舍出版，1992 年。

〔2〕 神田信夫《满学五十年》，刀水书房出版，1992 年。

〔3〕 成百仁《〈旧满洲档〉의 jisami 와〈满文老档〉의 kijimi》，《알타이하보》（《阿尔泰学报》）1996 年第 6 期。

2 辑。这表明世界的满学家共同推动着国际满学的进步和繁荣。

前述近六十年满学研究的概貌，虽挂一漏万，但可窥一斑。满学研究已取得的大量成果表明，它面临着日益振兴的局面。尽管满学研究存在诸多问题，但是它必将在破解难题中发展。

五

满学作为人文科学中的一门独立学科，正处于重要历史时期。我们对于满学的研究，回顾其演变，注目其现状，前瞻其发展。作为科学的满学之发展，对它的理论与方法、满文与历史、资料与研究、队伍与人才、信息与交流五个问题，略作如下思考，以求共同切磋。

满学的理论与方法，是满学之学科建设的一个重要内容。满学是人文科学中一门新兴的学科，它较别的学科如历史学、语言学的历史为短；它又是一门综合性的学科，与之相关联的学科较多；它还是一门独立的学科。每一门独立的学科，都有自己的理论体系。满学作为人文科学中一门独立的学科，自然不能例外。由于满学是一门新兴的、综合性的学科，所以建立满学的学科体系，就更为迫切、更为复杂，也更为繁难。但是，社会的需要，学科的建设，都在频频地发出呼唤：满学作为人文科学中一门新兴的、综合的、独立的学科，应当架构学科的理论体系。在架构满学的理论体系时，要根植于满学内在的规律与特征，也要枝蔓于满学外在的联结与变异。满学应结成内在与外在的联系网络，展现一个综合性的学术领域。它牵连的范围宽，涉及的内容广，贯穿的时间长，联结的层面多。由此制约的满学研究对象，既有其内涵，也有其外延，此前已述，不再赘言。满学研究的对象，依前所述，是满洲的源流、语言、史迹、地域、社会、经济、政治、军事、旗制、宗教、文化、习俗等。这就使满学同诸多学科发生相关联系，如民族学、语言学、考古学、地理学、社会学、经济学、政治学、军事学、宗教学、文化学、民俗学等。但是，它既不应当笼统地研究诸多学科而抹杀本学科的特殊性，也不应当单纯地研究自身学科而忽略它学科的一般性。恰恰相反，满学是在自身与其他相关的学科联系与区别中，抽象出自身与其他学科的共性中之个性、个性中之共性，并在共性与个性、一般性与特殊性辩证关系中，架构满学的理论体系。然而，一门学科的理论体系，是逐渐形成的，日臻完善的。因此，满学的理论体系之架构，既不可忽视不顾，也不可操之过急。应当经过大家长期共同奋力，逐步地建构起满学的理论体系。企盼在不久的将来，能有满学的理论著作问世。

满学不仅要有它的理论体系，而且要有它的科学方法。满学的研究方法，至少应有一般性研究方法与特殊性研究方法两个层面。它属于人文科学，人文科学的一般性研究方法对它应当适用；它属于人文科学的一支，又应当有符合自身需要的特殊性研究方法。就其一般性方法而言，如占有资料、社会调查、民族剖析、计量统计等，对满学研究都是需要的。就其特殊性方法而言，仅举二法为例：一是比较法，另一是满文法。满学是一门综合性学科，比较学的方法就显得格外重要。它研究满族与其他民族的关系，就需要比较民族学；它研究满族历史与其他民族历史的关系，就需要比较历史学；它研究满语同其他民族语言的关系，就需要比较语言学。诸如此类，不一枚举。满学的学科特点表明，用满文进行满学研究，是其最基本的方法。

满学的满文与历史结合，是满学学科建设的另一个重要内容。研究藏族史必通藏文，研究蒙古史必通蒙古文，这在学术界已取得共识。然而，满文与满族史、清代史研究的关系，是长期以来未受重视也未得解决的问题。满文与满族史、清代史研究的关系，近四百年来，大体上是“合—分—合”的过程。即在后金—清初（关外）用满文撰述和研究此期的历史，其中许多学者兼通满、汉、蒙古三种文字，所以满文与满族史、清初史研究是契合的。满洲入主中原后，满文与满族史、清代史的研究，有合也有分，其总的趋势是越来越分。辛亥鼎革之后，满文与满族史、清代史的研究几乎是完全分开（个别学者例外）。研究满文者，多从语言学视角，却不做清史研究；研究清史者，多从历史学视角，并不熟谙满文。其因固多：诸如民国初元后，人们轻蔑满文；满语属阿尔泰语系，汉语则属汉藏语系，语系不同，学之亦难；汉文文献浩如烟海，究毕生精力尚难卒读万一，何暇涉研满文资料等。

其实，满文与满族史、清代史研究相脱节的状况，早在20世纪初即出现。20世纪以来，于满族史、清代史的研究，以基本资料而言，一二十年代，主要利用《东华录》；三四十年代，新采用《李朝实录》；五六十年代，主要利用《清实录》；七八十年代，清代档案日益受到重视。上面是就总体来说，每个学者撰著所用资料不同，如文集、方志、官书、谱牒、石刻等，各展所长。近年来人们逐渐注目于满文与满族史、清代史研究的结合。总之，满文与满族史、清代史研究相脱节的状况，定会逐步得到改观。综观满文与满族史、清代史的关系，其过程是“正题—反题—合题”，即清初用满文资料研究满族史、清初史为正题，民国以来用汉文资料研究满族史、清代史为反题，本世纪兼用满文、汉文资料研究满族史、清代史则为合题。试想：再过若干年，其时杰出的满学、清史专家必兼通满文。北京市社会科学院满学研究所的一个旨趣，是力促满文与满族史、清代史研究的有机结合。

满学的资料与研究，是满学学科建设的又一个重要内容。这里说的满学资料，主要是指满文资料。满文档案图书资料，数量浩繁，内容宏富，价值很大，多未利用。首先，应协调各方面专家，制定规划，分期分批，译编出版。某些重要档案，先行汇译，出版《满文资料丛刊》；某些重要典籍，加以整理，出版《满族文化丛编》；某些重要成果，统汇编纂，出版《满学研究丛书》。其次，应完善目录检索，如《满文档案世界联合目录》《满文图书世界联合目录》《满学论著世界联合目录》，并逐步建立计算机检索系统、激光盘检索系统，要编目、代号统一，特别是中国大陆和台湾地区协调一致，以便读者。再次，应将电子计算机引入满文资料领域，逐步实现满文电脑化。开发电子计算机满文处理系统[1]，采用《满文内码与排版印刷》[2]，运用高科技手段，储存、整理和翻译满文档案图书资料。

利用档案图书资料，特别是满文资料，以求实的态度，科学的学风，开展满学研究。满学是一门科学，它的研究应当，而且必须建立在求实与科学的基础之上。首先，满学研究力量薄弱，专家学者分布星散，应当集中力量，通力全面协作。海峡两岸满学家更应携手共研，如《旧满洲档》与《满文老档》之比较研究，即为有价值之合作课题。其次，应开展一些重大课题的研究，如对满洲的历史源流、八旗制度、经济制度、文

〔1〕 刘厚生《开发电子计算机满文处理系统》，未刊稿，1991年。

〔2〕 广定远、张华克《满文内码与排版印刷》，打印稿，1992年。

化特征、官学教育、民族关系、宗教政策、边政治绩、典章制度和杰出人物等，进行长期、全面、系统、深入的研究，推出一批学术成果。再次，应当争取出版满学研究成果，如《满学资料丛书》《满学文化丛书》《满学研究丛书》等。

满学的队伍与人才，是满学学科建设的又一个重要内容。满族是一个历史悠久、千万人口的大民族，要对其进行全方位、多层面的研究，没有一支研究队伍是不成的。建设满学队伍，首先要培训人才。我国的满学研究人员要热爱祖国、维护民族团结，要具有理论素养、专业基础、广博学识，还要有数种语言能力，这为满学的学科特点所约定。我国的满学工作者与外国同行相比，有自己的优势，如对文献学熟悉；也有自己的不足，如语言能力较差。开展满学的深入研究，应当运用多种语言。对一个满学工作者来说，除汉语外应至少掌握一门民族语言和一门外国语言。因此，应有计划地、持续地通过多渠道、多形式、多层次，加强满学人才的培养，以建立一支素质较好、水平较高的满学研究队伍。

最后，满学的信息与交流，是促进满学发展的重要因素。应在地区、全国和国际三个层面，通过多种形式，架设起满学信息与交流的桥梁。

1999 年是满文创制 400 周年。尔后，满学的研究便进入 21 世纪。满学演进的历程表明：21 世纪的满学，必将更加兴盛。全世界各国的满学家，都将把学术目光投向满学的发源地——中国。丰富满学研究，促进满学发展，培训满学人才，交流满学信息，将使 21 世纪满学研究真正逐步成为人文科学中的国际性学科。

清入关前满洲的社会经济形态

满族的先世在唐末称女真。[1]从唐末辽初至满洲崛兴，女真社会经济经过了漫长而曲折的发展历程。辽代的生女真、熟女真和东海女真，其经济发展极不平衡。生女真完颜部阿骨打建立政权。后女真主定鼎中都[2]，金与宋对峙，统治北中国，长达120余年。留居松花江流域的生女真，是满族的直系祖先。史载：建州女真为“金之遗种，其穴完颜之地方”[3]，即是说明。金代居住在松、嫩、黑流域三角地域的生女真已采矿炼铁。在黑龙江省阿城地区考古发掘出金代铁矿井10余处，炼铁遗址50余处。[4]这同文献上“烧炭炼铁”[5]的记载相印证。铁制工具在金代松花江流域已广泛应用，仅黑龙江省肇东县（现为“市”）八里城一地便出土700余件铁器[6]，即是例证。金代松花江流域的

---

〔1〕《辽史·太祖纪上》：天复三年（903）春，“伐女直，下之，获其户三百”。女直即女真，名称的出现当早于此。

〔2〕《金史》卷五《海陵本纪》。

〔3〕《李朝光海君日记》卷一二七，十年闰四月甲戌。

〔4〕《从出土文物看黑龙江地区的金代社会》，《文物》1977年第4期。

〔5〕《神麓记》，载《三朝北盟会编》卷一八。

〔6〕《黑龙江肇东县八里城清理简报》，《考古》1960年第2期。

生女真不仅使用铁器，而且贫富悬殊："富者以珠玉为饰"，贫者则衣"犬鱼之皮"[1]；奴隶主死后将"所宠奴婢，所乘鞍马以殉之"[2]。据《金史·食货志》统计，猛安谋克户的正口与奴婢之比为 1:3.5。[3]以上说明满族直系祖先生女真在金代已出现奴隶制。

元兴金亡，"金亡之日，即清始祖发生之年"[4]。元代散居于松花江和牡丹江流域的满族先世女真人，或"无市井城郭"，以打鱼为生；或"逐水草为居，以射猎为业"[5]；或力农积谷，从事耕作。元廷将其编入户籍[6]，设官牧民。努尔哈赤先祖猛哥帖木儿在元末曾任万户。[7]元政府还在从事耕作的女真人地区"实行屯田"，并给以"牛田畜器"[8]。但女真人强者凌弱，争战不休，失势之部，辗转流徙。一部溯松花江先至其支流呼兰河一带，又至松花江与嫩江汇流大转弯处"阿也苦海"[9]地区，后至今辽宁开原北，是为海西女真。另一部自松花江与牡丹江汇流处的斡朵里，溯牡丹江"挈家流移"[10]，先至斡木河一带，几经迁徙，明前期移至今辽宁新宾地区，是为建州女真。

明朝中后期，南迁后的建州女真和海西女真，生产力获得迅速发展。如建州女真迁徙至苏克素浒河（苏子河）、浑河流域

〔1〕《三朝北盟会编》卷三。

〔2〕《三朝北盟会编》卷三。

〔3〕《金史》卷四六《食货志一》。

〔4〕孟森《明元清系通纪·前编》，第 17 页。

〔5〕《元史》卷五九《地理志二》。

〔6〕《李朝世宗实录》卷八二，二十年七月己丑。

〔7〕《龙飞御天歌》卷七。

〔8〕《元史》卷一六《世祖本纪十三》。

〔9〕苕上愚公《东夷考略·附图》。

〔10〕《李朝太宗实录》卷九，五年五月庚戌。

之后，这里的土壤、气候和雨水比较适宜农业生产，与抚顺毗连，汉族高度发达封建经济的影响，汉人的大批流入，以及通过“贡市”和“马市”换回大量“所恃以为生”[1]的铁制农器与耕牛，使女真社会生产力得以极快地发展。

大量使用铁制农器是女真生产力提高的一个重要因素。本来，女真对制造和使用铁制农具并不陌生。女真铁器的来源有二，其一是自己制造。从下面引述女真人赵伊时哈与朝鲜都承旨李世佐，在成化十九年（1483）的一段对话可以得到证明：

> （李）问曰：“汝卫甲胄以何物为之乎？”（赵）答曰：“以铁为之。”又问曰：“铁产于何地？”答曰：“产于火剌温地面。”又问曰：“有冶工乎？”答曰：“多有之。”[2]

这些少量的铁主要用于打造兵器。其二是南迁后直接向汉人买“农器”，即铁制农具。明太监汪直劾奏兵部侍郎马文升，说由于他“禁边人市农器”[3]，致使女真怨愤启衅。这从一个侧面透露出购进铁制农具于女真经济发展的急切性。据明代档册记载，女真从辽东“马市”买进铁制农具的数量颇为可观。仅万历十二年（1584）三月的17次交易，女真即买回铧子4388件，其中一次为1003件，另一次为1113件。同时买回场院使用的木锨723件。[4]

耕牛增加是女真生产力提高的又一个重要因素。15世纪初，

---

〔1〕《明英宗实录》卷五四，正统四年四月己丑。

〔2〕《李朝成宗实录》卷一五九，十四年十月戊寅。

〔3〕《明史》卷一八二《马文升传》。

〔4〕《明档》乙107，辽宁档案馆藏。

居于斡木河一带的猛哥帖木儿，得到“农牛、农器”[1]，有利于其农业生产的发展。永乐二十一年（1423），猛哥帖木儿的部众“率男女二百余名，牛一百余头”[2]，进行农耕，平均每一对男女有一头耕牛，反映出耕牛是女真社会的重要生产力。在明初，女真奴隶以抢掠得到大量耕牛。据《信牌档》记载，仅永乐二十一年的三次“犯抢”，即掠去耕牛596头。[3]然而，更多的耕牛是通过贸易购进的。15世纪中期，明廷曾答应建州女真首领凡察：“所缺耕牛、农器，准令如旧更易应用。”[4]他们既获明廷谕准，便向汉族聚居地区购买耕牛。天顺三年（1459），“建州等卫野人头目，乞于沿途买牛，带回耕种”[5]。买牛也是一项重要的“马市”贸易。如万历十二年（1584）三月的29次贸牛交易，女真买回耕牛430头，其中一次为82头，另一次为97头。[6]此外，建州女真还以马匹和貂皮与朝鲜贸易耕牛。如朝鲜史籍记载：“貂皮产于野人之地，故或以农器，或以农牛换之”[7]；“我（以）牛七八头，易胡马一匹”[8]。

汉人流入是女真生产力提高的另一个重要因素。在辽东汉族地区，泽竭林焚，嗷嗷孑遗，汉人实在无法为生，相率逃入建州。这些辽东汉族农民，长期在较先进的生产方式中生活。他们进入女真地区，将汉人先进的生产经验和技术传给女真人，

---

〔1〕《李朝世宗实录》卷二〇，五年六月癸酉。

〔2〕《李朝世宗实录》卷二〇，五年四月乙亥。

〔3〕《明档》乙1、乙5、乙106，辽宁档案馆藏。

〔4〕《明英宗实录》卷八九，正统七年二月甲辰。

〔5〕《明英宗实录》卷三〇〇，天顺三年二月庚午。

〔6〕《明代辽东档案汇编》下编《马市》。

〔7〕《李朝成宗实录》卷五二，六年二月辛巳。

〔8〕《李朝中宗实录》卷一六，七年闰五月辛丑。

加快了女真生产发展的步伐。起初汉人到建州，或被掳，或逃入，数量均不大。但随着明朝的衰朽，逃入建州的汉族农民数量愈来愈多，多至惊人。据《按辽御珰疏稿》载：

建州彝地有千家庄者，东西南北周回千余里，其地宽且肥。往年辽沈以东，清河、宽奠等处，与彝壤相接，其间苦为徭役所逼者，往往窜入其中，任力开垦，不差不役，视为乐业。彝人利其薄获，阳谓为天朝民也，相与安之，而阴实有招徕之意。然矿税未行，人重故土，去者有禁，就者有限，即官司有事勾摄，犹未敢公然为敌也。乃今公私之差，日增月益，已自不支，而矿税之征，朝加夕添，其何能任！况在此为苦海，在彼为乐地。彼方为渊为丛，民方为鱼为雀，而我为獭为鹯。以故年来相率逃趋者，无虑十万有余。〔1〕

上述数字或有张饰，但说明确有大量汉族农民逃入建州，从而为建州社会生产力增添新的活力。

铁制农具的增加，耕牛的输进，汉族农民的涌入，使得“俗种耕稼”〔2〕的建州女真和海西女真，其农业技术水平显著提高。婆猪江的“两岸大野，率皆耕垦，农人与牛，布散于野”〔3〕。农业耕作技术达到较高的水平。万历二十三年（1595），朝鲜南部主簿申忠一目睹建州女真佟家江、苏克素浒河一带地方，“无墅不耕，至于山上，亦多开垦”；粮食产量较高，“田地

〔1〕 何尔健《按辽御珰疏稿·直陈困惫》，不分卷。

〔2〕 毕恭《辽东志》卷七。

〔3〕《李朝世宗实录》卷七七，十九年六月己巳。

品膏，则粟一斗落种，可获八九石，瘠者仅收一石”[1]。后来李民寏也有同样记载：“土地肥饶，禾谷甚茂，旱田诸种，无不有之。”[2]并大量种植山稻，如兵丁出征，常携带炒米。努尔哈赤强调建州不同于以吃肉衣皮为生的蒙古，而是以“种田吃粮为生”[3]。由于建州女真重视粮食生产，其农业集约化程度较高，接近汉族地区农业水平。粮食除自给外，还能贸易内地。如抚顺交易档册中，就有建州女真七次卖粮的记载。

女真手工业也有相应发展。建州女真早在明初就有冶匠，“箭镞贸大明铁自造”[4]。不仅造矢镞，也造农具，“至于农锄、箭镞……皆以铁为之”[5]。后煅冶能淬火，“设风炉，造箭镞，皆淬之”[6]。到万历二十七年（1599）三月，“始炒铁，开金、银矿”[7]，开始大规模采矿、冶炼。这更加速了建州手工业的发展。当时主要有官营军事手工业和家庭民用手工业两种。如申忠一往佛阿拉，见“峰上设木栅，上排弓家十余处，栅内造家三座”[8]。其汗城的官营军械工匠，“北门外则铁匠居之，专治铠甲；南门外则弓人、箭人居之，专造弧矢”[9]。手工业内部有分工：“银、铁、革、木，皆有其工。”[10]工匠有女真人，

---

〔1〕 申忠一《建州纪程图记》，图版 17。

〔2〕 李民寏《建州闻见录》，第 31 页。

〔3〕《满文老档·太祖》第一三册，天命四年十二月。

〔4〕《李朝睿宗实录》卷二，即位年十一月癸亥。

〔5〕《李朝中宗实录》卷二七，十二年三月癸未。

〔6〕《李朝成宗实录》卷二五五，二十二年七月丁亥。

〔7〕《满洲实录》卷三，己亥年（万历二十七年）三月。

〔8〕 申忠一《建州纪程图记》，图版 15。

〔9〕 程开祜《筹辽硕画》卷首。

〔10〕 李民寏《建州闻见录》，第 32 页。

如朝鲜通事河世国见佛阿拉的“甲匠十六名，箭匠五十余名，弓匠三十余名，冶匠十五名，皆是胡人，无日不措矣”[1]。但后来更多的是汉人，也有朝鲜人。这些善手工匠加速了建州手工业的发展。“自铁人入去之后，铁物兴产。”[2]他们制造的锁子甲，坚硬精巧。明徐光启言：后金“兵所带盔甲、面具、臂手，悉皆精铁，马亦如之”[3]。《清太祖武皇帝实录》称征叶赫“盔甲鲜明，如三冬冰雪”[4]。这些都从一个侧面反映了后金手工业的迅速发展。特别是在进入辽沈地区之后，后金社会已能淘金、炼银[5]，掌握焊接技术[6]，炼制黄色火药[7]，并接管明朝辽东的铁矿、冶炼设备和大批工匠，从而使手工业有了更大的发展。

在手工业中，纺织、造船、制瓷、煮盐等均有所发展。嘉靖年间卢琼说过：建州女真“乐住种，善缉纺”[8]。建州女真的纺织品曾有出售。如万历六年（1578）四月，在10次记载品目的交易中，女真出售麻布的有8次[9]。女真人的纺织，据李民寏目击，“女工所织，只有麻布”[10]。进入辽沈地区后，已能织蟒缎。[11]自

〔1〕《李朝宣祖实录》卷六九,二十八年十一月戊子。

〔2〕《李朝宣祖实录》卷一三四,三十四年二月己丑。

〔3〕《明经世文编》卷四八八《徐光启辽左阽危已甚疏》。

〔4〕《清太祖武皇帝实录》卷二，癸丑年（万历四十一年）正月。

〔5〕《满文老档·太祖》第四五册，天命八年二月初十日。

〔6〕《满文老档·太祖》第五〇册，天命八年四月二十七日。

〔7〕《满文老档·太祖》第五三册，天命八年六月初五日。

〔8〕 卢琼《东戍见闻录》,《辽东志》卷七。

〔9〕《明档》乙105，辽宁档案馆藏。

〔10〕 李民寏《建州闻见录》，第32页。

〔11〕《满文老档·太祖》第四五册，天命八年二月十一日。

汉族棉织技术传入建州之后，其纺织业有了发展。如攻打抚顺行军途中遇雨，四旗军队“有雨衣，弓矢各有备雨之具”[1]。建州的造船业规模可观。天命初为进取萨哈连部，在兀尔简河造船200艘。[2]另据朝鲜备边司启文，称其“造舡千艘”[3]。这或有所夸大，但足资说明建州造船业的发达。建州开始制瓷是在占领辽阳之后。先前女真人多用木制碗、盆，后来逐渐使用汉人烧制的绿碗、盆、瓶等器皿[4]。建州的食盐，先是来自“贸盐”[5]，有些则来自朝鲜[6]。自明断绝盐路后，建州吃盐困难。努尔哈赤说：阿哈们逃走，皆因没有盐吃。[7]于是，万历四十八年（1620）六月，派兵去东海煮盐[8]。朝鲜国王李珲奏言：“俄顷之间，收得四百余驼。”[9]收得的食盐，按男丁分配[10]。修萨尔浒城者，每人得盐半斤[11]，算为特恤。至占领辽东海、盖地区，许多灶户不纳公差[12]，鼓励其多煮盐。如盖州一次贡赋盐一万斤[13]，建州的食盐问题始得解决。

还有商品交换经济。建州通过“贡市”“马市”和行商，同

---

〔1〕《清太祖武皇帝实录》卷二，天命三年四月十四日。

〔2〕《满文老档·太祖》第五册，天命元年七月初九日。

〔3〕《李朝光海君日记》卷七，即位年八月辛未。

〔4〕《满文老档·太祖》第二三册，天命六年六月初七日。

〔5〕 李民寏《建州闻见录》，第32页。

〔6〕《李朝世祖实录》卷二〇，六年五月戊寅。

〔7〕《满文老档·太祖》第二一册，天命六年四月初七日。

〔8〕《满文老档·太祖》第一五册，天命五年六月。

〔9〕《明熹宗实录》卷一三，天启元年八月甲午。

〔10〕《满文老档·太祖》第一七册，天命五年十月二十八日。

〔11〕《满文老档·太祖》第一八册，天命六年闰二月二十七日。

〔12〕《满文老档·太祖》第五八册，天命八年七月二十一日。

〔13〕《满文老档·太祖》第二六册，天命六年九月十三日。

明朝、蒙古和朝鲜等进行贸易。据《明神宗实录》记载，“祖宗朝建州、海西诸夷世受抚驭，故进贡许一年一次，每次贡夷数逾千名。天顺、成化间为其供费浩繁，量议裁减，嗣后仍复加至一千五百名”〔1〕。他们车辆辐辏，汇聚京师，熙来攘往，开市贸易。在返回时，将所买货物装车，货位高达三丈余，仅瓷器一项，有时“多至数十车”〔2〕。尤其是建州灭哈达之后，将哈达的363道敕书“夺而有之”〔3〕，扩大了对明朝的直接贸易权。又据《清太祖武皇帝实录》记载：“本地所产有明珠、人参，黑狐、玄狐、红狐、貂鼠、猞狸狲、虎豹、海獭、水獭、青鼠、黄鼠等皮，以备国用。抚顺、清河、宽奠、叆阳四处关口，互市交易，照例取赏。因此，满洲民殷国富。”〔4〕“马市”贸易规模很大。如万历十二年（1584）三月，女真人到广顺关和镇北关参加贸易27次，共13780人，平均每次510人，最多的一次达1180人〔5〕。建州在“马市”等贸易中，“擅貂、参、海珠之利，蓄聚綦富”〔6〕。“贡市”和“马市”之外，还有行商。建州商人到朝鲜进行贸易。〔7〕努尔哈赤曾一次派30名商人去黑龙江地区做生意〔8〕，还在家中同蒙古商人交易〔9〕，并派女真商人至

〔1〕《明神宗实录》卷五三〇，万历四十三年三月丁未朔。

〔2〕 沈德符《万历野获编》卷三〇。

〔3〕《明神宗实录》卷五一九，万历四十二年四月丁酉。

〔4〕《清太祖武皇帝实录》卷一，戊子年（万历十六年）四月。

〔5〕《马市抽分与抚赏夷人用银物清册》，《明代辽东档案汇编》下。

〔6〕《明神宗实录》卷五一九，万历四十二年四月丁酉。

〔7〕《李朝世宗实录》卷六五，十六年八月己未。

〔8〕《满文老档·太祖》第五册，天命元年正月。

〔9〕《明熹宗实录》卷六，天启元年二月乙丑。

朝鲜王京[1]。

综上所述，建州铁制农具和耕牛的广泛使用，生产技术的显著改进，手工业和交换的相应发展，使女真社会生产力进一步提高。生产力的发展，导致生产力与生产关系、经济基础与上层建筑的矛盾日趋激烈。这种矛盾必然表现为建州社会奴隶同奴隶主之间的阶级冲突。如被掳掠后转卖为奴的汉人孙良，“杀其主母”[2]逃亡。汉人汪仲武被掳转卖至李豆里家为奴，改名斜往；他“以斧击杀”[3]奴隶主李豆里及其子胡赤，夤夜逃奔。汉人罗伊巨“役于野人金波乙大家十五年，杀其妻子”[4]出逃。逃亡是当时女真奴隶反抗奴隶主的主要斗争形式。据《李朝实录》和《明实录》的不完全记载计算：15 世纪前半叶，每年逃往朝鲜的女真奴隶约有 15 人；到 15 世纪中叶，逃亡奴隶数量增加 5.7 倍；而到 16 世纪中后期，逃亡奴隶数量约为 15 世纪前半叶的 68 倍，最高达到每年千人以上。奴隶们反抗奴隶主的斗争，是女真奴隶制生产关系变革的基础。

女真奴隶反对奴隶主的斗争，是女真奴隶主占有制生产关系变革的内在根据；而汉族强大封建制生产关系的影响，又是其生产关系变革的外在条件。受女真社会生产力发展的推动，奴隶反抗斗争和汉族封建生产关系影响的催化，女真社会由奴隶制向着封建制转化。

女真社会由奴隶制向封建制转化，经历了一个漫长而曲折的历史过程。

---

〔1〕《李朝光海君日记》卷一三九，十一年四月乙卯。

〔2〕《李朝世宗实录》卷九一，二十二年十月庚午朔。

〔3〕《李朝世祖实录》卷四二，十三年四月癸卯。

〔4〕《李朝成宗实录》卷一六六，十五年五月丁酉。

明初建州女真奴隶制中孕育着封建生产关系的因素。在猛哥帖木儿的斡木河时期，由于生产力的发展，汉族和朝鲜封建经济文化的影响，建州女真的一些地方，兴学校、训经书、习礼义、贡赋役[1]，出现封建因素。建州女真社会的封建因素有诸种表现。其一是有的奴隶即“阿哈”转化为农奴，“初虽被掳，连婚野人，任意生业，出入自由”[2]。然而，奴隶转化为农奴也是不自由的，还“必须有人身的依附关系，有人身的不自由”[3]。其二是有的自由民“诸申”变作土地的附属物，转化为农奴，为封建主耕田纳租。[4]其三是封建军事屯田。[5]其四是明朝中期以后出现大量“佣工”。据朝鲜《李朝中宗实录》记载：

> 贫者佣役于虏，以资衣食。[6]
>
> 我国之民，因年歉饥寒，率多佣役于胡家，朝夕之供，专赖于胡人。[7]

当时流传的民谣说：“宁作胡家佣，莫逢貂鼠役。”[8]这种佣工显然不是奴隶，而是农奴。后来辽东边军、余丁和邻近建州的农民，不堪其苦，逃至建州后不差不役、任力耕作，故“入

[1]《李朝太祖实录》卷八，四年十二月癸卯。

[2]《李朝世宗实录》卷七二，十八年五月乙未。

[3] 马克思《资本论》卷三，人民出版社，1966年，第924页。

[4]《李朝太宗实录》卷二六，十三年十一月丁酉。

[5]《李朝太宗实录》卷九，五年三月壬子。

[6]《李朝中宗实录》卷五七，二十一年十一月壬申。

[7]《李朝中宗实录》卷五九，二十二年四月壬戌。

[8]《李朝中宗实录》卷五九，二十二年四月壬戌。

彝地逃生者，无虑数万千家，抚之不住，招之不来”[1]。他们在建州过着自耕农的生活。

到明朝后期，由于满洲[2]社会内部和外部条件的变化，上述封建因素迅速地发展，从而发生了由奴隶制向封建制的急剧转变。这有三个明显的现象：

第一，满洲社会的土地所有制、直接生产者地位和产品分配形式都发生了显著的变化。

第二，满洲社会上述生产关系的变化，主要是通过屯田制的发展、庄田制的蜕变和封建个体经济的扩大三条渠道进行的。

第三，满洲社会由奴隶制向封建制的急剧转化，就历史时期而言，大体上可以分为佛阿拉期、赫图阿拉期和辽沈期三个阶段。

在上述三种现象中，第一种是我国各族由奴隶制向封建制转变时所共有的，第二种和第三种则是满洲社会所独具的。

概括地说，明朝后期满洲兴起，满洲社会在生产关系的三个方面，以三种形式，经过三个发展时期，基本上完成了由奴隶制向封建制的过渡。

一　佛阿拉期

佛阿拉期是指从万历十五年（1587）至万历三十一年（1603），主要以佛阿拉作为满洲社会政治中心的时期。这一时期努尔哈赤崛兴于辽左，满洲社会的生产关系发生了较为显著

---

〔1〕何尔健《按辽御珰疏稿·假指残害》，不分卷。

〔2〕本文述及明前期时，一般称女真；叙述明后期时，则一般称满族或满洲。

的变化。

首先，奴隶制田庄衰落。当时女真人中存在着Tokso，汉音译为拖克索，汉意译为田庄，又称“农幕”“山幕”[1]。在女真奴隶制的拖克索里，直接生产者奴隶，不仅被奴隶主剥夺了对生产资料和劳动产品的任何所有权，而且其人身被奴隶主完全占有。如在李满住的“山幕”即拖克索中，从事农耕的奴隶波右，原系辽东汉人，被掳后，“卖于赵三波，三波又卖于满住，苦役难堪”[2]。他们处于半人半畜或半人半物的卑贱地位，后者如同牧畜和财物一起统计。其困苦生活，“风羁雨绁，饥寒冻馁”[3]，死亡无日。奴隶主买卖一个奴隶，就像买卖一头牲畜一样。正如马克思所说：“奴隶连同自己的劳动（力）一次而永远地卖给自己的主人了。”[4]后来奴隶大量逃亡，奴隶主有的“亲操耒耜”[5]，有的则将拖克索荒弃。奴隶制田庄日趋衰落。

万历二十三年（1595）十二月，朝鲜南部主簿申忠一到“奴酋城”即佛阿拉，沿途见到六处农幕——蔓遮胡人童流水农幕、童时罗破农幕、小酋农幕、阿斗农幕、小酋农幕和奴酋农幕[6]。这些农幕有如下特点：

第一，属于首领。农幕主为“酋胡”，即大小屯部首领。

第二，比重很小。农幕仅占其所见居民点的十四分之一。

---

〔1〕《李朝世祖实录》卷三三，十年七月壬子。

〔2〕《李朝世祖实录》卷三二，十年二月壬辰。

〔3〕《李朝世宗实录》卷五九，十五年三月丁卯。

〔4〕《马克思恩格斯选集》卷一，第355页。

〔5〕《李朝世祖实录》卷四五，十四年三月壬戌。

〔6〕申忠一《建州纪程图记》，图版3—6。

第三，规模不大。如童流水农幕，起耕仅二十余日[1]，即百余亩。

第四，日益没落。如“大吉号里越边忍川童阿［下］农幕，自上年永为荒弃”[2]。

其次，各处部落例置屯田。满洲社会的屯田制与明朝的屯田制有承袭关系。明初在辽东实行“分屯所领，卫兵所耕”[3]的屯田制，“屯种之田，十而八九”[4]。其特点是：

第一，地为官田。明初实行军屯，其制每军“授田五十亩，给牛种”[5]，正粮贮仓，余粮支俸，严定科则，人亡粮除。

第二，亦兵亦农。明初普行军屯，寓兵于农。其屯守之数，临边险要，守多于屯；地僻粮缺，屯多于守。辽东军屯，领之卫所，“三分守城，七分屯种”[6]。

第三，人身依附。明军卫所屯兵，百名委百户，三百名委千户，五百名以上指挥提督之。每军具有两重身份：戍守为军兵，屯种为耕农。其生产关系既带有军事性，又带有封建性即人身依附性。

第四，屯制日坏。自正统后，屯政渐弛。尔后，屯田多为军官侵夺，屯法尽坏。军饷不继，辽卒不堪，身遭苛剥，哭声震天。[7]

---

〔1〕 一日，约合六亩。

〔2〕《李朝宣祖实录》卷七一，二十九年正月丁酉。

〔3〕《辽筹》上册。

〔4〕《全辽志》卷二。

〔5〕 龙文彬《明会要》卷四一。

〔6〕《明史》卷七七《食货志一》。

〔7〕 何尔健《按辽御珰疏稿·边军受害》，不分卷。

上述明在辽东的军屯，是封建军事性的屯田。这给建州女真以很大的影响。建州女真的屯田是明代在辽东地区屯田制一个松散的组成部分。先是，明初建州女真曾在东宁"屯种"[1]，即是屯田。至凡察时，"凡差役以人口多少及所耕实数，参酌差定，已有成法"[2]，按人丁和田地数量贡差输役，颇似徭役经济。

努尔哈赤兴起之后，以其先世的屯种传统和明朝的军屯之法为借鉴，开始推行屯田制。据朝鲜史籍记载：

> 奴酋于大吉号里越边朴达古介北边，自今年欲置屯田云。[3]

努尔哈赤不仅荒弃自己的农幕，改置屯田；而且在统一的建州女真各处部寨，实行屯田：

> 粮饷，奴酋等各处部落，例置屯田，使其部酋长，掌治耕获，因置其处，而临时取用，不于城中积置云。[4]

屯田的部民，需负担徭役：

> 每一户，计其男丁之数，分番赴役，每名输十条云。[5]

---

〔1〕《李朝太宗实录》卷九，五年三月壬子。

〔2〕《李朝鲁山君日记》卷一三，三年三月己巳。

〔3〕《李朝宣祖实录》卷七一，二十九年正月丁酉。

〔4〕申忠一《建州纪程图记》，图版17。

〔5〕申忠一《建州纪程图记》，图版16。

实行屯田的部民，按户计丁，服役贡赋。这是“徭役劳动的农奴制”[1]。在这里，地租与赋税是合并在一起的，主要是劳役地租。实行屯田，不是为了给农奴使用土地，而是为了使他们分摊劳役地租。这表明满洲社会的封建生产关系有了发展。

再次，个体经济大量存在。建州部民，主要居住在苏克素浒河及其支流谷地，傍山临水，耕作兼畜牧，采集兼狩猎，屯寨星布，居住分散。朝鲜申忠一往奴酋城即佛阿拉，在一天中途经居民点十二处，其中八户以下为六处，有的只两户或一户。一家一户的个体经济，“家家皆畜鸡、猪、鹅、鸭、羔、羊、犬、猫之属”[2]。户户用牛驾车，深入丛林采参。[3]他们过去“一任自意行止，亦且田猎资生；今则既束行止，又纳所猎”[4]，属于封建个体经济范畴。个体经济的部民，也要被传箭出征，军马、军器、军粮皆为自备。

随着建州各部的统一，其政治重心迁于赫图阿拉。满洲社会生产关系的变化，又转入赫图阿拉时期。

二　赫图阿拉期

赫图阿拉期是指从万历三十一年（1603）至天命六年（1621），主要以赫图阿拉作为满洲社会政治中心的时期。这一时期满洲社会的封建生产关系，逐渐地取得了统治地位。

首先，普遍推行牛录屯田制。努尔哈赤从万历十五年

---

〔1〕 马克思《资本论》卷三，第924页。

〔2〕 申忠一《建州纪程图记》，图版17。

〔3〕《李朝宣祖实录》卷六九，二十八年十一月戊子。

〔4〕《李朝宣祖实录》卷七一，二十九年正月丁酉。

（1587）建立王权之后，到万历二十四年（1596），不仅统一了整个建州女真，而且已建有“青、黄、赤、白、黑”[1]五种旗色。万历二十九年（1601），整编牛录，“太祖将所聚之众，每三百人立一牛禄〔录〕厄〔额〕真”[2]。到万历四十一年（1613），在原有各部屯田的基础上，普遍实行牛录屯田：

> 令每一牛录，出男丁十名、牛四只，以充公差。令其于空旷的地方，垦田耕种粮食，以增加收获，储于粮库。[3]

推行牛录屯田的主要地区，除建州女真外，还包括原海西女真的哈达、辉发和乌拉地区。

万历四十三年（1615）十一月，努尔哈赤建立八旗制度，并重申在八旗中按牛录屯田：

> 因向国人征粮作贡赋，国人必定困苦。乃令每一牛录，出男丁十人、牛四头，耕种荒地，多获谷物，充实粮库。任命十六名大臣、八名巴克什，掌管仓库粮谷之登记收支。[4]

按照牛录屯田，实行编户齐民，使政治上的统治权与经济上的占有权相统一。牛录屯田的直接劳动者主要是诸申。每牛录三百男丁中，出十名男丁、四头牛，耕田植谷，粮交官仓。

---

〔1〕 申忠一《建州纪程图记》，图版15。

〔2〕《清太祖武皇帝实录》卷二，辛丑年（万历二十九年）。

〔3〕《清太祖朝老满文原档》第1册，第51页。

〔4〕《满文老档·太祖》第四册，乙卯年（万历四十三年）十一月。

每牛录所出男丁之数，为其牛录男丁总数的三十分之一。这是“三十税一”的封建领主劳役经济。努尔哈赤通过牛录屯田，使八旗的各级额真成为大小封建主；同时，使大部分诸申转化为农奴，并对之进行劳役剥削。因此，牛录屯田是把满洲社会的大量农奴，“当作土地的附属物定牢在土地上面的制度”〔1〕。

实行牛录屯田之后，诸申要披甲执弓，从征厮杀；种田植谷，交纳贡赋；筑城应差，负担徭役。《建州闻见录》记载：

> 凡有杂物收合之用，战斗力役之事，奴酋令于八将，八将令于所属柳累将，柳累将令于所属军卒。〔2〕

这就是说，凡是佥发的赋税、兵役和徭役，努尔哈赤派给八固山额真，八固山额真又派给所属牛录额真，牛录额真再派给隶属的兵丁，从而加强了对诸申的剥削、控制和奴役。

八旗实行的牛录屯田制度，标志着满洲社会八旗封建土地所有制的确立。它成为后来清代旗田的雏形。

其次，田庄有所变化。前面略及奴隶制田庄衰落，许多拖克索荒弃。这时由于建州统一战争的胜利，获得大量丁口，使得田庄的数量骤增。据朝鲜人李民寏目击所载：“农庄，将胡则多至五十余所。”〔3〕但其生产关系在发生变化，后文将要详述。

再次，封建个体经济发展。同牛录屯田和拖克索田庄相

〔1〕 马克思《资本论》卷三，第924页。

〔2〕 李民寏《建州闻见录》，第33页。

〔3〕 李民寏《建州闻见录》，第31页。

鼎立的封建个体经济，在统一战争中得到了发展。他们耕农采猎，酿蜜[1]畜马，“卒胡家亦不下十数匹”[2]。往来运输，水上用船，“可容八九人，极轻捷”[3]；陆上用车，“家家皆用小车，驾之以牛”[4]。后金汗努尔哈赤为发展封建个体经济，告谕国人要饲养家蚕，以缫丝织缎；种植棉花，以纺纱织布[5]。这促进了男耕女织、一家一户的农业与家庭手工业相结合的封建个体经济的发展。自给自足的自然经济是封建制的基础。努尔哈赤的上述政策，不仅为着巩固其封建主政权和封建制经济基础，而且是当时四处征战所需和生产关系变革的反映。

此外，万历四十四年（1616）前后，努尔哈赤在统一女真各部的过程中，把许多处于原始社会状态，“不事耕稼，唯以捕猎为生”[6]的“野人”女真部民，或“收取藩胡，留屯作农”[7]；或“编入户籍，迁之以归”[8]；或“选其壮丁，入旗披甲”[9]——将他们就地屯田、纳入民户，编丁入旗，区别不同情况，分别进行安置。这促使“野人”女真的路长和部民，转化为后金的封建主和农奴；也有的转化为奴隶制下的奴隶主和自由民。

---

〔1〕 黄道周《博物典汇》卷二〇《四夷附奴酋》。

〔2〕 李民寏《建州闻见录》，第32页。

〔3〕 李民寏《栅中日录》，第33页。

〔4〕 李民寏《建州闻见录》，第33页。

〔5〕《满文老档·太祖》第五册，天命元年正月十三日。

〔6〕 魏焕《皇明九边考》卷六《辽东镇边夷考》。

〔7〕《李朝宣祖修正实录》卷四一，四十年二月甲午。

〔8〕 王先谦《东华录》“天命一”。

〔9〕 何秋涛《朔方备乘》卷二。

三 辽沈期

辽沈期是指从天命六年（1621）至崇德八年（1643）清军入关之前，以辽阳或沈阳作为满洲社会政治中心的时期。“计丁授田”“按丁编庄”和封建个体经济的扩大，是这一时期后金生产关系变化的主要特点。

首先，“计丁授田”。

天命六年三月，八旗军连陷沈阳和辽阳，并进占辽东三河、东胜等大小七十余城，明辽东官民“俱剃发降”[1]。先是，天命三年（1618），八旗军袭破抚顺，对降附的明抚顺游击李永芳及汉民，采取了封建的生产关系。《清太祖高皇帝实录》记载：

> 令安插抚顺所降民千户，父子、兄弟、夫妇毋令失所，其亲戚、奴仆自阵中失散者尽察给之。并全给以田庐、牛马、衣粮、畜产、器皿，仍依明制，设大小官属，令李永芳统辖。[2]

朝鲜《燃藜室记述》也载：后金“得辽之后，不杀一人，尽剃头发，如前农作”[3]。“不杀一人”，显系溢美，不足征信；而后金“陷开原屠害人民亡虑六七万口”[4]，明系夸张，亦不足征信。但是，“仍依明制”和“如前农作”，均表明努尔

〔1〕《清太祖武皇帝实录》卷三，天命六年三月二十日。

〔2〕《清太祖高皇帝实录》卷五，天命三年四月甲辰。

〔3〕 李肯翊《燃藜室记述》卷二一。

〔4〕 李民寏《栅中日录》，第18页。

哈赤不仅在后金主要辖区，而且在新占辽东地区，都实行封建生产关系。

同年七月十四日，后金汗综合明辽东军事屯田制和后金八旗牛录屯田制，颁布“计丁授田”制度。他命将收取海州地方田十万日，辽阳地方田二十万日，共三十万日，给予在该处驻居的兵丁等。如田不敷用，再将松山堡以东，包括铁岭、懿路、范河、沈阳、抚顺、东州、马根单、清河直至孤山堡之田都要耕种。如仍不足，则可出境耕种。这道汗谕规定：

> 今年耕种的庄稼，各自收获。吾今计田，每一男丁，种粮田五日，种棉田一日，均平分给。你们不得隐匿男丁；如隐匿男丁，便得不到田。原来的乞丐，不得再讨饭。乞丐、僧人都分田。要勤劳耕种各自的田地。每二十男丁，征一丁当兵，以一丁应役。[1]

同年十月，后金汗再令辽东五卫居民，交出“无主”田地二十万日，海、盖、金、复四卫居民，也交出“无主”田地十万日，共三十万日[2]，实行“计丁授田”。

后金汗努尔哈赤颁布“计丁授田”制度，将辽东地区“无主之田”，按丁授予满、蒙、汉人户。这是满洲社会生产关系的又一重大变革。

第一，就其土地所有制来说，后金国家是土地的最高所有者，把土地分为官田和份地，直接生产者除以无偿劳役耕种规

〔1〕《满文老档·太祖》第二四册，天命六年七月十四日。

〔2〕《满文老档·太祖》第二七册，天命六年十月初一日。

定的官田之外，便在所得份地上经营自己的经济，而并无真正的土地所有权。

第二，就其直接生产者的地位来说，直接生产者虽然不像奴隶那种人身隶属关系，但不许隐匿人丁，被钉附在土地上，成为八旗封建主的依附土地的农奴。

第三，就其产品分配形式来说，直接生产者耕种规定官田作为劳役地租，份地则为着既征发徭役，又维系劳动力再生产——“一家衣食，凡百差徭，皆从此出”[1]。

“计丁授田”制度表明，它的土地所有制、直接生产者地位和产品分配形式，都属于封建生产关系的范畴，而其基础则是满洲八旗封建土地所有制。因此，满洲社会继实行牛录屯田制度之后，又实行“计丁授田”制度，进一步从法律上确立封建土地所有制在经济基础中的统治地位，标志着我国东北地区满洲社会，封建制取代了奴隶制。

这里有两点补充。其一，“计丁授田”实行的劳役地租，对高度封建化的汉族来说，是一种落后的剥削形式。然而，按丁授田、按丁责役，既打击了隐匿男丁的辽东汉族地主，又使无地贫民和自耕农，或得到点土地，或均平些赋役。如努尔哈赤向辽东汉民下达文书言：

> 我来辽东之后，见各种贡赋都不以男丁计，而是按门户计。按门户计，有的门户有四五十男丁，有的门户有一百男丁，有的门户只有一二男丁。按门户计，富人以财物免役，穷人没有财物须经常应差。我不执行你们的制度，

〔1〕《天聪朝臣工奏议》上卷。

用我原来的制度。不准诸贝勒大臣向低下的人索取财物。贫富都公平地以男丁计。[1]

但是，由于后金推行剃发、迁民、查粮、重役等倒行逆施的政策，造成了社会生产力的大破坏，并加剧了生产力同生产关系的矛盾，激起了辽民的反抗。其二，“计丁授田”制度在不同地区、不同时间，其执行情况，有所不同。总的说来，实际上并未完全按照规定的办法推行。

其次，“按丁编庄”。

八旗军进入辽沈地区之后，在实行“计丁授田”的同时，还建立大量田庄，即拖克索。拖克索的性质很复杂，有封建田庄，也有奴隶田庄。天命六年，后金在范河路置八贝勒田庄。[2]天命七年（1622），后金汗给蒙古喀尔喀巴岳特部恩格德尔额驸，平虏堡男丁430人，每年征收银百两、粮百石。[3]这显然是封建剥削。天命八年（1623），后金汗致书招劝恩格德尔定居辽阳，允诺将给他及其妻、弟、子共8000丁，一年可征收银520两、粮880石等。[4]这也是封建性剥削。天命九年（1624），恩格德尔额驸及格格徙居辽阳，被赐予各七男丁的诸申田庄两个、汉人田庄两个等。[5]从前后封赐联系来看，这些田庄很像是封建田庄。

但是，后金进入辽沈地区之后，将大量俘获汉人降为奴隶，

〔1〕《满文老档·太祖》第二八册，天命六年十一月十八日。

〔2〕《满文老档·太祖》第一八册，天命六年闰二月二十九日。

〔3〕《满文老档·太祖》第三二册，天命七年正月初八日。

〔4〕《满文老档·太祖》第四五册，天命八年二月十二日。

〔5〕《满文老档·太祖》第六〇册，天命九年正月初三日。

编入奴隶田庄。满洲社会中封建制与奴隶制的两种生产方式，发生了尖锐的矛盾。这突出地表现为田庄奴隶“不能聊生，多致逃亡”[1]。努尔哈赤鉴于田庄奴隶的反抗，辽东封建经济的影响，奴隶制田庄濒临的危机，发布“按丁编庄”令，将满洲社会残存的奴隶制残余加以改革，从而使奴隶田庄转化为封建田庄。

天命十年（1625）十月，后金汗发布“按丁编庄”谕：

> 男丁十三人，牛七头，编成一庄。将庄头的兄弟列于十三丁之数。庄头自己到沈阳，住在牛录额真家的邻近。使二庄头住在一处，如逢役使，该二庄头轮流前往督催，诸申不要参与。把庄头之姓名，庄中十二男丁之姓名，牛、驴之毛色，都写上交给村领催，由去的大臣书写带来。
>
> 若收养的人，置于公中，会被诸申侵害，全部编入汗、诸贝勒田庄。一庄男丁十三人，牛七头，田百日。其中二十日纳官粮，八十日供自己食用。
>
> 每男丁十三人，牛七头，编为一庄。总兵官以下，备御以上，每备御给与一庄。[2]

后金的“按丁编庄”令，是满洲社会生产关系变革中的重大事件：

第一，划一田庄标准。在后金的辖区，由努尔哈赤发布汗谕，以划一的标准，大规模地对田庄加以整顿和改革。将每庄

---

〔1〕《清太宗实录》卷一，天命十一年九月丁丑。

〔2〕《满文老档·太祖》第六六册，天命十年十月初三日。

的庄头、男丁、耕牛、土地、赋役等统一规格，并做出若干具体的规定。

第二，明确田庄性质。就生产关系的性质来说，田庄的土地，分为纳粮和自食两个部分：纳粮部分，壮丁用自己的劳动力、耕牛和农具，耕种农奴主的土地，产品作为劳役地租，为农奴主占有；自食部分，对壮丁来说它提供生活资料，对农奴主来说它保证获得劳动力。

第三，提高壮丁身份。田庄的壮丁，有自己的经济，其身份已然不是隶属于其主人的奴隶，而是依附在土地上，为封建主服徭役、纳租赋的农奴。其实，在此之前，后金即颁布禁杀农奴的法令，规定：无故杀害农奴者，贝子以上罚“诸申十户”，贝子以下“则戮其身”〔1〕。它旨在从法律上保护农奴的身份。奴隶与农奴在其身份上有着本质的区别：奴隶被奴隶主完全占有，即被当作牲畜来买卖屠杀；农奴则被农奴主不完全占有，即虽然“可以买卖”，但“已不能屠杀”。因此，田庄的壮丁，既不能屠杀，又有自己的经济，其身份有所提高。

第四，规定田庄数目。虽然规定“每备御给与一庄”，但实际上后金汗、贝勒、官将占有大量田庄。据朝鲜国王太子李溰在沈阳附近目睹所载，“诸王设庄，相距或十里，或二十里”〔2〕，庄田如云，遍布辽野。

再次，封建个体经济扩大。

八旗军进入辽沈地区之后，随着“计丁授田”等制度的实行，封建个体经济得到发展，从而成为满洲社会封建经济形态

---

〔1〕《清太宗日录》清抄本，不分卷。

〔2〕《沈馆录》卷三。

中的一个重要组成部分。后金发布的一些旨令，有利于封建个体经济的发展。如规定不许将牛马拴在果树上，以妨啃磨树皮[1]；牛群毁坏庄稼，牧人要鞭责二十[2]；牲畜踏坏农田，每匹罚银一两[3]。还责令额真要重视种植粮棉，如额真所属诸申等秋后衣食不足可以告状，然后将其从收成较差额真那里拨出，转属收成较好的额真，以示奖惩[4]，等等。

然而，后金进入辽沈地区之后，对满洲社会生产关系变革具有重大意义的是"计丁授田"和"按丁编庄"。后金政权一方面使牛录屯田发展为"计丁授田"，就是将其辖区的一部分土地，授给八旗兵丁和汉族民户，从而使屯田转变为旗地；另一方面实行"按丁编庄"，使奴隶制拖克索转化为封建制拖克索，就是将其辖区的另一部分土地，分给或赐予汗、王、贝勒和官吏，按丁编庄，建立庄田，"若明之皇庄及诸王勋戚所赐庄田，则为在官之田"[5]，即官田，从而使庄田转变为官田。

无论是"计丁授田"或是"按丁编庄"，其共同特点是，直接生产者作为农奴被束缚在土地上，而且必须为土地占有者输纳劳役地租。这正如列宁在《俄国资本主义的发展》一书中，论述徭役经济特点时所指出："在这种经济下直接生产者必须分有一般生产资料特别是土地，同时他必须束缚在土地上，否则就不能保证地主获得劳动力。因而，攫取剩余产品的方法在徭役经济下和在资本主义经济下是截然相反的：前者以生产者占

〔1〕《满文老档·太祖》第二四册，天命六年七月十七日。

〔2〕《满文老档·太祖》第五八册，天命八年七月十五日。

〔3〕《满文老档·太祖》第五九册，天命八年九月初七日。

〔4〕《满文老档·太祖》第一七册，天命六年闰二月十六日。

〔5〕《清朝文献通考》卷一二。

有份地为基础，后者则以生产者从土地上解放出来为基础。”[1]

综上所述，清入关前满洲的社会经济形态，早在明初建州女真奴隶制中即已出现封建因素。后来由于社会生产力的发展，汉族封建经济的影响，奴隶即“阿哈”的反抗斗争，女真各部统一战争的作用，在16世纪末和17世纪初的半个世纪间，满洲社会完成了由奴隶制向封建制的过渡。

满洲社会在佛阿拉时期，实行军事封建屯田制，表明其由奴隶制向封建制转化的开始。在赫图阿拉时期，按八旗普遍实行牛录屯田，表明其封建土地所有制取得了支配的地位。天命元年（1616）建立后金政权，则是其封建制取代奴隶制的政治标志。到辽沈时期，“计丁授田”和“按丁编庄”的实行，证明满洲社会完成了由奴隶制向封建制的转变。满洲社会由奴隶制生产关系向封建制生产关系的转变，基本上是在女真各部统一战争中摧毁了奴隶制，新兴封建主采取自上而下社会改革进行的。实现上述转变的三种形式，即从牛录屯田到计丁授田，发展成为后来的旗地；从奴隶田庄到按丁编庄，发展成为后来的官田[2]；从诸申转化为农奴的封建个体经济，则发展成为后来的民田。上述三种形式既相区别又相联系，但前二者在满洲社会性质转变过程中起着决定性的作用。

后来皇太极实行部分汉民“分屯别居”。《清太宗实录》载：

> 先是，汉人每十三壮丁，编为一庄，按满官品级，分给为奴。于是同处一屯，汉人每被侵扰，多致逃亡。上洞

[1]《列宁全集》卷三，人民出版社，1984年，第158页。

[2]《清史稿》卷一二〇《食货志一》。

悉民隐，务俾安辑，乃按品级，每备御止给壮丁八、牛二，以备使令。其余汉人，分屯别居，编为民户，择汉官之清正者辖之。[1]

这段汗谕，需作三点分析：

其一，先前按丁编庄中的壮丁，身份为奴，此系奴仆，并非奴隶，前已论之。

其二，每备御所分八丁二牛之庄，壮丁身份，亦为农奴，而非奴隶。

其三，所余汉人，分屯别居，这在生产关系上没有发生根本的变化，只不过是为缓和满、汉民族矛盾所采取的一种手段而已。

当然，后金进入辽沈地区以后，仍有大量的奴隶存在，如沈阳附近就有买卖奴隶的市场，入关之后在北京还有买卖人口的“人市”[2]。但总的说来，奴隶制已不再是满洲社会的主要经济形态，而是保留在封建制中的奴隶制的残余。

后金的“计丁授田”和“按丁编庄”对满洲社会完成由奴隶制向封建制的转化，无疑是一种巨大的进步。但对于辽东地区相当发达的封建经济，又是一次历史的回旋，这引起辽东汉人的不满。然而，就总的历史发展趋势来说，我国东北地区的少数民族，终于基本上痛苦地完成了由奴隶制向封建制的转化。

（原载《社会科学辑刊》1984 年第 4 期）

---

〔1〕《清太宗实录》卷一，天命十一年九月丁丑。

〔2〕谈迁《北游录·纪闻下·人市》。

清初满汉文化交流的新篇章

在清太祖努尔哈赤崛兴后一百年间，满汉文化交流为时势所趋，旗民所望。满族词人纳兰性德与汉族诗人吴兆骞的友谊，是清初满汉文化交融的生动例证，谱写出满汉文化交流的历史篇章。

一

纳兰性德与吴兆骞生活在清初社会激烈动荡的时代。家族上亲与仇、民族上满与汉、政策上张与弛的矛盾，是制约和影响纳兰性德与吴兆骞民族情谊、诗词成就和文化交融的三个重要的历史因素。

家族上亲与仇的矛盾，是制约和影响纳兰性德同吴兆骞文化交流的一个历史要素。纳兰性德的始祖为明海西女真叶赫部长星根达尔汉："灭呼伦国内纳喇姓部，遂居其地，因姓纳喇，后移居叶赫河，故名叶赫。"[1]星根达尔汉五传至太杵，有二

〔1〕《满洲实录》卷一。

子——清佳努和扬佳努，皆称贝勒，各据山城[1]，能抚驭部众，与哈达争雄。清太祖努尔哈赤早年从明辽东总兵李成梁帐下走脱，途经叶赫，贝勒扬佳努甚为器重，以爱女许之，并赠送马匹甲胄，派兵护送回赫图阿拉。史载："太祖如叶赫国。时上脱李成梁难而奔我，贝勒仰（扬）佳努识上为非常人，加礼优待。"[2]万历十六年（1588）九月，努尔哈赤迎娶扬佳努之女孟古格格。[3]四年后生皇太极（即清太宗）。[4]清皇室爱新觉罗氏与叶赫那拉氏始结为懿亲。

叶赫那拉氏与爱新觉罗氏既为懿亲，又有世仇。清佳努和扬佳努被明抚臣李松和总兵李成梁设"市圈计"[5]诱杀后，清佳努子布寨和扬佳努子纳林布禄分别继为贝勒，与明朝通贡，同建州角胜。万历二十一年（1593），叶赫贝勒布寨和纳林布禄，纠合哈达、辉发、乌拉等九部联军进攻建州，但师出失利，布寨坐骑撞木踣倒，被建州兵"骑而杀之"[6]。纳林布禄见兄被杀，惊呼一声，昏倒在地，被救回叶赫山城后，"因念兄仇，昼夜哭泣，不进饮食，郁郁成疾"[7]，不久病死。布寨死后，"北关（叶赫）请卜酋（布寨）尸，奴酋（努尔哈赤）剖其半归之。于是北关遂与

---

〔1〕叶赫两山城在今吉林省梨树县叶赫乡（今为叶赫满族镇）寇河（叶赫河）两岸。东城在河左岸台地上，西城在河右岸丘陵上。两城距离三里，对峙相望。

〔2〕《叶赫国贝勒家乘》清抄本，第2页。

〔3〕《清太祖高皇帝实录》卷二，戊子年（万历十六年）九月辛亥朔。

〔4〕《玉牒》，中国第一历史档案馆藏。

〔5〕《明神宗实录》卷一一，万历十二年十二月甲戌，内阁文库本。

〔6〕《清太祖武皇帝实录》卷一，癸巳年（万历二十一年）九月。

〔7〕《叶赫国贝勒家乘》清抄本，第10页。

奴酋为不共戴天之仇”[1]。后布寨子布扬古、纳林布禄弟金台石（亦作“金台吉”）分别继为贝勒，驻西东山城，与后金抗衡。万历四十七年（1619），后金汗努尔哈赤在灭哈达、辉发、乌拉并取得萨尔浒大捷后，率倾国之师，进攻叶赫。努尔哈赤破叶赫两山城，将贝勒布扬古缢杀，又将自焚未死的贝勒金台石俘而杀之。[2]

金台石身死城陷后，其子倪迓汉随叶赫部民被迁至建州，受任佐领[3]，未见重用。倪迓汉于顺治三年（1646）死，其子明珠在顺治朝亦未受信用，仅官銮仪卫治仪正[4]，后迁内务府郎中。明珠家与清朝皇室既为懿亲，又结世仇，这予明珠之子纳兰性德及其同吴兆骞之关系以深巨影响。

民族上满与汉的矛盾，是制约和影响纳兰性德同吴兆骞文化交流的又一个历史要素。清军入关以后，推行剃发、易服、圈地、占房、投充和捕逃六大弊政，满汉民族矛盾一度相当紧张。剃发和易服在当时最为刺激汉族人民感情，所谓“头可断，发不可剃”，就是这种民族感情的强烈表现。汉大学士陈名夏被处绞刑的一个罪状，是因私下同汉军大学士宁完我说过：“留发复衣冠，天下即太平。”[5]圈地和占房，滋扰更甚。左都御史魏裔介奏陈：汉民“自圈地圈房后，饥寒为盗”[6]。投充和捕逃，肆占田产，株连过多，“上下交困，莫此为甚”[7]。

---

〔1〕《明神宗实录》卷五二八，万历四十三年正月乙亥。

〔2〕《满文老档》卷一二《太祖》，天命四年八月二十二日。

〔3〕《清史列传》卷八《明珠传》。

〔4〕《清史稿·职官志四》：“治宜（仪）正，初制正五品，康熙二年改正六品，七年复故。”

〔5〕《东华贰臣传》卷一一《陈名夏传》。

〔6〕蒋良骐《东华录》卷八，顺治十六年闰三月。

〔7〕《清世祖实录》卷八八，顺治十二年正月丙午。

清初为缓和满汉民族矛盾，对故明官员，俱官仍其职，录用贤能。但中央衙署极力保持满洲贵族的特权。如议政王大臣会议，成员均以满臣充之，其中“半皆贵胄世爵”[1]，汉官不能涉足。六部开始只有满尚书，汉官只能充任侍郎，遇部务事“而不敢言”[2]。顺治五年（1648），始设六部汉尚书[3]，但部务仍由满尚书主持，汉尚书“一切皆惟所命”[4]。多尔衮死后，顺治帝旨称：“朕自亲政以来，各衙门奏事，但有满臣，未见汉臣。”[5]少詹事李呈祥疏陈各衙门应裁满官，顺治帝览疏不悦，谕称：“若从实而言，首崇满洲，理所宜也。”[6]部议将李呈祥流徙尚阳堡，可见为汉人申言之难。顺治十年（1653），廷议任珍一案，大学士署吏部尚书事陈名夏等汉官27人，与满官所议相左，命将陈名夏等汉官集至午门外，严行议罪，降罚有差。

但是，清初的满汉民族矛盾，在清军入关和攻占两京、顺治末年和康熙初政、三藩之乱和统一台湾时，都几经起伏。顺治十八年（1661），奏销案对江南地主文士震动尤巨，是满汉民族矛盾加剧的一个表现。这次奏销案，将江南苏、松、常、镇四府绅衿一万三千余人，另曰抗粮，造册上报，后尽行褫革，发本处枷责，鞭扑纷纭，衣冠扫地。结果秀才、举人、进士凡未完纳钱粮者，皆被革去功名出身，现任官员则降二级调用，

---

〔1〕 昭梿《啸亭杂录》卷七。

〔2〕《皇清奏议》卷二。

〔3〕《清世祖实录》卷三九，顺治五年七月丁丑。

〔4〕 赵翼《簷曝杂记》卷二。

〔5〕《清世祖实录》卷七一，顺治十年正月庚午。

〔6〕 蒋良骐《东华录》卷七，顺治十年三月。

顿时“仕籍学校，为之一空”[1]。因而形成康熙初“苏、松词林甚少”[2]的局面。康熙帝初御，四辅臣秉政，满汉民族矛盾继续加剧。康熙十二年（1673），吴三桂在云南，蓄发易服冠，举旗叛清；杨起隆在京师，称朱三太子[3]，纠众反清——表明满汉民族矛盾激化。尔后，康熙帝调整政策，极力缓和满汉民族矛盾。所以，清初满汉民族矛盾的急缓起伏，是吴兆骞冤遭遣戍与纳兰性德慨允锾赎的历史关节。

政策上张与弛的矛盾，是制约和影响纳兰性德同吴兆骞文化交流的另一个历史要素。清初实行开科取士，选拔汉族官员，笼络汉族文士，以缓和满汉民族矛盾，巩固新朝的统治。顺治二年（1645）十月，范文程疏言：“治天下在得民心，士为秀民，士心得则民心得矣，宜广其途以搜之。”[4]同年，恢复科举考试。顺治朝凡举行会试十科，中进士3064人，其中满洲进士两科，共一百人。但是，清初的科弊，辇金载宝，晋谒私干，密属权要，较明益甚。

在清之前，科场弊端由来已久。唐代科试并不糊名，交通关节，视为常事。其时随意请托——亲者托情，贵者托势，尊者托权，富者托财。宋真宗时，创始贡举糊名之制。[5]元则姑且不论。明初科规森严，至万历朝徇私通贿，百弊丛生。万历十六年（1588），黄弘宪主典顺天乡试。辅臣王锡爵之子为举首，礼部侍郎申时行婿也预选。饶伸疏言：“张居正三子连占高

〔1〕董含《三冈识略》卷四。

〔2〕王士禛《香祖笔记》卷七。

〔3〕蒋良骐《东华录》卷一〇，康熙十二年十二月。

〔4〕《清史列传》卷五《范文程传》。

〔5〕纳兰性德《通志堂集》卷一六。

科，而辅臣子弟遂成故事。洪宪更谓一举不足重，居然置之选首。子不与试，则录其婿，其他私弊不乏闻。”[1]但饶伸露章直疏，“忤上，廷杖，削籍”[2]。及至明末，政治腐败，法纪废弛，科规紊乱。崇祯十六年（1643），进士选馆，百计钻营，正卷、副卷以银之多寡为低昂。崇祯帝闻之，谓内臣曰：“新进士选馆，将城内金子换尽矣。”[3]

清顺治帝亲政之后，“清赋役以革横征，定律令以涤冤滥”[4]，力图罢除弊政，整饬科场弊端。顺治帝为严肃科规而酿成的科场之案，蔓延几及全国，顺天、河南、山东、山西、江南五闱震动尤大，其中以顺治十四年（1657）丁酉科江南乡试案为最巨、最惨。虽然顺治帝在主观上要整肃科场条规，但在客观上却有大批举子蒙冤，吴兆骞就是其中之一。到康熙帝御政的第二个十年，吴三桂倡乱，杨起隆举事，京师大地震，太和殿焚毁，兵燹灾变，迭相告警。康熙帝因诸种忧劳，心怀不畅，染病卧床，日夜反思。他尝“中夜抚膺自思，如临冰渊，兢惕悚惶，益加修省”[5]；谕称：“倘有政治失宜，皆朕躬之咎。”[6]于是，康熙帝在这期间，将若干政策特别是对汉族知识分子的政策作了重大调整，设南书房召汉儒入直，试博学鸿词，开馆修《明史》，起居注官增加汉员，宴内阁翰林于乾清宫等。因此，清廷对汉族知识分子政策的张弛变化，是影响纳兰性德

〔1〕《明史》卷二三〇《饶伸传》。

〔2〕康熙《进贤县志》卷一五《饶伸传》。

〔3〕李清《三垣笔记·附识中》。

〔4〕《清史稿》卷五《世祖本纪二》。

〔5〕《康熙起居注册》，康熙十八年七月三十日。

〔6〕《康熙起居注册》，康熙十八年十二月初五日。

与吴兆骞关系的重要历史关节。

上述家族上亲与仇、民族上满与汉、政策上张与弛的矛盾，相互交织，错综复杂。在这繁复社会矛盾之树上，结出纳兰性德与吴兆骞满汉文化交流之果。

二

吴兆骞的不幸遭遇及其壮丽诗篇，引起纳兰性德的同情和仰慕，从而结成一条满汉文化交流的纽带。

吴兆骞（1631—1684），字汉槎，江苏吴江人。父晋锡，崇祯十三年（1640）庚辰科进士，南明时官巡抚，见事不可为，至九嶷山为僧，“禁网既解，仍复乡里”〔1〕。晋锡历尽辛勤，教诲兆骞，“父子俱好读书，共坐楼头，溽暑祁寒，吟诵不辍”〔2〕。兆骞有才华，工诗赋，继复社主盟，才名动一时，与华亭彭师度，宜兴陈维崧，被誉为“江左三凤凰”〔3〕。兆骞尝以才自负，曾与同伴语云：“江东无我，卿当独秀。”兆骞过于自矜，相传他在塾中见人脱帽，取之便溺。塾师责问，答称：“居俗人头，何如盛溺。”〔4〕其师诧道：此子异时有盛名，然不免于祸矣！

果然，吴兆骞在顺治十四年（1657）丁酉科江南乡试案中罹祸。是科江南乡试主考官为翰林院侍讲方犹，副主考官为翰林院检讨钱开宗。他们营私舞弊，冒滥贤书，榜发后啧有烦言，

---

〔1〕 吴兆骞《归来草堂录·后记》，第2页。

〔2〕《归来草堂录·尺牍》，第1页。

〔3〕《清史列传》卷七〇《吴兆骞传》。

〔4〕《清朝野史大观》卷九。

众情大哗。两主考官撤闱归里时，过常州、苏州，士子随舟唾骂，至欲投砖掷瓦。好事者刊印《万金记传奇》，以“方”字去一点为“万”，“钱”字去右边为“金”，指二主考官之姓，诋其行私通贿丑状。此科题为《贫而无谄》，有人作《黄莺儿》词讥讽道：“命意在题中，轻贫士，重富翁，诗云子曰全无用。切磋欠工，往来要通，其斯之谓方能中。告诸公，方人子贡原是货殖家风。”〔1〕

给事中阴应节参奏江南科场弊端称：“江南主考方犹等弊窦多端，榜发后，士子忿其不公，哭文庙，殴帘官，物议沸腾。”〔2〕顺治帝急欲图治，破除陋习，览奏之后，命行复试。江南举子被传集京师，太和殿前，握管答卷，兵卫旁逻，气氛森严。吴兆骞等战栗惶惧，不能下笔，以致曳白而去。后顺治帝颁谕：“方犹、钱开宗，俱着即正法，妻子家产，籍没入官。叶楚槐、周霖、张晋、刘廷桂、田俊民、郝惟训、商显仁、李祥光、银文灿、雷震声、李上林、朱建寅、王熙如、李大升、朱菹、王国桢、龚勋，俱着即处绞，妻子家产，籍没入官。已死卢铸鼎，妻子家产，亦着籍没入官。方章钺、张明荐、伍成礼、姚其章、吴兰友、庄允堡、吴兆骞、钱威，俱着责四十板，家产籍没入官，父母兄弟妻子，并流徙宁古塔。”〔3〕

吴兆骞罹难后，从礼部转至刑部，即口占诗，以抒冤愤，索纸笔不得，遂高声哀诵：

---

〔1〕 商衍鎏《清代科举考试述录》，生活·读书·新知三联书店，1958年，第304页。

〔2〕《清世祖实录》卷一一三，顺治十四年十一月癸亥。

〔3〕《清世祖实录》卷一二一，顺治十五年十一月辛酉。《清代科举考试述录》此段引文疏误十处。

仓黄荷索出春官，扑目风沙淹泪看。自许文章堪报主，那知罗网已摧肝。冤如精卫悲难尽，哀比啼鹃血未干。若道叩心天变色，应教六月见霜寒。[1]

吴兆骞于顺治十六年（1659）春起身，往那被称为“山非山兮水非水，生非生兮死非死”[2]的边塞戍地宁古塔。康熙帝曾说：“流徙宁古塔、乌喇人犯，朕向者未悉其苦，今谒陵至彼，目击方知。此辈既无屋栖身，又无资力耕种，复重困于差徭。况南人脆弱，来此寒苦之地，风气凛冽，必至颠踣沟壑。”[3]吴兆骞正是备受天气严寒之苦——“宁古寒苦，天下所无。自春初到四月中旬，日夜大风，如雷鸣电激，咫尺皆迷。五月至七月，阴雨接连。八月中旬，即下大雪。九月初，河水尽冻，雪才到地，即成坚冰”[4]；又受衣食匮乏之苦——水潦旱霜连年，米价竟至五两五钱一石，赖人“捐金相饷，以度凶岁，否则久委沟中矣”[5]；还受差徭凌逼之苦——官府命流人当差，或水营，或壮丁，“每一庄共十人，一个做庄头，九个做壮丁，一年四季，无一闲日。一到种田之日，即要亲身下田，五更而起，黄昏而歇。每一个人名下，要粮十二石、草三百束、猪一百斤、炭一百斤、官炭三百斤、芦一百束。至若打围，则随行赶虎狼獐鹿。凡家所有，悉作官物。衙门有公费，皆来官

〔1〕《归来草堂录·尺牍》，第4页。

〔2〕 吴伟业《吴梅村诗集》卷七。

〔3〕《清圣祖实录》卷一〇二，康熙二十一年五月壬子。

〔4〕《归来草堂录·尺牍》，第11页。

〔5〕《归来草堂录·尺牍》，第25页。

庄上取办”[1]；复受内心冤愤之苦——自许文章飞凤，岂知苍蝇点白，真是“肠断难收广武泪，怨深空诉鹃亭魂”。

但是，困顿穷厄的逆境，反而造就了吴兆骞。他能于绝地求生，死中求活，在万死一生之中，“打练出学问，存养出德性”[2]。吴兆骞流徙边塞，不废笔墨，延馆授徒，撰述诗文。正因为吴兆骞身在边陲，胸郁忧患，才能写出《秋笳集》——祖国边塞诗歌史上的北极光。就是极力贬抑《秋笳集》的《四库全书总目提要》纂者，也认为吴兆骞的秋笳诗“天分特高，风骨遒上”[3]。吴兆骞在《秋笳集·奉送巴大将军东征逻察》诗中写道：“苍茫大碛旌旗行，属国壶浆夹马迎。”[4]气势磅礴，豪志如虹，从而成为中国古代诗歌史上的爱国名篇。吴兆骞成边塞，吟《秋笳》，“然不如此，无《秋笳》一集，其人恐不传”[5]。

吴兆骞虽身系北域边徼，却心念南国家乡。他“望乡之心，迫于水火”[6]。就是在梦中也浮现江南水乡幻境：“客泪沾笳吹，万里梦吴台。”[7]他至戍所第二年，其夫人也到了宁古塔，住在“茅茨卑隘，仅堪容膝”的小屋，彼此慰藉，相依为命。后生一男，名叫苏还，“取苏武还乡及早还苏州之意”[8]。然而，吴兆骞的还乡之梦，日复一日，年复一年，醒后虚幻，皆成泡影。

---

〔1〕《归来草堂录·尺牍》，第20页。

〔2〕《归来草堂录·尺牍》，第2页。

〔3〕《四库全书总目》卷一八二《秋笳集提要》。

〔4〕 吴兆骞《秋笳集》卷三。

〔5〕 伍崇曜《秋笳集·跋》。

〔6〕《归来草堂录·尺牍》，第26页。

〔7〕《归来草堂录·奉吴耕方书》，第28页。

〔8〕《归来草堂录·尺牍》，第15页。

其时流人不消说生还，就是死，还如《柳边纪略》撰者杨宾，为父归葬，奔走京师，“日搏颡哀吁于当道舆前”[1]，有怜之者才为其奏请更例。吴兆骞谪戍二十三年，书生泪尽，盼望赦还，“何日春风同燕雀，万年枝上一飞翻”[2]。他的友人顾贞观在京师千佛寺冰雪中，寄《金缕曲》，以词代书，为吴兆骞吹来了枝上燕雀飞翻的春风。这首《金缕曲》道：

> 季子平安否？便归来，平生万事，那堪回首。行路悠悠谁慰藉？母老家贫子幼。记不起，从前杯酒，魑魅搏人应见惯，总输他、覆雨翻云手。冰与雪，周旋久。
>
> 泪痕莫滴牛衣透。数天涯，依然骨肉，几家能够？比似红颜多命薄，更不如今还有。只绝塞、苦寒难受。廿载包胥承一诺，盼乌头马角终相救。置此札，兄怀袖。[3]

三

顾贞观以词代书寄往宁古塔的《金缕曲》，在纳兰性德与吴兆骞之间，架起了一座满汉文化交流的桥梁。

纳兰性德（1655—1685），原名成德，因避皇太子胤礽（小名保成）之讳，改名性德，又称星德，满洲正黄旗人，父为大学士明珠。在康熙朝中，满洲大臣以权位相尚者，唯明珠与索额图。但明珠与索额图身世不同，明珠家与清皇室既亲且仇，

---

〔1〕《清史列传》卷七十《杨宾传》。

〔2〕《归来草堂录·尺牍》，第27页。

〔3〕顾贞观《弹指词》卷下。

而索额图家与清皇室只亲无仇。

索额图是满洲正黄旗人，为康熙帝初御时辅政大臣、一等公索尼之第三子[1]，家世显赫。索尼因奏请康熙帝亲政，受到诏褒，加封一等公。[2]索额图之兄噶布喇任领侍卫内大臣，其女为康熙帝孝诚仁皇后[3]，即皇太子胤礽之生母。索额图之五弟心裕袭一等伯，六弟法保袭一等公。[4]索额图以一等侍卫帮助康熙帝擒鳌拜、亲朝政，因被授为大学士兼佐领。寻《清世祖实录》告成，加太子太傅。康熙十四年（1675），胤礽被立为皇太子，其时索额图为保和殿大学士，权势日盛。康熙十八年（1679），左都御史魏象枢借京师大地震之机，泣陈“索额图怙权贪纵状，请严谴”[5]。康熙帝虽赐其“节制谨度”榜，但对他仍加信用。同年，康熙帝染病十六天未御门听政，因传谕内阁大学士等曰：“朕今日偶恙，暂避风寒，不御门理事，可传知部院各衙门官员，其启奏本章俱送内阁大学士索额图等。”[6]时索额图权势倾朝，气焰熏灼，骄横贪黩，飞扬跋扈，疏劾大学士熊赐履，赐履罢归即是一例。

然而，与索额图共秉朝政的明珠却有所不同。前已述及明

---

〔1〕《清史稿·索额图传》：“索额图，赫舍里氏，满洲正黄旗人，索尼第二子。”同书《索尼传》及《清史列传·索尼传》《清史列传·索额图传》均载其为索尼第三子；是知《清史稿·索额图传》载其为“索尼第二子”，误。

〔2〕《清史列传》卷六《索尼传》。

〔3〕《清史稿·后妃传》：“圣祖孝诚仁皇后，赫舍里氏，辅政大臣、一等大臣索尼孙领侍卫内大臣噶布喇女。”此段史实有二误：一是“一等大臣”应为一等公；二是噶布喇为索尼之长子，并非其孙。

〔4〕《清史列传》卷八《索额图传》。

〔5〕《清史稿》卷二六九《索额图传》。

〔6〕《康熙起居注册》，康熙十八年十一月二十三日。

珠的先世贝勒布寨、布扬古、金台石均被后金汗杀害，另一贝勒纳林布禄之死也与此有关，且叶赫部在扈伦四部中降服最晚。在清初天命、天聪、崇德、顺治四朝，索额图的赫舍里氏家族，高官显宦，位极人臣；明珠的纳兰氏家族，却无一人高官显爵，丰功厚禄。而建州与叶赫的世仇，直至清末民初，仍广泛流传："太祖因掘出古碑，上有'灭建州者叶赫'六字，所以除灭叶赫；只因太祖皇后，本是叶赫国女儿，为了一线姻亲，特令苟延宗祀，但不过阴戒子孙，以后休与结婚。"[1]这虽属附会妄谈，但说明建州与叶赫世仇影响之久远。明珠因其家世之故，在朝中小心谨慎，勤敏政事。康熙初，擢总管、授学士，晋尚书、充侍讲。康熙帝召诸大臣询撤藩方略，兵部尚书明珠等主撤，但众臣皆默然。及撤藩令下，吴三桂倡反，耿精忠与尚之信叛应。索额图因请诛主议撤藩者。借康熙帝调护，明珠得免其咎，并称上旨，后迁武英殿大学士。索额图生而贵盛，性情倨傲，不附己者斥之；明珠同索额图争雄，则"务谦和，轻财好施，以招来新进"[2]。明珠同索额图依恃满洲贵族、崇尚"满语骑射"相反，他笼络汉族官员文士、学习汉族儒家文化。如康熙二十年（1781），吏部题补镶蓝旗的张吉午为顺天府尹，因明珠阻谏而罢，翌日，明珠会同汉大学士会议由庶吉士出身的南方人熊一潇补缺，获准。[3]上述一切，对纳兰性德产生重要影响，形成纳兰性德迥别于其他满洲贵胄的鲜明特点。

---

〔1〕 蔡东藩《清史通俗演义》第63回。

〔2〕《清史稿》卷二六九《明珠传》。

〔3〕《康熙起居注册》，康熙二十年五月二十一日、二十二日。

纳兰性德数岁习骑射，稍长工文翰。17岁入国子监读书，18岁举顺天乡试，19岁殿试因病未赴，22岁成进士。[1]康熙帝比纳兰性德年长一岁，性德中进士不久任侍卫，“御殿则在帝左右，从扈则给事起居”[2]。后官至一等侍卫。纳兰性德金榜题名、初登宦途，其妻卢氏早逝：“康熙十六年五月三十日卒，春秋二十有一，生一子，海亮。”[3]卢氏同性德伉俪三载，溘然死去，对他是个沉重打击。纳兰性德爱情的不幸，体质的孱弱，家族的恩仇，朝廷的党争，使他不仅沉闷苦怨，且有临履之忧，从而形成纳兰词低沉清婉的格调。那种认为“就纳兰词的作者本人说，皇室根苗，贵胄公子，少年得志，世代荣华，身为满人，根本不应有任何家国哀、人生恨”，然而其作品哀怨沉痛，所反映的“正是由于处于一个没有斗争、没有激情、没有前景的时代”[4]社会阶级命运的哀伤。这种论断，就纳兰性德主观条件来说，似嫌所言失之空泛；而就纳兰性德客观条件来说——削平三藩、用兵西北、统一台湾、抗击外敌，都是重大历史事件，所谓“没有斗争、没有激情、没有前景的时代”，又嫌缺乏历史根据。纳兰性德作为一个满族人，自清军入关至他去世也不过42年，却能既娴满文，又通汉文，并于填词造诣精深，实属难能可贵。纳兰词自然、清新、淳朴、

〔1〕《清进士题名碑记》康熙十五年丙辰科；《清高宗实录》卷一二二五载纳兰性德于“康熙十二年癸丑科中进士，年甫十六岁”，《清史稿·性德传》载其“康熙十四年成进士，年十六”，《清诗纪事初编》载其“康熙十二年成进士”，均误。

〔2〕福格《听雨丛谈》卷一。

〔3〕《皇清纳腊室卢氏墓志铭》拓片。

〔4〕李泽厚《美的历程》，文物出版社，1981年，第203页。

绵丽，王国维称其“以自然之眼观物，以自然之舌言情”[1]，可谓中的之言。纳兰性德的词，多收在《通志堂集》中，流传至今的有348首。他的《如梦令》“万帐穹庐人醉，星影摇摇欲坠”，《浣溪沙》“桦屋鱼皮柳作城，蛟龙鳞动浪花腥”等，为满汉文化交融的绝唱。他的词抒情绘景，清淡素朴，自然雅逸，不事雕琢，如《长相思》云：

山一程，水一程，身向榆关那畔行，夜深千帐灯。
风一更，雪一更，聒碎乡心梦不成，故园无此声。[2]

纳兰性德咏北京的《玉泉》《景山》《南海子》《大觉寺》《扈驾西山》《入直西苑》等，则为了解北京的历史与文物、园林与民俗提供了资料。纳兰词在清代词坛上，卓然独立，竞放异彩。况周颐称纳兰性德为“国初第一词人”[3]。纳兰性德的词，是清代词坛一颗满汉文化交融的明星。

纳兰性德的家庭，是当时京师满汉文化交流的一个熔炉。他的二弟揆叙，“年八岁，受业于吴江孝廉吴兆骞，读四子经书”[4]。后官翰林院掌院学士，充经筵讲官[5]，仍于“退朝之暇，手一编，咿唔不休”[6]。其自定读书课程，寒夜诵读不辍，“砚冻晨窗雪，灯深夜帐檠”，就是自赋夜读的诗证。他的三弟揆

〔1〕 王国维《人间词话》。
〔2〕 纳兰性德《通志堂集》卷七。
〔3〕 况周颐《蕙风词话》卷五。
〔4〕《皇清诰授文端揆公墓志铭》拓片。
〔5〕《满洲名臣传》卷三二。
〔6〕《皇清诰封一品夫人揆文端公元配永母耿太夫人墓志铭》拓片。

方，其子永福娶康熙帝第九子允禟之女觉罗氏。[1]揆方广搜书籍，无所不读，“穷日夜，废寝食，句栉字比，钩棘锄芜，无剩余而后已”。时称其笃志读书，“故他所好皆淡如，非苟以自异于世之纨绮者，而刮磨豪习，未尝以富贵骄人”[2]。在纳兰性德家的庭院里，碧水绕亭阁，文士满门下。这表露明珠既在广树政治羽翼，又在客观上促进了满汉文化交流。

纳兰性德喜接文士，结好汉儒。他入国子监，徐乾学弟元文任国子监祭酒[3]。性德举顺天乡试，徐乾学充副主考官，“由其取中”[4]。徐乾学与弟元文、秉义，先后皆列鼎甲[5]，致位显通；又轻财好客，交游甚广[6]。时徐乾学、王鸿绪、高士奇三家并称，皆以高文硕学，通籍词馆，遂联姻结亲，依附权贵。一时“学士非出三家之门者，辄不为世所重”[7]。而明珠与索额图争局，便招致当世汉人文坛名流，树植党羽。性德虽沐蕙揆席家风，却不以满洲贵胄自骄，也不以相门纨绔自矜，能摆脱满与汉、贵与贱的偏见，爱才喜客，以文会友[8]。他交结朱彝尊、姜宸英、顾贞观、严绳孙、陈维崧、秦松龄等。姜宸英为人刚正，不阿权贵，曾分撰《明史·刑法志》，极言厂卫之害，

〔1〕《皇清册封郡主觉罗氏墓志铭》拓片。

〔2〕《皇清诰封和硕额驸纳兰揆公墓志铭》拓片。

〔3〕《从政观法录》卷六。

〔4〕《清高宗实录》卷一二二五，乾隆五十年二月己酉。

〔5〕徐元文中顺治六年一甲一名；徐乾学中康熙九年一甲三名；徐秉义中康熙十二年一甲三名。

〔6〕《碑传集》卷二〇。

〔7〕《清代七百名人传》第4编《徐乾学传》。

〔8〕《国朝诗人征略》卷九。

“痛切淋漓，足为殷鉴”[1]。但宸英与性德却能“纵谈晨夕，枕席书卷”[2]。朱彝尊才高学足[3]，称性德“伐木求友，心期切磋，投我素书，懿好实多”[4]。严绳孙同性德畅谈于“下榻高斋，情同漆胶”[5]。顾贞观与性德交情深挚，其悼念性德《诔词》云“十年之中，聚而散，散而复聚，无一日不相忆，无一事不相体，无一念不相注”，并称性德“视勋名如糟粕，势利如尘埃”，特以“风雅为性命，朋友为肺腑”[6]。虽然诔词难避溢美之嫌，但从中透出了纳兰性德道谊淳真的品格。

在同纳兰性德交游的文士中，主要为江南和浙江的名流，而满洲八旗、蒙古八旗几无一人，汉军八旗仅一人。在纳兰性德殁后，为其作悼文者，《通志堂集》附载45人[7]。这些人的籍贯，列表如下：

籍贯	江南	浙江	山东	顺天	山西	陕西	广东	汉军	其他	总计
人数	25	10	3	1	1	1	1	1	2	45
占总人数之百分比	55.6%	22.2%	6.7%	2.2%	2.2%	2.2%	2.2%	2.2%	4.4%	100%

上表说明，江浙籍占其总人数的78%。若其他不明籍贯者有一人为江浙籍，则占80%以上。而满洲八旗和蒙古八旗并无一人，汉军八旗和顺天府籍仅各一人。另外，康熙中日讲起居

〔1〕《清史列传》卷七一《姜宸英传》。

〔2〕姜宸英《进士纳兰君祭文》，《通志堂集》卷一九《附录》。

〔3〕《鹤征录》卷一。

〔4〕朱彝尊《进士纳兰君祭文》，《通志堂集》卷一九《附录》。

〔5〕严绳孙《进士纳兰君祭文》，《通志堂集》卷一九《附录》。

〔6〕顾贞观《进士纳兰君祭文》，《通志堂集》卷一九《附录》。

〔7〕《通志堂集》卷一九《附录》。

注官满、汉22员，在为纳兰性德作悼文的上述45人中，有汉员日讲起居注官15人，而满员日讲起居注官则无一人。这说明纳兰性德所交游者主要为江浙名士，明珠所特别笼络者也为江浙籍汉族地主官员和汉族知识分子。

纳兰性德轻财好施，济人以急。他不仅同一时名士“宴集于花间草堂”[1]，还能周人所急。朱彝尊被谪官，性德“执手相勖”[2]，彝尊易忧以愉，感动肺腑。姜宸英在蹶跌困顿之时，性德将其延入家馆，朝夕纵谈。翁叔元会试落第，性德“过从执手相慰藉”[3]，并为之省墓治行，僦屋以居其妻子。顾贞观母死，性德“助之以麦、舟”[4]，使其返里奔丧。纳兰性德纳锾赎还“流犯”吴兆骞，“士尤称之”[5]。康熙十五年（1676）性德览《金缕曲》后说：

> 河梁生别之诗，山阳死友之传，得此而三。此事三千六百日中，弟当以身任之。

顾贞观回称：“人寿几何，请以五载为期。”[6]性德许诺，纳锾奔走，兆骞果于五年后入京。兆骞赎还之时，清军已入云南城，三藩之乱宣告平息。这时满汉民族矛盾已趋和缓，清廷对汉族儒士政策已经松弛，大学士索额图也已解职。吴兆骞作为“万

〔1〕《皇清诰授文端揆公墓志铭》拓片。
〔2〕朱彝尊《进士纳兰君祭文》，《通志堂集》卷一九《附录》。
〔3〕翁叔元《进士纳兰君哀词》，《通志堂集》卷一九《附录》。
〔4〕顾贞观《进士纳兰君祭文》，《通志堂集》卷一九《附录》。
〔5〕《清史稿》卷四八四《性德传》。
〔6〕顾贞观《弹指词》卷下《附载》。

年枝上”翻飞的燕雀，经纳兰性德等锾赎，乘“丽日和风被万方”[1]之春风，幸还京师。吴兆骞入京后，纳兰性德对其生馆死葬，极尽情谊。兆骞弟兆宜在《进士纳兰君哀词》中哭诉道：

> 宜兄兆骞，少与梁汾（贞观）友善，公耽志友朋，娱情竹素，以梁汾言，怜骞才而拯之。王孙甲第，穷鸟入怀；公子华池，涸鱼出水。于是徒中安国，死灰复然（燃）；绝域班超，皓首生入。廿年沙漠，雪窖而冰天；三载宾筵，锦衣而鼎食。[2]

往昔绝域囚徒，今日高堂嘉宾。在民族畛域分明的清初，这堪称为敦崇情谊，雄风亮节。满族词人纳兰性德锾赎汉族诗人吴兆骞，是中华民族发展史上一曲民族友谊和文化交流之歌。

纳兰性德捐赀刊刻《通志堂经解》，也是清初满汉文化交流之举。乾隆帝对1860卷[3]之《通志堂经解》，发表长谕：“四库全书馆进呈补刊《通志堂经解》一书，朕阅成德所作《序文》，系康熙十二年，计其时成德年方幼稚，何以即能淹通经术？向即闻徐乾学有代成德刊刻《通志堂经解》之事，兹令军机大臣，详查成德出身本末，乃知成德于康熙十一年壬子科中式举人，十二年癸丑科中式进士，年甫十六岁。徐乾学系壬子科顺天乡试副考官，成德由其取中。夫明珠在康熙年间，柄用有年，势焰薰灼，招致一时名流，如徐乾学等，互相交结，植

〔1〕《康熙起居注册》，康熙二十一年正月十五日。

〔2〕吴兆宜《进士纳兰君哀词》，《通志堂集》卷一九。

〔3〕翁方纲《通志堂经解目录》。

党营私。是以伊子成德年未弱冠，夤缘得取科名，自由关节，乃刊刻《通志堂经解》，以见其学问渊博。古称皓首穷经，虽在通儒，非义理精熟，毕生讲贯者，尚不能覃心阐扬，发明先儒之精蕴；而成德以幼年薄植，即能广搜博采，集经学之大成，有是理乎！”[1]《清高宗实录》的上述记载，多处不实，屡出臆断。如纳兰性德于康熙“十二年癸丑科中式进士，年甫十六岁”，即为不实之一例。查徐乾学在《通志堂经解序》中说：“余兄弟家所藏本，复加校勘，更假秀水曹秋岳，无锡秦对岩，常熟钱遵王、毛斧季，温陵及竹垞家藏旧板书、若干抄本，厘择是正，总若干种，谋雕板行世。门人纳兰容若，尤怂恿是举，捐金倡始，同志群相助成，次第开雕。经始于康熙癸丑（十二年），逾二年迄工。借以表彰先哲，嘉惠来学，功在发余，其敢掠美。因叙其缘起，志之首简。”[2]纳兰性德也说座师徐乾学“尽出其藏本示余小子曰：‘是吾三十年心力所择取而校定者。’余且喜且愕，……请捐赀经始，与同志雕版行世”[3]。此为其不实之又一例。在清初，满洲贵族捐赀财，汉族儒士献学力，共同雕印唐宋元明罕见解经之书《通志堂经解》，为满汉文化交流之善举，似不应非议。

纳兰性德还是一位爱国者。康熙二十一年（1682），性德受命随副都统郎坦、萨布素等几百人，以捕鹿为名，“详视陆路近远，沿黑龙江行围，径薄雅克萨城下，勘其居址形势”[4]。性德此行，长途跋涉，历尽辛苦，回京师后，将所察情状面奏康

---

〔1〕《清高宗实录》卷一二二五，乾隆五十年二月己酉。

〔2〕《通志堂经解·徐序》。

〔3〕 纳兰性德《经解总序》，《通志堂集》卷一〇。

〔4〕《清圣祖实录》卷一〇四，康熙二十一年八月庚寅。

熙帝。康熙帝悉知实情，制定方略，周密准备，命将出师。至纳兰性德死后五日〔1〕，康熙帝在往避暑山庄出古北口驾行途次，得雅克萨战役胜利之驰报〔2〕。因纳兰性德尝有劳于是役，康熙帝特“遣中使，拊其几筵，哭而告之”〔3〕。

清代满族词人纳兰性德与汉族诗人吴兆骞，都因忧怨和劳累而在中年离世。他们留下的诗词之什，固然需要重视；他们架起的满汉文化交流桥梁和编织的满汉兄弟情谊纽带，更值得珍视。人们可以从中得到历史的启迪。

附记：《皇清纳腊室卢氏墓志铭》，是纳兰性德之妻卢氏的墓志，为研究纳兰性德提供了重要资料；且不见于载录，兹据拓片录文如下。

皇清纳腊室卢氏墓志铭

赐进士出身、候补内阁中书舍人平湖叶舒崇撰。

夫人卢氏，奉天人，其先永平人也。毓瑞医间，形胜桃花之岛；溯源营室，家声孤竹之城。父兴祖，总督两广、兵部右侍郎、都察院右副都御史，树节五羊，申威百粤，珠江波静，冠赐高蝉，铜柱勋崇，门施行马。传唯礼义，城南韦、杜之家；训有诗书，江左潘、杨之族。夫人生而婉娈，性本端庄，贞气天情，恭容礼典。明珰佩月，即如淑女之章；晓镜临春，自有夫人之法。幼承母训，娴彼七襄；长读父书，佐其四

〔1〕《清史列传·性德传》《清代七百名人传·纳兰性德传》载性德于康熙“三十四年卒”，均误，应作“二十四年卒”。

〔2〕《清史列传》卷七一《性德传》。

〔3〕韩菼《进士纳兰君神道碑铭》，《通志堂集》卷一九《附录》。

德。高门妙拣，首闻敬仲之占；快婿难求，独坦右军之腹。年十八，归余同年生成德，姓纳腊氏，字容若，乌衣门巷，百两迎归，龙藻文章，三星并咏。夫人职首供甘，义均主鬯，二南蘋藻，无愧公宫。三日羹汤，便谙姑性。人称克孝，郑袤之壶攸彰；敬必如宾，冀缺之型不坠。宜尔家室，箴盥惟仪，浣我衣裳，纮綖是务。洵无訾于中馈，自不忝于大家。亡何玉号，麒麟生由天上；因之调分，凤凰响绝人间。霜露忽侵，年龄不永。非无仙酒，谁传延寿之杯；欲觅神香，竟乏返魂之术。呜呼哀哉！康熙十六年五月三十日卒，春秋二十有一，生一子，海亮。容若身居华阀，达类前修，青眼难期，红尘寡合。夫人境非挽鹿，自契同心，遇譬游鱼，岂殊比目。抗情尘表，则视有浮云；抚操闺中，则志存流水。于其没也，悼亡之吟不少，知己之恨尤深。今以十七年七月二十八日，葬于玉河皂荚屯之祖茔。木有相思，似类杜原之兆；石曾作镜，何年华表之归。睹云气而裴徊，怅神光之离合。呜呼哀哉。铭曰：

江名鸭绿，塞号卢龙。桃花春涨，榆叶秋丛。灵钟胜地，祥毓女宗。高门冠冕，朊族鼎钟。羊城建节，麟阁敉功。诞生令淑，秀外惠中。华标采蕣，茂映赪桐。曰嫔君子，夭矫犹龙。纶扉闻礼，学海耽躬。同心黾勉，有婉其容。柔性仰事，怡声外恭。移卣奉御，执匜敬共。蘋蘩精白，刀尺女红。鸳机支石，蚕月提笼。孝思不匮，俭德可风。闺房知己，琴瑟嘉通。产同瑜珥，兆类罴熊。乃膺沉痼，弥月告凶。翠屏昼冷，画翟晨空。凤箫声杳，鸾镜尘封。哀旐路转，挽曲涂〔途〕穷。荒原漠漠，雨峡濛濛。千秋黄壤，百世青松。

（原载《北京社会科学》1986年第1期）

清初京师旗人社会生活探略

顺治元年（1644）五月初二日，清“师至燕京”[1]。同年十月初一日，清“定鼎燕京”[2]。随之，大量八旗官兵及其家属迁居北京。清廷实行京师旗民分城居住的制度，即旗人住居内城，汉民等住居外城。住居内城的旗人分布，《听雨丛谈》载：

> 八旗分两翼：左翼，镶黄旗在东北，依次而南曰正白、镶白、正蓝；右翼，正黄旗在西北，依次而南曰正红、镶红、镶蓝。[3]

《清史稿·地理志》载述八旗居住方位更为具体：

> 八旗所居：镶黄，安定门内；正黄，德胜门内；正白，东直门内；镶白，朝阳门内；正红，西直门内；镶红，阜成门内；正蓝，崇文门内；镶蓝，宣武门内。星罗棋峙，

---

〔1〕《清世祖实录》卷五，顺治元年五月己丑。

〔2〕《清世祖实录》卷九，顺治元年十月乙卯。

〔3〕福格《听雨丛谈》卷一。

不杂厕也。[1]

京师的旗人居内城，民人居外城，畛域分明，不相混杂。

清代京师旗人不仅有特殊的固定居住区域，而且有特殊的社会生活实态。过去对京师旗人的社会生活论述甚少，书籍载述亦多支离破碎。中国第一历史档案馆藏明清中央机关和少数地方机关档案，共有“七十四个全宗，一千余万件”[2]。但八旗都统衙门中各旗系统而完整的档案，未见列入全宗。清康熙朝以前，八旗都统各自在家里办理旗务，公文档案委弃家中，所以其时八旗都统衙门档案几乎全部泯灭。清自雍正朝始设八旗都统衙门，即管旗大人公所。规定八旗事务上奏时俱用奏折，凡经降旨，立以为例。所以，从雍正元年（1723）起，八旗都统衙门档案才有所保存。1936 年，日本从北京购去镶红旗满洲都统衙门档案，自雍正元年至民国十四年（1925），长达 202 年，共 2402 件，现藏日本东洋文库清史研究室。据细谷良夫先生过录，日本购去时的目录，同实际数字不尽相符，兹列表[3]如下：

项目	朝代										总计
	雍正	乾隆	嘉庆	道光	咸丰	同治	光绪	宣统	民国	不明	
	数量										
目录数	40	311	118	114	19	35	1264	97	45	359	2402
实际数	54	345	118	92	22	31	?	?	?	?	

〔1〕《清史稿》卷五四《地理志一》。

〔2〕《中国第一历史档案馆馆藏档案概述》，第 3 页。

〔3〕 细谷良夫《关于〈镶红旗档（雍正朝）〉——围绕着雍正朝的八旗史料》，《东洋学报》卷五五。

清雍正朝的满洲《镶红旗档》，现实存54件，除一件为汉文外，其余全是满文，经过整理，译成日文，后由东北师范大学明清史研究所译成汉文。它所反映的清初京师八旗社会生活实态，略作如下探述。

第一，佐领的承袭。佐领为八旗重要的基层官员，极为重要。由佐领而历显宦者多，位显宦而兼佐领者亦多。如康熙八年（1669），“授索额图国史院大学士，兼佐领”〔1〕；康熙三十四年（1695），尹泰以国子监祭酒，后授佐领〔2〕，雍正时又授东阁大学士兼兵部尚书。佐领名目有四：勋旧佐领，世管佐领，互管佐领，公中佐领。不同佐领的承袭和权利都不相同。《镶红旗档》提供了许多实例。

勋旧佐领主要是努尔哈赤起兵之初，满洲各部长率属归顺，授为牛录额真即佐领，仍统其众，世袭罔替。黄字23号档案载，佐领额西腾病故，据查：“该佐领系原扎尔固齐、都统、侍卫博尔金于天命初肇兴创立之际，率满洲部众来归太祖，始编牛录时，着博尔金管理”〔3〕，后其子孙依次管理。因其为勋旧佐领，都统、多罗果郡王允礼等请旨补放额西腾佐领。员缺时，奏请简放之员，带领引见，附呈家谱，最后旨定。

世管佐领主要是努尔哈赤起兵之初，女真各部长携族归附，授为牛录额真即佐领，仍统其民，世亦不替。天字23号档案载，佐领钟海病故，据查：“该佐领，初阿哥巴颜率瓦尔喀部来投太祖，以肇兴之功编为牛录，委以阿哥巴颜之长子、首位十

〔1〕《清史稿》卷二六九《索额图传》。

〔2〕《国朝耆献类征》卷一二。

〔3〕《镶红旗档·雍正朝》黄字二十三号。

扎尔固齐阿兰柱管理。”[1]嗣后，依次由阿兰柱之次子布兰柱、布兰柱之三弟布尔哈等共七任传至钟海。最后旨定由钟海16岁之长子海重阿补授佐领。张字47号档案载，佐领、大学士孙柱出缺，该世管佐领已承袭十二任。出缺后，都统爱音图等奏，以孙柱之子舒通阿（29岁，骑射劣）为正位，舒通阿之堂兄英泰（61岁，骑射未习）为陪位。同两房均争此缺，旨定“着舒通阿、英泰两人掣签”[2]。

互管佐领主要是因其本族户少丁稀，合编两姓为一佐领，递世互袭。列字23号档案载，佐领明图，其佐领本源为初编牛录时，萨木哈管理半个牛录，出缺后由异姓之呼西布管理。此似为互管佐领。但顺治二年（1645），园丁增编为整个牛录；至雍正二年（1724）九月，准奏改为公中佐领[3]。

公中佐领主要是“或世袭之家已绝，改为公中；或人户滋多，另编公中；或合庶姓之人，编为公中”[4]。增编的公中佐领，已如上述。分编的公中佐领，如佐领银柱出缺，步军校魏托布奏称：“此佐领乃从我佐领中分编出来者，现出缺，我佐领应有份。”旨定着为公中佐领。抽编的公中佐领，张字13号档案载，侍部觉和托佐领，初于康熙三十四年分编佐领时，从十佐领中抽集满洲一百人，编一佐领，由王府长史西特库管理。

以上四种名目佐领的承袭，反映出清代京师旗人的生活实态。皇帝权力极为集中，每个佐领的承袭均经旨定；宗族组织极为严密，一个佐领基本上是一个宗族，皇帝以此为纽带，将

〔1〕《镶红旗档·雍正朝》天字二十三号。

〔2〕《镶红旗档·雍正朝》张字四十七号。

〔3〕《镶红旗档·雍正朝》列字二十三号。

〔4〕 福格《听雨丛谈》卷一。

京师旗人加以统制；承袭制度极为落后，兴袭之员最幼者7岁，最长者61岁，有的骑射均劣，也有的骑射未习，俱因世袭之制，得袭其职。这不仅是八旗武力日衰的重要原因，而且为京师社会风习带来严重不良影响。

第二，宗族的组织。清代汉人的宗族组织，一般只有血缘和地域的联系。但满洲宗族组织与汉人宗族组织不尽相同。因为满洲八旗既是军事、行政组织，又是经济、宗族组织，所以满洲的宗族，除血缘、地域联系外，还有军事、行政、经济联系。血缘、地域、军事、行政、经济这五条纽带，使满洲宗族内部联系更为牢固。八旗的每旗设总族长，旗下按庶姓，皆设族长，“凡涉公私事宜，得与佐领平章赞画，虽无秩禄，亦官身也”〔1〕。族长的行政事宜，常有查询、催办、具保、具呈等项，兹例举如下：

查询。都统司格为奏巴颜图袭补拖沙喇哈番（即云骑尉）赫达特之缺，先后询问原参领之族叔、佐领、骁骑校、领催及其族长常寿等，并将上述有关人员，一并具名上奏。

催办。族长穆希同族的参领拉西希布、佐领世忒，将变卖郎中包内家产银一千二百两，放债生息，未曾交部。穆希以族长身份，数次催促，“命其将本息所得，共同结算，一并交付”〔2〕。可见参领、佐领也受族长的监督。

具保。雍正三年（1725），原侍讲学士南泰亏空税银二万八千两，由其佐领辉保、族长桑格等具保；主事舍勒恩亏空银二千余两，由其佐领胡成、族长辉兰泰等具保；原员外郎商图因疏

〔1〕 福格《听雨丛谈》卷五。

〔2〕《镶红旗档·雍正朝》黄字二号。

浚河道亏银三千一百两，由其佐领富成、族长吉伦泰等具保。他们奏称：以上诸官，无力偿还，倘有隐匿，一经查出，甘愿承罪，代其赔偿[1]。

具呈。雍正五年（1727）规定，八旗官兵的孀妇，不足40岁、无嗣又无近支而不改嫁者，需有保举才能领取钱粮。原护军吉山的孀妻，情愿服侍婆母守墓，即由其双方族长等具结呈报，获得旨准。[2]拖沙喇哈番佛保病故，由其生前的参领、佐领、骁骑校、拨什库（汉称“领催”）、族长等共同据实呈报，旨准由佛保之弟五十五袭职。

由上述四例可以看出，在八旗的每个佐领之内，族长同佐领既相配合，又相制约，力求保持其内部秩序的稳定。应当说，弄清族长的承袭、职责、地位、作用及其变化，是探讨清代京师旗人社会生活的一个重要课题，尚待做深入研究。

第三，旗人的生活。清代京师旗人生活与民人生活，既有同，也有异。旗人除钱粮、宗教、习俗等与民人或有不同外，其住居、官房、生计、官马等，也应注意。

清代京师旗人的住居，前文已述镶红旗驻阜成门内，这从满洲《镶红旗档》中也可得到证实。镶红旗满洲都统爱音图奏折中，称“臣旗阜成门外管理旧营房章京”“臣旗阜成门外管理新营房参领”等都说明这一点。旗人居住地既定，便不许私自到城外过夜。佐领黑瑟因在城外过夜等罪被革职。朝廷多次宣谕禁止满洲官员住京师外城。[3]

〔1〕《镶红旗档·雍正朝》黄字十二号。

〔2〕《镶红旗档·雍正朝》列字十九号。

〔3〕《东华录》（王氏）乾隆十八年六月壬子。

清代京师旗人的官房，除八旗军占领北京后大规模圈占的以外，在康熙、乾隆、道光三朝，曾大量建造房屋。如康熙三十四年（1695），命八旗每旗各造屋2000间，给7000余名无房兵丁居住，每名分房二间。[1]雍正初“贫苦兵丁因雨坍塌之房舍”[2]很多。道光元年（1821）建房2800余间[3]，给旗人贫苦兵丁居住。京师八旗的官房，由皇帝“赏赐各旗，租赁旗中贫寒者居住，所得租金赐与各旗公用”[4]。官房由各旗交换管理，即镶黄旗与正白旗、镶白旗与正蓝旗、正黄旗与正红旗、镶红旗与镶蓝旗交换管理，以免营私。据镶红旗查镶蓝旗官房18处、774间，其行私舞弊之举：一为转租，租金增加一倍，从中多获租银；二为隐匿，已租报称未租，隐匿租银归己；三为占用，原尚书何朔色将一处官房172间，仅出租28间，其余自行占据。

清代京师旗人的生计，仅举滋息银与物价两端。雍正七年（1729），为京城八旗兵丁的生计，拨内库银作本银，转用滋息，以备兵丁不时之需。一般兵丁每人红事给银八两，白事给银十二两。[5]其时京师的物价，骆驼每头四十两，牛每头一两五钱，羊每头四钱五分，房屋每间约六两，彩绸每匹一两七钱，仓米每石五钱，梭子米每石六钱，老米每石七钱。奴仆每口十两，约相当于六头牛或二十石仓米。[6]

---

〔1〕《清圣祖实录》卷一六七，康熙三十四年五月辛未。

〔2〕《镶红旗档·雍正朝》黄字十一号。

〔3〕《清宣宗实录》卷二一，道光元年七月壬戌。

〔4〕《镶红旗档·雍正朝》黄字十四号。

〔5〕《镶红旗档·雍正朝》宿字三十九号。

〔6〕《镶红旗档·雍正朝》黄字十二号。

清代京师旗人的官马，常私自出卖，以侵吞空额。佐领觉罗常永、护军白寿、披甲阿尔京阿，“将其饲养之官马私卖，侵吞空额钱粮”；查验之时，他们又“租辕马盖印顶替”[1]。亲军乌泰，“将官马立于街市，租与他人骑用”，以图私利。

此外，佐领李海以银三十两，将同旗汉军阿达哈哈番（即轻车都尉）张昭勋之妻佟氏买为家室[2]。佐领黑瑟在城外拥妓过夜。由此可见京师八旗已相当腐败。

第四，满员的外任。满洲八旗的官员，在京外做官或驻防，其袭职补授、引见补放、升迁降黜、罹罪圈禁等，都同本旗关系密切。研究京城的八旗，需注意它同外地的关系。

雍正元年（1723）八月，雍正帝上谕：“自外省城送来引见之官员，至旗处后，着由旗大臣即刻奏闻。朕或委派王大臣面验补放，可无久滞靡粮之愆。”[3]这进一步加强了都统、参领和佐领的权力。

于杭州，补放镶红旗满洲协领华色，由本族大臣保奏，带入引见，请旨补授。[4]

于西宁，镶红旗满洲佐领银柱，去西宁名声很坏，经参奏革职。

于宁古塔，宁古塔佐领麦色出缺，署宁古塔将军杜赖呈文镶红旗满洲都统爱音图，请其保奏白桑阿为佐领。爱音图为此具奏请旨，并带领白桑阿等引见。奉旨，授白桑阿为佐领。[5]

---

〔1〕《镶红旗档·雍正朝》张字三号。

〔2〕《镶红旗档·雍正朝》列字十六号。

〔3〕《镶红旗档·雍正朝》天字二十五号。

〔4〕《镶红旗档·雍正朝》天字二十五号。

〔5〕《镶红旗档·雍正朝》张字三十七号。

于黑龙江，黑龙江镶红旗达呼尔佐领西和尔岱出缺，署黑龙江将军纳苏图，咨文镶红旗满洲都统爱音图，议由西和尔岱之子馁包图补授。爱音图呈奏请旨。奉旨依议补授。

于四川，原任四川布政使罗寅泰，属镶红旗满洲富昌佐领，因亏空钱粮之案，被“囚于旗高墙之内”[1]。罗寅泰之案，不仅由镶红旗满洲都统爱音图呈奏，而且由其会同刑部严审奏闻。管旗大臣具有相当的司法权。

综上，雍正朝满洲《镶红旗档》，为研究清初京师旗人社会生活实态，提供了丰富而新鲜的资料。

（原载苏天钧主编《京华旧事存真》，
北京古籍出版社，1992年）

〔1〕《镶红旗档·雍正朝》张字二十五号。

满洲文化对京师文化的影响

满洲族占主导地位的清朝，定鼎北京，长达268年。满洲文化与京师文化，有冲撞，有吸纳，也有融合。满洲文化对近355年（至1999年）来的北京都城文化，产生了全面广泛、久远深刻的影响。本文着重于满洲文化对京师文化之影响，分作六点，进行探讨。

一

满洲族的先世，过着牧猎生活。其在辽东苏子河流域的部民，善耕种，兼采集，亦牧猎，长骑射。所以，就其民族总体而言，同汉族的农耕型文化不同，基本上属牧猎型文化。关外的满洲文化，较中原的汉族文化，族异俗殊，别具特色。清太祖努尔哈赤早在明万历年间（1573—1620），先后八次到北京朝贡。清太宗皇太极，也曾在明崇祯二年（1629）亲临北京城下，骑马绕城，惊赞不已。明代的都城北京，宫殿雄伟，金碧辉煌[1]；后金

〔1〕 陈学霖《刘伯温建北京城传说探赜》，见《明代人物与传说》，香港中文大学出版社，1997年。

的都城赫图阿拉，却是村寨，草盖庙堂[1]。两相比较，别同天壤。所以，满洲对北京的文化，钦慕之情，高山仰止。他们对北京，只想占有，不想焚毁。这种文化差异，引出惊世后果。其中突出一例，是对明北京宫殿的保护与利用。

顺治元年（1644），先是崇祯帝在景山吊死，后是李自成山海关兵败，退回北京，大焚宫殿。五月初二日，清摄政睿亲王多尔衮率领清军，由降清的明山海关总兵吴三桂引路，日夜兼程，驰抵北京，进朝阳门，入紫禁城。多尔衮登临武英殿理政的一件大事，是要不要从盛京迁都北京。明代北京紫禁宫殿是其时世界上最雄伟壮观、最瑰丽辉煌的宫殿建筑群。明亡清兴，多尔衮率领八旗军占据北京后，对故明宫殿如何处置？

纵观中国历史上大一统王朝——商、周、秦、汉、隋、唐、宋、元、明：商灭夏桀，未用其都；周军东征，攻占朝歌，回师老家，仍都镐京；秦先都咸阳，尔后灭六国，秦之阿房宫殿，项羽付之一炬，大火“三月不灭”[2]；西汉刘邦奠都长安，东汉刘秀定鼎洛阳，都是另建宫殿；隋文帝杨坚承乱世之余，设京大兴；唐高祖李渊南面而立，起宫殿于长安；宋太祖赵匡胤据山河半壁，国鼎东移，以汴梁为京师；蒙古成吉思汗兵陷金朝中都，怒将燕京宫殿化为一片焦土；[3]元世祖忽必烈采纳霸突鲁和刘秉忠谏议，命由上都移鼎大都，修筑城池兴建宫殿；明太祖朱元璋定都之议，前思后虑，几经谋划，最后定策，安鼎金陵。上述十朝，开国之君，对前朝宫殿，其决策有三：一是

〔1〕申忠一《建州纪程图记》，图版 9，见《兴京二道河子旧老城》（日文本），“建国大学”刊印，1939 年。

〔2〕《史记》卷七《项羽本纪》，中华书局，1959 年，第 315 页。

〔3〕《日下旧闻考》卷二九，北京古籍出版社，1981 年。

焚烧，二是拆毁，三是废弃，然后另建。此外，再纵观北京历史上建立帝都的王朝——金、元、明：金军攻占北宋东京汴梁之后，金帝命拆下汴梁宫殿建筑材料，运回中都，营造宫殿；蒙古灭金之后，已如前述，焚其宫殿，另行兴建；明兴元亡，亦如上述，定都金陵，另筑帝宅。至于历史上局处一隅或历时短暂而自称帝王者，占据前朝宫室为巢，不在本文讨论之列。

清初多尔衮占领北京后，没有采取上述统一王朝国君的做法，而是将明朝故宫完整地保存下来并加以利用。但是，英亲王阿济格反对其胞弟睿亲王多尔衮定鼎北京之决策说：今宜乘此兵威，大肆屠戮，留置诸王，以镇燕都。而大兵则或还守沈阳，或退保山海，可无后患。[1]

如果阿济格的上述谏议得逞，那么，或清朝失去江南，或燕京宫殿遭毁。但是，多尔衮以清太宗皇太极遗言回答其胞兄说："先皇帝尝言，若得北京，当即徙都，以图进取。"于是，摄政王多尔衮召集诸王大臣会议，定议迁都北京。他给顺治帝的奏章曰：

> 臣再三思维，燕京势踞形胜，乃自古兴王之地，有明建都之所。今既蒙天畀，皇上迁都于此，以定天下。则宅中图治，宇内朝宗，无不通达。可以慰天下仰望之心，可以锡四方和恒之福。伏祈皇上熟虑俯纳焉。[2]

---

〔1〕《李朝仁祖实录》卷四五，二十二年八月戊寅，日本学习院东洋文化研究所，1959年。

〔2〕《清世祖实录》卷五，顺治元年六月丁卯，中华书局影印本，1986年，第17页。

年方七岁的顺治帝，自然采纳迁都之奏。同年十月初一日，顺治帝在皇极门（今太和门）张设幄帐，颁诏天下，定鼎燕京。顺治帝以燕京为清朝之都，以明故宫为治居之所。其所以如此，重要之原因，从文化分析：是关外满洲牧猎文化，对中原汉族农耕文化之仰慕、汲取和接纳。满洲贵族于故明北京宫殿，未蹈旧辙加以废弃、焚毁，而创新意予以保护、利用，是多尔衮，是满洲族，也是清王朝，对北京、对中国、对人类的文化遗产，加以保护和利用，做出了重大贡献，并产生深远影响。

二

清朝八旗军官及其眷属涌入北京后，他们的住房怎样解决？这是一个难题。元代的大都，是先规划城市，将宫殿区、贵族区、居民区等做了规划，逐渐建设，分步到位。明代的北京，是先有基础，重建宫殿；贵族、军官等在北京有根基；又经过十八年的建设，也是一个渐进的过程。清代则不然。八旗官兵及其眷属涌入北京的特点是：来得急，人数多，势头猛。解决难题有两个办法：第一个是在城内外空地上建新的住房，第二个是强占汉民已有的住房。满洲贵族进入北京后，他们是胜利者，是统治者，要优先考虑八旗官兵及其眷属的居住利益。居住的地区问题又来了：是在内城安排，还是在外城安排？是集中安排，还是分散安排？如果是在内城或外城分散解决，旗民利益冲突可能不会那么尖锐。

但是，多尔衮在安排京师八旗官兵及其眷属住房时，主要考虑以下四个因素：一是历史经验，他的父亲努尔哈赤迁都东京辽阳时，实行满、汉分城居住；二是文化差异，满洲族人数太少、文化殊异，集中居住有利于保护满洲文化的独立性；三是新贵利益，要占据北京最好的地理位置即内城给他们住居；四是环卫宸居，将八旗官兵密集地布置在皇宫周围，以便加强皇帝的警卫和满洲的凝聚。于是，多尔衮决策旗、民分城居住，就是旗人居住内城，民人居住外城。《八旗通志》记载：

> 自顺治元年，世祖章皇帝定鼎燕京，分列八旗，拱卫皇居。镶黄居安定门内，正黄居德胜门内，并在北方；正白居东直门内，镶白居朝阳门内，并在东方；正红居西直门内，镶红居阜成门内，并在西方；正蓝居崇文门内，镶蓝居宣武门内，并在南方。〔1〕

清代北京旗民分城居住的政策，在北京历史上是空前绝后的。这使得清代的京师，形成旗、民两个文化圈，对北京文化产生了深远的影响。

第一，居民分布的格局。大体上说，分为五区：一为紫禁城里住着皇家，二为皇城里住着少数满洲贵族和直接为皇帝服务的人员，三为内城里住着旗人，四为外城里住着汉、回等民人，五为城外则住着工匠和农民。这种格局，影响民国时期的北平，甚至影响新中国的北京。

第二，民人巨大的苦难。尽圈内城房屋，分给八旗居住；尽驱内城民人，迁往外城居住。时“南城块土，地狭人稠，今且以五城之民居之，赁买者苦于无房，拆盖者苦于无地”；居住内城的民人，“限期既迫，妇孺惊慌，扶老携幼，无可栖止，惨

〔1〕《八旗通志初集》卷二，东北师范大学出版社，1986 年，第 17 页。

不可言”。[1]这就勾画出北京内城民人房舍强被圈占，苦于无房无地，悲苦万状的黑暗景象。

第三，前三门外的居民。居住在正阳、崇文、宣武三门以外的主要是汉、回等官宦、文士、商贾、工匠和平民。因为旗人不许从事生产，所以他们购物、看戏等都要到前三门外地区，从而促进崇文门外手工业、正阳门外商业和宣武门外文化业的发展与繁荣。

第四，内城八旗的军民。他们生活在相对封闭的居住圈内，自成一个满洲文化圈。其住居空间、社会交往、民族心理、语言文字、风俗习惯、宗教信仰和谋生方式等都在同一文化模式中。而民人在外城又以相同因素，亦都生活在同一文化模式中。

清代京师旗民分城居住，在地理方位上形成了满、汉两个文化圈。满族和汉族两个文化圈，虽有所交叉，却各成体统。其文化上的差异，影响北京文化达三个多世纪。

三

清代京师的建筑文化，在宫殿建筑、宗教建筑、民用建筑等方面，受着满洲文化的很大影响。

宫殿建筑　清代北京宫殿建筑，一方面继承了故明汉族宫殿的载体，另一方面吸纳了关外满洲宫殿的特色。清迁鼎北京后，仿照沈阳清宁宫萨满祭祀设施，依满洲萨满祭神祭天礼俗，将故明皇后的正宫——坤宁宫，修葺和改建为清代皇后正宫兼做满洲内廷祭祀之所。《满洲源流考》记载：“我朝自发祥肇始，

〔1〕 张吉午《康熙顺天府志》卷八，第32—33页，北京图书馆善本部藏。

即恭设堂子，立杆以祀天；又于寝宫正殿，设位以祀神。其后定鼎中原，建立坛庙；礼文大备，而旧俗未尝或改。”[1]坤宁宫由明代皇后正宫，变为清代皇后正宫兼做满洲内廷祭神祭天之所。宫内设大锅三口用以煮祭肉，外设包锡大桌二张用以宰猪。正门以西三间，南、西、北有连通长炕。宫前设立祭天神杆。坤宁宫、宁寿宫和皇子居住的南三所有“万字炕”，窗纸糊在窗外，坤宁宫和宁寿宫的北墙外矗立烟囱。满洲还在紫禁城内建筑箭亭；在文渊阁东侧建盝顶碑亭。这是满洲八旗以“骑射为本”的传统，在紫禁宫殿建筑上的表现。另如，原明端敬殿和端本宫，满洲改建为三所，屋顶用绿琉璃瓦。皇子居所用绿琉璃瓦，这同满洲喜爱林莽的绿色有关。另如，明文渊阁覆以黄琉璃瓦，其阁及所藏典籍，“毁于李闯一炬”。清重建之文渊阁，则覆以黑琉璃瓦绿剪边，有人说是因贮藏《四库全书》，以绿象水，而水克火。我认为其绿剪边或可诠释为满洲喜爱林莽绿野的色彩表现。紫禁城内宝华殿后面的中正殿，又称作“小金殿”，是圆形毡帐殿，这是游猎民族圆帐在宫殿建筑上的体现。

宗教建筑 满洲的原始宗教是萨满教，兴京、东京和盛京的堂子，是满洲萨满教在宗教建筑上的一种表现。清代满洲贵族的祭祀，睿亲王多尔衮入燕京不久，即命在玉河桥东建堂子八角亭式殿。这是兴京赫图阿拉堂子建筑在燕京的再现。满洲贵族在坤宁宫前，安设神杆，四季献神，举行大礼。献神之祭，以良马、犍牛在坤宁宫正门前面，陈马于西、陈牛于东，奉供品于宫内神位前。将马、牛牵于皇后正宫门前献神，是满洲野祭旧俗在宫廷的再现。清在紫禁城内西北隅城隍庙之东，设祀

---

〔1〕《满洲源流考》卷一八，辽宁民族出版社，1988 年，第 330 页。

马神之所。祀马神仪庄重，由萨满叩头诵念。紫禁城内设立马神庙，是满洲宫殿祭祀建筑的又一例证。清帝宸居紫禁城后，强调勿忘骑射。满洲贵族信奉喇嘛教，清代北京增添了喇嘛教建筑。在皇宫里有雨花阁，在内城有雍和宫，在城外则有黄寺。这是清代京师喇嘛教建筑的三个例证。〔1〕

民用建筑 清代北京民用建筑的一个特点是王府林立。明制：诸王“分封而不锡土，列爵而不临民，食禄而不治事”〔2〕。所以，明代诸王府在藩地，而不在北京。但清制：诸王“内襄政本，外领师干，与明所谓不临民、不治事者乃绝相反”〔3〕。所以，清代诸王贝勒等在京师开府。这就形成北京众多的王府。北京满洲贵胄的王府今存较完整或存留局部的有睿亲王府（今普度寺址）、礼亲王府（今西皇城根 9 号）、郑亲王府（今教育部址）、庆亲王府（原辅仁大学址）、豫亲王府（今协和医院址）、淳亲王府（原英国驻华使馆址）、顺承郡王府（今全国政协礼堂址）、孚郡王府（今科学出版社址）、克勤郡王府（今新文化街址）、醇亲王北府（今宋庆龄故居址）、涛贝勒府（今十三中学址）和恭亲王府（今恭王府花园址）等，其中保存最为完整的要算是恭王府及花园。清代北京民用建筑的另一个特点是满洲民居建筑。旗人住居的院落，其庭院的东南角竖神杆，作为祭神祭天之用。这在民人庭院中是不存在的。旗人居室有西、南、北三面炕，俗称万字炕。此外，城附近八旗驻防地如外火器营，是营房式的民居。

上述可见，满洲文化对北京的宫殿建筑、宗教建筑和民用

〔1〕 明朝诸帝崇佛，但不崇奉喇嘛教。明帝在北京未敕建喇嘛庙。

〔2〕《明史》卷一二〇《诸王五》，中华书局，1974 年，第 3659 页。

〔3〕《清史稿》卷二一五《诸王一》，中华书局，1977 年，第 8936 页。

建筑，产生了很大的影响，至今仍能看到明显的遗迹。

四

满洲民俗文化对北京的语言、文艺、民风、民俗和饮食等，均产生很大的影响。

满洲语对北京话产生的影响主要表现有两点：其一，不仅满人说夹杂着汉语的满语，而且汉人也说夹杂着满语的汉语。至今北京话中仍有大量的满洲语词汇。如耷拉［dala］（下垂）、格脊［gejihe embi］（弄痒）、虎势［hu un］（健壮）、磨蹭［moco］（拖延）、拉乎［lahu］（不利索）、肋忒［lete］（不利索）、马虎［mahu］（大意）、嬷嬷［momo］（乳母）、马勺［ma a］（大勺）、猫（匿）［mo］（隐藏）、妞妞［niu niu］（眼珠）、帅（哥）［uwai］（挺秀）、挺［ting］（很）、划拉［huar］（打扫）、海龙［hai loug］（水獭）、萨其玛［sacima］（黏甜糕点）、喔呵［wehe］（石头）等。此外，新生一些满、汉复合词，如"档案"一词，由汉语"档"传入满语，加语缀"se"而形成"dangse"，音译成汉语为"档子"，后演变成"档案"。又如"车把式"一词，由汉语"车"和满语"baksi"（先生），复合而成，进而推演成"花把式"等。其二，形成了北京方言官话。北京官话形成有一个过程。近古以来，经过辽、金幽燕方言底蕴之发轫，元、明北方汉语之发展，到清朝满汉语言融汇之完成——清代南北满汉"语言融合体"[1]形成，特别是吸收满族语音和语汇，而形成北京官话。清代国家一统，民族协和，贡市日繁，交流益

〔1〕 赵杰《现代汉语与满语》，辽宁民族出版社，1993年，第159页。

广，加上八旗驻防向各点进行语言辐射，就使得北京方言对汉语产生了广泛影响，并成为近当代汉语普通话的语言基础。

满洲军营弹唱、民间说书，逐渐在北京市民中流行起来。像子弟书、太平鼓、三弦以及满洲体育如布库（摔跤）、骑马、围猎、冰嬉、放鹰等，一直影响至今。

民间的习俗，生男孩在大门上挂弓箭，小孩玩嘎拉哈（要拐），也成为汉人的习俗。婚俗满洲遗风较多。娶亲时，满族新郎、新娘不坐花轿，而乘车轿。新娘要“插车”，即送亲和迎亲两车轿相遇，其兄将新娘抱到迎亲的车轿上，寓行营结亲或抢亲之遗意。新娘到婆家，新郎弯弓射三箭，新娘跨马杌、跨马鞍，一对新人向北拜，俗称“拜北斗”，门联横幅是“紫气东来”，新郎用马鞭挑下新娘的盖头等。这都是游猎民族的婚俗，也影响到北京汉民的婚俗。

在饮食方面，亦受满洲的影响。一是野味类，满族先民生活在山林里，飞禽走兽佳肴常列宴席，如虎、熊、狍、獐、鹿、山羊、野猪、野雉、野鸭、野兔等。二是满洲先民，家家养猪[1]，肉食以猪肉为主。皇宫每日祭祀，杀猪煮肉，传到民间，就是今北京有名的砂锅白肉。三是满洲主食喜食饽饽——椴叶饽饽、肉饽饽（肉馅馒头）、艾吉饽饽（饺子）、奶子饽饽等。四是满人喜喝粥、吃黏食和油炸食品——油饼、油条、麻花、馓子等，点心如萨其玛，这些也都成为京师民人的饮食。满洲人大量定居北京后，丰富了北京的饮食文化。今北京许多食品和菜肴是满族特有的或满汉结合的，满汉全席当是佳例。

---

〔1〕申忠一《建州纪程图记》，图版17，见《兴京二道河子旧老城》（日文本）。

五

满洲牧猎文化对北京城外和京畿的重要影响是大规模兴建苑囿。在北京都城历史上，凡是牧猎民族建立的王朝，都大规模地兴建苑囿行宫，契丹建延芳淀、女真建太宁宫、蒙古辟飞放泊（南苑）等，都是例证。而明朝汉族朱家皇帝，喜静怠动，不善骑射，囿于宫廷，沉湎声色。但是，满洲先民是关外的牧猎民族，他们喜林莽、长骑射，喜凉爽、恶溽暑。满洲建立的清朝，其前期又呈现一统、富强之局面。这就使得清朝皇家苑囿行宫的兴筑，达到中国王朝苑囿史上的高峰。清朝苑囿行宫的兴建，在京师主要是"三山五园"——香山静宜园、玉泉山静明园、万寿山清漪园（颐和园）和畅春园、圆明园；在京外主要是避暑山庄和木兰围场。清朝之兴建苑囿行宫，可以分作前、中、后三个时期。

清前期，以康熙帝经始建筑的避暑山庄和木兰围场为标志。顺康时期，清军入关不久，满洲骑射习俗，保留尚多，眷恋自然。多尔衮谕建喀喇避暑城言："京城建都年久，地污水咸。春、秋、冬三季，犹可居止。至于夏月，溽暑难堪。但念京城乃历代都会之地，营建匪易，不可迁移。稽之辽、金、元，曾于边外上都等城，为夏日避暑之地。予思若仿前代造建大城，恐糜费钱粮，重累百姓。今拟止建小城一座，以便往来避暑。"〔1〕多尔衮死，此议遂罢。虽顺治帝修葺南海子，康熙帝创修畅春园，但都在燕京，暑夏不够凉爽，围猎也不够广阔。于是在塞外选址，兴筑避暑山庄，开辟木兰围场，融避暑与游憩、

〔1〕《清世祖实录》卷四九，顺治七年七月乙卯。

狩猎与习武、御政与抚蒙等功能为一体，并在规划、建筑、文化上予以体现。避暑山庄的宫殿、湖园、山林三区，即是上述诸功能在规划与建筑上的映现，其万树园则是关外林莽景观的袖珍再现。至于木兰围场，哨鹿呦鸣，八旗分列，万骑驰驱，打围射猎，则完全显现了满洲牧猎民族的文化特色。

清中期，以乾隆帝经营与扩建圆明园为标志。乾隆时期，清朝江山一统，国力鼎盛，满洲八旗，逐渐汉化，骑射习俗，日趋淡弱。乾隆帝凭借举国财力、物力、人力，大兴圆明三园工程。融中西、南北建筑优长于一园，兼有满洲建筑特色，但已相当弱化。论述圆明园的大作多矣，本文不作讨论。此外，乾隆帝兴建的盘山行宫，也是此期行宫建筑的一个明显例证。

清后期，以慈禧太后重修颐和园为标志。同光时期，满洲政权日近黄昏，国祚将绝。此期重修颐和园，为着慈禧的避暑与休憩，已绝少反映满洲特色之建筑，更无八旗特色之风格。北京及京畿的皇家园林，圆明园、颐和园、静宜园（香山）、静明园（玉泉山）、避暑山庄、木兰围场等，都体现清代文化的辉煌，其中避暑山庄和木兰围场〔1〕，则是满洲牧猎文化在园林艺术上的两颗明珠。

六

满洲文化对京师文化，也有负面影响。其表现，举四条：

其一，剃发易服。满洲在关外对降附的汉人剃发，以示归顺。清军入关后令汉人剃发，及占领南京后，多尔衮即谕“各

〔1〕 阎崇年《康熙皇帝与木兰围场》,《故宫博物院院刊》1994 年第 2 期。

处文武军民，尽令剃发，倘有不从，以军法从事”[1]。不久，又强令京师汉人易服：“近见京城内外军民，衣冠遵满式者甚少，仍着旧时巾帽者甚多，甚非一道同风之义，尔部即行文顺天府、五城御史，晓示禁止。官吏纵容者，访出并坐。仍通行各该抚、按，转行所属，一体遵行。”[2]剃发、易服是汉族人，也是北京人风习的一大变化。清廷用强迫手段，命令汉人剃发、易服。汉人面临着“留头不留发，留发不留头”的生死抉择，最终还是屈从于强权。但是，强行改变一个民族的传统风习是不能长久的。随着清朝覆亡，满洲文化的统治地位崩溃，人们争相剪掉辫子，脱去长袍马褂，以示汉人民族心性的回归。

其二，官宦习气。旗人的出路在于做官、披甲，这就养成旗人顽固的做官求宦心态。他们平日关心军国大事，议论官场时政，成为一种习惯性行为。即使不才者，也数祖摆谱。清代京师的满洲旗人，在《八旗满洲氏族通谱》中，都能找到自己先祖的军功和政绩。他们常数念祖宗的荣耀以显示自己。满洲贵族打下江山，要永坐江山。他们自认为是胜利者，比民人高一等，时时处处摆谱。八旗英雄的子孙们，自己没有军功和政绩可以夸耀，便请出祖先的亡灵，抬高自己，吓唬民人。后来清祚结束，官宦习气未改。在民国时期，北京改名北平，已经不是首都，但北平政治空气依然很浓。这种风气，影响至今。

其三，旗人风习。满洲人在关外，亦耕亦战，“出则为兵，入则为民；耕战二事，未尝偏废”[3]，也重视经商。清太祖努尔

〔1〕《清世祖实录》卷一七，顺治二年六月丙辰。

〔2〕《清世祖实录》卷一九，顺治元年七月戊午。

〔3〕《清太宗实录》卷七，天聪四年五月壬辰，中华书局影印本，1986 年。

哈赤亲自从事商业活动。但清定鼎北京后，有清一代，旗人不种地、不做工、不经商，也不屑理财，他们靠俸禄、吃钱粮，民间称作“铁杆庄稼”。其时间如何消磨？读书、写字、作画者有之，但终究是少数人。提笼架鸟、放鹰围猎、贪吃懒做、游手好闲、茶馆瞎侃、无聊嬉戏者更有之，此则为不少人。这种习尚空谈、不务实业的“八旗子弟”之风，影响一代又一代的京师市民风习。有出话剧《北京大爷》，就是说的这种遗风。时至今日，一些下岗职工技无专长，工作却挑肥拣瘦、贪图安逸。他们求职的条件是“工资待遇要高，单位牌子要亮，工作条件要好，上班离家要近”，这虽受过去“大锅饭”的影响，也同“八旗遗风”有关。

其四，破坏文物。满洲人由关外入居北京，对京师文物的价值不甚了解，于是做出许多破坏文物的痛心之事。文庙、太学和贡院是京师文化圣地，经常遭到满人破坏。下引侍读学士薛所蕴、顺天府尹王登联和高尔位三疏可见一斑：

> 学宫左右，居住满州［洲］旧人，比屋连墙，私开便门，往来行走。及儿童、妇女，任意作践。有修葺未毕而旋经拆毁者。臣屡制止不能，乃移文礼部，请给清字告示。[1]

> 墙垣俱无，庑门全毁，庙庑左右，多被邻兵旗下人等，侵占基址，擅开门户。且无知人等，拆毁搅扰，恣意作践，虽有禁约，无所责成。[2]

〔1〕 薛所蕴《请颁清字禁约疏》，《康熙顺天府志》卷八，第13页。

〔2〕 王登联《请禁约疏》，《康熙顺天府志》卷八，第15—16页。

> 朝廷取士之巨典，士子济济千里，跋涉匍匐而至。十五日，三场事竣，忽有多士，齐至公堂，口云“场外抢夺，不敢出场，讨役护送”等语。臣以为辇毂之地，咫尺天威，焉有不法之徒，辄敢公然无忌，横行于白昼乎？少顷，场外喧声，乃广平府曲周县生员王泽远、沧州生员戴王纲也，帽、毡、笔、砚等物，尽被抢去。[1]

满洲文化对京师文化的负面作用，虽伴着历史演进而部分消失，但一些糟粕却长期残存而流毒深远。

综上所述，清代北京满洲文化对京师文化之影响，可以做出四点思考：

第一，历史表明，满洲文化对京师文化的影响，超越辽朝契丹文化之于燕京文化、金朝女真文化之于中都文化、元朝蒙古文化之于大都文化。其影响之巨大与深刻、广泛与久远，在中华多民族文化交流史上，前古未有，后世绝无。

第二，历史表明，面对近亿人口、农耕文化的汉族，仅有数十万人口、牧猎文化的满族，其贵族虽然可以凭借政治与军事的胜利，运用行政力量，采用暴力手段，强制推行满洲文化（如剃发），然而这种强权文化，给汉人造成极大的精神痛苦，并在汉族中产生铭骨的逆反心理。此种违背民心、民意、民性的强权文化，最终随着强权者的垮台，一道化为历史的尘埃。

第三，历史表明，清代满洲文化与京师文化的民间大众文化，在满、汉民众长期交往、广泛影响中，自然交融、相互熏染、取长补短、吸收更新。这种文化具有生命力，具有民众性，

〔1〕 高尔位《贡院禁止抢夺疏》,《康熙顺天府志》卷八，第38页。

也具有稳定性，彼此接纳，传延不绝。

第四，历史表明，尽管满洲帝王敕谕北京旗民分城居住，在空间上设定满洲文化圈和汉族文化圈；但是历史时间的利箭穿破了文化空间的藩篱，满洲文化终被汉族文化所融合，而发展了中华民族多元一统的灿烂文化。

所以，满洲文化对京师文化所发生的影响，依情况不同，而结果各异，应当具体分析，不可笼统臧否。

（本文是在香港中文大学历史系的演讲稿，原载《北京联合大学学报》1999 年第 2 期）

北京满族的百年沧桑

北京的满族，在20世纪，风雨沧桑，已历百年。回顾历史，略加评述，于满族自身发展，于增进民族团结，鉴往知来，很有意义。

北京满族是全国满族的一个部分，又是清代满洲的主体部分。满族在清代同全国各族一道，对北京、对中国、对世界的文明发展，做出了重大的贡献。一是营建大清帝国：中国少数民族营建大一统王朝的只有蒙古和满洲，“康乾盛世”的清帝国屹立于世界的东方；二是奠定中国版图：盛清时疆界东临大海，南及曾母暗沙，西达葱岭，西北至巴尔喀什湖，北跨大漠，东北连外兴安岭，疆土约1250余万平方公里；三是多民族的统一：清帝系少数民族，处理民族关系同汉族皇帝有所不同，清代民族关系是中国皇朝史上最好的时期；四是创制满洲文字：时阿尔泰语系东北亚满-通古斯语族诸民族都没有文字，满文创制是人类文明史上一件大事；五是留存满文档册：现存满文档案200余万件（册），满文图书1000余种；六是编纂文化典籍：编修《古今图书集成》《四库全书》《满文大藏经》《大清实录》（汉文本、满文本、蒙古文本）等；七是英杰人物辈出：在中华历史人物星汉中，满族是55个少数民族里贡献政治家、军事家、文学家、艺术家、语言学家和科学家最多的一个民族；

八是中国人口激增：道光时人口突破4亿，成为世界第一人口大国；九是吸收外国科技：玉米、白薯普遍推广并提高单位面积产量，西方科技、文化大量传入中国；十是保护历史文物：多尔衮一反历代大一统王朝对前朝宫殿焚、毁、拆、弃的做法，对故明燕京紫禁宫阙下令加以保护、修缮和利用。纵观中国历史上大一统王朝——夏、商、周、秦、汉、隋、唐、元、明，清朝之前，所有大一统王朝兴国之君，宸居前朝宫殿，史册盖无一例。明代宫殿坛庙园囿能保存至今，列为世界文化遗产，满族功绩，不可磨灭。上述十例，可以看出：满族对北京、对中国、对世界的文明发展，功绩斐然，贡献巨大。

但是，辛亥革命，宣统帝退位。北京满族同全国满族一样，经历了沧桑巨变。纵观20世纪的北京满族，按其时代背景与自身流变，可以分作四个时期：20世纪上半叶前25年为巨变期，后25年为痛苦期；20世纪下半叶前25年为新生期，后25年为兴盛期。

一

北京满族的巨变期。20世纪上半叶前25年，辛亥革命与宣统帝退位，是这一时期最重要的历史事件，对全国满族尤其是北京满族产生了全面而深远的影响。

清光绪三十四年（1908）十月二十一日，光绪皇帝死。翌日，慈禧太后死。慈禧临终前懿旨由醇亲王载沣之子、年仅3岁的溥仪入继皇位，年号宣统，就是宣统皇帝。满族历史出现一个奇特的现象：同治、光绪、宣统三个皇帝，都无子无女。他们连子女都不能生育，遑论其他。这个偶然的现象，透露出一个必然的信息：大清皇朝，气数已尽。果然，事过三年，辛亥革命，宣统帝退位，皇清覆亡。民国政府颁布《清室优待条件》，规定：每年拨银四百万两；清帝辞位，暂居宫禁，日后移居颐和园；原宫内人员照常留用，唯以后不得再招阉人；其原有之私产，由民国政府特别保护；原有之禁卫军，归民国陆军部编制，额数俸饷，仍如其旧；等等。

早在光绪三十一年（1905），孙中山先生在日本成立革命团体中国同盟会，以“驱除鞑虏，恢复中华，创立民国，平均地权”为纲领。这个纲领的正面意义是推翻清朝统治，结束君主专制，取消满洲特权；其负面影响是以“驱除鞑虏”来“恢复中华”，在取消其特权时出现对满族的歧视。这个口号带有狭隘民族主义的色彩。在辛亥革命前后的舆论宣传中，“扬州十日”“嘉定三屠”等，都被扩大化、政治化。这些宣传的一个不幸后果是在民族关系中出现歧视满族的现象。具体说来，辛亥革命以后，对于满族，主要的变化：一是称谓的变化。在清朝，满族统称为“满洲八旗”，或简称为“满洲”，或称为“旗人”；辛亥革命后，以民族相称，习称“满族”。所以，满族的称谓是从民国开始的。二是政治的变化。结束清朝皇帝专制，天潢特权被局限，八旗军队被解散，贵族学校被裁撤，民族特权被取消。三是经济的变化。满洲官员不再领取俸禄，八旗兵弁不再支放饷银，满族百姓甲粮被停发，王庄旗田被丈放。四是住区的变化。满族“营业居住等限制，一律蠲除”。皇城围墙被拆毁，旗人住区被冲破，逐渐出现各民族杂居的局面。五是地位的变化。满族作为清朝的主体民族，其特权地位被取消，而成为普通的民族。这是自清入关 268 年以来，满族发生的陵谷之变。此期，北京满族面临着两个重大问题：一是民族歧视，另一是生计困难。

关于受到歧视问题。民国初年，虽然规定“王公世爵，概仍其旧”，但是出于当时政治的需要、民族的偏见，各种书报刊物充斥歧视满族的宣传，许多街谈巷议流露着排满的情绪。很多满族同胞被迫改变姓氏，隐瞒民族成分。原开封知府崇泰之子，向政府申请行医执照，因是旗人，不予发照。他只好放弃满姓瓜尔佳氏，改取汉族姓名李承荫，并改满洲旗籍为房山县民籍，才获准发照行医。还有一户人家四个姓，其原因是怕因民族歧视遭灭门，姓多点兴许能活下俩仨人。还有人在外面做事，写家信时不敢写真实地址“正黄旗”，而写成“正黄村”，免得让同事知道自己是旗人。以上说明，民族歧视给北京满人造成多么大的思想压力与心理恐惧。满族这种社会地位的变化，在《末代皇弟溥杰传》一书中有所提及。辛亥革命之后，满族人民一度受到不公正的待遇：“当时，不光是父母，甚至连整个爱新觉罗家族都对溥杰说，自从中华民国成立以来，满族处处受到排斥，皇族都必须改姓为金，如不改姓就不能就业等。”后孙中山到达北京，在广济寺会见北京各界旗人代表。他在会上指出：“现在五族一家”，就是汉、满、蒙、回、藏“五族共和”。这有助于民族之间的和谐与团结。

关于生计困难问题。满族人民面临最主要的困难是就业问题。据宣统二年（1910）民政部调查统计，京城满洲、蒙古、汉军二十四旗118783户，内务府三旗4571户，京营10965户，共134319户，每户以5口计，共计671595人，约占全市总人口的40%。其中满洲八旗、内务府三旗、圆明园八旗等共75316户，以每户6口计，共451896人。原来旗人主要靠俸饷、钱粮为生计之源，辛亥鼎革，沧桑巨变，俸银不发，俸米亦停，“铁杆庄稼”绝收，他们何以为生？满洲八旗原来“不农、不工、不商”，尔后却要务农、务工、务商，这是何等大的变化。为解决八旗生计问题，除设立八旗生计处外，又成立许多组织，如宗族生计维持会、八旗世爵世职生计联进会、八旗生计维持会、旗籍生计研究会、旗族生计同仁会、两翼八旗生计研究会、八旗生计讨论会、外三营生计协进会等。为筹措生计，清末民初，在北京西直门外乐善园（今动物园）官地兴办农事试验场，在清河镇建溥利呢革公司（今清河制呢厂），在香山等官地兴建林场，并建首善工厂等，吸纳一些京城内外八旗贫寒男女就业，他们成了北京早期的工人。后在西城辟才胡同成立了北京首善第一女工厂，从业的满族妇女则成为北京早期的女工。

解决八旗生计是个长期的、痛苦的过程。在这个漫长的痛苦过程中，一些人生活艰难，穷困潦倒。王公贵族，生计维艰。王公贵族失去了昔日的政治、经济地位，有的靠典卖祖产度日。荣寿固伦公主临终之前，家中十分窘困，将自己的凤冠送进当铺换钱度日，就是一个鲜活的例子。一般旗人，更加艰难。《闻尘偶记》记载：居住在城内的旗人，“其贫薄者，借债无门，谋生乏术”；居住在京畿的旗人——“屯居之旗人，京东、京北一带，大半衣食无完，女子至年十三四，犹不能有裤，困苦万状”。北京《益世报》1923 年 5 月 13 日刊载：近年绝了旗人月饷，断了他们衣食之源，没有门路就业者，或身体病残者，靠典卖衣物度日；而家中无物典卖者，便到粥厂领粥充饥；军阀混战粥厂停止放粥后，靠领粥糊口的满人陷入生活绝境。出于万般无奈，有些满族妇女沦为娼妓。其时社会学一项调查显示：北平暗娼颇多，北城一带尤甚；且操斯业者，以满族为多。

于是出现了一幅满人生活的黑暗图画——“横暴者，流为窃贼；无赖者，则堕为娼优”。更甚者，因生活绝望而举家自尽！

在北京满族既受民族歧视又有生计困难的情况下，日军侵入北京，民族灾难日益深重。

二

北京满族的痛苦期。20世纪上半叶后25年，日军侵华与中国内战，是这个时期最重要的历史事件，对全国满族尤其是北京满族产生了全面而深远的影响。

这个时期，北京满族本来就存在着的严重生计问题，随着民国首都南迁而雪上加霜。1928年，民国政府下令迁都南京，将北京改为北平特别市。政治中心的南移，引起北平满族生活的一系列变化。许多政府单位、文化机构南迁，就业机会减少，购买力下降，市场萧条。流动人口锐减，城内空房陡增，房价为之大跌，靠“吃瓦片”为生的北平满族人家，陷入窘境。他们中不少人离平弃家，颠沛流离，谋生他乡。

1931年日军发动“九一八”事变，不久占领东三省。1937年发生卢沟桥事变，日军侵占北平。北平满族人同其他各族在平同胞一样，受着日伪政权的统治与奴役，生活在水深火热之中。日军在海淀一带强行将蓝靛厂外火器营原正白、正红、镶黄和镶红旗的营房，夷为平地，建造机场。原在该地居住的满族平民流离失所，有的赁屋栖居，有的外出谋生。日军占领下的北平，伪币贬值，物价暴涨，粮荒严重，人心惶惶。市民不顾伪警打骂，哄然抢购粮食充饥。一些前清贵族，生活十分凄惨。故清顺承郡王后裔文仰辰先生，虽有王爷称号，却以卖画为生。有的前清王爷后裔，靠拉洋车糊口。1931 年 9 月，北平报刊出现“铁帽子王拉洋车”的新闻，说明北平满人生活的悲惨。

日军占领北平，满族人民奋起反抗日本侵略，有的率军抗击日寇，满族将军佟麟阁是优秀代表。佟麟阁，字捷三，行伍出身，曾任冯玉祥部国民军第一师师长、张家口警备司令等职。1937 年 7 月 7 日，日军发动卢沟桥事变。时任中国二十九军副军长、南苑驻地指挥官的佟麟阁将军，率部反击日军，遭日机轰炸，7 月 28 日不幸阵亡，年仅 45 岁。今北京佟麟阁路就是为纪念这位满族抗日民族英雄而命名的。有的满人直接参加抗日武装斗争，中国共产党党员白乙化（又称“小白龙”）是杰出代表。白乙化曾任中国大学学生会主席，后投笔从戎，走向战场。1941 年，日伪军窜犯平北抗日根据地，白乙化指挥挺进军十团，在密云山区马家营伏击战中不幸牺牲。后开追悼会，树立纪念碑，名白河以西地区为乙化县，影响很大。

在文教界，抗日形式，多种多样。北平的满族爱国知识分子，有的南下到大后方，有的留平继续斗争。著名满族京剧表演艺术家程砚秋，在 1943 年，不畏日本宪兵和汉奸的政治迫害与武力威逼，坚决拒绝为侵略者演出。他表示“宁死枪下，也不从命”，并弃伶从农，隐遁西山，以耕田为生，不登台唱戏。还有的从事地下抗日活动，董鲁安和英千里是两位代表。燕京大学教授董鲁安，幼年袭世职镶蓝旗管带，7 岁时入宫朝觐，见过光绪皇帝。他在敌伪时期的北平，多方掩护参加爱国活动的进步青年。辅仁大学教授英千里组织进步社团，后任地下爱国组织“华北文教协会”（原名“炎社”）主任委员。他们收集敌伪情报，向后方输送青年，进行爱国抗日宣传，坚持地下抗敌工作。后董鲁安奔赴解放区，英千里遭到日伪警察逮捕，在狱中备受酷刑。在宗室贵族中不乏有民族气节的人，如睿亲王后裔金寄水一家当时靠典当度日，有人愿帮他谋个伪职糊口，他拒而不就，说："我怎能为五斗米，向非我族类的外国人折腰！"

北平满族人士，一直在向社会展示着自己的才华。著名书画家溥心畬（儒），以诗、书、画名世，其画与张大千齐名，有"南张北溥"之誉。他与溥雪斋、溥毅斋、溥庸斋、溥松窗、关松房、祁井西、启元白（启功）、叶仰曦（昀）等满族书画家组成"松风画会"，被画坛誉为"松风九友"。于京剧艺术，北京满族也贡献很大。京剧名票红豆馆主溥侗造诣尤深，许多著名京剧艺术家都曾师事之。汪笑侬的京剧表演艺术，为行家折服。金少山的京剧艺术也影响很大。程砚秋创立京剧青衣"程派"，为四大名旦之一。在文学界有金受申、傅芸子和芙萍。芙萍在1934年主办《现代日报》兼主编，曾写过《旗族旧俗志》，在《世界日报》连载，介绍满族掌故、习俗，引起社会反响。1939年冬季，在故醇亲王府成立了满族联合会，载涛为会长，聘请载沣、载洵等为顾问。

这个时期有一股小的回流，就是建立日伪"满洲国"。在溥仪的心灵里，潜燃着"复辟清朝"的火焰。后来溥仪等为着"复辟清朝"，想借用日本军国主义力量；而日本军国主义者图谋侵吞中国，也借用溥仪做招牌。但他们人数很少，且远在长春，而成为抗日洪流中的支汊洄漩。历史发展的江河，不以人的主观意志为转移，最终走向日本军国主义者侵吞中国愿望的反面——先是中华民族解放，继而中华人民共和国诞生。

三

北京满族的新生期。20世纪下半叶前25年，中华人民共和国成立与十年“文革”，是这一时期最重要的历史事件，对全国满族尤其是北京满族产生了全面而深远的影响。

1949年中华人民共和国成立，满族历史，尤其是北京满族历史翻开了新的一页。国民党是革清朝的命，共产党又是革国民党的命。满族历史的发展轨迹，经过“正题—反题—合题”的历程，就是说清朝满洲八旗在参政做官、经济生活、社会状况和就业机会等方面，无须讳言，都在各民族中处于特权的地位；“辛亥”之后，已如上述，“驱除鞑虏，恢复中华”，满族人则发生了地覆天翻的变化；在清朝肯定的正题、民国否定的反题之后，整合到新中国既否定又肯定的合题。所谓否定，就是否定清朝的皇权专制，否定民国的“驱除鞑虏”，而实行新的民族政策——中华各民族一律平等。所谓肯定，就是肯定满族应有的民族平等地位，反对民族歧视，实行民族平等。只有在新中国，各兄弟民族才能实现平等；也只有在新中国，满族人民才能获得新生。北京满族同全国满族、同全国各民族一样，都享有民族平等的权利。

满族同各民族平等，是满族的迫切愿望。早在1946年，故清恭亲王溥伟之弟著名画家溥心畬，被聘为国民党制宪国大满族代表。1947年，溥心畬作为北平市满族代表到南京开会。他会上发言，痛述满族人的悲惨处境，提出满族同其他民族平等的正当要求。他的发言反映了广大满族民众的心声，引起了社会各界对满族同胞的关注。他从南京回到北平后，发起组织了“满族文化协进会”，城近郊区有数千人登记入会。1947年5月

25日，在中南海怀仁堂召开“满族文化协进会”成立大会。有人在成立会上用满语宣读贺词，表明满族文化有很大的影响。协进会宗旨在于弘扬满族文化，要求与蒙、回、藏各族同等待遇，解决满族青年升学就业问题，社会上不应污辱和歧视满族等。该会成立后不久，更名为“满族协会”。在当时的社会背景下，上述宗旨和要求不可能实现。

1949年9月，中国人民政治协商会议第一届全体会议在北平召开，满族人董鲁安（于力）出席会议，并当选为第一届全国政协委员。会上决定改北平名为北京，以北京为中华人民共和国首都。同年，北京市各界人民代表会议召开，故清醇亲王奕譞第七子载涛出席会议。翌年，他列席全国政协扩大会议，后被增补为全国政协委员，任北京市民委副主任。中华人民共和国成立以后，全国各少数民族获得了民族平等权利，呈现出欣欣向荣的景象。许多满族人要求人民政府承认他们是少数民族，并享有民族平等权利。满族人民半个世纪要求民族平等的意愿，在新中国，得到了根本大法的肯定。

1954年，全国人民代表大会第一次会议在北京召开，会上通过了《中华人民共和国宪法》，显示了中华各族人民的平等与团结。根据新宪法的规定，满族在新中国同其他兄弟民族一样，享有民族平等的权利。在此之前，载涛作为满族代表参加了北京市宪法草案讨论委员会。6月24日，在北京市人民代表大会会议上，有14名满族代表出席了会议，他们是干部赵鹏飞、画家于非闇、作家舒舍予（老舍）、医生吴英恺和爱国人士载涛等。8月21日，北京市人民代表大会选出出席全国人民代表大会的代表。在首届全国人大一次会议上，通过了第一届人大常委会民族事务委员会主任委员和委员，委员中有罗常培和关山复两位满族人士。当年春天，北京市城、郊区基层普选完成，各区人民代表中少数民族代表 175 人，其中满族代表 67 人。满族人民作为祖国统一多民族大家庭的一员，与其他民族代表一起，共商国家大事，当家做主人。1955 年，政协北京市第一届委员会会议召开，有佟铮、金鉴、启功、罗常培、胡絜青等九名满族人士当选为委员。1959 年，市政协第三届委员会增补七名满族委员。1965 年，市政协召开第四届委员会议，增补溥杰等六名满族委员。在全国、北京市等各级人大代表、政协委员中，都有满族的代表和委员，这充分体现了满族同其他少数民族一样，取得了民族平等的权利。溥仪和溥杰等分别于 1959 年和 1960 年被特赦。后来他们分别在全国政协、人大担任一定职务。1961 年，周恩来总理接见溥仪、溥杰时说："现在的问题，是要恢复满族应有的地位。辛亥革命以后，北洋军阀和国民党反动政府歧视满族，满人不敢承认自己是满族，几乎完全同汉人同化了，分不清了。"在新中国初期，满族恢复了应有的地位，满族人也不再遭受民族歧视。

除了在政治上获得平等地位外，这一时期北京满族在文化领域的重要贡献，非常引人注目。1950 年 5 月，北京市文学艺术工作者代表大会召开，周恩来总理出席会议并讲话。北京市文联成立，满族作家老舍被选为文联主席。在满族文学艺术家中，程砚秋、奚啸伯的京剧，老舍的小说，于非闇的国画，溥雪斋（溥伒）的古琴，启功的书画，溥杰的书法，侯宝林的相声，英若诚的话剧，贾作光和白淑湘的舞蹈，胡松华的民歌，连阔如的评书，端木蕻良编的评剧，常书鸿对敦煌艺术的保护，以及清开国五大臣之一费英东后裔金梁（息侯）对满族历史文化资料的整理译编等，都为中华文化与艺术的繁荣做出了贡献。

正当满族民族平等权利得以实现的时候，反右运动和“文化大革命”，给包括满族在内的全国人民造成大灾大难。在1957年的反右运动中，一些满族知识分子被错划为“右派”。著名评书演员连阔如，著名书画家、教授启功等，受到不公正的对待。

十年“文革”既给全国造成灾难，也给满族带来浩劫。以作家老舍为例。“文革”初期，红卫兵到市文联大院，将老舍等三十余人押到孔庙批斗，后老舍被以“现行反革命”的名义送到派出所，又被跟随来的红卫兵轮流毒打到深夜。老舍因不堪凌辱，满怀悲愤，投湖自尽。更多的满族知名人士，被抄家、蹲牛棚，受批判、遭劳改。他们受尽人格侮辱，受尽肉体折磨。像溥仪、溥杰这样的“皇帝”“亲王”更难逃浩劫。我认识的一位满族老先生，曾做过光绪朝的佐领，按照当时在旧政权担任过县团级以上官员者为历史反革命的政策规定，这位年已83岁高龄的长者，也被列为“历史反革命”。他被抄家，挨批斗，甚至被“扫地出门”，致使这位老先生含冤离世。

历经劫难，乌云飘散；满族人民，迎来春天。

四

北京满族的兴盛期。20世纪下半叶后25年，拨乱反正与改革开放，是这一时期最重要的历史事件，对全国满族尤其是北京满族产生了更为全面而深远的影响。

1978年12月，中共十一届三中全会召开，开启了拨乱反正与改革开放的新局面。它也给北京满族带来新的生机。

平反冤假错案，纠正极左错误，解决历史遗留问题，恢复满族政治地位，北京满族勃发新的生机。北京的故清宗室、王公贵族、军政官员及其后裔等，几乎无例外地在“文革”中受到冲击，他们被抄家、揪斗、劳改、下放。拨乱反正对他们来说，首先是平反昭雪。已死者，恢复名誉，如老舍；幸存者，妥善安置，如溥杰。1978年，溥杰先生当选为全国人民代表大会代表，就是满族新生的佳证。1979年，北京市恢复民族事务委员会，满族书画家启功教授担任了副主任。后满族知名人士张寿崇、赵书、金毓嶂当选市民委副主任。满族最重要的代表人物溥杰，担任全国人大常务委员会民族事务委员会副主任。满族著名人士赵鹏飞、张健民先后被选为全国人大代表、北京市人大常委会主任。满族著名人士陈丽华、金鉴、启功、胡絜青、白淑湘、舒乙等担任全国政协委员。金友之（溥任）、金连经等为市政协委员。启骧、常瀛生等被聘为北京市文史馆馆员。被抄家者，发还被抄的文物、书画等。如傅惜华的藏书被查抄，其收藏的310多种“子弟书”等，有的被烧，有的散佚；落实政策后，将能找到的图书全部归还。北京满族人士经过拨乱反正，民族政策得到落实，“文革”创伤逐渐愈合。随着满族政治地位的恢复，许多原来隐瞒族籍的满族人，又要求恢复满族身份。北京市的满族人口，由1949年的31012人，增加到2000年时的164680人。

改革开放，给北京满族带来繁荣。在满族聚居的京郊农村，同其他民族地区一样，实行家庭联产承包责任制，大力发展民族聚居地区的农、林、牧、副、渔业多种经营。市政府还有计划地对满族等少数民族聚居的贫困地区给予重点扶植，并拨发补助费。以密云县檀营满族蒙古族乡为例，檀营原是清朝满、蒙八旗兵的驻防营地。八旗官兵偕眷驻防，逐渐形成民族聚居村落。辛亥革命之后，他们对自己的民族、身世讳莫如深。新中国建立后，他们公开了民族成分，获得了民族平等权利，得到应有的民族尊严。早在 1957 年，北京市就成立了六个满族乡——喇叭沟门满族乡、转山子满族乡、七道河满族乡、长哨营满族乡、东黄梁满族乡和檀营满族蒙古族乡，体现民族区域自治的法律规定。但第二年成立人民公社，这些满族乡统统被撤销。1987 年 8 月 26 日，北京第一个民族乡——檀营满族蒙古族乡成立（实为恢复），随后成立喇叭沟门和长哨营满族乡。檀营满蒙民族乡成立后，随着改革开放的形势，不断增强自我发展活力。如 1987 年农村经济总收入 338 万元，1995 年增长到 5705.5 万元，增长了 15.9 倍。1987 年人均所得 369.82 元，1994 年增加到 2414 元，增长了 5.5 倍。乡民族小学，由乡财政和满族人士捐助 120 万元，新建 2300 平方米教学楼，改善了教学条件。全乡家家户户有了电视、电话、洗衣机、电冰箱，生活质量大为提高。

满族文化教育，有了新的发展。满族同其他少数民族一样，从 1984 年开始，市属高等院校以及由高中毕业生中招收的市属中专、中技学校，录取少数民族考生的最低分数线，比统一规定的最低录取分数线低一个分数段（10 分），北京广播电视大学、职工大学、高等学校函授部、夜大学等招生分数标准也对少数民族考生给予照顾。1984 年全市有 427 名少数民族考生升入大学，其中被照顾录取 39 名，占 9.13%。这就使少数民族学生有了更多的升学机会。在满文的教育方面，屈六生主编的《满文教材》，体现了 20 世纪 90 年代满语教学与研究的新水平。中国第一历史档案馆成立满文培训班，招收 20 名学员。中央民族大学、中国人民大学都开设满文班，北京满文书院也创办满文班，培训了一批满语人才。

北京满族的历史人物，是满族研究的一个热点，成果丰硕，实属空前。报刊上的论文，数量繁多，不胜枚举。已出版的北京学人写的北京满族历史人物的学术著作有：《努尔哈赤传》（阎崇年著）、《皇父摄政王多尔衮全传》（周远廉、赵世瑜合著）、《顺治帝》（周远廉著）、《康熙皇帝一家》（杨珍著）、《乾隆皇帝大传》（周远廉著）和《乾隆皇帝全传》（郭成康主编）、《乾隆帝及其时代》（戴逸著）、《康雍乾三帝统治思想研究》（高翔著），以及《溥杰自传》《末代皇帝的二十年——爱新觉罗·毓嶦回忆录》等。“清帝列传丛书”共14册，是近年清代皇帝传记的集中体现。在“光明杯优秀哲学社会科学著作”获奖书目中，满族历史人物传记竟占4部，约占清史获奖著作总数之半。这从一个侧面反映了北京满族历史人物学术园地里的金色秋实。北京满族人物传记还有《纳兰性德传》《顾太清与海淀》《老舍传》等。此外，金启孮《北京郊区的满族》和《北京城区的满族》、杨学琛和周远廉《清代八旗王公贵族兴衰史》等，是关于北京满族兴衰历史的重要著作。

清代的宫廷，是近20年来满族文化研究中新出现的课题。因清代宫廷曾是满族帝后治居之所，在一个特定时期内被视为研究的禁区。但是，近20年来大有改观。据故宫博物院万依研究员统计，自1979年至1989年，仅在《故宫博物院院刊》和《紫禁城》两刊及第一届清宫史学术讨论会上，就发表与清代宫廷相关的论文762篇，平均每年为69.2篇。然而，1912年至1948年，平均每年为15.33篇；1949年至1978年，平均每年仅为4.64篇。这就充分地展现了近年来清宫文化研究的新面貌。《清代宫廷史》（万依、王树卿、刘潞合著）、《清代宫廷生活》（万依、王树卿、陆燕贞合著）、《清代皇权与中外文化——满汉融合与中西交流的时代》（刘潞著）、《颐和园建园250周年纪念文集》和《颐和园文化研究》（第1辑），还有中国紫禁城学会的学术论文集（两集）、清宫史研究会的清代宫史论丛（四集）、万依主编的《故宫辞典》等，都是近年来满族清代宫廷文化研究的集大成之作。

满学研究，有新突破。我国的藏学（西藏社会科学院）、蒙古学（内蒙古大学）、伊斯兰学（宁夏社会科学院）、壮学（广西社会科学院）都有专门研究中心或研究所，但满学没有。满族是我国一个重要的少数民族，曾建立过长达268年的清朝，留下了丰富的满学文化宝库。但在民国时期，没有建立满学。新中国成立后的一段时期，由于极左思想的干扰，满学研究也未得到应有的重视。党的十一届三中全会后，加强满学研究的条件已经具备。北京作为清朝的京师和中华人民共和国的首都，应当为满学研究做出贡献。1991年，在北京市委、市政府关怀下，北京市社会科学院建立了第一个专业满学研究机构——满学研究所。1992年，开始出版研究满族历史、语言、文化的学术丛刊《满学研究》（已出版六辑）。1993年成立北京满学会，并举行过七届学术年会。1994年，成立北京满学研究基金会。1992年、1999年，先后举行第一届、第二届国际满学研讨会。阎崇年的《满学论集》也于1999年出版，这是第一部个人满学研究的论文集。

满语研究，有新创获。爱新觉罗·瀛生（常瀛生）的《北京土话中的满语》和赵杰的《满族话与北京话》等，是研究满语与北京话关系的新作。满文辞书有商鸿逵教授等编著的《清史满语辞典》等。近年出版了两部大型的满汉辞书，一部是安双成主编的《满汉大辞典》，另一部是胡增益主编的《新满汉大词典》。前书170万字，收词、词组五万余条，单词条12347个，并有释义，按满文十二字头音节字型字母音序排序，经二十多人辛劳，历二十余年告成。后书280万字，主词条三万五千多条、例句两万多个，单词条14600个，释词准确，编排科学，是运用现代词典编纂学理论与方法，精心撰修的满汉辞书巨著。这两部大型满汉辞典的出版，为研究满学、清史、民族史和语言学史提供了不可或缺的工具书。《满汉大辞典》和《新满汉大词典》是20世纪规模最大、水平最高的两部满汉大辞典，是满学研究领域的重大学术成果，填补了大型满汉辞书的学术空白。

满族文化事业，也有较大发展。1984年成立了北京市民族古籍整理出版规划小组。先后整理出版《无圈点字书》《清蒙古车王府藏子弟书》《子弟书珍本百种》等。满文档案的翻译出版，有很大成绩，如《清初内国史院满文档案译编》，汉译《满文老档》《康熙朝满文朱批奏折全译》《雍正朝满文朱批奏折全译》《雍乾两朝镶红旗档》等。此外，满族传统体育项目珍珠球、蹴球，被列为全国少数民族传统体育运动比赛项目。《满族萨满教研究》《满族萨满乐器研究》《爱新觉罗家族全书》等，都是满族文化方面的最新成果。

综上，辛亥鼎革，百年历程，北京的满族，几经挫折，几遭磨难。到20世纪后半叶，特别是在最后25年，世纪之初的两大难题——民族歧视与民族生计，终于获得解决。满族作为中华统一多民族大家庭中的一员，民族和谐，欣欣向荣，同各族兄弟齐步，迈入21世纪。

（《北京社会科学》2002年第1期）

满洲神杆及祀神考源

清代北京满洲的堂子、坤宁宫的庭院都竖有神杆，这是满洲敬神观念物化的表征。它象征性的朴素内涵，被裹饰以模糊性的神秘外衣，致其缘起难辨，祀神不明，诸说纷呈，讹疑传信。鉴于此，兹对满洲神杆及其祀神，略作考源，并加诠释。

满洲神杆之缘起与神杆所祀之主神，乾隆十二年（1747）满文《hesei toktobuha manjusai wecere metere kooli bithe》和乾隆四十五年（1780）汉文《钦定满洲祭神祭天典礼》两书，俱未载明。清大学士阿桂、于敏中关于《钦定满洲祭神祭天典礼》之《跋语》，虽“详溯缘起”“稽考旧章”[1]，但于满洲神杆，并无溯考片语。经查，满洲神杆之缘起与神杆所祀之主神，史册诸说，概言有五：

其一，祭长矛。清福格《听雨丛谈》载：“神竿式如长矛，又有刻木为马，联贯而悬于祭所者，应是陈其宗器，以示武功。”[2]满洲之先民，生活于山林，长弓马，善骑射，福格据此

〔1〕《钦定满洲祭神祭天典礼》卷四，台湾商务印书馆《景印文渊阁四库全书》本，1986年，第1页。

〔2〕福格《听雨丛谈》卷一，中华书局，1984年，第7页。

推论并诠释其为骑射观念物化的表征。但是，满洲的部民，驰射山林，纵横原野，或狩猎，或争战，普遍挽弓发矢，而不挥舞长矛。满洲文献与满洲军史，都表明长矛不是满洲先民的主要冷兵器。仅此一点，可证神杆所祭并非长矛，可见福格实为附会之言。

其二，祭参棰。清《呼兰府志》载："满洲初以采参为业。杆，采参之器也。"[1]满洲先民虽有采集经济，但采参不为主业。建州女真以人参入贡并同中原贸易时在明朝，但神杆起源更早。且《呼兰府志》成书于宣统年间，由近人黄维翰纂修，于满洲神杆，未溯源详考。从语音学说，人参的满文体为"orho da"，神杆的满文体则为"somo i moo"，二者的满语音义，迥然有别，相差甚远。虽然参须的满文体为"solo"，与杆子的满文体"somo"，语音有些相近；但是参须同挖参的棒棰、祭神的杆子，并无必然联系。况且满洲神杆的形状，亦不相似于挖参的棒棰。仅上所列诸点，可证黄氏为附会之言。

其三，祭社稷。清震钧《天咫偶闻》载："堂子，在东长安门外，翰林院之东，即古之国社也，所以祀土谷而诸神祔焉。中植神杆以为社主。诸王亦皆有陪祭之位。神杆，即'大社惟松、东社惟柏'之制。"[2]祭祀土谷之神，汉族礼俗久远。东汉班固等撰《白虎通》载："人非土不立，非谷不食。土地广博，不可遍敬也；五谷众多，不可一一而祭也。故封土立社，示有土尊；稷五谷之长，故封稷而祭之也。"[3]明代京师有社稷坛，

---

〔1〕 黄维翰纂修《呼兰府志》卷一〇，第13页，宣统年间刻本。

〔2〕 震钧《天咫偶闻》卷二，北京古籍出版社，1982年，第21页。

〔3〕 班固等《白虎通》卷上《社稷》，第15页，康熙七年刻本。

清都北京，沿袭明制，敬祀土谷之神，何须另建堂子。且堂子东南隅有上神殿，祭祀田苗之神，即“为田苗而祀”[1]。仅上述诸点，可见震钧为臆断之言。

其四，祭天穹。清姚元之《竹叶亭杂记》载：“主屋院中左方立一神杆，杆长丈许。杆上有锡斗，形如浅椀〔碗〕。祭之次日献牲，祭于杆前，谓之祭天。”[2]《清史稿·礼志四》亦载：“清初起自辽沈，有设杆祭天礼。”[3]诚然，以天为贵，神杆向上，指向天穹；满洲神杆所祭，后来典礼仪规，确有祭天之意。但是，从满洲神杆之缘起与神杆所祀之主神而言，神杆祭天穹之说欠缺处在于，未查缘起，阙考祀神，立论乏据，原意模糊。

其五，祭鬼神。清吴桭臣《宁古塔纪略》载：“凡大、小人家，庭前立木一根，以此为神。逢喜庆、疾病，则还愿。择大猪，不与人争价，宰割列于其下。请善诵者名‘叉马’，向之念诵。家主跪拜毕，用零星肠肉，悬于木竿头。”[4]吴桭臣为清顺康间流人吴兆骞之子，在北徼满乡宁古塔戍所达十八年之久。他目睹满洲人家，礼拜神杆，分流神礼祀鬼，驱疾祛疫。然而，吴桭臣并未溯考满洲以猪肠肉骨悬于杆头之祭礼缘起。

上列五说，概未缕述满洲神杆之缘起，亦未阐明神杆所祀之主神。下面依据考古文物、历史典籍、祭杆仪注、神杆图形、满文原意、神话传说、实录记载、享神祭品、文献载录、祭祀

〔1〕 阿桂、于敏中《奏折》，《钦定满洲祭神祭天典礼》卷首，《辽海丛书》本，辽沈书社影印本，1985年，第2页。

〔2〕 姚元之《竹叶亭杂记》卷三，中华书局，1982年，第61页。

〔3〕《清史稿》卷八五《礼志四》，中华书局，1976年，第2553页。

〔4〕 吴桭臣《宁古塔纪略》，黑龙江人民出版社，1985年，第248页。

季节、祭仪神词和满洲民俗，对满洲神杆之缘起与神杆所祀之主神，列条十二，进行考释。

第一，考古文物。对神树与神鸟的崇敬，可追溯到公元以前，出土文物，提示实证。中国古代东北方的森林文化，以鄂尔多斯式青铜器为代表性器物。器物中的鸟纹，在西周时已经出现。〔1〕到春秋战国时，鸟头造型的青铜器物比较普遍。此期在阿鲁柴登古墓出土的金冠，鸟踞冠顶，傲然兀立，金碧辉煌，栩栩如生。〔2〕在西伯利亚，则出土双鸟饰牌，其图案为双鸟相对立于某器物之上。〔3〕在韩国，公元前4世纪—前3世纪锦江流域的石棺墓中，出土了祭仪青铜器——防牌形、剑把形、圆盘形、喇叭形和铜铃形的青铜器。在传大田出土的防牌形祭仪青铜器，其正面左右两耳环上，分别铸刻了两只鸟，均面对面地伫立于树枝分叉的梢上。〔4〕上述防牌形青铜器的功能，“是主持祭仪的祭司长所佩戴物，乃至举行祭仪时，或在神坛悬挂的装饰品”〔5〕。至于韩国青铜文化同中国青铜文化的关系，韩国金在先教授认为：“锦江流域的青铜器文化，受了辽宁石棺墓的喇叭形铜器与防牌形铜器及圆盘形铜器之影响。”〔6〕

〔1〕 田广金、郭素新《鄂尔多斯式青铜器》，文物出版社，1986年，第178页。

〔2〕《阿鲁柴登发现的金银器》，《鄂尔多斯式青铜器》，第343页。

〔3〕 M. A. 戴甫列特《西伯利亚的腰饰牌》（俄文），引自《鄂尔多斯式青铜器》，第80页。

〔4〕 韩炳三《先史时代农耕文青铜器》，《考古美术》（一一二），第5页，第2图，拓片，1971年。

〔5〕 金在先《韩国锦江与荣山江流域青铜祭仪器之研究》，《陈奇禄院士七秩荣庆论文集》，联经出版事业公司，1992年，第224页。

〔6〕 金在先《韩国锦江与荣山江流域青铜祭仪器之研究》，《陈奇禄院士七秩荣庆论文集》，第228页。

以上考古文物说明，至晚在公元前4—前3世纪，东北亚地区已出现人们对神树和神鸟的崇拜。这些祭祀青铜器的出土表明，它同东北亚地区萨满教崇拜神树和神鸟有关，或是萨满进行祷祝时所使用的巫具，或是“天君”举行祭仪时所使用的神器。历史典籍对“天君”和神杆做了记载。

第二，历史典籍。祭祀神杆，起源甚早。插木而祭，汉文记载，最早见于《史记·匈奴列传》：

> 五月，大会茏城，祭其先、天地、鬼神。秋，马肥，大会蹛林。〔1〕

《索隐》引《汉书》云：茏城亦作龙城；服虔云：“蹛，音带；匈奴秋社八月中皆会祭处。”《正义》颜师古云：“蹛者，绕林木而祭也。鲜卑之俗，自古相传，秋祭无林木者，尚竖柳枝，众骑驰绕，三周乃止。”常征先生释为：“蹛林之会，便是祭天之会。”〔2〕

范晔在《后汉书·东夷列传》中，初载神杆祭祀鬼神：

> 常以五月田竟祭鬼神，昼夜酒会，群聚歌舞，舞辄数十人相随，蹋地为节。十月农功毕，亦复如之。诸国邑各以一人，主祭天神，号为“天君”。又立苏涂，建大木，以县〔悬〕铃鼓，事鬼神。〔3〕

〔1〕《史记》卷一一〇《匈奴列传》，中华书局，1959年，第2892页。

〔2〕常征《关于“满洲神杆考释”的信》，原件笔者收藏。

〔3〕《后汉书》卷八五《东夷列传》，中华书局，1965年，第2819页。

上文所述，主祭之人，号为“天君”；祭祀时间，五、十两月；祭仪神杆，建立大木；祭祀器乐，振铃击鼓；祭仪场所，别邑“苏涂”。“苏涂”，唐朝李贤等引《三国志·魏书》释云：“苏涂之义，有似浮屠，而所行善恶有异。”[1]西晋陈寿撰《三国志》时，佛教在中原始盛。但东汉时佛教初传入中国，主要在中州洛阳一带，未及北徼之地。“苏涂”与“浮屠”音训，实属附会，未可征信。金梁又释曰：“满语称神杆为索摩，与苏涂音亦相近。”[2]此释上下文抵牾，又贻人穿凿之嫌。金在先对“苏涂”的解释是：“因为敬拜‘天神’，所以为‘奉安’神祇，而各国邑另设一个‘别邑’称为‘苏涂’之圣域，不但供用于奉安敬神的圣所，且用于举行祭仪之场所，在‘苏涂’竖立大木，悬挂铃鼓，以供与为降神之媒介。”[3]所以“苏涂”，为祭所，后衍变为满洲的堂子；“大木”，为神树，后衍变为满洲的神杆。然而，满洲先世所立大木即神杆，非祭土谷。《后汉书·东夷列传·挹娄传》载记可为佐证：

> 处于山林之间，土气极寒，常为穴居，以深为贵，大家至接九梯。好养豕，食其肉，衣其皮……种众虽少，而多勇力，处山险，又善射，能发入人目。弓长四尺，力如弩。矢用楛，长一尺八寸，青石为镞，镞皆施毒，中人即死。便乘船，好寇盗，邻国畏患，而卒不能服。[4]

---

〔1〕《三国志》卷三〇《魏书》，中华书局，1959年，第852页。

〔2〕金梁《奉天古迹考》，第2页，自刊本。

〔3〕金在先《韩国韩江与荣山江流域青铜祭仪器之研究》，《陈奇禄院士七秩荣庆论文集》，第228页。

〔4〕《后汉书》卷八五《东夷列传》，第2812页。

上文满洲先民挹娄，处山林、好养猪，又善射、便乘船的记载，可见其以渔猎畜养为衣食之源，而未见其敬祀土谷之神。挹娄等敬奉之神木，《晋书·四夷列传·肃慎氏传》称之为神树。树名曰“雒常”。[1]虽其时史籍载述疏略，但后来仪注记载较详。

第三，祭杆仪注。堂子立杆大祭，仪注规定详细。《钦定满洲祭神祭天典礼》记载：

> 每岁春、秋二季，堂子立杆大祭，所用之松木神杆，前期一月，派副管领一员，带领领催三人、披甲二十人，前往直隶延庆州，会同地方官，于洁净山内，砍取松树一株，长二丈，围径五寸，树梢留枝叶九节，余俱削去，制为神杆。[2]

上述满洲祭杆仪注可见，满洲神杆为采置大树所制，树梢留九节枝叶，涂上神秘之色彩。萨满教后受佛教影响，认为世界分作三界：“上界为诸神所居，下界为恶魔所居，中界尝为净地，今则人类繁殖于此。”[3]上界有九层天，留枝叶为九层，取数合九，以示象征。但是，抹去神杆上九节枝叶的神秘色彩，神杆原型，昭然若揭。

第四，神杆图形。清代满洲神杆原型，钦定典籍载绘详明。经过溯缘起、考典籍、询故老、访土人，精核而成书的《钦定满洲祭神祭天典礼》，其第六卷《祭神祭天器用形式图》所绘，

〔1〕《晋书》卷九七《四夷列传》，中华书局，1974年，第2534页。

〔2〕《钦定满洲祭神祭天典礼》卷三，台湾商务印书馆《景印文渊阁四库全书》本，1986年，第18页。

〔3〕徐珂辑《清稗类钞》，中华书局，1986年，第1984页。

堂子亭式殿前中间石上，竖立之神杆，为一株神树；“次稍后两翼分设，各六行，行各六重”〔1〕。这些王公神杆，原在各家分设，“现在所有神杆石座，原系各王、贝勒、贝子、公本家设立，石块大小不一，亦不整齐。应交工部选其堪用者，另行制造。一体修饰，洁净安设，永以为例”〔2〕。乾隆十九年（1754），谕定堂子神杆石座整齐划一，其石座上竖立之神杆，亦俱为一株株神树，这就再现出满洲的先民，在山林中野祭“神树”之图景。总之，上引神杆之图形，为神杆原系神树提供了确凿的形象史证。满洲神杆的满文原意，则提供语言学的例证。

第五，满文原意。满洲神杆的满文写作 somo 或 somo i moo。moo 一词，《清文鉴》释之为树、杆。somo 一词，《增订清文鉴》《五体清文鉴》《清文补汇》等书，均释其为“还愿神杆”;《清文总汇》则释之为“满洲家还愿立的杆子”。在这里，somo 一词，原含有祭祀之意，其词根当为 so。例如：满语将还愿撒的米称为 soca;《五体清文鉴》将求福设祭的果饼，载之为 sori（efen）sahambi;《清文总汇》则将还愿时先细切、兑汤后供奉的肉即“小肉”〔3〕，写作 soro yali。以上 soca、sori、soro，都含有共同的词根 so，可见 so 含有祭祀之意。然而，so 逐渐演化作 somo，使 somo 成为复合词。somo 或为 soro 与 moo 演化而成的复合词。其中，moo 一词，前面已释，意为树、杆；而 soro 一词，或为动词 sombi 之形动态。所以 sombi 一词，原意为祭祀。如在《五体清文鉴·祭祀类》中，有 falan

〔1〕 吴长元《宸垣识略》卷五，北京古籍出版社，1983 年，第 88 页。

〔2〕《光绪大清会典事例》卷一一八二，第 3 页，清光绪二十五年刻本。

〔3〕《清文总汇》卷六，第 14 页，清光绪二十三年荆州驻防翻译总学刻本。

sombi，汉意译为“祭场院”。《清文总汇》则释之为：“秋成粮食收完后，用面食饽饽去打粮食场院子里祭祀。”[1]其复合之过程，或缘于soro之ro，与moo，二词的词尾元音雷同，在语言流变中，ro弱化为r，后来元音o逐渐消失；而moo在口语中简读为mo，soro moo便逐渐复合成为somo。由上可见，somo或somo i moo，虽后来称之为神杆、祭杆，但其初始之意为神树、祭树。神杆满文的原意，神杆仪注的图形，二者吻合，相互印证。

以上五组资料，可以充分证明：满洲神杆，缘起神树。然而，满洲祭祀神树，因其栖息神鸟——乌鹊。满洲视乌鹊为神鸟，为图腾，为保护神。这不仅在考古文物中能追溯它的渊源，而且在满洲神话中也能看到它的影子。

第六，神话传说。满洲流传的乌鹊神话传说，兹摘选神鹊衔朱果、神鹊救凡察和神鹊救罕王三则，引录如下。

一则，神鹊衔朱果：

> 有布库里山，山下有池曰布尔湖里。相传有天女三：曰恩古伦、次正古伦、次佛库伦，浴于池。浴毕，有神鹊衔朱果，置季女衣。季女爱之，不忍置诸地，含口中。甫，被衣，忽已入腹，遂有身。……佛库伦寻产一男，生而能言，体貌奇异。及长，母告以吞朱果有身之故。因命之曰：汝以爱新觉罗为姓，名布库里雍顺。[2]

布库里雍顺遂成为传说的满洲始祖。

---

〔1〕《清文总汇》卷一二，第16页。

〔2〕《清太祖高皇帝实录》卷一，中华书局影印本，1986年，第2页。

二则，神鹊救凡察（范察）：

布库里雍纯（顺）之族，有幼子名范察者，遁于荒野，国人追之。会有神鹊止其首，追者遥见，意人首无鹊栖之理，疑为枯木，遂中道而返。范察获免，隐其身，以终焉。自此后世子孙俱德鹊，诫勿加害云。[1]

布库里雍顺后世之族裔，在乱中被杀，唯幼子凡察赖神鹊庇佑，使满洲世系胤绪绵延，故敬鹊以德、以祖、以神。[2]

三则，神鹊救罕王：

罕王的战马已死，只好徒步逃奔，眼看追兵要赶上。正在危难之时，忽然发现路旁有一棵空心树。罕王急中生智，便钻到树洞里。恰巧飞来许多乌鸦，群集其上。追兵到此，见群鸦落在树上，就继续往前赶去。罕王安全脱险。[3]

这个传说流传至今："打这儿以后，满族就将乌鸦看作是吉祥物，称为神鸟。努尔哈赤为了报答狼石峪乌鸦的救命之恩，特立下一个规矩：不准本族人射猎乌鸦，还特设神杆，放些肉食供他们啄吃。清军入关以后，康熙帝命令在皇城之内设置神杆，八旗臣民

〔1〕《清太祖高皇帝实录稿本三种》甲种，史料整理处影印本，1933年，第3页。

〔2〕《清太祖高皇帝实录》卷一第3页载："后世子孙俱德鹊，诫勿加害云"；《清太祖武皇帝实录》卷一第1页载："满洲后世子孙，俱以鹊为祖，故不加害"；《满洲实录》卷一第18页载："满洲后世子孙，俱以鹊为神，故不加害"。

〔3〕阎崇年《努尔哈赤传》（修订本），文史哲出版社，1992年，第25页。

家里也要设置神杆，这种习俗一直延续了很久、很久。”[1]

上述三则满洲神话传说，表明乌鹊对满洲史上三位英雄——布库里雍顺、凡察、努尔哈赤，都膺神佑之助。由此可见，满洲先民崇敬乌鹊，而奉之为图腾、神鹊。

第七，实录记载。明万历二十一年（1593），叶赫、哈达、乌拉、辉发、朱舍里、讷殷、科尔沁、锡伯、卦尔察九部联军进攻建州，态势严重。此役实为建州部决定死生之战。临战前，《满洲实录》记载：

> 太祖闻之，遣兀里堪东探。约行百里，至一山岭，乌鹊群噪，不容前往。回时，则散；再往，群鸦扑面。兀里堪遂回，备述前事。[2]

《清太祖高皇帝实录》所载文字与上略异，称“兀里堪异之，驰归告上”[3]。

实录记载，神话传说，相辅相成，清楚表明：满洲的英雄与部民，遇到危难之时，总有神鹊救驾。因此，乌鹊成为满洲的保护神，并受到满洲部民的岁时祭品供献。

第八，享神祭品。神杆大祭时的祭品，供受祭之主神所享用。《钦定满洲祭神祭天典礼》坤宁宫仪注载述祭品：

> 以颈骨穿于神杆之端，精肉及胆并所洒米，俱贮于神

〔1〕 王瑞年主编《燕京传说·神杆的传说》，农业出版社，1990年，第110页。

〔2〕《满洲实录》卷二，中华书局影印本，1986年，第71—72页。

〔3〕《清太祖高皇帝实录》卷二，第14页。

杆斗内，立起神杆。[1]

堂子立杆大祭仪注，也载述相同的祭品。

祭品中的猪胆、精肉、米谷等，正是乌鹊所食之物。乌鹊栖食之物品，动物学文献载述：

> 栖于近村之树林，多群居，能杂食而甚贪，常在垃圾间觅食谷物、果实、昆虫、厨屑等。[2]

上文中的“厨屑”，包括谷物、肉骨。明徐守铭著《乌赋》，有“饲其丹肉群飞”[3]之句。仪注享神所用之祭品，恰为乌鹊贪喜之食物。从仪注所载述祭品来看，神杆敬祀之神鸟为乌鹊。

清人杨宾的《柳边纪略》，目睹满洲民间神杆祭祀之祭品。其书记载：

> 祭时，着肉斗中，必有鸦来啄食之，谓为神享。[4]

由上可见，神杆祭品奉享，实为神鸟乌鹊。清代历史文献，俱做相似记载。

---

〔1〕《钦定满洲祭神祭天典礼》卷一，台湾商务印书馆《景印文渊阁四库全书》本，第 45 页。

〔2〕杜亚泉等编《动物学大辞典》，商务印书馆，1932 年，第 1037 页。

〔3〕徐守铭《乌赋》，《古今图书集成》卷二二《禽虫典》，中华书局、巴蜀书社影印本，1985 年。

〔4〕杨宾《柳边纪略》卷四，《辽海丛书》本，辽沈书社影印本，1985 年，第 3 页。

第九，文献载录。清人笔记掌故诸书，记载神杆所祀之神，为乌鹊，举一例。姚元之《竹叶亭杂记》载述立杆大祭的祭品及其享神：

> 其锡斗中切猪肠及肺、肚，生置其中，用以饲乌。盖我祖为明兵追至，匿于野，群乌覆之。追者以为乌止处必无人，用（因）是得脱，故祭神时必饲之。每一置食，乌及鹊必即来共食，鹰鹯从未敢下，是一奇也。锡斗之上、杆梢之下，以猪之喉骨横衔之。[1]

神杆祭祀主神，是为乌鹊已明。但乌鹊在啄食祭品——精肉及猪肠、胆、肺、肚时，鹰鹯既喜食腐肉，又比乌鹊凶狠，却“未敢下，是一奇”，奇在何处？其实这并不奇怪，祀乌的季节，是一个原因。

第十，祭祀季节。满洲堂子立杆大祭，每年春秋二季举行。祭祀时间，不缘农事。《后汉书·东夷列传》载，春以农田竟祭鬼神，秋以农功毕复如之。对东夷中农耕文化的某些部族而言，以春作秋获之时，为部民祭神之期。但对东夷中渔猎文化的满洲先民而言，则以春秋乌鹊群集为祭神之期。前已考释，春秋二季，神杆所祀，实为乌鹊。乌鹊在每年春秋二季，群飞噪鸣，觅食甚急。此缘于乌之习性：

> （乌鹊）常在垃圾间觅食谷物、果实、昆虫、厨屑等，饱后则以余食藏于屋瓦及草际，以土草等蔽之。冬季将雪，

---

〔1〕 姚元之《竹叶亭杂记》卷三，第62页。

觅食尤急，此时性颇勇敢，不畏人而群噪；初夏以枝叶营巢于树上而产卵。[1]

每年春秋二季，乌鹊觅食尤急——五月寻食饲雏，十月则贮食过冬。《大戴礼记·夏小正》的“十月黑乌”和《本草纲目·慈乌释名》的“冬月尤甚”[2]，都攸关乌鹊的上述习性。乌鹊每年春秋群噪觅食，故于春秋立杆以饲祭之。祭时，群乌蔽天，争啄祭品。至于鹰鹯，亦远翔之。所以，从神杆立祭季节来看，神杆所祀之神鸟为乌鹊。乌鹊被满洲尊奉为图腾、为保护神。祈求其神佑部民嘉祥而康寿。祭祀神词，提供证据。

第十一，祭仪神词。祭神的祝词，尤为重要。乾隆帝谕曰：“我爱新觉罗姓之祭神，则自大内以至王公之家，皆以祝辞为重。”[3]满洲堂子立杆大祭时，萨满敬颂祝词曰：

今敬祝者：贯九以盈，具八以呈。九期届满，立杆礼行。爰系索绳，爰备粢盛，以祭于神灵。丰于首而仔于肩，卫于后而护于前，畀以嘉祥兮。齿其儿而发其黄兮，年其增而岁其长兮，根其固而身其康兮。神兮贶我，神兮佑我，永我年而寿我兮！[4]

上述神词，祈旨在于：年增岁长，人丁兴旺，根深叶茂，儿孙

---

〔1〕杜亚泉等编《动物学大辞典》，第1037页。

〔2〕《古今图书集成》卷二二《禽虫典·乌部》。

〔3〕《清高宗实录》卷二九四，乾隆十二年七月丁酉，中华书局影印本，1985年。

〔4〕《钦定满洲祭神祭天典礼》卷三，第26页。

满堂，健康长寿，合族嘉祥。可见满洲视乌鹊为本族的保护神。与此不同的是，祭马神祝词则反映满洲部民的另一种心态：

> 今为所乘马敬祝者：抚脊以起兮，引鬣以兴兮，嘶风以奋兮，嘘雾以行兮；食草以壮兮，啮艾以腾兮，沟穴其弗蹈兮，盗贼其无撄兮！神其贶我，神其佑我！〔1〕

祭马神的祝词，道出祭祀者与所乘马，同其攸关的青草、畜疾、沟壑、盗贼之关切心情和祈佑心态。

上引祭神杆与祭马神的祝词，两相比较，探微索旨，可证满洲借堂子立杆大祭，祭祀栖息于神树上之神鸟乌鹊，以祈求其对满洲部民之庇佑。这种祭祀，多年传承，在满洲民间广泛流行，直至20世纪前半叶。

第十二，满洲民俗。神杆的民间祀俗比宫廷祭仪更久远，也更绵长。满洲氏族经历过山林渔猎文化，因而早就有祭神树以祀乌鹊的习俗。而台湾赛夏人也有“乌灵祭”〔2〕，以其曾作为山林狩猎文化的显映。但是，满洲祭神树与祭乌鹊的民间习俗，民元以来在关外地区仍相当流行，甚至还保留着野祭神树的民俗。

据萨满石清泉回忆，至20世纪三四十年代，乌拉街弓通屯富察氏的祭天活动，仍是在村外一棵老榆树下举行的，富察氏

---

〔1〕《钦定满洲祭神祭天典礼》卷四，第16页。

〔2〕陈春钦《向天湖赛夏人的故事》，《民族学研究所集刊》第21期，1966年，第163页。

家庭世代视此树为神树。[1]

至于满洲人家在庭院中立杆祭祀乌鹊之例，则不胜枚举。

综上，考古文物、历史典籍、祭杆仪注、神杆图形、满文原意、神话传说、实录记载、享神祭品、文献载录、祭祀季节、祭仪神词和满洲民俗十二方面，丰富资料，粗作考释，整合分析，可以得出如下结论：

第一，满洲神杆象征神树，缘于满洲先民居处山林之间，曾作为山林狩猎文化之映现。神树上安置锡斗，供神鸟栖食，祭品则祀享神鹊。

第二，满洲神杆祭祀之主神，是栖食于神树上的神鸟——乌鹊。满洲部民以乌鹊为神鸟，为图腾，为保护神。神杆上悬斗，以盛肉米，祭享神鹊。

第三，神树、神鸟为“天授”，树梢通向天、乌鹊翔于天，所以立杆大祭也是祭天。后定制神杆上留九枝，象征九天，以附会萨满教天穹观之宗教哲学理念。

第四，满洲先世诸氏族中，氏族有别，图腾亦异，但后来趋同，以神杆与乌鹊为满洲共同之神。其所祀之神，随地域、氏族、旗分、时间之差异而呈多元性，即除主祭乌鹊外，或兼祭天地、鬼神、祖灵等。

第五，神杆象征兵器之长矛、采参之棒棰、土谷之社稷等说，均无考古学与历史学、文献学与文物学、语言学与民俗学、人类学与宗教学之资料相征，实非满洲先民原意，而属后人穿凿附会。

---

〔1〕 石光伟、刘厚生编著《满族萨满跳神研究》，吉林文史出版社，1992年，第271页。

总之，满洲神杆及奉祀之神，缘起于满洲先民祭祀神树及其栖食之神鸟——乌鹊，每年春秋，乌鹊群噪，设肉、米于斗中以享之。尔后缘习成礼，岁时祀享乌鹊。这就是本文关于满洲神杆及祀神考源之结论。

（原载《历史档案》1993 年第 3 期）

满洲贵族与萨满文化

萨满教既是国际性的原始多神教，又是满洲族的古老宗教。满洲贵族与萨满文化，有着至为密切的关系。本文旨在于满洲贵族与萨满文化之关系网络中，探讨满洲萨满教的历史演变、祭祀特点及其文化价值。

一

萨满教是以萨满为人界与神界之中介的国际性原始多神教。“萨满”是满-通古斯语 saman 的音译，意为晓悟。[1]萨满教因“萨满”为司祝而得名。并非人类历史上存在过的、分布于世界各地的原始宗教，都可以称之为萨满教；相反，萨满教具

〔1〕 徐梦莘《三朝北盟会编》：“珊蛮者，女真语巫妪也”；满都尔图《察布查尔锡伯族的萨满教》：“萨满系满洲通古斯语，意为激动不安的人”；贺灵《锡伯族信仰的萨满教概况》：“samen（萨门）一词疑是 saramame 一语的音变，sara 是锡伯语‘知道’‘知晓’‘通晓’之意，mame 是对任职女性的尊称，本意是‘奶奶’”；富育光《论萨满教的天穹观》：“萨满，通古斯语，其含义按满族民间著名史诗《乌布西奔妈妈》中解释是‘晓彻’之意，为最能通达、了解神意”。

有区别于其他原始宗教的自身特点。萨满教作为一种原始宗教，既有同其他原始宗教相似之点，如崇拜现实不存在的虚幻的天国之神；又有同其他原始宗教相异之处，如“萨满者，赞祀也”[1]，即由萨满司祝。因此，以萨满作为人界与神界之中介，是萨满教区别于其他一切原始宗教的显著标志。

如果认为世界上各民族的原始宗教都是萨满教，这就将萨满教之界说，任意地伸展，人为地扩大。莫东寅在《清初满族的萨满教》一文中，对满洲萨满教做了精细的考据和精辟的论述，但提出如下论断：

> 从前有人以为萨满教只盛行于亚欧两洲北部的寒带、住在北太平洋斯堪的那维亚半岛的诸族之间。近代发现美洲的印第安人，亦有同样的萨满。在中国，原始宗教的巫，也是萨满教；而且不仅限于汉族，蒙古的黑教、回民的毛拉、倮倮的必磨、苗人的鬼师、瑶人畲民的鬼师，都是萨满的遗迹。……至于亚洲的南部、马来群岛亦有类似萨满的存在。[2]

近年出版的《萨满教研究》，除指出中国北方和与中国北方相毗邻的西伯利亚是萨满教的主要分布地区外，又做出如下论述：

> 甚至从非洲经北欧到亚洲再到南北美洲这一广阔空间

[1] 《清史稿》卷八五《礼志四》，中华书局，1977年，第2558页。
[2] 莫东寅《满族史论丛》，人民出版社，1958年，第175页。

所居住的各族，都存在共同的萨满教。[1]

以上两则引文，都肯定：萨满教盛行于阿尔泰语系的东北亚地区。这表明，由人类学家、民族学家凌纯声的《松花江下游的赫哲族》（1934 年）开拓的萨满教当代研究[2]近 50 年来有所进展。这又表明，中国学者萨满文化研究的学术视野，已由中国北疆的松花江流域，拓展到世界的广阔地域。然而，在萨满教研究视野扩展的同时，却陷入将萨满教同其他原始宗教相混淆的误区。于此，略做如下三点思考。

其一，原始宗教的多样性。古代人类诸民族文化呈现多样性，作为其民族文化表象之诸宗教亦展现多样性。人类历史上所有的原始宗教，在其发展到一定时期便会出现巫或觋，而人们常笼统地称之为“巫教”。尽管巫教与萨满教在祭拜对象和祭祀形式等方面有相似之处，但仍有各自的特点。萨满教同巫教在崇拜之神、祈祷之词、宗教之规、祭祀之仪和司祭之祝等方面，均各有其特征。不能以其是否有巫师而判定该宗教之特征，正如不能以道教、佛教、天主教、伊斯兰教都有神职人员——道士、僧人、司铎、阿訇，而将四种宗教相混淆一样。所以，不能将没有萨满做司祝的宗教称之为萨满教。由是，萨满教既展现人类复杂原始宗教的多样性，又体现以萨满做司祝之萨满教的特异性。

其二，原始宗教的民族性。古代人类诸民族文化呈现出民族性，作为其民族文化表象之诸宗教亦展现民族性。维吾尔族

〔1〕 秋浦主编《萨满教研究·引言》，上海人民出版社，1985 年，第 2 页。

〔2〕 20 世纪研究萨满教的文章，以如下二文为早：涵秋《满洲旧教》，载《文艺杂志》第 10 期，1915 年；岂明《萨满教的礼教思想》，载《语丝》第 44 期，1925 年。

的毛拉、倮倮族的必磨、瑶族的鬼师、独龙族的那卜、怒族的尼玛、傈僳族的尼扒、景颇族的董萨和黎族的鬼公等，虽然其巫师与萨满有相似之处，但有其自身的民族特点与宗教称谓，故不应以萨满教名去称呼人类各族所有的原始宗教。至于蒙古族的黑教，有人将其归属于喇嘛教的一支："自黄、红二教外，又有黑教，其喇嘛率多妻，茹荤饮酒，专以邪法生活，皆居于家。"〔1〕或视其为红教的别称："从前红教为旧教、黄教为新教，晚近则号黄教为白教、红教为黑教，明其衣钵非真也。"〔2〕另如中原汉族原始宗教的巫祝，并不是萨满教巫师，无须赘言辩证。

其三，原始宗教的地域性。古代人类诸民族文化呈现地域性，作为其民族文化表象之诸宗教亦展现地域性。无疑，萨满教是国际性的宗教。萨满教流行于西伯利亚地域和中国北部地区，但这并不排斥其他地域也有萨满教的存在。在西伯利亚，俄罗斯的通古斯语族之埃文基族、埃文族、涅基达尔族、那乃族、乌利奇族、奥罗克族、乌德族等，都信奉萨满教。在中国北部阿尔泰语系诸族，满 - 通古斯语族的满洲族、鄂温克族、鄂伦春族、赫哲族、锡伯族，突厥语族的维吾尔族、哈萨克族、柯尔克孜族，蒙古语族的蒙古族、达斡尔族、裕固族等，也都信奉（或信奉过）萨满教。上述阿尔泰语系诸族，对"萨满"的称谓大同小异。满 - 通古斯语族为萨满教之发源地，满 - 通古斯语族人称萨满教的司祝为"萨满"，突厥语族人称之为"喀木"，蒙古语族人称之为"勃额"。由于满 - 通古斯语族的满族创制文字、入主中原，其"萨满"之称谓便规范化地确定下

〔1〕 徐珂辑《清稗类钞》，中华书局，1984 年，第 1943 页。

〔2〕 同上，第 1944 页。

来。[1]此外，北美洲的爱斯基摩人和印第安人，属蒙古人种，亦信奉萨满教。然而，古代地域文化差异大，交通不发达，相互沟通少，故其宗教各有名称，各具特色。南亚的原始宗教，黑人对偶像的崇拜，雅利安人的原始宗教等，虽都属于原始宗教，但都不是萨满教。萨满教固有其广泛的国际性，亦有其局限的地域性。所以，到目前为止，尚无充分材料证明，在世界五大洲——非洲、欧洲、亚洲、美洲和大洋洲，其“广阔空间所居住的各族，都存在共同的萨满教”。因此，我们既要探索萨满教传布广泛的国际性，又要把握其传播局限的地域性。

从上面原始宗教的多样性、民族性和地域性的分析中，可以看出萨满教同其他原始宗教的异同。萨满教的国际性、原始性、多神性，是其三个重要特征；萨满教以萨满为人界与神界之中介，则是其区别于其他原始宗教的本质特征。

萨满教的上述三个特征，是在其漫长复杂演变过程中形成的。以满洲萨满教而言，它经历了初昧、发展、鼎盛和衰落四个时期。

满洲萨满教的初昧期　这个时期从远古至西汉，萨满祭祀活动不见于文字记载。满洲的先民，生存于自然界，自然界中的外部力量，常在这些先民头脑中，成为支配其生活与行为的

---

〔1〕秋浦主编《萨满教研究·引言》：“尽管对萨满教的记载日益增多，但各人对于萨满一词的写法却很不统一。如西清的《黑龙江外记》、姚元之的《竹叶亭杂记》和《清史稿·礼志》，都把萨满写作‘萨玛’，吴振臣的《宁古塔纪略》写作‘叉马’，方式济的《龙沙纪略》写作‘萨麻’，索礼安的《满洲四礼集》写作‘萨莫’，还有写作‘叉玛’‘沙曼’‘撒卯’‘撒牟’的。总之是语音相近而写法不同。《大清会典事例》最先使用萨满两字，一直到现在，始逐步为学术界所通用。”按：《清史稿·礼志》用语不规范，亦写作“萨吗”“萨满”。另，他书又作“珊蛮”“萨蛮”“萨摩”等。

幻想。他们生息繁衍在白山黑水地域，以渔猎为主要生存手段，过着蒙昧的生活。自然、动物和植物，便成为萨满教最初的崇拜之神。他们食禽兽之肉，衣禽兽之皮，从而将猎获禽兽视为主宰禽兽“神灵”之恩赐而加以崇敬，并认为罹难禽兽“精灵”会祟报而加以供祭。这便产生了原始的图腾崇拜。《竹叶亭杂记》载：满洲设杆祭天，杆上安设锡斗，“其锡斗中切猪肠及肺肚生置其中，用以饲乌。……每一置食，乌及鹊必即来共食”〔1〕。这就是满洲源于狩猎而以乌鹊为图腾之远古遗意。满洲萨满神帽上的鸟形装饰，也说明了这一点。满洲先民初昧时期的萨满教，仅见于原始岩画、神话传说和考古神偶之中。有汉文记载的萨满教，则表明其进入发展时期。

满洲萨满教的发展期　这个时期从东汉至明代，萨满祭祀活动载于汉文典籍。最早见于汉文文献的萨满教祭祀记载，是范晔的《后汉书·东夷列传》。书中对满洲先民挹娄及其环围民族夫余、高句丽、濊貊、三韩等祭祀活动做了记载。夫余“以腊月祭天，大会连日，饮食歌舞，名曰‘迎鼓’”；且“有军事亦祭天，杀牛，以蹄占其吉凶”〔2〕。高句丽“好祠鬼神、社稷、零星，以十月祭天大会，名曰‘东盟’。其国东有大穴，号‘禭神’，亦以十月迎而祭之”〔3〕。挹娄在夫余和高句丽之北，其俗当同。于萨满祭祀，《后汉书·东夷列传》载：

常以五月田竟祭鬼神，昼夜酒会，群聚歌舞，舞辄数

〔1〕 姚元之《竹叶亭杂记》卷三，第62页。

〔2〕《后汉书》卷八五《东夷列传》，中华书局，1965年，第2811页。

〔3〕 同上，第2813页。

十人相随，蹋地为节。十月农功毕，亦复如之。诸国邑各以一人，主祭天神，号为“天君”。又立苏涂，建大木，以县〔悬〕铃鼓，事鬼神。[1]

上文“苏涂”，唐朝李贤等引《三国志·魏书》注云：“苏涂之义，有似浮屠。”[2]此注闻音生义，不足凭信。金梁释云：“满语称神杆为索摩，与苏涂音亦相近。”[3]此释上下文抵牾，又贻人穿凿之嫌。“索摩”为萨满教祭天之神杆。又上文“铃鼓”，后满洲萨满教祭祀时，“萨吗乃头戴神帽，身系腰铃，手击皮鼓，即太平鼓，摇首摆腰，跳舞击鼓，铃声鼓声，一时俱起”[4]，即其遗风。上述数例说明，在东汉时期，东北白山黑水一带广泛流行着萨满教祭祀。其后，《三国志·魏书》亦略如上载，或文字雷同：“常用十月节祭天，昼夜饮酒歌舞，名之为舞天，又祭虎以为神。”[5]《后汉书》与《三国志》相校，后者仅异两字，即“月”后衍“节”，易“祠”为“祭”。但是，“萨满”一词，最早见诸汉文献记载，为南宋徐梦莘的《三朝北盟会编》：

珊蛮者，女真语巫妪也。以其通变如神，粘罕以下，皆莫之能及。[6]

〔1〕《后汉书》卷八五《东夷列传》，第2819页。

〔2〕同上。

〔3〕金梁《奉天古迹考》，第2页，自刊本。

〔4〕姚元之《竹叶亭杂记》卷三，第63页。

〔5〕《三国志》卷三〇《魏书》，中华书局，1959年，第849页。

〔6〕徐梦莘《三朝北盟会编》卷三，第10页，明东湖精舍抄本，北京图书馆善本部藏。

考古曾发现辽代女真萨满祭祀的腰铃。[1]金代女真贵族建立了王朝，更使萨满祭祀礼仪化。《金史·礼志》载述，"拜天之礼"[2]，炳然如丹。明成化年间，建州女真祭祀之礼，"祭天则前后斋戒，杀牛以祭。又于月望，祭七星"[3]。但是，女真文没有留下萨满祭祀的明确记载。满文记载萨满祭祀，表明满洲萨满教进入其发展的鼎盛时期。

满洲萨满教的鼎盛期 这个时期从晚明至清末，萨满祭祀载入满文典册并列于祭祀大典。以努尔哈赤为首领的建州女真，明万历十一年（1583）崛起于辽左。万历二十七年（1599），努尔哈赤主持创制满文，尔后开始以满文记载后金—清之大事"祀与戎"。《清太祖高皇帝实录》癸未年即万历十一年载，努尔哈赤"同族宁古塔诸族子孙至堂子立誓"[4]，是为清代官书首见"堂子"的记载。万历二十四年（1596），朝鲜申忠一在佛阿拉目睹堂子祭祀："每日日中，烹鹅二首，祭之于此厅，必焚香设行。"[5]后朝鲜李民寏亦闻见赫图阿拉"使巫觋祷祝，杀猪裂纸以祈神"[6]的萨满文化现象。后金在兴京、东京、盛京，均设堂子礼天。皇太极改元崇德后，颁行堂子等祭

〔1〕 孙秀仁、干志耿《论辽代五国部及其物质文化特征》，《东北考古与历史》1982年第1期。

〔2〕《金史》卷二八《礼志一》，卷三五《礼志八》，中华书局，1975年，第693、826页。

〔3〕《李朝成宗实录》卷一五九，十四年十月戊寅，日本学习院东洋文化研究所，1959年。

〔4〕《清太祖高皇帝实录》卷一，万历十一年二月，中华书局影印本，1986年。

〔5〕《写定申忠一图录本文》，《兴京二道河子旧老城》（日文本），"建国大学"刊印，1939年，第89页。

〔6〕 李民寏《建州闻见录》，第33页，日本天理图书馆今西文库藏本。

仪（详见后文）。他因杜度事杀萨满荆古达，缘其借端对己诅咒[1]，并非杀萨满而禁其教。他屡颁祭祷“勿得奢费”[2]的汗谕，旨在提倡节俭、保护畜力，亦并非禁止萨满祭祀。顺治元年（1644），移鼎燕京，并在京师建堂子。满洲萨满祭祀逐渐庙堂化。清在盛京清宁宫举行萨满祭祀，迁鼎燕京后又在坤宁宫举行萨满祭祀。满洲萨满祭祀又逐渐宫廷化。萨满教的祭典，随着祭祀的庙堂化与宫廷化也逐渐典制化。清自太祖、太宗、世祖、圣祖、世宗至高宗，历时六朝，一百余年，终将萨满教祭祀典仪，详加考核，厘为经典。乾隆帝谕：“命王大臣等，敬谨详考，分别编纂，并绘祭器形式，陆续呈览，朕亲加详核酌定。”[3]这就是《钦定满洲祭神祭天典礼》。萨满祭祀复逐渐典制化。萨满教祭祀的庙堂化、宫廷化、典制化，是其鼎盛期的主要标志（详见下文）。然而，盛极则衰，满洲萨满教转入其衰落时期。

满洲萨满教的衰落期　这个时期从民初至当代，萨满教失去庙堂崇祀的灵光，变成民间奉祀的宗教。先是，萨满教在嘉道间已显露衰落端倪。礼亲王昭梿亲临堂子祭祀，并“尤习国故”[4]，却在《啸亭杂录》中，误为堂子祭祀明将邓子龙[5]，此为庙祭一例。曾任侍讲的姚元之，目睹满洲家祭时萨满司祭跳

〔1〕《清史列传》卷三《多罗安平贝勒杜度》，第17页，中华书局线装本；《清太宗实录》卷六三，崇德七年十月丙寅，中华书局影印本，1985年。

〔2〕《清太宗实录》卷四，天聪二年正月丁卯。

〔3〕《钦定满洲祭神祭天典礼》卷首，台湾商务印书馆《景印文渊阁四库全书》本，1986年，第2页。

〔4〕《清史稿》卷二一六《诸王二》，中华书局，1977年，第8980页。

〔5〕孟森《清代堂子所祀邓将军考》，《明清史论著集刊》下册，中华书局，1959年，第322页。

祝；而“今祭神家罕有用萨吗跳祝者，但祭而已，此亦礼之省也”[1]。此为家祭一例。以上二例显示清代萨满教渐衰，清朝覆亡却表明满洲萨满教的衰落。辛亥鼎革，清帝逊位，堂子祭祀，不久湮废。冯帅逼宫，溥仪出走，坤宁宫祭祀随之废止。但满洲民间萨满祭祀，尚延续一段时间，后亦渐行自澌。至于边远僻壤地区满洲萨满祭祀，“文革”一起，遂行结束。

综上，满洲的萨满教，其盛在于清兴，其衰则在于清亡。满洲萨满教在清代肃穆而隆盛，是满洲萨满文化史上最为辉煌的一章。

二

清朝定鼎燕京，统一中原，满洲族的萨满教随之发生重大的变化。有清一代，萨满教作为满洲族的原始性宗教，地位殊升，享有殊荣，走向庙堂化、宫廷化、典制化。

满洲萨满教的庙堂化，是清定鼎燕京后满洲萨满教的一个特征。

满洲萨满教的祭神祭天，由原始的野祭而演变为血缘的家祭，再衍变为氏族的祫祭，复演化为清廷的堂子祭。堂子，满文作 tangse，首见于满文体《满洲实录》，但其将 tangse 意译为“神”[2]。《清太祖武皇帝实录》亦意译其为“神”[3]。而《清太祖高皇帝实录》音译其为“堂子”。满洲兴起之前，各氏族设堂

---

〔1〕 姚元之《竹叶亭杂记》卷三，第 63—64 页。

〔2〕《满洲实录》卷一，癸未年（万历十一年）二月，辽宁通志馆影印线装本，1930 年。

〔3〕《清太祖武皇帝实录》卷一，癸未年（万历十一年）二月，台北故宫博物院藏本，广文书局影印，1990 年。

子，供神祇，祭祖先。努尔哈赤崛起后，沿袭满洲氏族设堂子的宗教习俗，在佛阿拉建堂子。据前引申忠一目睹，其祭天祠堂，甚属草昧。在后金都城赫图阿拉，“立一堂宇，缭以垣墙，为礼天之所”〔1〕，这当是堂子。后在东京、盛京，均建堂子，为八角亭式殿。顺治元年（1644），清移鼎燕京。燕京的堂子祭祀，映现满洲贵族萨满祭祀的庙堂化。

其一，庙堂建筑。顺治帝由盛京至燕京的前五天，建成北京堂子。《清世祖实录》载：

> 建堂子于玉河桥东，享殿三间〔2〕，有闱廊，阔五丈三尺五寸，深三丈三尺，檐柱高一丈二尺六寸。八角亭一座，围二丈六尺五寸，檐柱［高］一丈七寸。收贮旧飨神房二间，阔一丈七尺，深一丈五尺五寸，檐柱高一丈。殿门一间，阔一丈三尺五寸，深一丈五尺，檐柱高一丈一尺二寸。祭神八角亭一座，围二丈二尺，檐柱高九尺四寸。大门三间，阔四丈，深二丈，檐柱高一丈八寸。围墙外神厨房三间，阔三丈五尺，深二丈，檐柱高一丈。〔3〕

北京堂子殿亭覆黄琉璃瓦、檐柱髹红漆，且铺设丹陛，比起佛阿拉盖草堂子，俨然显现庙堂气派。但堂子祭神亭檐高2.84米，天坛祈年殿高38.5米，堂子的建筑体量显得过于庳隘。

〔1〕李民寏《建州闻见录》，第32页，日本天理图书馆今西文库藏本。

〔2〕《大清会典图》卷六、《大清会典事例》卷一一八一和《清史稿》卷八五《礼志四》均作“五间”，且佛阿拉堂子亦“五间”，疑《清世祖实录》此载疏误。

〔3〕《清世祖实录》卷八，顺治元年九月己亥，中华书局影印本，1986年。

其二，庙堂礼仪。堂子祭祀之礼，以祭仪类别而言，有元旦拜天、立杆大祭、月祭、尚锡神亭祭、出征凯旋祭、佛诞祭和马祭等。以祭奉诸神而言，有天神、地祇、田苗神、满洲神、蒙古神、汉关帝、佛、菩萨、马神以及痘神邓佐等。其祭佛，每年四月八日有“浴佛之礼”〔1〕。以祭所殿亭而言，有祭神享殿和拜天之殿，后者《清会典》称“圜殿”，《啸亭杂录》称“圆殿”，《大清会典图》绘成八角亭式〔2〕，《钦定满洲祭神祭天典礼》称“亭式殿”，以“亭式殿”为是。亭式殿南正中设立神杆，以行拜天之礼。〔3〕

以神杆规制而言，神杆之满文为 somo i moo，汉音兼意译作“索摩杆子”〔4〕。神杆的石座、材制、尺寸、锡斗、新旧均由钦定。如乾隆四十二年（1777）十月二十四日，上谕：“somo i moo oci ele goidaci ele sain，ja i halaci ojorakū。”汉译为：“索摩杆子，愈久愈佳，不可轻易更换。”〔5〕更换时亦由钦定：

> 每岁春、秋二季，堂子立杆大祭，所用之松木神杆，前期一月，派副〔6〕管领一员，带领领催三人、披甲二十人，前往直隶延庆州，会同地方官，于洁净山内，砍取松树一

〔1〕 昭梿《啸亭杂录》卷二，第 44 页，清抄本。

〔2〕《大清会典图》卷五《堂子图》，光绪二十五年原刻本。

〔3〕 孟森《清代堂子所祀邓将军考》有“堂子非祭天”之语，载《明清史论著集刊》下册，第 318 页。

〔4〕 祭天神杆又称“索罗杆子”，其满文为 solo（人参）、i moo（杆子）。《呼兰府志》卷一〇《礼俗略》第 13 页载：“或云满洲初以采参为业，杆，采参之器也。”

〔5〕 军机处满文《寄信档》134（五），由赵志强先生摘出并汉译。

〔6〕《光绪大清会典事例》卷一一八一，第 12 页“副”字后衍一“内”字。

> 株，长二丈，围径五寸，树梢留枝叶九节，余俱削去，制为神杆。用黄布袱包裹，赍至堂子内，暂于近南墙所设之红漆木架中间斜倚安置。立杆大祭前期一日，立杆于亭式殿前中间石上。[1]

以祭拜次序而言，元旦朝仪以堂子为首，皇帝行礼，最先堂子，而后祖先，而后受外廷朝贺，而后受内廷行礼，而后内外廷臣礼东宫[2]。以祭礼之仪规而言，“岁正朔，皇上率宗室、王公、满一品文武官诣堂子，行拜天礼”[3]。堂子拜天为满洲贵族之专祭，汉官与蒙古王公不与祭。[4]

其三，庙堂赞祀。堂子祭祀，固然融入汉族仪式，仍然由萨满司祝。堂子祭仪的请神、仪仗、鸣赞、乐舞、叩兴、供品等都庙堂化，但萨满作为人界与神界之中介而司祝。举凡正旦拜天、立杆大祭、月祭、马祭等，其司祝者均为萨满。皇帝躬行立杆大祭，亦由萨满司祝：帝入，“司祝献酒，举神刀，祷祝，奏弦，拍板，拊掌，歌‘鄂啰罗’”后，帝行一跪三叩礼。马祭、背灯祭时，司祝萨满“振铃杆，摇腰铃，诵神歌”[5]。可见，堂子祭祀系由司祝萨满充作人界与神界之中介，所以它亦属萨满教祭祀。堂子祭祀如此，宫廷祭祀亦如此。

满洲萨满教的宫廷化，是清定鼎燕京后满洲萨满教的又一个特征。

---

〔1〕《钦定满洲祭神祭天典礼》卷三，第18—19页。

〔2〕查慎行《人海记》下卷，第75—76页，咸丰元年刊本。

〔3〕昭梿《啸亭杂录》卷八，第231页。

〔4〕《清史稿·礼志四》载，康熙十二年，于堂子祭天：“罢汉官与祭”。

〔5〕《清史稿》卷八五《礼志四》，第2556—2557页。

满洲萨满教的祭神祭天，在盛京的皇后正宫——清宁宫内，“设有神堂，是以爱新觉罗氏家族为主举行满族原始的宗教活动——萨满祭祀的神圣之地”〔1〕。清定都北京后，将坤宁宫改造为皇家萨满教祭祀之所。《满洲源流考》记载：“我朝自发祥肇始，即恭设堂子，立杆以祀天；又于寝宫正殿，设位以祀神。其后定鼎中原，建立坛庙，礼文大备，而旧俗未尝或改。”〔2〕满洲依萨满祭祀旧俗，对皇后正宫——坤宁宫，改建修葺以作宫廷萨满祭祀之所，映现满洲萨满教的宫廷化。

其一，宫廷建筑。清顺治初，清廷对坤宁宫建筑规制做了重大变更，以适应萨满祭祀之需。清朝官修的《日下旧闻考》等书，于此俱讳焉阙载。坤宁宫由明代皇后正宫，变为清代皇后正宫兼做满洲内廷祭神祭天之所。宫凡九间，其正门由明代居中而改在偏东一间，此间东北角隔出一小间，内设大锅三口，以煮祭肉；外设包锡大桌二张，以备宰猪；并设做供品打糕之具等。其后门依旧居中，闭而不开〔3〕。正门迤西三间，内南、西、北有连通长炕，朝祭在西炕，夕祭在北炕。祭毕，帝后召满洲王公大臣在南炕食胙肉。再西一间为存放神器之处。正门迤东二间即东暖阁，为皇帝大婚之喜房。东头和西头各一间，均为通道〔4〕。宫前东南方设立祭天神杆；宫后墙矗立烟囱，以做宫内祭祀煮肉时走烟之用〔5〕。经过上述建筑的改造，坤宁宫

〔1〕 沈阳故宫博物院编《盛京皇宫》，紫禁城出版社，1987 年，第 67 页。

〔2〕《满洲源流考》卷一八，辽宁民族出版社，1988 年，第 330 页。

〔3〕 朱偰《明清两代宫苑建置沿革图考》，北京古籍出版社，1990 年，第 44 页。

〔4〕 万依、王树卿、刘潞著《清代宫廷史》，辽宁人民出版社，1990 年，第 260—261 页。

〔5〕 阎崇年《燕京宫苑的民族特征》，《北京社会科学》1992 年第 3 期。

成为爱新觉罗氏皇家祭神祭天之所，且具有宫廷气派。

其二，宫廷礼仪。《清史稿·礼志四》载《满洲跳神仪》，即满洲民间萨满祭仪，它移植于宫廷，并稍加改进，即成为坤宁宫祭仪。于是，满洲萨满教原始、俚俗、粗犷、烦琐的祭祀礼仪，便搬进坤宁宫，宠之以宫廷祭仪的桂冠。这就是“每日坤宁宫朝祭、夕祭，每月祭天，每岁春、秋二季大祭，四季献神”〔1〕的宫祀仪范。仅举二例：坤宁宫是祭神时宰猪、打糕、酿酒和染织的场所。如祭神的猪，抬至坤宁宫内，将以酒灌耳的活猪抬至炕沿前，即所谓“领牲”，致祷，奏乐。然后将猪放在包锡的大桌上，宰杀，接血，去皮，节解，煮于大锅内；其头、蹄、尾俱燎毛而不去皮，亦煮于大锅内。将煮熟之猪肉切成胙肉上供，并伴以其他礼仪。是为一例。坤宁宫前的四季献神之祭，以良马、犍牛各二，牵于交泰殿后，在坤宁宫前陈马于西、陈牛于东，并奉供品于宫内神位前。将马、牛牵于皇后正宫前祭神，是满洲野祭旧俗在宫廷之重现。祭后的马、牛交会计司售出，所得银钱购猪备以后再祭。这重现了满洲崛兴之后，仍重战、耕而惜马、牛之遗风。是为二例。以上两例说明，清代满洲贵族萨满祭祀之宫廷化。

其三，宫廷赞祀。坤宁宫祭祀，虽融入汉族文化，却仍由萨满司祝。有的学者以坤宁宫祭祀之神有佛及菩萨、关圣帝君，祭祀之仪有汉族的三跪九叩礼，而言“把坤宁宫祭祀说成是萨满教的观点应纠正之”〔2〕。其实，满洲入主中原后，作为满洲原始宗教的萨满教，其祭祀之神和祭祀之仪，必然受到汉族儒

〔1〕《钦定满洲祭神祭天典礼》卷一，第1页。

〔2〕 刘建国《关于萨满教的几个问题》，《世界宗教研究》1981年第2期。

家文化和其他宗教文化的影响。早在满洲入关之前，佛、菩萨和关帝已成为其祭祀之神，“凡七大庙”[1]。清定鼎北京后，满洲萨满教的祭祀神位与祭祀礼仪所受汉文化影响不乏其例。在《郎河伊拉里氏跳神典礼》中，既祭菩萨，又祭关帝[2]。其祭仪如将祭酒“递与敬酒人跪接，双手举献一次，又照前递一次，如此三次，合众叩首一次”。又如祭关帝时，“撒玛站起，先在关帝像前祝念毕，合众男前女后，跪下叩首一次”[3]等。但是，坤宁宫祭祀的主神是满洲神；司祝萨满充当赞祀、舞刀、摇铃、诵词的角色，体现了萨满作为人界与神界之中介者的身份。坤宁宫满洲祭祀所受汉族文化的影响，恰是满洲萨满宫廷化的例证。所以，清代坤宁宫祭祀是具有宫廷特色的满洲萨满教祭祀。

满洲萨满教的典制化，是清定鼎燕京后满洲萨满教的另一个特征。

满洲萨满教的祭神祭天，随着满洲萨满教的庙堂化和宫廷化，其祭祀的仪注、祝词和器用也必然典制化。满洲萨满教典制化的历史嬗变、钦定典礼及深远影响，摘简勒要，缕述如下。

其一，历史嬗变。满洲萨满教起自民间，源远流长。满洲初无文字，萨满祭祀，古俗相沿，口授祝词，身传仪注，诸部星散，各有同异。努尔哈赤主持创制满文后，戎马倥偬，矢飞不息，无暇顾及萨满祭祀典仪。他沿袭满洲陈习，渐为后金成

---

〔1〕《清太祖高皇帝实录》卷四，第13页；《满洲实录》卷四，第3页；福格《听雨丛谈·神板神竿》。

〔2〕《郎河伊拉里氏跳神典礼》（满汉文合璧），第7页，清抄本，北京图书馆善本部藏。

〔3〕《郎河伊拉里氏跳神典礼》（满汉文合璧），第8页。

例。《满文老档》记载，天命七年（1622）正旦，“汗率八旗贝勒大臣等，出城叩谒堂子。然后回到衙门升座，受八旗诸贝勒大臣叩贺”[1]。这便是清代皇帝先堂子拜天，后回宫受贺之仪。但明朝皇帝正旦只受廷臣朝贺而不拜天。皇太极建号大清，改元崇德，制定堂子神位等祭仪。主要有《元旦礼仪》[2]、《祭堂子神位仪则》[3]、《祭堂子祝辞》[4]、《祭天典仪》[5]和《祭天位次图》[6]。上述五项祭礼，较简略、欠完整。满洲入主中原之后，顺治、康熙、雍正三朝，于满洲祭礼，循祖旧章，略加损益，未作大举。至乾隆间，始颁行《钦定满洲祭神祭天典礼》。

其二，钦定典礼。乾隆帝初元之年，大清建号，整一百年。满洲虽有五朝陆续颁行的祭神祭天礼仪，但欠整合，未划一。满洲姓氏各殊，礼皆随俗。即使皇宫大内，分出诸王，祭祀之仪，“累世相传，家各异辞”[7]。至于四散之部，边壤之民，同礼异仪，更不待言。乾隆帝为使满洲祭神祭天典礼完备而规范，命询故老、访土人，考典籍、严详核，于乾隆十二年（1747），成满文《满洲祭神祭天典礼》六卷。《四库全书总目提要》载：

> 以国语、国书，定著一编。首为祭仪二篇，次为汇记故事一篇，次为仪注、祝词、赞词四十一篇，殿以器用数

[1]《满文老档》，太祖三十二，天命七年正月初一日，东洋文库，1956年。

[2]《满文老档·太宗》，崇德元年五月十四日，中华书局，1990年。

[3]《满文老档·太宗》，崇德元年六月十八日。

[4]《满文老档·太宗》，崇德元年六月二十九日。

[5]《满文老档·太宗》，崇德元年七月十四日。

[6]《满文老档·太宗》，崇德元年十一月。

[7]《光绪大清会典事例》卷一一八五，第1页，光绪二十五年原刻本。

目一篇、器用形式图一篇。[1]

《满洲祭神祭天典礼》，初为满文本，共六卷。乾隆帝“每成一卷，必亲加厘正”。乾隆四十二年（1777），命大学士阿桂、于敏中主持，将满文《满洲祭神祭天典礼》一书，依文音释译。四十五年（1780）七月，阿桂将汉文译本六卷进呈，谕旨书名为《钦定满洲祭神祭天典礼》，将阿桂等奉旨考撰的《跋语》，附于汉文卷四之后。但汉文译本“祭仪”作“祭议”，“四十一篇”作“四十篇”。翌年，将《钦定满洲祭神祭天典礼》编入《四库全书》。尔后，又将其编入《大清会典事例》。

其三，深远影响。由乾隆帝下诏编纂满文并译成汉文的《钦定满洲祭神祭天典礼》，旨在“庶满洲享祀遗风，永远遵行弗坠”[2]。书成之后，载入《内务府祀典》，并“与《大清通礼》相辅而行”[3]。举凡宫廷、王公及满洲八旗官兵之家，以其作为祭神祭天的钦定法规。乾隆帝东巡盛京之行，将“《钦定满洲祭神祭天典礼》一书，即交由京派出之司俎官先期赍往，于圣驾未到之前，豫〔预〕为教习祝赞，并训练供献、陈设各礼仪”[4]，旨在划一两京祭礼。但是，满洲不同的部氏，有其本部氏的典仪。如叶赫伊拉里氏，其《郯河伊拉里氏跳神典礼》内载，祭天时用羊而不用猪，这同其先世居地毗邻蒙古，亦牧亦猎的生活有关。在各地民间流传大量满文与汉文萨满祭祀的表

---

〔1〕《四库全书总目》卷八二《钦定满洲祭神祭天典礼提要》，中华书局影印本，1965年，第707页。

〔2〕《钦定满洲祭神祭天典礼》卷首，第2页。

〔3〕《四库全书总目》卷八二《钦定满洲祭神祭天典礼提要》，第707页。

〔4〕《光绪大清会典事例》卷一一八四，第14页。

文、神谕等，满洲保庆《萨满念杆清汉表文》[1]即为一例。《满族萨满教研究》著者称，“我们发现了近千万字的主要由满文写成的神谕、经文，其中有保存三百年之久的神本子”[2]，即又为一例。但以上两例，其内容同《钦定满洲祭神祭天典礼》有关。

综上，满洲的萨满教，盛行于清的表征，凸显在满洲贵族中的庙堂化、宫廷化和典制化，也呈现在满洲军民中的平民化、普及化和通俗化。无论在满洲贵族中，还是在满洲平民中，萨满文化的价值，都值得深入探讨。

三

满洲萨满文化的历史价值，满洲贵族对满洲萨满文化的价值取向，是满洲贵族与萨满文化关系中两个需要探讨的问题。

萨满文化的历史价值，学术同仁之见解角立。《满族萨满教研究》书中对这种角立见解做了概括：

> 一种意见认为，原始的宗教信仰在一定程度上增加和鼓舞了当时人们与自然作斗争的勇气和力量。或者虽然承认宗教的消极作用，但同时也认为原始宗教有些微的积极作用或进步的一面。另一种意见则认为，一切宗教本身，都是反科学的唯心的东西，没有什么可以肯定的积极作用，原始宗教也不例外。

---

〔1〕 保庆《萨满念杆清汉表文》（满汉文合璧），不分卷，北京图书馆善本部藏。

〔2〕 富育光、孟慧英著《满族萨满教研究》，北京大学出版社，1991年，第265页。

后一种意见反驳前一种意见说："所以，与其说原始宗教有增加和鼓舞人们与自然作斗争的勇气和力量，毋宁说它磨灭人们的斗志，屈服于自然的摆布。"〔1〕毋庸讳言，萨满教同其他原始宗教一样，都具有消极性、愚昧性和局限性。巫医治病之误人害人就是明显实例。这方面的文章已经很多，此不赘论。这里仅就萨满文化的历史价值试作几点浅析。

第一，萨满文化的史料价值。满-通古斯语族的所有民族，在原始社会状态都没有留下文字记载的历史。要研究这些民族蒙昧时期的社会与历史，萨满教的仪注与神词就成了难得的资料。他们的氏族、迁徙、经济、社会、文化和习俗等，都可以在萨满教的仪注与神词中找到历史的影子。以其经济而言，在建州兴起前后，建州女真过着以狩猎为主兼营采集、捕鱼、畜养和农作的生活。这在四季献神祝词中得到反映：春和夏以家禽珍禽、秋以江河所产水鲜、冬以山林所获珍馐献于神。堂子里的上神殿则祭祀田苗之神，"为田苗而祀"〔2〕。上神殿偏处于堂子东南隅，曲折地反映了农作业后来才逐渐地成为社会经济的重要门类。满洲先民曾以狩猎为主，而马在狩猎与兵事中占有重要位置。所以，坤宁宫和堂子都祀马神，其祝词云：

> 今为所乘马敬祝者：抚脊以起兮，引鬣以兴兮，嘶风以奋兮，嘘雾以行兮；食草以壮兮，啮艾以腾兮，沟穴其弗蹈兮，盗贼其无撄兮！神其贶我，神其佑我！〔3〕

---

〔1〕 秋浦主编《萨满教研究》，第174页。

〔2〕 阿桂、于敏中《奏折》，《钦定满洲祭神祭天典礼》卷首，第2页，《辽海丛书》本。

〔3〕《钦定满洲祭神祭天典礼》卷四，第20页。

上引八句神词，前四句描绘并再现了满洲先民抚背上马、揪鬃而奔、冲风破雾、驰骋山林的英姿；后四句则道出了祭者对同马攸关的枯草、马疾、沟壑、盗贼之关切心情和祈佑心态。还有，萨满神帽上饰鸟、堂子祀雕神以及祭祀那么多的动物神，都说明满洲是一个狩猎民族，其"崇尚骑射"的民族精神，从这里找到了答案。以上萨满祭祀的仪注和神词，勾勒出一幅满洲先民以狩猎为主兼做其他的社会与经济的生活图景。

第二，萨满文化的文艺价值。在满洲没有文字的时代，其文化的民间传承主要靠口头传讲，许多萨满即是满洲民间口头文学的创作者与宣讲者。萨满成为该哈拉（氏族）、噶珊（村屯）中文化与精神的首领。由萨满将满洲先民同自然与社会做抗争的事迹，以神话或故事的形式一代一代相传。这些满洲神话和故事，无疑是满洲民间文化的宝藏。近年出版的满族神话与故事汇集，充分地证明了这一点。同时，萨满又是满洲民间艺术的创作者与表演者。萨满教的宗教祭祀活动中，萨满唱神歌、演乐舞、耍魔术。他们是满洲早期的歌唱者、鼓乐手、舞蹈家和魔术师。有些宗教祭祀间杂着文艺活动，如《郯河伊拉里氏跳神典礼》记载：

> 煮祭肉之际，撒玛装束腰铃、神帽、动鼓，愿慰吉言，合众动鼓相随。愿慰毕，撒玛坐杌子上，族人及亲眷人等，内有能歌舞者，照先前歌舞，撒玛动鼓相随。合众接声歌舞毕，撒玛站起戏耍，或站鼓取酒，或吞香，或咬熟捞铁、摅烧红通条等。戏耍毕，肉仍未熟，撒玛卸装歇息，合众男丁围坐于外间屋地下，或饮酒，或弹唱，在礼法之内喜乐俱可。坤众在屋内就地散坐，独外戚、姑娘方

可上炕。[1]

从上可见，满洲部民氏族、村屯的大型萨满祭祀活动，无疑是一次盛大的节日，也是一场文化娱乐活动。所以，萨满活动在传承满洲文化、丰富满洲民众文化生活和凝聚满洲部民关系等方面，都有着不可忽视的作用。

第三，萨满文化的民族价值。满洲16世纪末崛兴于辽东，其民族凝聚力除血缘纽带和八旗纽带之外，还有宗教纽带——萨满教。萨满教是满洲凝聚力的一条神圣纽带。它在不同层面，有着共同民族纽带效应，而皇室贵族是清代满洲凝聚力的核心。坤宁宫祭祀重在强固皇室贵族的联系，通过日祭、月祭、季祭、半年祭和年祭，通过祭祀中的请神、宰牲、供献、祝词、乐舞、胙食、叩兴等宗教仪式，使帝后、皇子、诸王等满洲天潢贵胄，在神秘而和谐的氛围中凝为一体。满洲贵族是满洲凝聚的枢机，堂子祭祀重在加强他们的联系，“岁正朔，皇上率宗室、王公、满一品文武官诣堂子，行拜天礼”[2]。堂子祭天，参祭者包括全部在京的高级满洲贵族，其他人不得涉足。堂子拜天礼仪，是满洲贵族之政治与军事、社会与文化特权在宗教上的表现，并被披上神圣的外衣，从而有利于满洲贵族内部的团结。满洲部民是满洲凝聚的基础，家祭和族祭，重在强化满洲八旗官兵及其眷属的民族宗教意识。京师八旗和驻防八旗官兵之家，依例祭祀，甚至订为《家训》:

〔1〕《郎河伊拉里氏跳神典礼》(满汉文合璧)，第11—12页。

〔2〕 昭梿《啸亭杂录》卷八，第231页。

家祭：每岁富者宜按季一举；中人之家，岁二三举；即贫者，亦应岁一举。他村酌量前去，同村而居者，必举族以往。其无故不至者，穆坤得严词以责之，以尽敦睦之谊。〔1〕

自皇室至民间的萨满祭祀，足以增进满洲的民族意识、民族感情、民族心理和民族精神，尽管有神秘色彩，然而亦有其民族价值。

第四，萨满文化的特殊价值。在清代及其以前的漫长时期，在满 - 通古斯语族诸民族中，只有满洲留下萨满教的满文仪注与神词（包括官方的和民间的）。这是人类的一份宝贵文化财富。大量满文萨满教的仪注、神词和满文萨满教神话、传说，对于研究满 - 通古斯语各民族的语言、宗教、历史、文化、风俗和社会，具有重要的价值。尤其是对于东北亚诸多没有文字或文字创制甚晚的民族其宗教与文化的研究，具有特殊的价值。而且，对于阿尔泰语系蒙古语族、突厥语族信奉萨满教诸民族的宗教与历史的研究，可资参酌。另外，对于北美洲爱斯基摩人和印第安人的萨满教文化探索，也有借鉴作用。

满洲萨满文化的价值，无疑曾与当时其他宗教文化发生过碰撞。萨满教文化同其他宗教文化的关系，最终取决于清廷对萨满文化的价值取向。

满洲贵族进入辽沈地区，特别是入主中原后，萨满教便同其他宗教——喇嘛教、道教、伊斯兰教、天主教发生冲突。喇

〔1〕 金启孮《满族的历史与生活——三家子屯调查报告》，黑龙江人民出版社，1981 年，第 109 页。

嘛教在当时的蒙古地区，已成为占主导地位的宗教。努尔哈赤为同漠南蒙古诸部结盟，必尊重喇嘛教。大喇嘛干禄打儿罕囊素受到天命汗殊礼即为例证。[1]但是，天命汗的宗教兼容政策，并不能消解宗教之间的矛盾。《萨满与喇嘛斗法的故事》[2]，就是这种宗教冲突的曲折反映。冲撞的结果，萨满教在满洲中仍居重要的地位，喇嘛教也争得了相应的地位。佛、菩萨、蒙古神被列入堂子和坤宁宫的祭祀之典。道教虽受到雍正帝的重视，但对萨满教影响不大。至于儒家崇拜之关公，因后金二汗喜爱《三国演义》，遂尊而为神以祭之。萨满文化与儒家文化也有融合，如北京堂子，《会典》称“拜天圜殿”，又称“周环八柱八面棂扉”[3]，就是汉、满两种文化在堂子建筑上融合的实例。伊斯兰教同萨满教在中原地区直接冲突不大，但在哈萨克族中二教相互影响，有的萨满教萨满兼任伊斯兰教的阿訇，也有的伊斯兰教阿訇兼做萨满教的萨满[4]。天主教也在向萨满教渗透，耶稣会士汤若望被顺治帝尊为“通玄教师”。顺治帝本人先后去天主教南堂达 20 次之多，几乎接受神父的洗礼。顺治帝临终前，汤若望以玄烨曾出痘，直陈万世大计，“遂一言而定之”[5]。这话显系张饰，但反映福临同汤若望的特殊关系。因天主教为中华域外之文化，且在华无很深根基[6]，故对萨满教影响不大。

---

〔1〕《大喇嘛坟碑记》,《辽阳碑志选》第 2 集，第 37 页，辽阳铅印本。

〔2〕《萨满与喇嘛斗法的故事》，载《满族的历史与生活——三家子屯调查报告》，第 93 页。

〔3〕《光绪大清会典图》卷五《祀典四》，光绪二十五年原刻本。

〔4〕秋浦主编《萨满教研究》，第 103 页。

〔5〕方豪《中国天主教史人物传》中册，中华书局，1988 年，第 11 页。

〔6〕陈垣《汤若望与木陈忞》,《陈垣学术论文集》第 1 集，中华书局，1980 年，第 504 页。

清廷的宗教政策，规定或制约萨满文化的地位与作用。清代自太祖努尔哈赤起，便制定了尊崇萨满教（虽杀过萨满）并重视佛教的政策，从而奠定了清廷宗教政策的基石。在中国少数民族中，喇嘛教和伊斯兰教是两大宗教。清廷对喇嘛教采取尊奉的政策："兴黄教即所以安众蒙古，所系非小，故不可不保护之。"〔1〕兴黄教既安蒙古，又安西藏，在南北安设藩篱："以神道设教，借仗其徒，使其诚心归附，以障藩篱。"〔2〕清廷对伊斯兰教，则采取不干预的政策。署安徽按察使鲁国华奏请禁伊斯兰教，雍正帝谕称：

> 回民之在中国，其来已久。伊既为国家编氓，即皆为国家赤子也。朕临御天下，一视同仁，岂忍令回民独处德化之外。……至回民之自为一教，乃其先代相沿之土俗，亦犹中国之大，五方风气不齐，习尚因之各异，其来久矣。历观前代，亦未通行禁约，强其画一也。〔3〕

鲁国华被革职，伊斯兰教依旧。至于中原汉族，儒家思想已占统治地位。清廷实施满、汉祭祀并行之策："虽建立坛、庙，分祀天、佛暨神，而旧俗未敢或改，与祭祀之礼并行。"〔4〕清廷既天坛祭天，又堂子拜天，满汉礼俗，并而行之。

总之，清廷对宗教文化的政策，是一个极为复杂的问题。清廷对各种主要宗教，在不同时期、不同地域、不同民族，采取或

〔1〕 弘历《喇嘛说》，碑藏北京雍和宫。
〔2〕 昭梿《啸亭杂录》卷一〇，第361页。
〔3〕《清世宗实录》卷九四，雍正八年五月甲戌。
〔4〕《钦定满洲祭神祭天典礼》卷一，第5页。

扬或抑的动态倾斜政策。清廷对萨满教与其他宗教——道教、佛教、喇嘛教、伊斯兰教、天主教等，采取既兼蓄吸收又适当排斥，既划分畛域又协行传奉的策略。清廷尊崇萨满教为满洲古有宗教，而未强令各民族信仰；推崇喇嘛教，而未放弃萨满教；它采取既崇奉萨满文化，又汲取儒家文化，并兼容诸种宗教文化的政策，在“神界天国”里，保持着以萨满文化为满洲宗教文化，全国各民族多种宗教文化和谐并存的局面。这是清廷的高明之处，也是其鼎定中原达 268 年之久的一大秘机。

（原载《满学研究》第 2 辑，民族出版社，1994 年）

满洲初期文化满蒙二元性解析

满洲文化蕴含着满、蒙二元性[1]的特征。本文旨趣在于探讨清初满蒙关系——满洲初期文化的满、蒙二元性之原因、表征及其影响。兹据史料，略作解析。

一

满洲初期文化的满、蒙二元性，原因错综复杂，就其历史、地理、语系、习俗、政治等因素，作如下解析。

满洲与蒙古，交往历史悠久。纵观中国五千年的文明史，在现有的 55 个少数民族中，只有蒙古族和满洲族，建立过大一统王朝。在元朝，定鼎大都，统一全国。《元史·地理志》记载：合兰府水达达等路，"其居民皆水达达、女直之人，各仍旧俗，无市井城郭，逐水草为居，以射猎为业"[2]。"达达"指蒙古鞑靼部，这里将女真与鞑靼并称，可见二者的历史渊源。女

〔1〕满洲文化汲取汉、蒙、藏、朝等多种文化的营养，具有多元性；但其主要汲取的是汉、蒙文化，故本文只论其满、蒙二元性特征。

〔2〕《元史》卷五九《地理志二》，中华书局，1976 年，第 1400 页。

真受蒙古的管辖，蒙古与女真文化交往甚为密切。在明朝，明灭元后，辽东地区，战乱不已。明代初期，故元太尉纳哈出，曾指挥二十万蒙古军，据有辽东。明正统初，瓦剌也先欲重建“大元一统天下”[1]，东向用兵，软硬兼施，联合女真，大败兀良哈三卫；又兵锋指向女真诸部。瓦剌兵“于夏秋间，谋袭海西野人。野人畏慑，挈家登山”[2]。此期，女真成为瓦剌的臣民。在清朝，蒙古既是清朝的臣民，又是满洲的盟友。蒙古是个强大的民族，不依靠女真，便能建立元王朝；满洲是个较小的民族，不联络蒙古，便不能建立清王朝。总之，在元朝，女真作为其臣民，同蒙古联系密切；在明朝，蒙古在辽东势力强大，女真同蒙古也联系密切；在清初，满洲与蒙古为着共同对付明朝，二者联合多于冲突。所以，满洲初期文化的满、蒙二元性，有着深厚的历史根因。

满洲与蒙古，居住地理相邻。满洲先世女真，生活在辽东白山黑水的广阔地域。漠南蒙古东部六盟中的哲里木盟——科尔沁部、郭尔罗斯部、杜尔伯特部、扎赉特部，卓索图盟——喀拉沁部、土默特部，昭乌达盟——敖汉部、奈曼部、巴林部、扎鲁特部、阿噜科尔沁部、翁牛特部、克什克腾部、喀尔喀左翼，锡林郭勒盟——乌珠穆沁部、浩齐特部、苏尼特部、阿巴噶部、阿尔哈纳尔部等，主要牧放在大兴安岭东麓及其迤西草原地带。海西女真南迁后，住居于开原迤西、迤北等地带，同蒙古科尔沁部、郭尔罗斯部等接壤。建州女真南迁至苏克素浒

〔1〕 沈节甫《记录汇编》卷二〇《正统北狩事迹》，商务印书馆，1937年。

〔2〕《李朝世宗实录》卷一一六，二十九年闰四月戊子，日本学习院东洋文化研究所，1959年。

河流域，虽不同蒙古为邻，却通过马市往来密切。建州首领努尔哈赤在同蒙古交往中，学会蒙古语，略会蒙古文。后金进入辽河流域，便同漠南东部蒙古科尔沁部、土默特部、喀拉沁部等相邻。天聪九年即崇祯八年（1635），察哈尔部降附后金，喀尔喀蒙古便同后金接壤。喀尔喀蒙古于崇德三年即崇祯十一年（1638），向皇太极进“九白之贡”。

满洲与蒙古，属于同一语系。满洲语同蒙古语都属于阿尔泰语系，满洲语同蒙古语有着共性。两族由于语系相同、地理相近、交往密切，而形成大量相同或相近的语法和语汇，这就为两族的政治、经济、军事、文化交往，特别是联姻，提供了语言易通的便利条件。清太宗皇太极的十六位妻子中，至少有七位是蒙古族，其中地位最尊贵的中宫皇后和亚尊贵的四宫——永福宫、关雎宫、麟趾宫、衍庆宫的贵妃，都是蒙古博尔济吉特氏。如果没有语言的交流，皇太极同其一后四妃的长久深情结合是不可能的。

满洲与蒙古，同为骑射民族。蒙古为游牧民族，属草原文化，善于驰骑。满洲族属森林文化，也善于驰射。满洲族和蒙古族，都长于骑射。《满洲源流考》载述：“自肃慎氏楛矢石砮，著于周初，征于孔子。厥后夫余、挹娄、靺鞨、女真诸部，国名虽殊，而弧矢之利，以威天下者，莫能或先焉……骑射之外，他无所慕，故阅数千百年，异史同辞。”〔1〕清太祖努尔哈赤谕及满洲和蒙古的相同风习时说：蒙古与满洲，“衣饰风习，无不

〔1〕《满洲源流考·国俗一》，台湾商务印书馆《景印文渊阁四库全书》本，1986年。

相同，兄弟之国”[1]。福格在《听雨丛谈》中也说：“满洲之俗，同于蒙古者衣冠骑射。”[2]所以，骑射文化是蒙古文化也是满洲文化的一个基本的特征。喀尔喀蒙古哲布尊丹巴呼图克图，以蒙古和满洲同俗尚、同语系、同服饰而南投清朝。这是满洲与蒙古两个民族，政治结盟、军队共组和作战联合的一个相同的文化基础。

满洲初期文化满、蒙二元性的因素，在努尔哈赤兴起之前就已经存在。然而，要使其变成满洲文化具有满、蒙二元特征的现实，需要有一定的条件，这个条件主要是满洲的崛兴。在满洲崛兴的历程中，满洲的首领努尔哈赤及其子皇太极，聪明地利用了这些因素。他们在历史的舞台上，比其同时代的明朝诸皇帝、蒙古诸贝勒以及农民军诸首领，有更宏大的气度、更高明的谋略，会更精心地用人、更精彩地用兵，将与之争雄的角色，逐一地赶出历史舞台。

二

满洲初期文化的满、蒙二元性，表现层面交织，就其血统、文字、官制、军制、宗教等特征，作如下解析。

满洲初期文化具有满蒙双重性的第一个表现是血统的二元性。满洲贝勒中具有蒙古血统的最早文献载录，是《清太祖武皇帝实录》记载：

---

〔1〕《满文老档》，天命四年十月，东洋文库本，1955年。

〔2〕 福格《听雨丛谈》卷一，中华书局，1984年，第1页。

> 夜黑国，始祖蒙古人，姓土墨忒，所居地名曰张。灭胡笼国内纳喇姓部，遂居其地，因姓纳喇。后移居夜黑河，故名夜黑。[1]

夜黑即叶赫，其始祖的血统，半是叶赫，半是蒙古。乌喇贝勒布占泰系“蒙古苗裔”[2]，亦有蒙古血统。后建州灭乌喇和叶赫，他们汇入满洲的主体部分。满洲的先世建州女真，其首领李满住有三妻，蒙古兀良哈女为其一[3]。在清初宗室的“黄金血胤”中，其血统半是满洲，半是蒙古。清太祖努尔哈赤妃、后被尊为寿康太妃的博尔济吉特氏，系蒙古科尔沁郡王孔果尔之女，虽没有留下子嗣，但对顺治帝和康熙帝的早期治策影响重大。清太宗皇太极的生母叶赫那拉氏，前已言及有蒙古的血统。皇太极的中宫皇后和四宫贵妃俱是蒙古人：中宫孝端文皇后博尔济吉特氏，为科尔沁贝勒莽古思女；孝庄文皇后博尔济吉特氏，为科尔沁贝勒寨桑女，是孝端文皇后侄女，封为永福宫庄妃，生顺治帝福临；敏惠恭和元妃博尔济吉特氏，是孝庄文皇后之姐，封为关雎宫宸妃；懿靖大贵妃博尔济吉特氏，封为麟趾宫贵妃；康惠淑妃博尔济吉特氏，封为衍庆宫淑妃。所以，清世祖顺治皇帝福临的血统，半是满洲，半是蒙古。而顺治皇帝废后博尔济吉特氏，是孝庄文皇后的侄女；孝惠章皇后博尔济吉特氏，也是蒙古人。

满洲初期文化具有满蒙两重性的第二个表现是文字的二元

〔1〕《清太祖武皇帝实录》卷一，北平故宫博物院印本，1932 年，第 3 页。

〔2〕《清太宗实录》卷一五，天聪七年九月癸卯，中华书局影印本，1985 年。

〔3〕《李朝成宗实录》卷五七，乙未六年七月癸丑：“李满住三妻：一则斡朵里，一则兀良哈，一则火剌温。”

性。满洲先世女真，在金太祖天辅三年（1119），创制女真大字[1]；又于金熙宗天眷元年（1138），制成女真小字[2]。但女真大、小字的创制，是依契丹字或仿汉字为基础，因契丹制度，合女真语音，制女真文字[3]。女真文兼有契丹、汉、女真三元的特点。金亡元兴之后，女真文字逐渐衰落。到明朝中期，女真之文字，通晓者益少。努尔哈赤兴起后，对部民的告谕，主要用蒙古文，这充分表明满、蒙两族在语言方面的相近性。下举三例，加以说明：

例一，“胡中只知蒙书，凡文簿皆以蒙字记之。若通书我国（朝鲜）时，则先以蒙字起草，后华人译之以文字”[4]。

例二，“时满洲未有文字，文移往来，必须习蒙古书，译蒙古语通之”[5]。

例三，“满洲初起时，犹用蒙古文字，两国语言异，必移译而成文，国人以为不便”[6]。

上述三例说明，建州部分公文已用蒙古文，满语同蒙古语又属于同一语系，所以，努尔哈赤力主并坚持用蒙古文字母，拼写满语，创制满文。万历二十七年（1599），在努尔哈赤的主持下，由额尔德尼巴克什、噶盖扎尔固齐，用蒙古文字母，拼写满语，创制满文，这就是无圈点满文即老满文。此事，《清太祖高皇帝实录》卷三做了记载：

---

〔1〕《金史》卷七三《完颜希尹传》，中华书局，1975年，第1684页。

〔2〕《金史》卷四《熙宗本纪》，第72页。

〔3〕 金启孮《女真文字研究概况》，《沈水集》，内蒙古大学出版社，1992年。

〔4〕 李民寏《建州闻见录》，第33页，玉版书屋本，日本天理图书馆藏。

〔5〕《满洲实录》卷三，辽宁通志馆影印线装本，1930年，第2页。

〔6〕《清史稿》卷二二八《额尔德尼传》，中华书局，1977年，第9253页。

> 上欲以蒙古字，制为国语颁行。巴克什额尔德尼、扎尔固齐噶盖辞曰："蒙古文字，臣等习而知之。相传久矣，未能更制也！"……上曰："无难也！但以蒙古字，合我国之语音，联缀成句，即可因文见义矣。吾筹此已悉，尔等试书之。何为不可？"于是，上独断："将蒙古字，制为国语，创立满文，颁行国中。"满文传布自此始。〔1〕

这说明：满文是以满洲语言为基础，以蒙古文字母为符号，而创制的具有满、蒙两重性特征的满洲文字。

满洲初期文化具有满蒙两重性的第三个表现是官制的二元性。天命元年即明万历四十四年（1616），后金政府是以女真政权为基本形式，参酌蒙古政权模式。后金最基本军政组织形式的八旗制度，也参考了蒙古的官制。由于满洲渔猎经济的特点，文化比较落后，政权在战争中草创，后金的行政机构相当简单。在大汗之下，有五大臣，相当于蒙古的"图什墨尔"（tusimel），为后金最高军政国务大臣，相当于枢密大臣。八和硕贝勒是满洲固有的特色。扎尔固齐，是仿照蒙古"札尔扈齐"（jargūci），蒙古语意为"掌管诉讼之人"。福格在《听雨丛谈》中记载：国初有"札尔固齐十人，似是理政听讼之大臣。曾于《清文鉴》中查之不得，应是蒙古语也"〔2〕。其实，《清太祖高皇帝实录》做了载述，并加以诠释：

> （国人）凡有听断之事，先经扎尔固齐十人审问；然后

〔1〕《清太祖高皇帝实录》卷三，中华书局影印本，1986年，第2页。

〔2〕 福格《听雨丛谈》卷八，第181页。

> 言于五臣，五臣再加审问；然后言于诸贝勒。众议既定，奏明三覆审之事；犹恐尚有冤抑，令讼者跪上前，更详问之，明核是非。[1]

扎尔固齐，源于蒙古语，汉译意为听讼理事之官。

满洲初期文化具有满蒙两重性的第四个表现是八旗的二元性。八旗制度是满洲最为根本、最具特色的军政制度。满洲八旗之制，源于早期狩猎组织和早期军事组织。万历四十三年（1615），努尔哈赤将已有的四旗，整编并扩编为八旗，即以正黄、正白、正红、正蓝和镶黄、镶白、镶红、镶蓝八种颜色作旗帜，是为满洲八旗。后逐步设置蒙古八旗。如天命七年即天启二年（1622），蒙古科尔沁兀鲁特贝勒明安及同部十五贝勒等三千余户归后金，授其为三等总兵官，“别立兀鲁特蒙古一旗”[2]。在满洲军队中，既有满洲旗，也有蒙古旗，这就表现了八旗制度的满、蒙二元性。

满洲初期文化具有满蒙两重性的第五个表现是宗教的二元性。满洲先世女真信奉萨满教。《后汉书·东夷列传》记载：“立苏涂，建大木，以县铃鼓，事鬼神。”[3]到满洲初，在后金都城赫图阿拉“立一堂宇，缭以垣墙，为礼天之所”[4]。随着后金势力范围的扩大，蒙古地区的喇嘛教传入后金。努尔哈赤率先崇之：“奴酋常坐，手持念珠而数。将胡颈系一条巾，巾末悬

〔1〕《清太祖高皇帝实录》卷四，第21页。

〔2〕《清史稿》卷二二九《明安传》，第9272页。

〔3〕《后汉书》卷八五《东夷列传》，中华书局，1965年，第2819页。

〔4〕李民寏《建州闻见录》，第32页。

念珠而数之。”[1]到万历四十三年，努尔哈赤在后金都城赫图阿拉建佛庙；并对蒙古大喇嘛，“二聘交加，腆仪优待”[2]。乌斯藏（西藏）大喇嘛干禄打儿罕囊素，历蒙古，至辽阳，天命汗努尔哈赤对之“敬礼尊师，培（倍）常供给”[3]。满洲文化增加了喇嘛教的成分，就同蒙古部民有共同的宗教信仰、宗教语言和宗教仪规。

综上，一个民族的文化，必然受其邻近民族文化的影响，愈在古代，愈是这样。但是，文化较后进的民族，是否主动地接收邻近民族较高的文化精华，并利用这种文化优势，开创本民族新的事业，在于这个民族首领的进取精神和开放政策。满洲族的领袖努尔哈赤及其子皇太极，以政治家的大气魄、大胸怀，依满洲文化的满蒙二元性特征，结成满蒙联盟，挫败逐鹿群雄，在中华大地上开创了一个新的朝代——清朝。

三

满洲初期文化的满、蒙二元性，影响极为深远，仅列举数点，作如下解析。

第一，结成满蒙联盟，建立后金政权。满蒙联盟中的联姻，在清入关前就已凸显。据统计，在努尔哈赤、皇太极时期，满蒙联姻共 115 次，包括漠南蒙古十六部[4]。也有人统计为 103

---

〔1〕 李民寏《建州闻见录》，第 32 页。

〔2〕《大喇嘛坟塔碑》，《辽阳碑志选》第 2 集，铅印本，1978 年，第 37 页。

〔3〕《大金喇嘛法师宝记》，《辽阳碑志选》第 1 集，铅印本，1976 年，第 30 页。

〔4〕 刘潞《清太祖太宗时满蒙婚姻考》，《故宫博物院院刊》1995 年第 3 期。

次[1]。在天命建元前后，较为集中，也尤为突出。仅在明万历四十二年（1614），努尔哈赤就有四个儿子，分别娶蒙古女子为妻。翌年，努尔哈赤自娶蒙古科尔沁部孔果尔贝勒女博尔济吉特氏为妻。科尔沁部为内札萨克之首，“礼崇婚戚，其功冠焉”，仅在清太祖、太宗时，即与皇室婚姻嫁娶37次。满、蒙的婚姻关系，在满蒙政治联盟中起着特殊的作用。如多尔衮受命招降察哈尔林丹汗[2]遗孀苏泰太后及其子额哲时，遣苏泰太后之弟、叶赫金台石贝勒之孙南楮，先见其姊苏泰太后及甥额哲。苏泰太后派从者旧叶赫人觇视情实后，苏泰太后出，与其弟抱见。遂令其子额哲率众寨桑出迎。此事，《清太宗实录》记载：

> 四月二十日，大军渡河。二十八日，抵察哈尔汗子额尔克孔果尔额哲国人所驻托里图地方。天雾昏黑，额哲国中无备。臣等恐其惊觉，按兵不动。遣叶赫国金台什贝勒之孙南楮，及其族叔祖阿什达尔汉，并哈尔松阿、代衮同往。令先见其姊苏泰太后及子额哲，告以满洲诸贝勒奉上命，统大军来招尔等，秋毫不犯。南楮等急驰至苏泰太后营，呼人出，语之曰：“尔福金苏泰太后之亲弟南楮至矣！可进语福金。”苏泰太后闻之，大惊。遂令其从者旧叶赫人觇之，还报。苏泰太后恸哭而出，与其弟抱见。遂令其子

〔1〕庄吉发《清太祖太宗时期满蒙联姻的过程及其意义》，《海峡两岸清史文学研讨会论文集》，历史文学学会出版社，1998年。

〔2〕《汉译蒙古黄金史纲》载：布颜彻辰可汗四十九岁，兔年（癸卯，万历三十一年，1603）逝世。子林丹呼图克图可汗，龙年（甲辰，万历三十二年，1604）十三岁，即大位。崇祯七年、天聪八年即1634年死，年四十三岁。明人称林丹汗作“虎墩兔”，系“呼图克图”的音译。

额哲率众寨桑出迎我军。[1]

《钦定蒙古源流》对苏泰太后及其子额哲归附后金，也做了类似的记载：

林丹库图克图汗运败，妻苏台太后系珠尔齐特精太师之子德格勒尔太师之女，同子额尔克洪果尔二人，限于时命，仍回原处。汗族之诺延四人，领兵往迎。岁次乙亥五月，于鄂尔多斯游牧之托赉地方被获，因取蒙古汗之统。[2]

上文中的珠尔齐特精太师，即叶赫贝勒金台石。在上文之下，张尔田校补注曰：

天聪九年五月丙子，林丹汗子额尔克洪果尔额哲降。初，贝勒多尔济［衮］、岳讬、萨哈璘、豪格统兵至黄河西。额哲驻地托里图地方，其母苏泰福晋，叶赫贝勒锦台什女孙。因遣其弟南楚偕同族往告，招之降。时天雾昏黑，额哲不虞，军至无备。苏泰与额哲乃惶，牵众宰桑迎。于是，全部平。[3]

这是利用姻亲关系取得政治与军事“一石二鸟”效果的生动史

〔1〕《清太宗实录》卷二三，天聪九年五月丙子，中华书局影印本，1985年。

〔2〕萨囊彻辰《钦定蒙古源流》卷八，第14页，台湾商务印书馆《景印文渊阁四库全书》本。

〔3〕萨囊彻辰著，沈曾植笺证，张尔田校补《蒙古源流笺证》卷八，第13页，海日楼遗书之一（沈氏藏版），孱守斋校补本，1932年刊印。

例。蒙古察哈尔部，明朝称为插汉部或插部，其降于后金—清，改变了明朝与后金—清的军事与政治力量对比：

> 明未亡，而插先毙，诸部皆折入于大清。国计愈困，边事愈棘，朝议愈纷，明亦遂不可为矣！[1]

在漠南蒙古诸部中，内喀尔喀巴岳特部长恩格德尔，率先引领喀尔喀五部之使至赫图阿拉，“尊太祖为昆都仑汗”，即恭敬汗[2]。自此，“蒙古诸部，朝贡岁至”[3]。这表明努尔哈赤在登极称汗之前，先得到部分漠南蒙古贝勒的尊崇，后正式称汗、建元。至于皇太极改元崇德，建号大清，也同获得元传国玉玺汉篆“制诰之宝”攸关。天聪汗皇太极及众贝勒认为：这是“天锡至宝，此一统万年之瑞”[4]。天聪汗皇太极欲一统华宇，便于当年十一月，改族名为满洲，第二年易年号为崇德、改国号为大清。所以，清太祖努尔哈赤建元天命、清太宗皇太极改号大清，都同蒙古有着不可分割的关系。

第二，设置蒙古八旗，雄兵统一中原。前已分析，满洲与蒙古有着牧猎和骑射的共同民风、民习。魏源说：“夫草昧之初，以一城一旅敌中原，必先树羽翼于同部。故得朝鲜人十，不若得蒙古人一。”[5]由蒙古骑兵组成蒙古八旗，极大地增加

〔1〕《明史》卷三二七《鞑靼传》，中华书局，1974年，第8494页。

〔2〕《蒙古源流》记载：“太祖系有大福之人，此星系大力汗之威力星。由是观之，非常人也。由是遐迩地方，俱称为大力八图鲁太祖汗。”

〔3〕《清史稿》卷二二九《恩格德尔传》，第9276页。

〔4〕《清太宗实录》卷二四，天聪九年八月庚辰。

〔5〕魏源《圣武记》卷一《开国龙兴记一》，中华书局，1984年。

了八旗军的战斗威力。天命六年即天启元年（1621），努尔哈赤始设蒙古牛录；翌年，始分设蒙古旗。天聪三年即崇祯二年（1629），已建有蒙古二旗。天聪五年即崇祯四年（1631），始设蒙古八旗。蒙古将领和蒙古骑兵在征战中，发挥了重大的作用。天命十一年即天启六年（1626）正月，虽天命汗努尔哈赤兵败宁远城下；但蒙古族副将武讷格率所部八旗蒙古军等攻入觉华岛，尽杀明守军七千余人，焚烧粮料八万余石和船二千余艘，取得觉华岛之役全胜〔1〕。天聪三年即崇祯二年，天聪汗皇太极第一次率大军入塞，就是以蒙古喀喇沁部台吉布尔噶都为向导，以蒙古骑兵为前锋，攻破长城，进围北京的。蒙古额驸布颜代从皇太极攻明，率蒙古骑兵，"下遵化，薄明都，四遇敌，战皆胜"；后与明兵战，"身被数伤，所乘马亦创，犹力战冲锋殪敌，遂以创卒"〔2〕。以上三例说明，蒙古将领、蒙古贝勒和蒙古骑兵，在后金—清同明朝的对抗中，舍生忘死，奋力拼杀，屡摧强敌，多建奇功。后蒙古骑兵在清军定鼎北京，统一中原的战阵中，起着举足轻重的作用。历史经验表明：蒙古之强弱，"系中国之盛衰"〔3〕；而蒙古与满洲之离合，"实关乎中国之盛衰焉"〔4〕。

第三，制定抚蒙治策，巩固北陲疆域。先是，秦、汉以降，匈奴一直是中央王朝的北患。为此，秦始皇连接六国长城而为万里长城。至有明一代，己巳（1449）与庚戌（1550），

〔1〕 阎崇年《论觉华岛之役》，《清史研究》1995 年第 2 期。

〔2〕《清史稿》卷二二九《布颜代传》，第 9275 页。

〔3〕 张穆《蒙古游牧记·序》，清同治六年（1867）寿阳祁氏刻本。

〔4〕 王之诰《全辽志·叙》，《辽海丛书》本，辽沈书社影印本，1985 年，第 496 页。

京师两遭北骑困扰，甚至明正统皇帝也做了蒙古瓦剌部的俘虏。《明史》论曰：“正统后，边备废弛，声灵不振。诸部长多以雄杰之姿，恃其暴强，迭出与中夏抗。边境之祸，遂与明终始云。”〔1〕徐达与戚继光为强固边防，抗御蒙骑，大修长城。努尔哈赤兴起后，先后对蒙古采取完全不同于中原汉族皇帝的做法：用编旗、联姻、会盟、封赏、围猎、赈济、朝觐、年班、重教等政策，加强对蒙古上层人物及部民的联系与管治。后漠南蒙古科尔沁部等编入八旗，成为其军事与政治的重要支柱；喀尔喀蒙古实行旗盟制；厄鲁特蒙古实行外札萨克制。其重教，后喀尔喀蒙古因受噶尔丹突袭而危难时，是北投还是南徙？哲布尊丹巴呼图克图说：

> 俄罗斯素不奉佛，俗尚不同我辈，异言异服，殊非久安之计。莫若全部内徙，投诚大皇帝，可邀万年之福。〔2〕

大皇帝是指康熙皇帝，可见重教、尊俗在政治上之巨大作用。其联姻不同于汉、唐的公主下嫁，而是互相婚娶，真正成为儿女亲家。这是中央政权（元朝除外）对蒙古治策的重大创革。中国秦以降二千年古代社会史上的匈奴、蒙古难题，到清朝才算得解。康熙帝说：“昔秦兴土石之工，修筑长城。我朝施恩于喀尔喀，使之防备朔方，较长城更为坚固。”〔3〕清廷对蒙古实施肆武绥藩、抚民固边政策，使北疆在250年间，各族居民和平

〔1〕《明史》卷三二七《鞑靼传》，第8494页。

〔2〕 松筠《绥服纪略》，《蒙古游牧记》卷七，清同治六年寿阳祁氏刻本。

〔3〕《清圣祖实录》卷一五一，康熙三十年五月壬辰，中华书局影印本，1985年。

安定，免罹争战动乱之苦。

综上所述，满洲以一个地处辽左边隅、人口不过十万、粮食难于自给、文化相当落后、挥刀矢镞为兵器的少数民族，打败明朝军，战胜李自成，夺取燕京，统一中原，巩固皇权，坐稳江山，达268年之久，其原因何在？回答这个问题，先要回顾历史。中国自秦以降的两千年间，前一千年姑且不论；后一千年作点讨论。唐、宋、元、明、清，斯胜斯败，其强其弱，都攸关一个问题，就是北方民族问题。唐的安史之乱，安禄山是胡人，史思明也是胡人。安史之乱以后，唐朝由盛转衰。宋朝，北宋是半壁河山，同契丹对峙；南宋也是半璧玉瑗，同女真颉颃。元朝，是蒙古人建立的，但未处理好同汉族的关系，所以朱元璋起自民间，以“驱逐胡虏”相号召。朱明驱蒙安鼎后，同北方的蒙古和满洲，也未处理好关系，最后以清代明。清朝之所以取代明朝，一个重要的因素在于：满洲同蒙古结成强固联盟，终清一代，未曾动摇；而满洲能同蒙古结盟，是因为满洲领袖努尔哈赤及其子皇太极，善于利用满洲文化的满、蒙二元性特征，巧妙地求共趋同，结成了满蒙联盟。试想：以蒙古一族之力，几度兵围北京、俘虏明正统皇帝；而以满—蒙联合之力，岂不摧毁大明社稷？况且，满洲善于利用满洲文化的满—蒙—汉三元特征，精心分化、利用和争取汉族中亲满与附满的势力，结成满—蒙—汉联盟；以满—蒙—汉联合之力，怎能不摧毁大明的统治？然而，李自成既不会结盟于满洲和蒙古，也不会笼络汉族缙绅，更不会结纳汉族儒士[1]，怎能不败

〔1〕《清史稿》卷二三二《范文程传》载录文程疏言：“治天下在得民心。士为秀民，士心得，则民心得矣。”

于大清的八旗军呢？至于满洲文化的满—蒙—汉三元特征，使其能应付来自蒙古草原文化和汉族农耕文化的两种挑战，兼容蒙古之犷武雄风和汉族之文化智略，加以融合，焕发生机，开拓进取，强固疆域，则不属本题，另作论述。

（原载《故宫博物院院刊》1998年第1期）

北京宫苑的民族特征

北京在元、明、清三代，成为全中国的都城。本文的旨趣在于通过元大都与明北京、明北京与清京师的民族文化比较，探讨北京宫殿苑林的民族文化特征。

一

北京宫苑的民族特征，综合了民族地理、民族历史和民族文化的因素。

民族地理环境是北京宫殿苑林具有民族文化特色的一个重要因素。北京的地理环境，刘侗以天象喻地理："日东出，躔十有二，极北居，指十有二，以柄天下之魁杓。"[1]缪荃孙则以地望述形胜："左负辽海，右引太行，喜峰、居庸，拥后翼卫，居高驭重，临视乎六合。"[2]孙承泽又以八卦堪风水："京师居乎艮位，成始成终之地。介乎震坎之间，出乎震而劳乎坎，以受万物之所归。体乎北极之尊，向乎离明之光，使夫万方之广，亿

〔1〕《帝京景物略·刘叙》，北京古籍出版社，1980年，第3页。

〔2〕《光绪顺天府志》卷一，北京古籍出版社，1987年，第1页。

兆之多，莫不面焉以相见。”〔1〕李开泰再以经济述地利：“东枕辽海，沃野数千里，关山以外，直抵盛京。气势庞厚，文武之丰、镐，不是过也。天津襟带河海，运道咽喉，转东南之粟，以实天庾。”〔2〕何承矩复以兵家议地阵：“兵家有三阵：日月风云，天阵也；山林水泉，地阵也；兵车士卒，人阵也。今用地阵而设险，以水泉而设固，建为陂塘，亘连沧海，纵有突骑，何惧奔冲？”〔3〕刘侗、缪荃孙、孙承泽、李开泰与何承矩，其论述北京的地理条件，或重天象，或重地舆，或重哲理，或重经济，抑或重军阵，均未重民族。北京宫殿苑林的民族文化色彩，缘于它的民族地理环境。燕京的地理位置，“左环沧海，右拥太行，北枕居庸，南襟河济，诚天府之国。而太行之山自平阳之绛西来，北为居庸，东入于海，龙飞凤舞，绵亘千里。重关峻口，一可当万。独开南面，以朝万国”〔4〕。这就是说，北京位于华北广袤平原、西北蒙古高原和东北松辽莽原的接合部。此种民族地理环境，使北京文化既开敞多元——南向达中州，西北连朔漠，东北通松辽，中原汉族文化与塞外民族文化相交融；又闭合多元——“长城限夷夏”，山海、古北、居庸诸关隘为京师锁钥，使中原汉族文化与塞外民族文化相阻隔。然而，自辽以降，中原汉族文化与塞外民族文化，在燕京更交融、呈多元。其要素在于它“右拥太行，左注沧海，抚中原，正南面，枕居庸，

〔1〕 孙承泽《天府广记》卷一，北京古籍出版社，1982年，第7页。

〔2〕《康熙大兴县志》卷一，康熙二十四年刻本。

〔3〕《太平治迹统类》,《日下旧闻考》卷五，北京古籍出版社，1981年，第71—72页。

〔4〕《读书一得》,《日下旧闻考》卷五，第75页。

奠朔方”[1]的民族文化地理形势。北京的民族地理特点是，它恰处“丫”字的中点上——南面为中原汉族的农耕文化，西北为高原蒙古族的游牧文化，东北为林莽契丹、女真、满洲族的渔猎文化。西北游牧民族、东北渔猎民族与中原农耕民族，其民族文化交会枢纽就在燕山之阳和长城脚下的北京。所以，北京的民族文化地理环境，使其在元、明、清三代，既承受中华民族多元文化之所归，又呈现中华各族多元文化之异彩。

民族历史契机是北京宫殿苑林具有民族文化特色的另一个重要因素。中国自秦统一六国以降，成为全国大一统政权的都城有四个，即西安、洛阳、南京和北京。在西安定都的王朝，主要为秦、西汉、隋、唐；在洛阳定都的王朝，主要为东汉；在南京定都的王朝，则主要为明初太祖时期。在以上三个城市建立大一统的王朝，汉族居于主导民族地位；其都城的宫殿苑林，也均体现汉族为主导的文化色彩。北京则不然。北京史上第一个在蓟城奠都称朕的前燕主慕容儁，是鲜卑人。最早以燕京为大都、建元圣武的僭帝安禄山，则是胡人。在燕建都的辽、金、元、明、清五代，其中有四代——辽、金、元、清，分别是由契丹、女真、蒙古和满洲建立的，而汉人建立的明朝其兴同蒙古、其亡同满洲攸关。北京作为元、明、清三代大一统王朝的京师，其中元和清是由蒙古族和满族居于主导的地位，但明从南京迁都北京的一个原因是“天子守边”，防止蒙古贵族复辟元统，结果被满洲人建立的清朝所取代。所以，在中国都城史上，由一个少数民族建立中华大一统王朝的京师，只有北京；由两个少数民族建立中华大一统王朝的京师，也只有北京。

〔1〕 陶宗仪《南村辍耕录》卷二一，中华书局，1959年，第250页。

北京少数民族居于政治上的主导地位并同汉族相联合，那么它必然呈现历史文化美与民族文化美的统一。燕京的宫殿苑林必然体现政治上居于主导地位之少数民族其民族的文化风韵。所以，北京的民族历史嬗变契机，使其在元、明、清三代，既承受中华民族多元文化之所归，又呈现中华各族多元文化之异彩。

民族文化传承是北京宫殿苑林具有民族文化特色的又一个重要因素。民族文化有着历史的传承性，不能“抽刀断流”，强行中止或延续。居于王朝主导民族地位的民族首领，在行政、法典、礼制和习俗上，施行以文教化，使其传承不绝。其实，“文”与“化”二字，含有以文教化之义。《说文解字》：“文，错画也，象交文。”段注：“像两纹交互也；纹者，文之俗字。”《说文解字》：“化，教行也，从匕人，匕亦声。”段注：“教行于上，则化成于下。”〔1〕所谓文化，定义诸种，众说不一。本文讨论的民族文化，主要是指由元和清居于主导民族地位的蒙古族和满洲族，在历史演进中所形成的宗教、艺术、建筑、礼仪、语言和习俗等之综合体。在燕京奠都的大一统王朝，元、明、清皇帝，“以一人治天下，以天下奉一人”〔2〕，都认为自身是“天下共主”，也是“各族共主”。其住居之宫殿、祭祀之坛庙、游幸之苑囿、崇尚之礼俗，既要反映中华文化的共丽，也要展现民族文化的异彩。北京宫殿苑林的民族文化特色，是各王朝主导民族的产物。而此种民族文化的内涵，是由这个民族的历史传统、地理环境、物质条件、生活习俗和民族意识等所决定

〔1〕段玉裁《说文解字注》第八篇上、第九篇上，上海古籍出版社据经韵楼原刻本校刊影印本，1981年。

〔2〕《日下旧闻考》卷一七作：“惟以一人治天下，岂为天下奉一人。”

的。任何一个多民族国家王朝的主导民族，都要在宫殿苑林建筑上强烈地体现本民族的文化特色，达到以文教化、礼俗传承之目的。如紫禁城内的箭亭，不仅是满洲族骑射习俗在宫殿建筑上的表现；而且是清帝谕示其子孙，“咸知满洲旧制，敬谨遵守，学习骑射，娴熟国语”，以“共享无疆之庥”[1]的物证。所以，北京的民族文化历史传承，使其在元、明、清三代，既承受中华民族多元文化之所归，又呈现中华各族多元文化之异彩。

综上，北京宫殿苑林由于民族地理、民族历史和民族文化的原因（还有其他原因），汉族同契丹、女真、蒙古、满洲族进行交往，导致各族都表现自身的民族文化特征，又吸收异己的民族文化因素，从而使北京宫殿苑林具有民族文化的韵彩。北京宫苑的民族色彩，将在下文元与明、明与清的宫苑民族文化比较中，加以分析和论述。

二

蒙古族草原游牧文化，在元大都的宫苑布局、建筑装饰、皇家苑囿和宫苑色调等方面，都有鲜明的表现，并同明北京宫苑形成民族文化的反差。

宫苑规划布局体现着草原游牧文化的特征。于农耕民族来说，待蚕而衣，待耕而食，农作以时，定区以居。农耕与游牧、住居与迁徙是在不同时间、不同空间进行的。这反映在汉族农耕文化的燕京宫苑布局上，其宫殿与苑囿在空间上是严格划分

〔1〕《清高宗实录》卷四一一，乾隆十七年三月辛巳，中华书局影印本，1986年。

的。汉族建立的大一统王朝，其宫殿和苑囿的总体规划布局取向是：宫殿为主，太液为客，分区设置，界限分明。但于游牧民族来说，“不待蚕而衣，不待耕而食”[1]，随四时迁徙，逐水草移居。牧放与驰射、住帐与游牧是在相同时间、相同空间进行的。这反映在蒙古族游牧文化的宫苑布局上，其宫殿与苑囿在空间上是浑然一体的。蒙古族建立的大一统王朝，其宫殿和苑囿的总体规划布局取向是：太液为主，宫殿为客，组合设置，浑然一区。元大都宫阙苑囿的布局，以原金万宁宫[2]的湖泊[3]即元太液池为中心，在其东岸为大内，其西岸南为隆福宫、北为兴圣宫，三组宫殿环太液池而鼎足布设。这就形成大都宫苑以太液池为中心的苑主宫客的格局。此种宫苑布局绝非偶然，而是同蒙古草原游牧文化相关联的。对一个草原游牧民族来说，最重要的是水和草，而草又赖水以生，所以草原上的蒙古人视水如生命。试以苏麻喇姑为例。苏麻喇姑为蒙古人，幼年陪嫁作为博尔济吉特氏即孝庄文皇后（顺治帝生母）的侍女，曾对康熙帝“手教国书”，死时被葬以嫔礼。她“终岁不沐浴，惟除夕日，量为洗濯，将其秽水自饮，以为忏悔云”[4]。拂去上文“忏悔”浮尘，则反映出虽身荣嫔礼的蒙古族妇女，尚保存化污水为甘露的俗习，可见水在蒙古游牧文化中的珍重位置。这个真实的历史故事像一把钥匙，它打开了元大都以太液池为中心的宫阙格局之谜。

---

〔1〕《元史》卷九三《食货志一》，中华书局，1976年，第2354页。

〔2〕《金史·地理志上》：“京城北离宫有太宁宫，大定十九年建。后更为寿宁，又更为寿安。明昌二年更为万宁宫。”

〔3〕《宸垣识略》卷四：太液池“金时名西华潭”，今学人或对此持异词。

〔4〕昭梿《啸亭杂录·续录》卷四，中华书局，1980年，第476页。

由上可见，在都城总体布局上，元大都布局的特点是："太液为主，宫殿为客"；明北京布局的特点是："宫殿为主，太液为客"。二者之所以主客关系做了颠倒，其根本原因在于，元朝蒙古草原文化与明朝汉族农耕文化——两种不同文化类型，在都城宫殿与苑囿关系之布局上的映现。

宫殿建筑装饰体现着草原游牧文化的特征。蒙古人居住的蒙古包，主要有单体式、集合式和院心式等种类。王公显贵住居的蒙古包呈院心式，即中心设大帐，环列置小帐，再外有围垣。这种建筑形式反映在大内及隆福、兴圣等主要宫殿建筑上，在宫与殿之间，加筑柱廊和角楼，成为周庑角楼之制。《南村辍耕录》记载：大明殿"周庑一百二十间，高三十五尺，四隅角楼四间，重檐"；延春阁"周庑一百七十二间，四隅角楼四间"；隆福宫"周庑一百七十二间，四隅角楼四间"〔1〕。于此，朱偰论道："可见元代主要宫殿，皆有周庑及角楼。"〔2〕似可以说，元大都宫殿周庑角楼之制，既是中原汉族宫阙廊庑传统的继承，更是草原蒙古毡帐形制在宫殿建筑上的展现。这种规制为明代北京宫殿建筑所承袭，并相沿至清——"自太和殿至保和殿，两庑丹楹相接，四隅各有崇楼"〔3〕。此外，宫殿多采取蒙古式样，如毡阁："环以绿墙兽闼"〔4〕；彩殿："结彩为殿"〔5〕；水晶圆殿："起于水中，通用玻璃饰，日光回彩，宛若

〔1〕 陶宗仪《南村辍耕录》卷二一，第252—253页。

〔2〕 朱偰《元大都宫殿图考》，商务印书馆，1947年，第4页。

〔3〕《国朝宫史续编》卷五三，第421页，清内府刻本。

〔4〕 萧洵《故宫遗录》，北京古籍出版社，1980年，第77页。

〔5〕 佚名《北平考》卷四，北京古籍出版社，1980年，第38页。

水宫”[1]；紫檀殿：“草色髹漆，其皮为地衣”；以及金帐殿、棕毛殿[2]等。不仅建筑形式具有蒙古特色，而且建筑装饰颇具蒙古风格。大明殿“四壁立，至为高旷，通用绢素冒之，画以龙凤”[3]。帝后寝宫内上悬“缀以彩云金龙凤，通壁皆冒绢素，画以金碧山水”[4]。至冬季，殿阁则为黄鼬皮壁幛，或银鼠皮壁幛，或黑貂皮壁幛。隆福宫“四壁冒以绢素，上下画飞龙舞凤，极为明旷”[5]。甚至延春阁的“阑楯皆涂黄金龙云，冒以丹青绢素，上仰亦皆拱为攒顶，中盘金龙”[6]。

皇家苑囿弋猎体现着草原游牧文化的特征。先是，辽定南京，在延芳淀，建长春宫。每年春季，辽帝弋猎于延芳淀[7]。金定中都，在城内辟苑囿，在城郊建苑林。蒙古在陷燕京后、迁大都前，上都已建有苑囿：“内有泉渠川流，草原甚多。亦见有种种野兽，惟无猛兽，是盖君主用以供给笼中海青、鹰隼之食者也。海青之数二百有余，鹰隼之数尚未计焉。”[8]忽必烈定大都后，将猎场置于城内：

> 第二第三两墙之间，有树木草原甚丽。内有种种兽类，若鹿、麝、獐、山羊、松鼠等兽，繁殖其中，两墙之间皆满。此种草原草甚茂盛，盖经行之道路铺石，高出平地至

〔1〕 萧洵《故宫遗录》，第76页。

〔2〕《元史》卷二九《泰定帝本纪》，第654页。

〔3〕 萧洵《故宫遗录》，第73页。

〔4〕 同上，第73—74页。

〔5〕 同上，第76页。

〔6〕 同上，第74页。

〔7〕《辽史》卷四〇《地理四》，中华书局，1974年，第496页。

〔8〕《马可波罗行纪》，冯承钧译，商务印书馆，1936年，第277页。

少有二肘（三尺）也。所以雨后泥水不留于道，皆下注草中，草原因是肥沃茂盛。[1]

苑囿不仅辟在城里，还设在城外。忽必烈下令在大都南郊设“飞放泊”即南苑，后有增广，周垣一百二十里，内有丛林、草地、泉河、禽兽，并有虞仁院和鹰坊，以娱元主春搜冬狩、弯弓射猎之乐。忽必烈化农田为猎场，是牧猎文化对农耕文化的巨大冲击。

宫阙苑囿色调体现着草原游牧文化的特征。草原游牧民族喜爱碧水青草与蓝天白云，崇尚绿色。忽必烈建大都，将草原绿色文明移植于大都宫苑，从而使其具有草原绿色文化的特点。《玉山雅集》载：“世祖建大内，移沙漠莎草于丹墀”；《草木子》又载：世祖“所居之地青草植于大内丹墀之前”[2]。《马可波罗行纪》亦载：“忽必烈建筑大都宫阙以后，命人取莎草于沙漠，种之宫中。”[3]由绿草及于绿树：兴圣宫“丹墀皆万年枝”；延春堂“丹墀皆植青松，即万年枝也”[4]。又由绿树及于绿山，其万寿山，遍成绿色。树绿：“满植树木，树叶不落，四季常青。汗闻某地有美树，则遣人取之，连根带土拔起，植此山中，不论树之大小，树大则命象负之而来，由是世界最美之树皆聚于此。”石绿：“君主并命人以琉璃矿石满盖此山，其色甚碧。由是不特树绿，其山亦绿，竟成一色，故人称此山曰绿山。”[5]不仅绿山，而且绿殿：“山顶有一大殿，甚壮丽，内外

---

〔1〕《马可波罗行纪》，冯承钧译，第327页。

〔2〕《草木子》，《日下旧闻考》卷三〇，第437页。

〔3〕《马可波罗行纪》，冯承钧译，第333页，注10。

〔4〕萧洵《故宫遗录》，第74页。

〔5〕《马可波罗行纪》，冯承钧译，第325页。

皆绿，致使山树宫殿构成一色，美丽堪娱。”[1]元大都太液池万寿山（又称“万岁山”，今琼华岛），山绿、水绿、树绿、草绿、石绿、殿绿，成为一片绿色的世界。显然，这是草原蒙古绿色文化在大都宫苑的鲜丽表现。此外，元代蒙古族尚白。在这里赘述一句：汉族在各代崇尚颜色不同，殷尚白，周尚红，秦尚黑，明则尚黄。蒙古族崇尚白色，大内“女墙皆白色”[2]。隆福宫“遍筑女墙，女墙色白”[3]。兴圣宫的正殿，“覆以白瓷瓦”[4]。甚至新年正旦称为“白节”。正旦之日，“大汗及一切臣民皆衣白袍，至使男女老幼衣皆白色。盖其似以白衣为吉服，所以元旦服之，俾此新年全年获福”[5]。元亡明兴，以黄易白。明永乐十九年（1421），沙哈鲁使臣入朝明帝时，曾受预示，禁着白衣，盖因其时汉族以白衣为丧服。

明朝兴起，定都金陵，大都改称北平。朱棣“靖难之变”后，永乐元年（1403）升北平为北京。后逐渐兴建北京的宫殿与苑囿，至永乐十八年（1420）北京宫殿告成[6]。明成祖朱棣生长于水乡南国，并不视水草为生命。他诏建的北京宫殿苑林，其总体布局较原大都宫殿苑林有着主客关系的置换。明朝北京宫殿苑林布局最大的变化是，改变了元大都宫苑以太液池为中心、宫殿两岸夹辅的格局，而将宫殿集中于太液池东岸。这一

---

〔1〕《马可波罗行纪》，冯承钧译，第 325 页。

〔2〕同上，第 326 页。

〔3〕同上，第 334 页。

〔4〕朱偰《元大都宫殿图考》，第 48 页。

〔5〕《马可波罗行纪》，冯承钧译，第 356 页。

〔6〕《明太宗实录》卷二三一，永乐十八年十一月戊辰，台北“中研院”史语所校勘本，1962 年。

变局，体现了明代北京宫苑建筑以宫殿为主、太液为客的文化旨趣，是为元代大都宫苑建筑以太液为主、宫殿为客的文化反题。元大都与明北京的宫殿苑林布局文化主题之变调，表明了以朱棣的统治思想为代表的汉族农耕文化与以忽必烈的统治思想为代表的蒙古草原文化之巨大反差。永乐时北京宫殿与苑林建筑规制，奠定了明、清五百余年皇城以内宫苑布设的格局。

三

满洲族林莽骑射文化，在清京师的宫殿损益、堂阁装饰和苑囿拓建等方面，都有鲜明的表现，并同明北京宫苑形成民族文化的差异。

清顺治元年（1644），福临入关，迁鼎燕京。清廷于故明的宫阙殿庙，多因循其旧，而有所损益。《国朝宫史》载论：清朝的“宫殿制度，自外朝以至内廷，多仍胜国之旧，而斟酌损益，皆合于经籍所传”〔1〕。然而，清廷于故明北京宫殿的斟酌损益，并未“皆合于经籍所传”，内中沿袭了满洲旧俗。满洲信奉萨满教，正宫祭神，立杆祀天，首崇骑射。《满洲源流考》记载：“我朝自发祥肇始，即恭设堂子，立杆以祀天，又于寝宫正殿，设位以祀神。其后定鼎中原，建立坛庙。礼文大备，而旧俗未尝或改。”〔2〕满洲内廷祭祀滥觞于其第一个都城赫图阿拉（今辽宁省新宾满族自治县永陵镇赫图阿拉村）。其都城于天命六年（1621）迁至辽阳，天命十年（1625）再迁至沈阳。盛京

〔1〕《国朝宫史》卷一一，北京古籍出版社，1987年，第177页。

〔2〕《满洲源流考》卷一八，辽宁民族出版社，1988年，第330页。

沈阳的清宁宫、北京大内的坤宁宫，有着祭祀因袭的关系。《清史稿·礼志》载："世祖定燕京，率循旧制，定坤宁宫祀神礼"，"宫西供朝祭神位，北夕祭神位，廷树杆以祀天"[1]。坤宁宫与清宁宫的祭祀沿袭，《养吉斋丛录》载述更为明确："坤宁宫每日祭神及春秋立竿大祭，皆依昔年盛京清宁宫旧制。"[2]所以，在探述坤宁宫祭祀之前，先简述清宁宫：

> 盛京大内，有清宁宫，为清太宗时寝宫。大屋围炕，门辟于偏东，左隔一间为内寝，外炕有大铁锅二，备煮肉。临门则有大礅板一，备宰牲。而墙后则烟筒高矗，为火炕出烟洞。窗皆糊纸于外，而以油涂之，防风雪。此纯乎关外旧俗也。北京有坤宁宫，皆仿其制。[3]

坤宁宫，其在明朝为"皇后所居也"[4]，是皇后的正宫。在清初，顺治帝和康熙帝两次重建坤宁宫。它虽仍为皇后之正宫，却在建筑上颇有损益。其损益之处，清官修《日下旧闻考》等书，均讳焉阙载。清重修坤宁宫在建筑上之损益，朱偰《北京宫阙图说》载录：

> 坤宁宫，崇脊重檐，广凡九楹。昔在朱明，为皇后正宫；满制凡祭必于正寝，故中三间改为祭天跳神之所。东有长桌一，以宰牲；后有巨锅三，以煮祭肉；西有布偶人

---

〔1〕《清史稿》卷八五《礼志四》，中华书局，1977年。

〔2〕吴振棫《养吉斋丛录》卷七，北京古籍出版社，1983年，第66页。

〔3〕金梁《光宣小纪》，第129页，自刊本。

〔4〕《明宫史·金集》，北京古籍出版社，1980年，第14页。

及画像，盖其所祭之神。壁上悬布袋，俗名子孙袋，内储幼年男女更换之旧锁。此外铜铃、拍板、布幔等物，均祭时女巫歌舞所用，尚存满洲旧俗。其南（西）北沿边各有长炕，则祭后侍卫赐胙处。宫外有神竿，俗名祖宗竿子，满俗于祭天时悬所宰牲之骨肉于竿上，于竿下跳神。昔日庄严之（皇后）正宫，至清遂成祭神之屠宰场矣。东暖阁三间，只作大婚时洞房，内有高阁供佛像，阁下有新莽嘉量。西间内有神亭，为储放祭天神像之用。〔1〕

上引关于清坤宁宫 225 字的记述，其疏误、不确、待商有 15 处之多。近著《清代宫廷史》，于坤宁宫载述较详，且纠正朱文数处疏失。〔2〕

清朝较明朝的北京坤宁宫，有多处重大变更。析述如下：

第一，坤宁宫由明代皇后正宫，变为清代皇后正宫兼作满洲内廷祭神祭天典礼之所。此沿袭于盛京清宁宫满洲旧制。但是，清代内廷祭祀有堂子、坤宁宫、奉先殿和寿皇殿等多处〔3〕。坤宁宫则为宫内祭祀之中心。至于“其未分府在紫禁城内居住之皇子，每月各于所居之处祭神祭天”〔4〕。可见，满洲并非在皇帝之正寝乾清宫祭祀，亦并非凡祭必于皇后之正寝坤宁宫。

第二，坤宁宫共九间，其正门明代在居中一间，门前尚有

〔1〕 朱偰《北京宫阙图说》，第 49—50 页。

〔2〕 万依、王树卿、刘潞《清代宫廷史》，辽宁人民出版社，1990 年，第 260—261 页。

〔3〕《国朝宫史》卷六。

〔4〕《钦定满洲祭神祭天典礼》卷一，台湾商务印书馆《景印文渊阁四库全书》本，1962 年，第 7 页。

通往交泰殿石甬道旧迹。清则将正门改开在偏东一间，此间东北角隔出一小间，内设大锅三口，以煮祭肉；外设包锡大桌二张，以备宰猪；并有做供品打糕之具等。其后门依原设居中，闭而不开[1]。正门迤西三间，内南、西、北有连通长炕，朝祭在西炕，夕祭在北炕，祭后皇帝在南炕食胙肉并召王公大臣于炕前同食。正门及其西三间共四间，为祭神之所。再西一间，为存放佛亭、神幔、神像及祭器之室。正门迤东二间，称“东暖阁”，为皇帝结婚临时居住的洞房。东头和西头各一间，均为通道。

第三，坤宁宫还是祭神时宰猪、打糕、酿酒和染织的场所。祭神前的宰猪，将以酒灌耳的活猪抬至炕沿前，致祷，奏乐，后移至桌上宰杀，并接猪血供奉。司俎将断气之猪去皮、节解，煮于大锅里。但猪的头、蹄、尾不去皮，只燎毛、净，亦煮于大锅。宫内炕前还置缸，酿酒。司香等用槐子煎水染高丽布，裁为敬神布条，拧成敬神索绳[2]。坤宁宫除具有皇后正宫和祭神场所功能外，还兼有屠宰和作坊之功能。

第四，坤宁宫窗户格式和窗纸，背面为原明菱花槅，正面上部仍为原明菱花槅，下部按关外满洲习俗加以改造，即改为直格吊窗，窗纸糊在窗外。

第五，坤宁宫前设立祭天神杆，即索摩杆子。大祀日，在宫的前庭宰猪、煮肉、献礼。奉猪颈骨于杆顶，放猪胆及肉、米于杆上斗内。礼成，帝、后等受胙肉。每年四季献神之祭，以良马二、犍牛二，牵之于坤宁宫前，陈马于西，陈牛于

---

〔1〕 朱偰《明清两代宫苑建置沿革图考》，商务印书馆，1947年，第44页。

〔2〕《光绪大清会典事例》卷一一八四，光绪二十五年刻本。

东。[1]并奉供品于宫内神位前。将马、牛牵于皇后正宫前祭神，是满洲旧俗在宫廷之反映。祭后马、牛俱交会计司售出，所得银钱以备再购猪以祭，重现满洲重战、耕，惜马、牛之古风。坤宁宫前还设求福祭祀的插柳石，在“坤宁宫户外廊下正中柳枝于石，柳枝上悬挂镂钱净纸条一张、三色戒绸三片，神位仍如朝祭仪”[2]。

第六，坤宁宫右侧西暖殿后墙矗立烟囱，以为宫内祭祀煮肉时走烟之用。此与盛京清宁宫后墙矗立烟囱不同，因皇后正宫后墙高耸烟囱建筑不便，也有碍观瞻，而将其移砌至宫的西暖殿后墙。此外，宁寿宫后亦有烟囱。

上列六端，可以看出在坤宁宫的建筑、规制和功能上，满洲骑射文化对汉族农耕文化的冲击，也表现二者极不协调的融合。此外，雨华阁的建筑与装饰，为满洲骑射文化在宫廷的又一例证。

清在寿安宫之北，建雨华阁。其南为凝华门，北为昭福门，门北为宝华殿。雨华阁内，曾供有欢喜佛[3]。阁分三层（内为四层），上层额为“雨华阁”，中层匾为“普明圆觉”，下层匾为“智珠心印”。雨华阁以其特殊建筑形式而在紫禁宫殿群中独具一格。它的阁顶覆以铜瓦，中为铜塔，四角有四条铜龙。[4]它的中层为黄琉璃瓦蓝剪边，下层为绿琉璃瓦黄剪边。阁前抱厦，东西出廊。廊檐枋头雕绘兽面图形，金柱与檐柱上的挑尖

〔1〕《钦定满洲祭神祭天典礼》卷二，第18页。

〔2〕《钦定满洲祭神祭天典礼》卷四，第1页。

〔3〕 章乃炜、王蔼人《清宫述闻》（初续编合编本），紫禁城出版社，1990年，第944页。

〔4〕《内务府奏销档》，《清宫述闻》（正续编合编本），第945页。

梁〔1〕，为挑龙。有如盛京大政殿蟠龙柱之状。雨华阁为西藏喇嘛庙建筑风格，而藏族与满洲族有着相类的文化特征，因此雨华阁的兽面图形装饰，为其牧猎文化的融通表现形式。由上可见，雨华阁枋头兽面等建筑的风格与装饰，是满洲长牧猎、善骑射的骑射文化，在北京宫廷建筑上的映现。

清代北京皇家苑林的拓建，同满洲骑射文化尤为相关。北京的皇家苑囿，经历了金代肇始、元代奠基、明代发展和清代鼎盛四个重要时期。元灭金并迁都燕京后，忽必烈喜架鹰捕猎，善弯弓射雕，故置灵囿，扩建御园，修太液池，辟飞放泊——养飞禽走兽，以春搜冬狩。但是，明代皇帝为汉族人，永乐帝以下，喜静厌动，厚文薄武，或奉道教炼丹，或以声色娱心。他们搜求宫女而不乐山水，故有明一代皇家苑林，较前朝虽有精丽之举措，却无宏廓之建树。清代皇帝为满洲人，喜凉爽，爱林莽，长弓射，善驰驱，故大兴燕京皇家苑林。

清代是北京皇家苑林发展史上的鼎盛时期。固然，中国皇家苑林的发展不止于清朝。秦、汉、隋、唐的离宫苑囿，绵延联络，弥山跨谷，至十百所，宏巨可观。然而，本文着重比较并探索北京皇家苑林在元、明、清三代，蒙古、汉、满洲三种民族文化对其发展之影响。清朝前期皇家苑林之所以有巨大发

〔1〕 梁思成《清式营造则例》（中国建筑工业出版社，1981年）第27页载，挑尖梁："梁的功用是承受由上面桁檩转下的屋顶的重量，再向下转到柱上，然后下到地上去。在有廊的建筑上，主要的梁多半由前后两金柱承住；在金柱与檐柱之间，另有次要的短梁，在大式中叫挑尖梁，在小式中叫抱头梁。这短梁并不承受上面的重量，其功用乃在将金柱上还可以再加一根瓜柱、一条梁和一条桁。在这种情形之下，下层的叫双步梁，上层的叫单步梁。"

展，原因固多：中华各族一统，是其政治因素；府库财力充裕，是其经济因素；汲取园冶经验，是其历史因素；借鉴南北优长，是其舆地因素；兴造西洋建筑，是其外在因素；满洲文化习俗，则是其民族因素。下文侧重阐述满洲文化对北京皇家苑林发展产生影响的几项要素。

其一，厌溽暑。满洲皇室祖居的明辽东建州赫图阿拉，冬季不甚严寒，夏季亦不甚炎热。满洲皇帝进关以后，难以忍受燕京盛夏之酷暑。明帝与清帝不同，朱棣由金陵就国北平，脱出金陵火炉，入于清凉之境。多尔衮则与朱棣相反，由盛京迁居燕京，尤难耐燕京之溽暑。他谕建喀喇避暑城曰：京城“春、秋、冬三季，犹可居止。至于夏月，溽暑难堪。但念京城乃历代都会之地，营建匪易，不可迁移。稽之辽、金、元，曾于边外上都等城，为夏日避暑之地。予思若仿前代造建大城，恐靡费钱粮，重累百姓。今拟止建小城一座，以便往来避暑”[1]。乾隆帝亦作诗云：“宫居未园居……炎热弗可当……图兹境清凉，结宇颇幽邃……”[2]这也说的是园居清凉，以避盛暑之意。所以，清代南海子葺自顺治帝，畅春园创自康熙帝，圆明园启自雍正帝，清漪园则拓自乾隆帝，其动机都同避暑攸关。至于康熙帝为承德行宫题名“避暑山庄”，则点明了其避溽暑与建苑林的关系。

其二，尚骑射。满洲累行大阅与畋猎，善骑射，习弓马，并谕其官民勿“沉湎嬉戏，耽娱丝竹”[3]。满洲的大阅典礼，定期举行，永著为例：“畋猎之制，岁有常期，地有常所。”[4]凡

〔1〕《清世祖实录》卷四九，顺治七年七月乙卯。

〔2〕《日下旧闻考》卷一六，第223页。

〔3〕《清世祖实录》卷四八，顺治七年三月戊寅。

〔4〕《八旗通志初集》卷三二，东北师范大学出版社，1985年。

畋于近郊，初在南苑围场；猎于京畿，后辟木兰围场。其“围场布列：镶黄、正白、镶白、正蓝四旗以次列于左，正黄、正红、镶红、镶蓝四旗以次列于右，两翼各建纛以为表，两哨前队用两白，两协用黄，中军用镶黄。既合围，皇帝亲御弓矢莅围所”〔1〕。其时阅射情景，乾隆帝《大阅诗》云：“时狩由来武备修，特临南苑肃貔貅。龙骧选将颇兼牧，天驷抡才骥共骝。组练光生残雪映，旌旗影动朔云浮。承平讵敢忘戎事？经国应知有大猷。”〔2〕上述围猎仪和《大阅诗》说明，满洲骑射文化对燕京苑囿发展之巨大影响。同时，康熙帝三次东巡、六次西巡、六次南巡、二十次巡幸塞外和乾隆帝六下江南，都同其游猎喜动的满洲文化有关。他们命人将江南名胜绘图，又融汇北国林莽气势，博采东西之优，兼取泰西之长，在北京大造园林。除紫禁城内御花园、慈宁宫花园、建福宫花园和宁寿宫花园即乾隆花园及皇城内景山和三海之外，在西郊增修或扩建“三山五园”——香山静宜园、玉泉山静明园、万寿山清漪园（后改名为颐和园）和畅春园、圆明园。诚然，中国历史上任何一个大一统王朝，都兴建离宫别院、苑林灵囿。但是，像清代兴造皇家苑囿数量之多、景致之美、历时之久、耗资之巨与策划之机巧、规模之宏博、珍宝之琳琅、建筑之精丽，非历朝可比。

其三，重满文。满洲于万历二十七年（1599）创制满文。满语属阿尔泰语系，满文为拼音文字。中世纪东北亚阿尔泰语系的满-通古斯语族，多为渔猎民族，作为满语符号的满文

---

〔1〕《光绪大清会典事例》卷七〇八，第2页。

〔2〕弘历《大阅诗》，《日下旧闻考》卷七四，第1240页。

属于渔猎文化。清入关后，满洲渔猎文化在紫禁城里的反映，除在大内设狗房、鹰房[1]外，宫殿的殿额和门额，以满文和汉文合璧书写。在皇家苑林中镌刻多通或满、汉二体，或满、蒙、汉三体，或满、蒙、汉、藏四体文碑。此外，有清一代约二百万件满文档案，其中包括内阁、军机处、宫中、内务府、宗人府等全宗满文档案，则是北京宫苑中满洲文化之佳证。

综前，北京宫殿苑林的民族文化特征，应当探讨之点尚多。草茅之言，茧栗之析，阙漏孔多，企再求索。

（本文初为1989年在美国哥伦比亚大学所做的学术演讲稿，后经修改发表于《满学研究》第3辑，民族出版社，1997年）

〔1〕 昭梿《啸亭杂录》卷一《续录》，第393—394页。

清宫建筑的满洲特色

清代的宫廷建筑，既承继明代燕京宫殿的载体，又承续女真皇家建筑的传统。兹就其久远的历史、演进的过程和满洲的特色，依据史料，粗加钩稽，整合分析，略作讨论。

一

清宫建筑的久远历史。清代宫廷建筑的久远历史，要追溯到金代女真的建筑。而金“袭辽制，建五京”[1]，故金代女真的宫廷建筑，同辽代契丹的宫廷建筑攸关。先是，“契丹之初，草居野次，靡有定所”[2]。契丹崛兴之后，始有宫室建筑。契丹的宫廷建筑，同其地理位置和自然条件，有着密切的关系。《辽史·营卫志》记载：

> 长城以南，多雨多暑，其人耕稼以食，桑麻以衣，宫室以居，城郭以治。大漠之间，多寒多风，畜牧畋渔以食，

〔1〕《金史》卷二四《地理上》，中华书局，1975年，第549页。

〔2〕《辽史》卷三二《营卫志中》，中华书局，1974年，第377页。

> 皮毛以衣，转徙随时，车马为家。[1]

契丹的地理环境、自然条件和民族习俗，使其春夏避暑，秋冬违寒，随逐水草，亦畋亦渔，四时往复，岁以为常。因此，契丹主创制，以时以地，因宜为治，一年四季，各有行在，即《辽史》所载述的“捺钵”。捺钵即行营，《辽史·营卫志》记载：

> 居有宫卫，谓之斡鲁朵；出有行营，谓之捺钵；分镇边圉，谓之部族。有事则以攻战为务，闲暇则以畋渔为生。无日不营，无在不卫。[2]

契丹四时之捺钵：

春捺钵，在鸭子河泺。辽帝初临，设帐冰上，凿冰取鱼；及鹅雁至，放纵鹰鹘，以捕鹅雁。皇帝驭骑，群臣随围，晨出暮归，从事弋猎。猎获头鹅，荐庙献果，举乐庆贺，鹅毛插头，饮酒为乐。弋猎网钩，春尽乃还。

夏捺钵，多在吐儿山。辽帝初至，先拜祖陵，后幸子河，设帐避暑。其纳凉之所，或建清凉殿。皇帝与臣僚，平日议政，暇日游猎。七月中旬，移帐而去。

秋捺钵，在伏虎林。因虎见景宗伏草战栗而得名。帝车驾至，皇族而下，文武群臣，分布泺边，待夜将半，鹿饮盐水，猎人哨鹿，及其群集，发矢射之。天气渐寒，徙帐坐冬。

冬捺钵，在广平淀。皇帝的牙帐，以枪为硬寨，用毛绳联

---

〔1〕《辽史》卷三二《营卫志中》，第373页。

〔2〕《辽史》卷三一《营卫志上》，第361页。

系。每枪下设毡伞，供卫士避风雪。有省方殿、寿宁殿等，均为木柱，以毡做盖，锦为壁衣，加绯绣额。及至春始，迁帐围猎。

辽代皇帝，行在之徙，“每岁四时，周而复始”[1]。由是，契丹捺钵之俗，衍为五京之制——上京临潢府、东京辽阳府、中京大定府、南京析津府[2]和西京大同府。

女真崛起，金兴辽亡。女真的建筑，有以下特点：

其一，室居较晚，构筑简陋。《金史·世纪》记其旧俗曰：

> 旧俗无室庐，负山水坎地，梁木其上，覆以土。夏则出，随水草以居；冬则入，处其中。迁徙不常。献祖乃徙居海古水，耕垦树艺，始筑室，有栋宇之制，人呼其地为“纳葛里”。“纳葛里”者，汉语居室也。[3]

上述史料说明，金代女真人的先祖，始居房屋，起步较晚。这就使得其住居建筑，既粗疏，又简陋。缘此，影响着女真人的宫廷建筑。

其二，牧猎畋渔，迁徙不定。女真族的牧猎畋渔，为其民族历史传统。《三朝北盟会编》载其习俗为：“缓则射猎，急则出战。”这集中表现在《金史·太祖纪》中，对金太祖阿骨打的赞颂：

> 十岁，好弓矢。甫成童，即善射。一日，辽使坐府中，顾见太祖手持弓矢，使射群鸟，连三发皆中。辽使矍然曰：

〔1〕《辽史》卷三二《营卫志中》，第375页。

〔2〕辽南京析津府，《金史·地理上》载：辽会同元年（938），升幽州为南京，府曰幽都。开泰元年（1012），更为析津府。

〔3〕《金史》卷一《世纪》，第3页。引文标点有改变。

“奇男子也。”太祖尝宴纥石烈部活离罕家，散步门外，南望高阜，使众射之，皆不能至。太祖一发过之，度所至逾三百二十步。宗室谩都诃最善射远，其不及者犹百步也。[1]

元时，部分“女直之人，各仍旧俗，无市井城郭，逐水草为居，以射猎为业”[2]。

上述史料说明，金、元时女真人的传统，善骑射，喜牧猎。这反映在民居和宫廷的建筑上，民宅自在散居，宫殿多京并置。

其三，皇帝宅都，设立五京。据宋人许亢宗《宣和奉使金国行程录》所载，女真部落乡村，“更无城郭里巷，率皆背阴向阳”。明人陈继儒在《建州考》中记载：一些女真部落，“或穴居而处；或采桦叶为居，行则驮载，止则张架以居；或穴屋脊梯级出入；或掘溷厕四面环绕之，是其居处也”[3]。其自在散居，可便于放牧。女真的部民散居，皇帝的宅京分设。金袭辽制，设置五京——上京会宁府、东京辽阳府、北京大定府、西京大同府和中都大兴府[4]。

上述史料说明，女真部民畋猎捕渔生活方式，直接影响到金代帝京的设置，也影响到金代宫廷的建筑。

其四，皇宫之外，广置苑囿。诚然，汉、唐、宋、明，也都建置园林，但是，辽、金、元、清，更为广辟苑囿。前者园

〔1〕《金史》卷二《太祖纪》，第19—20页。

〔2〕《元史》卷五九《地理志二》，中华书局，1976年，第1400页。

〔3〕《建州考》附载《剿奴议撮》，中央大学国学图书馆印，1928年。

〔4〕《金史·地理上》：辽析津府，金天会七年析河北为东、西路时属河北东路。辽开泰元年（1012），更为析津府。金贞元元年（1153），改为永安府，二年改为大兴府。

林，具有农耕文化的特色；后者苑囿，则具有渔猎文化的特质。以北京为例。辽之契丹、金之女真、元之蒙古、清之满洲，都在燕京大建苑囿；而明代于燕京园林兴建，无大拓展。辽在南京东，辟建延芳淀：

> 辽每季春，弋猎于延芳淀，居民成邑，就城故漷阴镇，后改为县。在京东南九十里。延芳淀方数百里，春时鹅鹜所聚，夏、秋多菱芡。国主春猎，卫士皆衣墨绿，各持连锤、鹰食、刺鹅锥，列水次，相去五七步。上风击鼓，惊鹅稍离水面。国主亲放海冬青鹘擒之。鹅坠，恐鹘力不胜，在列者以佩锥刺鹅，急取其脑饲鹘。得头鹅者，例赏银绢。〔1〕

辽在南京兴建的苑囿，奠定了北京皇家苑囿的基础。金在中都也大兴苑囿，太宁宫即为一例：

> 京城北离宫有太宁宫，大定十九年建〔2〕，后更为寿宁，又更为寿安，明昌二年更为万宁宫。琼林苑有横翠殿。宁德宫西园有瑶光台，又有琼华岛，又有瑶光楼。〔3〕

---

〔1〕《辽史》卷四〇《地理志四》，第496页。

〔2〕太宁宫（今北海公园）的始建时间，传统看法据《金史·地理志》为大定十九年（1179）。但王灿炽先生在《金中都宫苑考略》（载《王灿炽史志论文集》，北京燕山出版社，1991年）一文中，根据《金史·张觉传附子仅言传》记载：张仅言于金大定“六年，提举修内役事……护作太宁宫，引宫左流泉灌田，岁获稻万斛”。对太宁宫即万宁宫的始建时间，做出考断：“万宁宫始建于大定六年（1166），建成于大定十九年（1179），主持万宁宫营建工程的是金代营建家张仅言。”

〔3〕《金史》卷二四《地理上》，第573页。

此外，今莲花池（北京西站址）、钓鱼台（国宾馆址）等都曾是金中都的著名园林。并建“玉泉山行宫”。[1]金在中都兴建的苑囿，拓展了北京皇家苑囿的景观，并为元代和清代北京皇家园林兴修提供了经验。元大都的皇家园林不在本文论述范围，故不作探讨。

由上可见，金代女真的宫苑建筑，是清代满洲宫苑建筑之历史泉源。

二

清宫建筑的演进过程。清宫建筑的演进过程，要回溯到清代关外的宫殿建筑。后金—清朝在关外的三京，即兴京赫图阿拉、东京辽阳和盛京沈阳，其宫殿建筑不仅相互之间有继承关系，而且对北京宫殿的建筑满洲特色有直接影响。

兴京宫殿为清朝北京宫殿的满洲特色提供了第一个原型。先是，明万历十五年（1587），努尔哈赤在佛阿拉即虎拦哈达南冈，筑城栅、建衙门、起楼台。据朝鲜申忠一所见，佛阿拉有三重城，第一重为栅城，以木栅围筑，略呈圆形[2]。这比金太祖阿骨打栽柳做城的“皇帝寨”[3]有颇大进步。栅城内为努尔哈赤的治居之所。城中有楼宇、厅堂、神殿等建筑，楼宇高二层，屋顶或覆灰瓦、或盖茅草，墙垣或抹草泥、或涂石灰。第二重为内城，城墙以石木杂筑，设有堂子。第三重为外城，也

---

〔1〕《金史》卷二四《地理上》，第573页。

〔2〕申忠一《建州纪程图记》，图版8，《兴京二道河子旧老城》，日文本，“建国大学”刊印，1939年。

〔3〕顾炎武《历代宅京记》卷二〇转引，中华书局，1984年。

以石木杂筑。但是，佛阿拉不是后金—清朝的第一座都城，而是建州女真的汗城，建州左卫的治城。[1]尔后，万历三十一年（1603），努尔哈赤迁至赫图阿拉并建城，后称之为兴京。赫图阿拉城建在一个突起的台地上，台地一面傍山，三面环水。突起的台地为一平冈，冈顶距地表高10—20米不等，城垣凭依冈势兴筑，呈不规则图形。内城中建有宫殿、衙门、庙宇等。兴京宫殿的建筑有以下特点：

第一，宫殿基址选在冈阜。明卢琼《东戍见闻录》记载：女真各部，多“依山作寨”[2]，居住山城。哈达贝勒建城衣车峰上，辉发贝勒筑城扈尔奇山上，叶赫贝勒东城修在冈上、西城则系山城，俱是佳例。其实，依丘筑城、高阜而居，汉族早已有之。《诗经》载公刘建城选址谓：“乃陟南冈，乃觏于京。”[3]但汉族随着社会进步和经济发展，商、周以降历朝统治者，均将宫殿建在平原上。可见，努尔哈赤将京城和宫殿的选址，由山上移至台冈，是女真宫殿建筑史上的一大进步。

第二，宫殿布局初具规模。赫图阿拉内城南、东南、东和北各一门，西为断崖而无门。城中的宫殿、衙署、堂子、庙宇等，都有粗略的规划。其“城东阜上建佛寺、玉皇庙、十王殿共七大庙”[4]。赫图阿拉的城垣、殿堂、宫室、衙门等建筑，都比佛阿拉有所发展。

---

〔1〕阎崇年《后金都城佛阿拉驳议》，《清史研究通讯》1988年第1期。

〔2〕卢琼《东戍见闻录》，《辽东志》卷七，《辽海丛书》本，辽沈书社影印本，1985年。

〔3〕《诗经·大雅·公刘》，《十三经注疏附校勘记》本，中华书局影印本，1980年。

〔4〕《满洲实录》卷四，乙卯年（万历四十三年）四月，辽宁通志馆影印线装本，1930年。

第三，建筑技术有所改善。赫图阿拉的城垣，虽用木石杂筑，但墙高约 10 米、底宽约 10 米，显然比佛阿拉的城墙高厚雄伟。汗王殿亦建在高的基台之上，其基址今依稀可辨。天命汗治居之所的外面，已无简陋的木栅围垣。

第四，宫殿构筑民族特色。赫图阿拉的祭天堂子，其建筑平面呈八角形，这是满洲八旗制度在建筑上的映现，充分显现了满洲建筑的民族色彩。在宫内，初始时，“贝勒们设宴，不坐凳子，而是坐在地上”〔1〕。这应是满族昔日野猎餐宴习俗在宫内建筑与设施的再现。

由上，兴京宫殿建筑成为清朝北京宫殿建筑的第一个借鉴，也是从兴京宫殿向北京宫殿演变的第一个模型。

东京宫殿为清朝北京宫殿的满洲特色提供了第二个原型。东京即原明辽东首府——辽阳。先是，辽会同元年（938），改称其为东京〔2〕。金仍其旧。天命六年即天启元年（1621），后金军连陷沈阳、辽阳，据有河东之地。同年，天命汗努尔哈赤力排众议，决定迁都辽阳。于是，后金“筑城于辽阳城东五里太子河边，创建宫室，迁居之。名曰东京”〔3〕。明天启时，辽东将领周文郁《边事小纪》记载：“当奴得辽阳，即择形胜于代子河，去旧城数里而城之，甚坚固。其珍异、子女皆畜焉。”〔4〕努尔哈赤在辽阳城东太子河东岸丘陵地上，建起了东京城的城池、宫殿、衙署、庙宇、廨舍和营房等。这是后金—清朝的第一次

〔1〕《满文老档》“太祖九”，天命四年五月初五日，东洋文库本，1955 年。

〔2〕《辽史》卷三八《地理志二》，第 457 页。

〔3〕《清太祖高皇帝实录》卷八，天命七年三月己亥，中华书局影印本，1986 年。

〔4〕周文郁《边事小纪》卷一，《玄览堂丛书续集》本，南京国立中央图书馆影印本，民国三十六年（1947）。

迁都，也是后金—清朝的第二座都城。东京宫殿的建筑有以下特点：

第一，宫殿基址选在丘陵。东京宫城位置在辽河平原与辽阳山地接合之部，农耕经济与渔猎经济相邻之地，汉族文化与满洲文化交会之区。可见，努尔哈赤将京城和宫殿的选址，由台冈移至丘陵，是女真宫殿建筑史上的又一大进步。

第二，满洲汉人分城居住。先是，辽上京临潢府的契丹人与汉人分城住居，上京城的"南城谓之汉城，南当横街，各有楼对峙，下列井肆"〔1〕。辽代的东京辽阳府，宫城在东北隅，其外城居住汉人，称作汉城："外城谓之汉城，分南北市，中为看楼；晨集南市，夕集北市。"〔2〕至是，后金占领辽阳后，《清太祖实录》记载："移辽阳官民，居于北城关厢；其南大城，则上与贝勒诸臣及将士居之。"〔3〕汉族人居住北城，满洲人则居住南城。建东京新城之后，汉人住老城，满洲则住新城。这于后来北京城的旗民分城居住，开了一个先例。

第三，建筑工艺大为提高。东京城的城墙已用城砖包砌，殿顶已用琉璃瓦。殿堂布局、建筑体量、工艺水准、宫内陈设，都有大的提升。

第四，宫宇建筑民族色彩。后金东京的宫殿建筑，是在辽代东京城、金代东京城和明代辽阳城之历史经验基础上，并参酌其兴京的宫殿建筑，融汇了辽代契丹、金代女真、明代汉族和后金满洲的民族特色为一体，展现多民族的建筑风格。而八

〔1〕《辽史》卷三七《地理志一》，第441页。

〔2〕《辽史》卷三八《地理志二》，第456页。

〔3〕《清太祖高皇帝实录》卷七，天命六年三月丙寅。

角殿的建筑，集中地体现了满洲建筑的特色。《清太祖武皇帝实录》记载：天命八年六月初九日，天命汗努尔哈赤御八角殿，训谕公主与额驸。[1]八角殿内和丹陛上铺绿色釉砖，则是其山林采集和猎场生活在宫殿建筑上的色彩艺术再现。

由上，东京宫殿建筑成为清朝北京宫殿建筑的第二个借鉴，也是从兴京宫殿，经东京宫殿，向北京宫殿演变的第二个模型。

盛京宫殿为清朝北京宫殿的满洲特色提供了第三个原型。天命十年即天启五年（1625），天命汗迁都沈阳，后称之为盛京[2]。沈阳原是明朝辽东的一座卫城，地处平原，沈水之阳，势居形胜，位置冲要。努尔哈赤迁都沈阳后，先住在一座宫院里。这是一座二进式的宫院，宫院前面有宫门三楹；门内第一进院，院的正中为突起高台，上有穿堂；第二进院，中间为三楹正殿，东西各有三楹配殿，均为悬山廊式建筑[3]。努尔哈赤和皇太极为着祭祀、典礼、议政和寝居之需，先后历时十年，建成沈阳宫殿。沈阳宫殿的东部为大政殿和十王亭——右翼王亭、正黄旗亭、正红旗亭、镶红旗亭、镶蓝旗亭和左翼王亭、镶黄旗亭、正白旗亭、镶白旗亭、正蓝旗亭。西部则为努尔哈赤和皇太极的治居之所。盛京宫殿规模宏伟、布局严整、堂宇富丽、特点鲜明，这不仅是满洲史上一项辉煌的文化财富，而且是中国宫殿史上一篇瑰丽的艺术杰作。盛京宫殿的建筑，有以下几个特点：

第一，宫殿基址定在平原。先是，佛阿拉、界凡、萨尔浒三城，虽不是都城，却建在山上。兴京宫殿建在台地，东京宫

---

〔1〕《清太祖武皇帝实录》卷四，第3页，北平故宫博物院印本，1932年。

〔2〕《清太宗实录》卷一八，天聪八年四月辛酉，中华书局影印本，1985年。

〔3〕《盛京城阙图》（满文），康熙年间绘制，中国第一历史档案馆藏。

殿建于丘陵，盛京宫殿则建在平原。但盛京宫殿宫高殿低，是往昔满洲依山做寨的遗意。女真—满洲的都城，由台地到丘陵、到平原，这从一个侧面标示其经济类型从牧猎经济到耕猎经济、到农耕经济的社会变化历程。从而显示历史的信息：女真—满洲已从渔猎经济向农业经济过渡，已从渔猎文化向农耕文化过渡；当然，这里只是作为一种历史标志而言，要完全实现这种过渡，则是一个漫长的过程。

第二，宫殿建筑布局规整。盛京宫殿的布局、规模、体量、工艺等，都大大地超过了兴京宫殿和东京宫殿，是后金—清朝第一座布局规整的宫殿。它表现为：一是朝廷分置。中原统一王朝的宫殿，大多采用“前朝后廷”的规制。盛京宫殿的布局，虽“朝廷分置”，却“东朝西廷”。这可能同东北狩猎民族“朝日”习俗有关。二是主次分明。“东朝”布局，以大政殿为主，十王亭为次，君臣有序，等级有别。三是格局规整。“西廷”布局，前殿与后宫，御政与寝居，布局合制，各得其所。四是规划谨严。祭祀、典礼、朝议、理政、寝室和娱乐等建筑，规划布置，主客分明，相互联系，彼此呼应。

第三，建筑艺术兼容并蓄。大殿建筑，其重檐庑殿、木架结构、丹漆彩绘和五彩琉璃，是汉族传统的建筑形式；大政殿顶八脊上端聚成尖状，安置相轮宝珠和宝珠图案彩画，是蒙藏喇嘛教建筑的特色；大政殿和十王亭的建筑格局、建筑形式，凤凰楼内檐的吉祥草彩画，是满洲建筑艺术的特点[1]；皇太极时期兴筑的盛京宫殿，殿顶为黄琉璃瓦饰以绿剪边，则是汉族

---

〔1〕 王仲杰《试论和玺彩画的形成与发展》，《禁城营缮记》，紫禁城出版社，1992年，第80页。

农耕黄色与满洲牧猎绿色异彩并辉的表征。

第四，民族建筑特色鲜明。先是，天命汗努尔哈赤举行大典或大宴，常在郊外旷野，张大汗帐一座，旁列八旗贝勒大臣帐八座，颁汗谕、议军政、举庆典、行宴赏。在规划、布局盛京宫殿时，努尔哈赤和皇太极借鉴了昔日天幕营帐之制。这也是辽、金以来契丹、女真的"帐殿"习俗之遗意。盛京的大政殿和十王亭，其八角形式，其八旗格局，是女真—满洲八旗制度在宫殿建筑上的体现。

由上，盛京宫殿建筑成为清朝北京宫殿建筑的第三个借鉴，也是从兴京宫殿、经东京宫殿、再经盛京宫殿，向北京宫殿演变的第三个模型。

三

清宫建筑的满洲特色。清朝宫殿建筑的满洲特色，主要表现在明朝燕京宫殿与清朝关外宫殿，满汉两族，二者之间，既相结合，又相矛盾，并在融合与冲突中，实现两者融洽一体。具体地分析，有以下三点。

第一，明代宫殿的保护与利用。

明朝北京的宫殿坛庙，于永乐十八年（1420）建成。《明太宗实录》记载："初，营建北京，凡庙社、郊祀、坛场、宫殿、门阙，规制悉如南京，而高敞壮丽过之。"[1]明永乐帝为表示承袭父制，而称其"规制悉如南京"，却不能掩饰建筑伟丽，而称

〔1〕《明太宗实录》卷二三二，永乐十八年十二月癸亥，台北"中研院"史语所校勘本，1962年。

其“高敞壮丽过之”。明永乐帝为中国兴建了一座宏伟的燕京皇家宫殿。明朝北京紫禁宫殿是其时世界上最雄伟壮观、最瑰丽辉煌的宫殿建筑群。清兴明亡，清摄政睿亲王多尔衮率领八旗军占据北京后，对故明宫殿如何处置？

清初，多尔衮在占领北京之后，一反历代大一统王朝兴国之君，对前朝宫殿焚、毁、拆、弃的传统做法，而是将明朝故宫完整地保存下来并加以利用。但是，英亲王阿济格反对其胞弟睿亲王多尔衮定鼎北京的决策曰：

> 初得辽东，不行杀戮，故清人多为辽民所杀。今宜乘此兵威，大肆屠戮，留置诸王，以镇燕都。而大兵则或还守沈阳，或退保山海，可无后患。[1]

如阿济格的谏议得遂，则或清朝失去江南，或燕京宫殿遭毁。然而，多尔衮以清太宗皇太极遗言回答其兄曰：“先皇帝尝言，若得北京，当即徙都，以图进取。况今人心未定，不可弃而东还。”寻摄政睿亲王多尔衮集诸王大臣，定议迁都北京，奏言：

> 臣再三思维，燕京势踞形胜，乃自古兴王之地，有明建都之所。今既蒙天畀，皇上迁都于此，以定天下。则宅中图治，宇内朝宗，无不通达。可以慰天下仰望之心，可以锡四方和恒之福。伏祈皇上熟虑俯纳焉。[2]

---

〔1〕《李朝仁祖实录》卷四五，二十二年八月戊寅，日本学习院东洋文化研究所影印本，1959年。

〔2〕《清世祖实录》卷五，顺治元年六月丁卯，中华书局影印本，1986年。

年方七岁的顺治帝，自然采纳多尔衮迁都之奏。同年十月初一日，顺治帝因皇极殿（今太和殿）被李自成焚毁，便在皇极门（今太和门）张设御幄，颁诏天下，“定鼎燕京”[1]。

顺治帝以燕京为清朝之都，以明故宫为治居之所。清朝于故明燕京宫殿，未蹈旧辙加以废弃、焚毁，而创新意予以保护、利用，是多尔衮、是满洲族，也是清王朝，对北京的故明宫阙、对中国的文明精粹、对人类的文化遗产，加以保护和利用，做出了重大的贡献。

第二，满洲宫殿的继承与发展。

清朝北京的宫殿建筑，一方面继承了故明燕京宫殿的载体，另一方面吸收了清初关外宫殿的特点。《日下旧闻考·国朝宫室》记载：清初于故明燕京“殿庙宫阙制度，皆丕振鸿谟，因胜国之旧，而斟酌损益之”[2]。两者之间，组成一体，既缮旧维新，又极不协调。后者于满洲的宗教、祭祀、骑射、殿阁、寝居等，在宫廷建筑上均有所体现。

宗教建筑　满洲的原始宗教是萨满教，兴京、东京和盛京的堂子，是满洲萨满教在建筑上的一种表现。在盛京皇后正宫的清宁宫，有萨满祭祀的设施：“设有神堂，是以爱新觉罗氏家

---

〔1〕《清世祖实录》卷九，顺治元年十月乙卯朔载“设御座于皇极门阶上，陈诸王表文于阶东，诸王及文武各官以次列于阶下”云云，是知清之燕京开国大典未在皇极殿（今太和殿）举行。《李朝仁祖实录》卷四五，二十二年八月戊寅载：“上曰：宫室之烧烬者几何？对曰：皇极、文渊（文渊似为文华之误——笔者注）两殿，并皆灰烬，唯武英一殿，岿然独存，故九王在武英列立军卒，作为军门矣。”由上可见，其时皇极殿（今太和殿）确已遭焚毁。

〔2〕《日下旧闻考》卷九，北京古籍出版社，1981年，第127页。

族为主举行满族原始的宗教活动——萨满祭祀的神圣之地。”[1]清迁鼎北京之后，将清宁宫的萨满祭祀设施再现于北京坤宁宫。原明北京宫殿的乾清宫是皇帝的正宫，坤宁宫则是皇后的正宫。清将明北京坤宁宫的内部加以改建，既作为皇后的正宫，又作为皇家萨满祭祀之所。《满洲源流考》记载：“我朝自发祥肇始，即恭设堂子，立杆以祀天；又于寝宫正殿，设位以祀神。其后定鼎中原，建立坛庙；礼文大备，而旧俗未尝或改。”[2]清于坤宁宫设位祀神，官书《日下旧闻考》却讳焉阙载。清初对燕京坤宁宫的改建，略述如下：

> 坤宁宫由明代皇后正宫，变为清朝皇后正宫兼做满洲内廷祭神祭天之所。宫为重檐，东西九间，进深三间，其正门由明代居中而改在偏东一间，此间东北角隔出一小间，内设灶台[3]，台上安设大锅三口[4]，以煮祭肉；外设包锡大桌二张[5]，以备宰猪、切肉；并设做供品打糕之具等。其后

---

〔1〕 沈阳故宫博物院编《盛京皇宫》，紫禁城出版社，1987年，第67页。

〔2〕《满洲源流考》卷一八，奉天大同学院铅字排印线装本，1932年，第330页。

〔3〕 1995年12月19日，笔者在故宫博物院陈列部陆成兰馆员和保管部罗文华、刘盛馆员陪同下，和杨珍副研究员一起，考察了坤宁宫内灶台、大锅和包锡大案。经测量：坤宁宫内祭祀时煮蒸祭品用的灶台，长为602.5厘米，宽为222厘米，高为43厘米。

〔4〕 又经测量：坤宁宫内灶台上的三口大锅，其西锅，锅口内径为103.5厘米，锅深为33.5厘米；其中锅，锅口内径为132.5厘米，锅深为78厘米；其东锅，锅口内径为110.5厘米，锅深为77厘米。

〔5〕 再经测量：今存坤宁宫内包锡大案一张，长为140.5厘米，宽为86.5厘米，高为73厘米。

> 门依旧居中，避而不开。正门迤西三间，南、西、北有连通长炕，朝祭在西炕，夕祭在北炕。祭毕，帝后召满洲王公大臣在南炕食胙肉。再西一间为存放神器之处。正门迤东二间即东暖阁，为皇帝大婚之喜房。东头和西头各一间均为通道。宫前东南向设立祭天神杆；宫后墙西北向矗立烟囱，以做宫内祭祀煮肉时走烟之用。[1]

满洲依萨满祭神祭天礼俗，对明皇后正宫——坤宁宫，修葺和改建为清朝宫廷萨满祭祀之所，兼做皇后的正宫。此外，满洲贵族亦信奉喇嘛教。清帝在紫禁城内除原有的道教和佛教观堂外，还改建或兴建了崇奉喇嘛教的殿堂——雨华阁，供奉宗喀巴像。雨华阁金柱与檐柱间的挑尖梁[2]，梁头雕绘兽形[3]，是清朝宫殿宗教建筑的又一例证。

祭祀建筑　清朝满洲贵族的祭祀，同明代朱氏贵族的祭祀，既有同，又有异。同者，如祭天地、祭祖宗、祭先师等；异者，如祭堂子、祭马神、祭痘神等。睿亲王多尔衮入燕京不久，即命在玉河桥东建堂子八角亭式殿[4]。这是兴京赫图阿拉堂子建筑在燕京的辉煌再现。满洲贵族在坤宁宫前，安设神杆，四季献神，举行大礼。献神之祭，以良马、犍牛各二，牵于交泰殿后，在坤宁宫正门之前，陈马于西、陈牛于东，奉供品于宫内

---

〔1〕参见拙文《满洲贵族与萨满文化》,《满学研究》第2辑，民族出版社，1994年。

〔2〕梁思成《清式营造则例》，中国建筑工业出版社，1981年，第27页。

〔3〕阎崇年《论北京宫苑的民族特征》,《禁城营缮记》，紫禁城出版社，1992年，第235页。

〔4〕《清世祖实录》卷八，顺治元年九月己亥。

神位前。[1]将马、牛牵于皇后正宫门前献神，是满洲野祭旧俗在宫廷的再现。紫禁城内设立马神庙，是清代宫殿祭祀建筑的又一例证。此外，清宫祭祀建筑至乾隆后期，仍兴建不衰。乾隆帝在《宁寿宫铭》中曰：

> 余将来归政时，自当移坤宁宫所奉之神位、神杆于宁寿宫，仍依现在祀神之礼。[2]

宁寿宫之建筑，乾隆三十七年（1772）修葺，洎四十一年（1776）落成。时宁寿宫之修葺，仿坤宁宫之格局。考察目击，著录于下：

> 宁寿宫，为单檐，东西七间，进深三间（宫内减柱，内视二进）。其正门改在偏东一间，此间东北角，隔出一小间，内设灶台，上置大锅[3]，以煮祭肉。再东二间，建为暖阁——东间为坐炕，西间为卧房；其上是仙楼，供奉着神像。窗纸亦糊在窗外。其正门迤西四间，规制亦仿照坤宁宫，为三面连通长炕[4]。宫门外居中处，有原石筑甬道。宫前东南方应有插神杆石座，现已不见。宫外东北和西北向，

---

〔1〕《钦定满洲祭神祭天典礼》卷二，第18—19页，台湾商务印书馆《景印文渊阁四库全书》本，1962年。

〔2〕《清宫述闻》，北京古籍出版社，1988年，第377页。

〔3〕1995年12月25日，笔者在故宫博物院保管部王宝光副研究馆员、罗文华馆员陪同下，察看了宁寿宫内小隔间，见祭祀用的锅灶已拆除。

〔4〕1995年12月25日，笔者在故宫博物院保管部王宝光副研究馆员、罗文华馆员陪同下，察看了宁寿宫，见其西炕尚存留一长条炕的旧迹。

> 各矗立烟囱一座（坤宁宫只西北向有烟囱一座），位置于宫后墙基延长直线上，各离宫东、西山墙约十米。[1]

宁寿宫室外之烟囱为铜制，福隆安奏折称："宁寿宫后檐添做铜烟筒二座，四面包砌细城碱砖，上安铜顶二座。"[2]其室内之装修与陈设：有"神亭一座、神厨毗卢帽挂面一分、琴腿炕沿七堂、排插板一槽、八方神柱一根，东次间后檐仙楼一座、楼下楠木落地罩一槽、槛窗一槽、包镶床一张，楼上带子板二槽、毗卢帽挂面二分、栏杆二堂"[3]。这说明乾隆帝重修宁寿宫时，仍然现出祭神祭天的建筑与装修。

骑射建筑　满洲以骑射起家，清帝宸居紫禁城后，仍强调勿忘骑射。清在紫禁城内西北隅城隍庙之东，设祀马神之所。每年春、秋二季，祭祀马神。祀马神仪庄重，由萨满叩头诵念。祭毕，将祀神红绸，拴系于御马。其由萨满前往祀颂，《钦定总管内务府现行则例》记载：

> 嘉庆十三年奉旨，萨满等著每日轮流前往马神房，演习读念，并著总管内务府大臣等，轮流前往听其读念。[4]

清还在紫禁城内建筑箭亭。《清宫述闻》撰者据清史馆修史者言：早在顺治四年（1647）七月，于左翼门外建射殿。后于

〔1〕 1995年7月13日，笔者在故宫博物院古建部周苏琴副研究馆员陪同下，考察了宁寿宫的建筑，并着重察看其建筑的满洲特征。

〔2〕《清宫述闻》（初续编合编本），紫禁城出版社，1990年，第303页。

〔3〕《内务府奏销档》，第69号，中国第一历史档案馆藏。

〔4〕《清宫述闻》（初续编合编本），第944页。

雍正十年（1732）改殿为亭。箭亭广五楹，周围檐廊，中设宝座，东设卧碑一，乾隆帝谕制碑文，文引清太宗谕训并亲撰谕诰[1]，其文略谓：

> 朕思金太祖、太宗，法度详明，可垂久远。至熙宗合喇及完颜亮之世，尽废之，耽于酒色，盘乐无度，效汉人之陋习。……恐后世[2]子孙忘旧制，废骑射，以效汉俗，故常切此虑耳。……皇祖太宗之睿圣，特申诰诫，昭示来兹，益当敬勤贞珉，永垂法守。[3]

这是满洲八旗以"骑射为本"的传统，在紫禁宫殿建筑上的表现。

殿阁建筑　清紫禁城内的宫殿堂阁建筑，除前述坤宁宫、宁寿宫等建筑有着满洲特色外，其他殿阁或多或少地涂上满洲的色彩。以梁枋彩画而言，明燕京宫殿的梁枋彩画，主要是"点金彩画"，清初则是以宝珠为画题中心、以疏朗粗犷卷草为主体纹饰的"宝珠吉祥草彩画"。据彩画专家调查，北京午门内檐的清初彩画，同沈阳故宫凤凰楼内檐、福陵和昭陵的清初彩画相似，都是"宝珠吉祥草彩画"。其共同的特点是："从艺术

---

〔1〕 参见拙文《〈国朝宫史〉对读史料一则》，此段史料共802字，《清高宗实录》、《国朝宫史》、《文渊阁四库全书》本均有脱字和倒乙之误；《日下旧闻考》北京古籍出版社校点本则有30处待商（文载《清代宫史丛谈》，紫禁城出版社，1996年）。

〔2〕 "后世"二字，《国朝宫史》（北京古籍出版社校点本）卷一一、《日下旧闻考》（北京古籍出版社校点本）卷一三、《清太宗实录》卷三二和《清高宗实录》卷四一一均作"日后"。

〔3〕《国朝宫史》卷一一，台湾商务印书馆《景印文渊阁本四库全书》，1986年，第39页。

风格分析，它含有浓重的满、蒙民族的艺术特征。”[1]另以殿顶色彩而言，清初紫禁城宫阁屋顶琉璃瓦出现绿色。如原明端敬殿和端本宫，清改建为皇子居住的南三所，“是为撷芳殿”[2]。其特征是用绿色琉璃瓦。《国朝宫史》记载：“凡大内俱黄琉璃瓦，惟此用绿，为皇子所居。”[3]皇子的居所用绿琉璃瓦，这同满洲兵民喜爱林莽的绿色有关。又如，明文渊阁在文华殿南，凡十间，皆覆以黄琉璃瓦，阁及其所藏典籍，毁于李闯一炬。[4]清在明宫圣济殿（祀先医之所）旧址重建之文渊阁，则覆以黑心绿剪边琉璃瓦，因其贮藏《四库全书》，皆以黑色象水，而水克火，加以解释。其剪边的绿色，或可诠释为满洲喜爱林莽绿野之色彩表现。又以殿体形状而言，在紫禁城内宝华殿后面，每年腊月八日为皇帝祓除不祥而设的小金殿，为圆形的毡帐殿：“小金殿，黄毡圆帐房也。”[5]此为渔猎民族圆帐在宫殿建筑上的体现。再以亭顶形式而言，文渊阁东侧碑亭为盔顶，系满洲骑射文化在京师亭顶建筑形式的显例。复以宫殿匾额而言，宫殿和殿门的匾额，为满、汉文合璧书写等，其满文则是满洲文化的象征。

寝居建筑　满洲有自身的民族习俗，这在宫殿的寝居建筑上，亦有所反映。首如，明代皇帝正宫为乾清宫、皇后正宫为

---

〔1〕王仲杰《故宫古建筑彩画保护七十年》，《紫禁城建筑研究与保护》，紫禁城出版社，1995年，第358页。

〔2〕《日下旧闻考》卷一三，第172页。

〔3〕《国朝宫史》卷一一，北京古籍出版社，1987年，第198页。

〔4〕《李朝仁祖实录》卷四五，二十二年八月戊寅；又《清宫述闻》卷三引《有学集》载：“明藏阁（文渊阁——笔者注）二百余年图籍，消沉于闯贼之一炬。”

〔5〕《清宫述闻》（初续编合编本），第947页。

坤宁宫，明帝大婚洞房在乾清宫东暖阁；清帝、后正宫虽袭明制不变，却将大婚洞房改在坤宁宫东暖阁。康熙四年（1665），玄烨大婚，太皇太后指定其大婚合卺礼在坤宁宫举行。礼部请旨于坤宁宫中间合卺吉。太皇太后以“中间合卺，因与神幔甚近”〔1〕，不妥。由是择定在坤宁宫中离神幔不近不远的东暖阁举行合卺大礼。这样做可能由于：一是清帝重视萨满祭神，大婚洞房靠近萨满祭神处较近，大吉。二是满洲妇女地位较汉族妇女地位高，清太祖实录早期书名为《高皇帝高皇后实录》〔2〕，可为例证。皇帝大婚洞房不在皇帝正宫乾清宫，而在皇后正宫坤宁宫，显然是满洲皇廷后权高于汉人皇廷后权的一种表现。次如，坤宁宫、宁寿宫、南三所〔3〕以及永寿宫后殿东西配殿、启祥宫（体元殿）后殿东西配殿、长春宫后殿东西配殿等，清初都改建为“口袋房”“万字炕”“吊搭窗”的形式。又如，坤宁宫和宁寿宫等的窗纸糊在窗外，坤宁宫和宁寿宫的北墙外矗立烟囱，都是明显的实例。由上可见，清初对宫殿的缮旧维新，在其寝居建筑中，映现了关外的民族习俗。

清朝的紫禁宫殿，不仅有满洲特色的建筑，而且有满汉结

〔1〕《顺康两朝大婚礼节成案单》，军机处杂件，杂67号，中国第一历史档案馆藏。

〔2〕加藤直人《满学家松村润教授》，《满学研究》第3辑，民族出版社，1996年。

〔3〕1995年12月19日，笔者在故宫博物院古建部黄希明馆员、陈列部陆成兰馆员陪同下，考察了南三所“口袋房”“万字炕”的故迹。南三所东所中院北房共五间，其西二间现存有南、西、北三面连通的“万字炕”；其西山墙外耸立烟囱一座；其门开在中间偏东，呈“口袋房”样式，但台级仍保持明代居中的原貌。南三所中所中院北房，西山墙外烟囱已毁，仍可见墙上的走烟道口；其门也开在中间偏东，呈“口袋房”样式，但台级亦保持明代居中的原貌。

合的建筑。前者上面已作例述，后者下面略作论述。清帝对故明紫禁城建筑的总体格局，加以保留，未作更张；但局部经划，颇有建树。乾隆帝重修宁寿全宫，为授玺后燕居之地，这是清宫建筑的成功之例。清帝在紫禁城方寸之地，将江南与塞北、汉族与满族、建筑与园林、平地与山水，诸种特色，造化一区，奇巧变幻，步移景异，涵诗蕴画，令人观止。

有清一代，清帝对紫禁城宫殿加以利用、维护、修葺、改造和增建，使之既保持明朝宫殿面貌，又具有满洲宫殿特色，从而为中国宫殿建筑史和人类文明史创造新的辉煌。

第三，苑囿行宫的拓建与创新。清朝的大规模苑囿建筑，是清宫建筑的外延。先是，明初的南京，宫中无园林。朱棣移京后，明帝主要利用故元太液池，兴修西苑；未尝在京师之外大兴园林。纵观北京的都城历史，凡是牧猎民族建立的王朝，都大规模地兴建苑囿行宫，契丹建延芳淀、女真兴太宁宫和蒙古辟飞放泊（南苑）等，都是例证。满洲的先民，是生活于关外“白山黑水”的渔猎民族。他们恋林莽、长骑射，喜凉爽、恶溽暑。满洲营建的清朝，其前期呈现一统、富强之局面。这就使得清朝皇家苑囿行宫的兴筑，达到中国王朝苑囿史上的顶峰。

清朝苑囿行宫的兴建，在京师主要是“三山五园”——香山静宜园、玉泉山静明园、万寿山清漪园（颐和园）和畅春园、圆明园；在京外主要是避暑山庄和木兰围场。清朝之兴建苑囿行宫，可以分作前、中、后三个时期。

其前期，以康熙帝经始建筑的避暑山庄和木兰围场为标志。顺康时期，清军入关不久，满洲骑射习俗，保留尚多，眷恋自然。多尔衮谕建喀喇避暑城言：

> 京城建都年久，地污水咸。春、秋、冬三季，犹可居止。至于夏月，溽暑难堪。但念京城乃历代都会之地，营建匪易，不可迁移。稽之辽、金、元，曾于边外上都等城，为夏日避暑之地。予思若仿前代造建大城，恐靡费钱粮，重累百姓。今拟止建小城一座，以便往来避暑。〔1〕

多尔衮死，未能遂愿。虽顺治帝修葺南海子，康熙帝创修畅春园，但都在燕京，暑夏气候不够凉爽，秋狝猎场不够广阔。于是在塞外选址，兴筑避暑山庄，开辟木兰围场，融避暑与游憩、狩猎与习武、御政与觐见等功能为一体，并在规划、建筑上予以体现。避暑山庄的宫殿、湖园、山林三区，即是上述诸功能在规划与建筑上的例证。至于木兰围场，则完全映现了满洲牧猎民族的特色。〔2〕

其中期，以乾隆帝经营与扩建圆明园为标志。乾隆时期，清朝江山一统，国力鼎盛，满洲八旗，逐渐汉化，骑射习俗，日趋淡弱。乾隆帝凭借举国财力、物力、人力，大兴圆明三园工程。融中西、南北建筑优长于一园，兼有满洲建筑特色，但已相当弱化。论述圆明园的大作多矣，本文不作讨论。此外，乾隆帝兴建的盘山行宫，也是此期行宫建筑的一个明显例证。

其后期，以慈禧太后重修颐和园为标志。同治、光绪时期，清朝已日近黄昏，国祚将绝。此期重修颐和园，为的是皇太后的避暑与休憩，已无反映满洲特色之建筑，更无八旗特色之风格。

综上所述，由清宫建筑久远渊源、演进过程的史迹，更易

---

〔1〕《清世祖实录》卷四九，顺治七年七月乙卯。

〔2〕 阎崇年《康熙皇帝与木兰围场》,《故宫博物院院刊》1994 年第 2 期。

了解其建筑满洲特点；由清宫建筑满洲特点、民族融汇的实例，更易认识其文化价值。因而，研究中国宫殿建筑文化，不可不研究清宫建筑的满洲特色。

（原载《满学研究》第 3 辑，民族出版社，1996 年）

京师八旗都统衙门建置沿革及遗址考察

八旗制度是清朝的根本社会制度。八旗都统[1]官居一品，位高权重。清代的六部——礼、吏、户、兵、刑、工和二院——理藩院、都察院，在皇太极时都设置公所衙门，唯独八旗都统在天命、天聪、崇德、顺治、康熙五朝，长达106年间"在府办事"，而没有设立公所衙门。至雍正元年（1723），始正式在京师设置八旗都统公所衙门。八旗都统从"居府办公"到"衙门办公"，标志着八旗从"家制"到"国制"的转变。这一转变，关乎清朝根本，尚需认真研究。

本文谨将清朝京师八旗都统衙门的建置沿革及遗址考察情形，时经事纬，略述如下。

一　缘起及建置沿革

八旗都统衙门始建于雍正元年九月十五日。其缘起在于正白旗汉军副都统哈达的一份奏折。雍正帝批准了哈达关于设立

---

〔1〕都统，初称固山额真，天聪九年（1635）改称固山章京，顺治十七年（1660）改称都统。

八旗都统公所衙门的折奏。哈达的奏折如下：

臣有一见，目下所有臣员，皆有办公之所，唯八旗之臣，在府办事。臣愚以为，居府办公，不惟事不速结，日久天长，致滋私弊，亦未可料。伏乞准将左右两侧闲置公房，赐八旗与八旗，作为办公之所。于此，满、蒙、汉三旗，合分一处，分旗理事，所有档册亦恭存公所。如此可绝传递错误之弊。[1]

翌日，雍正帝即给和硕庄亲王允禄等下达谕旨：

和硕庄亲王、内务府大人来宝，现今八旗并无公所衙门，尔等将官房内，拣皇城附近选择八处，立为管旗大人公所，房舍亦不用甚宽大。[2]

《钦定八旗通志》也做了内容一致、文字相似的记载：

和硕庄亲王、内务府来宝，现今八旗并无公所衙门。尔等将官房内拣皇城附近选择八处，立为该管旗官公所，房舍亦不用甚宽大。[3]

---

〔1〕 中国第一历史档案馆译编《雍正朝满文朱批奏折全译》上册，黄山书社，1998年，第345页。该奏折后并无雍正帝朱批。另查中国第一历史档案馆编《雍正朝汉文谕旨汇编》，亦无雍正帝对该奏折的朱批。

〔2〕《八旗通志初集》卷二三《营建志一》，东北师范大学出版社，1986年，第433页。

〔3〕《钦定八旗通志》卷一一二《营建志一》，台湾商务印书馆《景印文渊阁四库全书》本，1986年，第9页。

此事，《清世宗实录》亦载：

命以官房八所，为八旗大臣等公衙门。[1]

八旗都统自此始设正式固定的公所衙门。

八旗都统衙门设立的首议者哈达，隶属满洲，不久因此奏折而得到提升。雍正二年（1724）二月，哈达由汉军副都统升为宁古塔将军："升正白旗汉军副都统哈达为宁古塔将军。"[2]尔后，哈达不断得到雍正帝的重用。雍正八年（1730）二月初三日，调宁古塔将军哈达为荆州将军："湖广荆州将军吴纳哈年老休致，调宁古塔将军哈达为湖广荆州将军。"[3]同年三月初七日，哈达又被调任护军统领："以湖广荆州将军哈达为内大臣兼正黄旗护军统领。"[4]哈达以内大臣兼正黄旗护军统领，其职责是"掌护军政令，遴满、蒙精兵，以时训练其艺。……出则骑从夹乘舆车，居则宿卫直守门户"[5]。

雍正帝采纳哈达奏折意见后，正式设立八旗都统衙门。史料记载，八旗都统各衙门中都悬挂堂额，上书"公忠勤慎"四字；堂额前列有雍正帝亲笔撰写的"训辞"：

八旗为国家之根本，时廑朕怀。教必先而率必谨。尔等司统率者，立心则教勉以忠敬，行事则教勉以公勤，居

〔1〕《清世宗实录》卷一一，中华书局影印本，1985年，第21页。
〔2〕《清世宗实录》卷一六，第9页。
〔3〕《清世宗实录》卷九〇，第3页。
〔4〕《清世宗实录》卷九二，第7页。
〔5〕《清史稿》卷一六七《职官志》，中华书局，1977年，第3371页。

家则教勉以节俭，技勇则教勉以精熟。守定满洲从来尊君亲上醇朴之善俗，永邀上天之眷佑，以成至治之风。岂惟我君臣现蒙其福，我国家万亿斯年子子孙孙长享升平之道，皆本于此。尚其勉诸。〔1〕

由上可见，雍正帝对八旗都统衙门的设立是颇为重视的。

关于八旗都统衙门的建置沿革，自雍正朝以来，清朝文献、档案中多有记载。对这些文献加以考察、归纳、梳理、考辨，可以看出八旗都统衙门的建置、变迁，大致经历了三个阶段。

其一，初建及确立阶段（雍正元年至七年）。

鄂尔泰奉敕编纂的《八旗通志初集》，是最早系统记载八旗都统衙门建置的文献。该书于雍正五年（1727）开始纂辑，乾隆四年（1739）书成付梓，凡254卷，其中卷二三《营建志一》，记载了八旗都统衙门建立初期的沿革。具体地址、房屋等情况，兹依八旗排序先摘记如下：

镶黄旗　雍正元年（1723），该旗满洲、蒙古、汉军都统衙门，初设于拐棒胡同。雍正六年（1728），将三旗都统衙门迁至安定门大街，有官房一所，计57间。雍正七年（1729），满洲都统衙门迁出，移设于东直门内大街，有官房一所，计75间。

正黄旗　雍正元年，该旗满洲、蒙古、汉军都统衙门，初设于石虎胡同。雍正六年，将三旗都统衙门迁至德胜门内帅府胡同，有官房一所，计64间。雍正七年，汉军都统衙门移设于西直门内丁家井，有官房一所，计34间。

〔1〕　于敏中等《日下旧闻考》卷七二，北京古籍出版社，1981年，第1207页。

正白旗　雍正元年，该旗满洲、蒙古、汉军都统衙门，初设于烟筒胡同。雍正四年（1726），满洲都统衙门迁出，移设于大佛寺西大街，有官房一所，计24间。雍正七年（1729），蒙古、汉军都统衙门，移设于东四牌楼报房胡同，有官房一所，共57间，又二半间。

正红旗　雍正元年，该旗满洲、蒙古都统衙门初设于锦石坊街（锦什坊街），有官房一所，共32间。汉军都统衙门另设于鹫峰寺街，有官房一所，计28间[1]。雍正七年，将蒙古都统衙门移设于巡捕厅胡同（民康胡同），有官房一所，计20间。

镶白旗　雍正元年，该旗满洲、蒙古、汉军都统衙门，初设于东单牌楼新开路胡同。雍正四年，将灯市口西口官房一所，共101间，作为三旗都统衙门。雍正六年（1728），将汉军都统衙门移设于东四牌楼大街灯草胡同，有官房一所，计37间。

镶红旗　雍正元年，该旗满洲、蒙古、汉军都统衙门，初设于石驸马街南。雍正六年，三旗都统衙门迁至石驸马街北，有官房一所，共104间。

正蓝旗　雍正元年，该旗满洲、蒙古、汉军都统衙门初设于崇文门内大街西堂子胡同。雍正七年，三旗都统衙门迁至东四牌楼灯市口大街本司胡同西口，有官房一所，共53间。

镶蓝旗　雍正元年，该旗满洲、蒙古、汉军都统衙门，初

〔1〕《钦定大清会典事例》（嘉庆朝）卷八五九载：雍正元年“正红旗在锦石坊街”。雍正七年“移建正红旗汉军都统衙门于鹫峰寺”。与《八旗通志初集·营建志一》所载不同。查成书于嘉庆初年的《钦定八旗通志·营建志一》及《日下旧闻考·官署》记载，与《八旗通志初集·营建志一》同。本文依《八旗通志》说。

设于宣武门内堂子胡同东边宽街，有官房一所，共68间。雍正七年，蒙古都统衙门移设于太仆寺街路北，有官房一所，计35间半。

从上可知，雍正元年，八旗都统衙门初设时，除正红旗汉军都统衙门单设于鹫峰寺街外，其他各旗满、蒙、汉三旗都统衙门均同址办公，都统衙门地点只有九处。雍正四年，以正白旗满洲迁出另设新的都统衙门办公地点开始，各旗满、蒙、汉军纷纷效仿，或各自设立单独的办公地点，或三旗同迁新址，至雍正七年始略定。统计显示，第一阶段京师内城做过八旗都统衙门的地点共有21处。

其二，调整及扩建阶段（乾隆元年至五十八年）。

成书于嘉庆初年的《钦定八旗通志》是在《八旗通志初集》的基础上，"重加辑订，详悉添注，加案进呈"后而纂修成书的[1]。该书《营建志一》对雍正七年以后八旗都统衙门的调整及扩建做出了补充。其具体记载，亦摘记如下：

镶黄旗　乾隆二年（1737），满洲都统衙门迁至安定门大街交道口东官米局，房屋一所，36间；七年（1742），增买衙门后房31间；三十五年（1770），添盖房23间半。乾隆十九年（1754），蒙古都统衙门迁设于新桥南[2]，房屋41间。汉军都统衙门仍在安定门大街。

正黄旗　雍正十三年（1735），雍正帝下谕将该旗满洲、蒙古都统衙门所在德胜门内帅府胡同官房赏给愉恭郡王。乾隆元

〔1〕《钦定八旗通志·卷首·敕谕六》，乾隆五十一年四月十九日《上谕》，吉林文史出版社，2002年，第276页。

〔2〕按《日下旧闻考·官署》记载：镶黄旗"蒙古都统署在北新桥南大街"，见卷七二，第1206页。

年（1736），满洲、蒙古都统衙门移设于德胜桥南大街。满洲衙门有官房71间半，蒙古衙门有官房30间。

正白旗　乾隆十八年（1753），满洲都统衙门因官房坍塌，由大佛寺西大街移于朝阳门内老君堂胡同，官房一所，计96间半。蒙古、汉军都统衙门，仍在东四牌楼报房胡同，官房续增34间，共91间，又二半间。

正红旗　乾隆元年以后，满洲都统衙门续增官房29间半，共61间半；汉军都统衙门续增官房24间，共52间。

镶白旗　乾隆十八年，蒙古都统衙门移设于东安门外干鱼（甘雨）胡同，有官房一所54间。乾隆五十一年（1786），汉军都统衙门添盖房2间，共39间。满洲都统衙门官房数量较之雍正时的101间减少为71间。[1]

镶红旗　乾隆元年，三旗都统衙门增房2间，共106间。

正蓝旗　乾隆二十二年（1757），汉军都统衙门增置房11间；五十七年（1792），重盖汉军衙门；五十八年（1793），增房1间。

镶蓝旗　乾隆三十五年，满洲都统衙门移设于阜成门内华嘉寺胡同，有官房一所，计91间。

另外，与《钦定八旗通志》成书时间差不多的《钦定日下旧闻考》，以及吴长元《宸垣识略》，也记载了八旗都统衙

〔1〕《钦定八旗通志》“谨按”：“各处房屋自雍正以前者皆存《旧志》于前，自乾隆以后者皆据《来册》，各续于后。其或彼此互异，非《旧志》所书未核，即年久失其增损之故。今悉以现存者为断，庶无参差矛盾之处。”第1944页。

门[1]，其中有两处与《八旗通志》所载不同，即：

正黄旗　蒙古都统衙门在德胜门大街石虎胡同。

正红旗　蒙古都统衙门由巡捕厅胡同迁至水车胡同。

尽管上述二书对这两处都统衙门地址变迁时间没有做出明确说明，但依据上文中对正黄旗、正红旗蒙古都统衙门迁移时间的叙述，再考虑到《日下旧闻考》《宸垣识略》的成书年代，可以判定这两处衙门地址变迁的时间是在乾隆朝。而且从后来《嘉庆一统志》《畿辅通志》《光绪顺天府志》[2]等书，其所记载八旗都统衙门中都包含这两处地址看，《日下旧闻考》等书的记载也应该是真实的。

由上可见，本阶段八旗都统衙门的变迁几乎经历了乾隆一朝，但主要的变化集中在对原有衙门房屋的维修与拓展，而真正迁出另设新址的只有镶黄旗满洲、蒙古，正黄旗满洲、蒙古，正白旗满洲，正红旗蒙古，镶白旗蒙古和镶蓝旗满洲八处。

其三，最终确定阶段（光绪中期至宣统年间）。

成书于光绪早期的《畿辅通志》和《光绪顺天府志》记载的八旗都统衙门地点与《日下旧闻考》所载完全一致，这说明经过乾隆年间长达近六十年的调整，八旗都统衙门建置已相对稳定，直至光绪早期，在近百年的时间里没有大的变化。而对于这一时期八旗都统衙门的地址及方位，曾用作《光绪顺天府

---

〔1〕参见《日下旧闻考》卷七二《官署》，第1206页；《宸垣识略·内城三》，北京古籍出版社，1983年，第139—158页。

〔2〕参见《嘉庆重修一统志·京师四》，上海书店，1984年；《畿辅通志·帝制纪·京师一》，河北人民出版社，1989年，第425—426页；《光绪顺天府志·京师志七·衙署》，北京古籍出版社，1987年，第202—203页。

志·坊巷》部分，后又经过增补单独刻印出版的《京师坊巷志稿》[1]还有一些更具体的记述，兹亦摘记如下：

镶黄旗　满洲都统衙门在安定门大街交道口。汉军都统衙门在满洲都统衙门以北。蒙古都统衙门在东直门大街北新桥街。

正黄旗　满洲都统衙门在德胜门大街德胜桥南。蒙古都统衙门在石虎胡同路北。汉军都统衙门在丁家井（另一处记为在“宽街路北”）。

正白旗　满洲都统衙门在老君堂胡同路南。[2]蒙古、汉军都统衙门俱在大报房胡同。

正红旗　满洲都统衙门在锦石坊街路西。[3]蒙古都统衙门在东水车胡同东口。汉军都统衙门在鹫峰寺街路北。

镶白旗　满洲都统衙门在灯市口路北。蒙古都统衙门在干鱼（甘雨）胡同。汉军都统衙门在灯草胡同路北。

镶红旗　满洲、蒙古、汉军都统衙门俱在东、西石驸马大街路北。

正蓝旗　满洲、蒙古、汉军都统衙门俱在本司胡同路北。

镶蓝旗　满洲都统衙门在华嘉寺胡同。蒙古都统衙门在太仆寺街路北。汉军都统衙门在宽街。

上列所记，除方位上比《畿辅通志》和《光绪顺天府志》记载更详细外，还需提出的一点是，正黄旗汉军都统衙门的地址在“丁家井”之外，又出现一处“宽街路北”。根据《京师

---

〔1〕朱一新《京师坊巷志稿》，北京古籍出版社，1982年。

〔2〕据笔者实地踏查，正白旗满洲都统衙门应在老君堂胡同路北，参见下文论述。

〔3〕据笔者实地踏查，正红旗满洲都统衙门应在锦什坊街（锦石坊街）路东，参见下文论述。

坊巷志稿》对此“宽街”周边地名的记载，对照《加摹乾隆京城全图》《(宣统)详细帝京舆图》《北京街道胡同地图集》[1]所示，可知此“宽街”的大致位置应在今新街口北大街以西潜学胡同。不过，考虑到这处地点仅见于《京师坊巷志稿》一书记载，其真实可信度较之数书记录有序的“丁家井”一处则要相差不少。因此，即使真有此一处衙门地址，至多也不过是正黄旗汉军都统衙门的一处分支办公地点，故不应计入八旗都统衙门地址之中。而这处分支办公地点出现的原因，当与丁家井只“有官房一所，计34间”，无法满足整个衙门办公需要有关。

另据民国时期《秘密调查八旗都统衙门二十四处大略情形》(详见下文)档案记载，当时八旗都统衙门地址较之光绪年间又新增五处，即：

镶黄旗　蒙古都统衙门在东直门草厂一六号。

正黄旗　汉军都统衙门在西城半壁街二九号。

镶红旗　蒙古都统衙门在西城回回营四号。

汉军都统衙门在西城浸水河八号。

镶蓝旗　汉军都统衙门在西城太仆寺街二号。

这说明从光绪中期至宣统年间，八旗都统衙门地址又有五处变更。

综上所述，自雍正元年八旗都统衙门始建，至光绪、宣统年间最终确定，京师内城在不同时期做过都统公所衙门地点的共有34处，若再加上“值年旗衙门”(设于地安门外雨儿胡同)，则

---

〔1〕《加摹乾隆京城全图》，北京燕山出版社，1996年；《(宣统)详细帝京舆图》，中国画报出版社影印版，1999年；《北京街道胡同地图集》，中国地图出版社，1999年。

总数达到35处之多，远远超出其他军政衙门所设公所的数量。由此亦可充分显现京师内城为“八旗兵营”之特点。

二　民国年间的秘密调查

中国第一历史档案馆《八旗都统衙门全宗》第681号中，收有一份民国年间《秘密调查八旗都统衙门二十四处大略情形》（以下简称《情形》）档案。该档案按镶黄、正白、正蓝、镶白、正黄、镶蓝、正红、镶红八旗顺序，分别记载了24处都统衙门的地点及现状。尤其重要的是，上述清代相关文献记载的八旗都统衙门地点，只具体到某某街道胡同，而院落的位置却难以确定。而该《情形》档案则将24处都统衙门所在的街道胡同及门牌号码一一标明，这为寻找现存八旗都统衙门旧址提供了重要的依据。故兹先照录原文如下：

镶黄满都统署　东城交道口东三九号。现大中学校占住，不克入内，亦不得外窥，故未绘草图。

镶黄蒙都统署　东直门草厂一六号。中院禁闭，旁院杂户居住，外窥，拟绘草图。

镶黄汉都统署　东城交道口南街七九号。现住军警督察处第四分处，不得入内，亦不得外窥，故无草图。

正白满都统署　东城老君堂三〇号。房间半坍塌，现有杂户居住。绘有草图。

正白蒙都统署　东城报房胡同九号。本署员役住守，外窥，拟绘草图。

正白汉都统署　东城报房胡同一四号。本署员役住守，外窥，拟绘草图。

正蓝满、蒙都统署　东城本司胡同三三号。现已新修，并存军用大车，有军人看守。不克入内，故不得绘具草图。

正蓝汉都统署　东城本司胡同三四号。现有军人看守，不克入内，故未得绘具草图。

镶白满都统署　东城王府大街六七号。现有京师一带稽查处占住，不克入内，故未得绘具草图。

镶白蒙都统署　东城甘雨胡同二二号。现有木厂占住，并住有眷属。外窥，绘具草图。

镶白汉都统署　东城灯草胡同九号。大门禁闭，不克入内，亦不得外窥，故无草图。

正黄满都统署　德胜门大街三九号。现京畿宪兵第五全营并营本部。南院系该旗都统办公处并本旗兵士居住。拟绘草图。

正黄蒙都统署　西城石虎胡同二号。现有本旗兵士，房间多有残破。拟绘草图。

正黄汉都统署　西城半壁街二九号。该署闻于去岁经本部来文，拟将北半部处分，彼时被前张都统广建不认可，终止。绘具草图。

镶蓝满都统署　西城华嘉寺一四号。现住三四方面输送队马号。外窥，绘具草图。

镶蓝蒙都统署　西城太仆寺街一〇号。现住恒善社长陈梁。十四年成立，据云在部已立有案。绘具草图。

镶蓝汉都统署　西城太仆寺街二号。现住军警侦缉处第四分队。绘具草图。

正红满都统署　西城锦什坊街一四九号。曾经江将军派翟副官看守。现住三四方面输送队队（长）杜长春。旁门院内，现租马车行，租约五年。

正红蒙都统署　西城水车胡同六号。后院设立该旗小学校。西院后门内，该旗兵丁开设煤铺。绘有草图。

正红汉都统署　西城卧佛寺街六号。现住京师宪兵督察处第四队。由去年七月，住队长赵心斋。外窥，绘具草图。

镶红满都统署　西城石驸马大街四八号。现住八旗王公世爵清理京兆旗产代办处并清室内务府五司联合清理地亩办公事务所。不准入内，故无草图。

镶红蒙都统署　西城回回营四号。现住三四方面军团军乐队。后部住有该旗官员眷属。外窥，绘具草图。

镶红汉都统署　西城浸水河八号。现住警察第二分驻所。绘有草图。

该《情形》档案未标明具体形成时间，但从文中所叙情形分析，应形成于 1926 年前后，理由有三：

其一，镶蓝旗蒙古都统署下提及“恒善社”，并云“十四年成立”，此“十四年”显指民国十四年，即 1925 年。这说明此次调查应在该年或之后。

其二，镶红旗满洲都统署下记载：“现住八旗王公世爵清理京兆旗产代办处”。据北京市档案馆藏相关档案显示，该机构成立于 1926 年。[1]

其三，据《北京市志稿·警察四》记载：京师警察厅“民国二年二月，以内外城两巡警总厅合并为京师警察厅。置总务、行政、司法、卫生、消防、督察各处。民国十四年一月，增设侦缉处、官产处、警捐处。民国十七年六月，改组为公安

〔1〕《加摹乾隆京城全图》;《(宣统)详细帝京舆图》;《北京街道胡同地图集》。

局”[1]。则镶蓝旗汉军都统署住“军警侦缉处第四分队”，同样说明此次调查应在民国十四年（1925）或之后，但至迟不超过民国十七年（1928）六月，因其原文里始终未出现“公安局”字样。

从文中内容可见，至20世纪20年代中期，八旗都统衙门大多已破败，并且多数被警察、军队或其他部门所占用，只有正白旗蒙、汉都统衙门尚由“本署员役住守”。另外，文中提及有12处衙门房屋情况曾“绘具草图”，但现卷宗中未见，不知下落何处。还有，由于正蓝旗满、蒙都统衙门同在东城本司胡同三十三号，虽各自独立办公，但地址只有1处，故可知至民国间八旗都统衙门旧址实际上是23处。

三　遗址现状的实际调查

根据上引该《情形》档案所载，我们对23处八旗都统衙门遗址及现状进行了实地调查。其具体情况，可分为两类——目前尚保留有部分遗迹的衙门遗址与已被改建拆毁或遗迹无寻的衙门旧址。

（一）目前尚保留有部分遗迹的衙门遗址4处

第一，德胜门内大街大石虎胡同甲一号，雍正元年至六年，为正黄旗满、蒙、汉军都统公所衙门；乾隆至清末，为正黄旗蒙古都统公所衙门。

《八旗通志初集·营建志一》载：“正黄旗满洲、蒙古、汉

〔1〕《北京市志稿》二，北京燕山出版社，1998年，第506页。

军都统衙门，初设于石虎胡同。”另据《日下旧闻考·官署》《宸垣识略·内城三》《嘉庆重修一统志·京师四》《畿辅通志·帝制纪·京师一》《光绪顺天府志·京师志七·衙署》等记载：正黄旗“蒙古都统署在德胜门大街石虎胡同”。《情形》档案记载在“西城石虎胡同二号”。

“德胜门大街石虎胡同”即今西城区德胜门内大街大石虎胡同。该胡同东西走向，现门牌单号为一至一一号，双号为二至二八号，街道基本保持原貌，但两侧房屋已多经改建。采访中，当地居民没有人能确指老门牌“二号”的具体位置，但根据民国时期门牌编号的规则，东西走向的胡同应是自东至西、由北及南顺序编号，因此老门牌“二号”应该在胡同东口的北侧一带。经过寻找，在今大石虎胡同东口路北确有一处比较典型的清代官式建筑[1]，现在的门牌为“大石虎胡同甲一号”。该院现为北京市公安局所属，大部分辟为“北京市公安局幼儿园”，小部分为市公安局房修队所用。该院因长期为机关占用，大部分房屋虽已经过翻建，但院落格局、房屋结构尚基本保留，殊为难得。踏查结果，该院为一带有后花园的四进四合院，其原有形制及现状保存情况大致如下：

大门位于四合院东南角，原应为三间五架硬山式大门，现已被改建为三间临街铺面房，房屋结构未变，但门窗均经改装，目前被出租为“低价商店”。原大门两侧的护墙各开了一个窗户，变成两间临街房。该大门虽改建较大，但形制面貌尚能依稀分辨。

---

〔1〕 白丽娟、王景福编著《清代官式建筑构造》，北京工业大学出版社，2000年。

进门影壁已被拆除。倒座房已经改建，面貌尽失。一进院与二进院之间原有垂花门保存基本完好，为典型的一殿一卷式样。目前门廊已经被封隔成一间小房，并由此将该院分成南北两部分，南部为“房修队”所用，北部为“幼儿园”使用。

二进院厅房 3 间，有檐廊，两侧耳房各 1 间，东西厢房各 3 间，屋顶均为鞍子脊阴阳瓦屋面，院落格局基本保持原貌。

三进院院落宽敞，现有正房 15 间，西耳房 3 间，为院内最高一组建筑，另有西厢房 3 间。正房和厢房原均有檐廊，今已扩建为房间，屋顶亦均为鞍子脊阴阳瓦屋面。与西耳房、西厢房相对应，也应该有东耳房 3 间、东厢房 3 间，均已被拆除。此外，院子南部以中央甬道为界，东西两侧还各建有 5 间北房，与四合院建筑的形制不合。这 10 间房前均无檐廊，屋顶用瓦亦为 1949 年后常见的灰渣板瓦，显系后建。

四进院有后罩房 15 间，有檐廊，已扩建为房间；后罩房东侧有过厅 1 间，当系通向后花园的通道，现已封隔为耳房，屋顶亦均为鞍子脊阴阳瓦屋面。院子西部有厢房 1 间，无檐廊，似为后建。院落格局基本保持原貌。

另外，从四进院东侧有过厅的情况分析，该院应有后花园。不过现在后罩房以北已建有两排居民房，居民房以北为北京雕塑厂的厂区，花园形制已了无遗迹可寻。

综上所述，似可得出一个基本结论：该院中屋顶为鞍子脊阴阳瓦屋面的房间是旧有房屋〔1〕，目前尚存 48 间，而以四合院对称布局计算，加上现已不存的东耳房、东厢房及倒座房等，

〔1〕《秘密调查八旗都统衙门二十四处大略情形》档案记载：民国间调查时，该院落“房间多有残破”。现状当是 1949 年后依原貌重新修缮过。

总数应在70间以上。尽管相关文献中没有记载“石虎胡同二号”院的官房间数，但文献中记载的其他都统衙门所占官房多在数十间，与此70余间数颇合。还有该院正房和后罩房均分为15间的情形也与私家四合院的格局差异较大，这样的布局显然不适于家族式的居住，而更适合衙署式办公的官房。

由此看来，今德胜门内大街大石虎胡同甲一号，可能就是雍正元年至六年正黄旗满、蒙、汉军都统衙门和乾隆至清末正黄旗蒙古都统衙门旧址之所在。从现状显示，该建筑是目前保存最为完好的一处八旗都统衙门遗址。

第二，朝阳门内北竹竿胡同一〇一号，乾隆十八年（1753）以后，为正白旗满洲都统衙门。

《钦定八旗通志·营建志一》载：“乾隆十八年，因满洲都统衙门坍塌，由大佛寺西大街，移于朝阳门内老君堂胡同。”《嘉庆重修一统志·京师四》《畿辅通志·帝制纪·京师一》《光绪顺天府志·京师志七·衙署》亦有相应记载，可见其相沿未移。《情形》档案更明确记载正白旗满洲都统衙门在“东城老君堂三〇号”。

老君堂胡同于1965年与北井儿胡同等合并，统称为北竹竿胡同〔1〕。此胡同位于朝阳门内南小街东侧，东西走向，原有门牌单号为一至一二九号，双号为二至九六号。目前这一地区正在进行危房改造，2002年7月22日笔者来此地踏查时，胡同西段尚存。采访中，位于胡同西段路北〔2〕第一〇一号院内关

〔1〕 王彬、徐秀珊主编《北京地名典》“竹竿胡同”条，中国文联出版社，2001年，第101页。

〔2〕 朱一新《京师坊巷志稿》卷上“老君堂”条载：“正白旗满洲都统署在南。”不知何据。

汉生老人（88岁，满洲正黄旗）明确表示：这个胡同以前就叫“老君堂胡同”，这个院子老门牌是“三〇号”。踏查结果，该院大门形制尚基本保留原貌，为标准的三间五架硬山式建筑，屋顶为筒瓦清水脊结构，金柱式大门，门道东西各有门房1间，屋内横梁上尚残留有彩绘，门前有“五福捧寿”抱鼓石1对，抱鼓石上依稀有小卧兽形象。大门外两旁有八字形照壁，其中东侧照壁保存较完好，中部为方砖、三角砖镶嵌的菱形图案。另据院内居民介绍，大门外原有“石狮”，今已不存。该院原来的格局已经被破坏，现存院落大致可分为二进，有房屋20余间，观察所见只有北房4间为硬山式人字顶屋宇，较为古旧，其他房屋据院内居民讲均为1958年以后改建的新房，已无遗迹可寻。

2002年9月15日，当笔者再次来此考察时，北竹竿胡同已基本被拆毁，一〇一号院大门及院内房屋也已拆掉大半，它不久就将彻底消失在推土机的隆隆声中。

第三，西单北大街太仆寺街五号，光绪至宣统年间，为镶蓝旗汉军都统衙门。

据《嘉庆重修一统志·京师四》《畿辅通志·帝制纪·京师一》《光绪顺天府志·京师志七·衙署》记载：镶蓝旗“汉军都统署在堂子胡同宽街”。而《情形》档案则记载在“西城太仆寺街二号”。当系光绪至宣统年间移迁。

“西城太仆寺街”即今西城区西单北大街太仆寺街。该街东西走向，原有门牌单号为一至八一号，双号为二至五八号。目前西段已被改建为“府右街宾馆”和居民楼，遗迹全无。东段路北仅存一、三、五、七号院，依据民国年间门牌编号的规则，老门牌“二号”应该在胡同东口的北侧一带。经过寻找，其中五号院应该就是老门牌二号。采访中，该院女住户刘敏（47岁）说：听老人讲，此院在日伪、民国时期曾作为“侦缉大队队部”，“文革”期间在院子里挖“防空洞”时还挖出过“人骨头”。刘敏女士的话至少与两条史料基本吻合，一是上述《情形》档案“现住军警侦缉处第四分队”的记载；另外，《北京市志稿·一·官署》也记载：“警察局侦缉四小队在太仆寺街路北二号，院四座，房二十八间。”〔1〕由此基本可以证明今五号院就是老门牌的二号院。

该院现为北京市供电局宿舍，大门已经过改造，但依然能辨认出为硬山式三间五架结构，只是大门已从中间改到西侧。进院门内有一棵杨树，树龄当在百年以上。院落可分为二进，东侧有一过厅相通。院内建筑只有二进院的北房三间基本保持硬山式仰瓦灰梗原结构，但已旧损严重。其他遗迹已荡然无存。

第四，西城区新文化街一三七号，雍正六年（1728）后，为镶红旗满、蒙、汉军都统衙门；光绪至宣统年间，为镶红旗满洲都统衙门。

《八旗通志初集·营建志一》载：“镶红旗满洲、蒙古、汉军都统衙门，初设于石驸马街南。雍正六年准奏，将石驸马街北官房一所，共一百零四间，作为三旗都统衙门。”《钦定八旗通志·营建志一》又载：“乾隆元年，增房二间。”〔2〕以上共为106间。《钦定大清会典事例》（嘉庆朝）卷八五九、《嘉庆重修一统志·京师四》《畿辅通志·帝制纪·京师一》《光绪顺天府志·京师志七·衙署》记载略同。但《情形》档案则记载镶红旗

〔1〕《北京市志稿》一，第424页。

〔2〕《钦定八旗通志》卷一一二《营建志一》，第1945页。

满洲都统衙门在“石驸马大街四八号”，而蒙古、汉军都统衙门分别在“西城回回营四号”和“西城浸水河八号”。鉴于《畿辅通志》《光绪顺天府志》均主要编纂于光绪初年，仍记载三旗同址，可知，蒙古、汉军都统衙门的迁出应是光绪初年以后发生的事情。〔1〕

“石驸马大街”即今西城区新文化街，1969年为纪念新文化运动的倡导者之一鲁迅先生而改为今名。该街东西走向，原有门牌单号为一至二一三号，双号为二至一四二号，今街道两侧多处地点已拆建为楼房，但因道路未向两侧扩展，故街道原貌大致尚存。依据《八旗王公世爵清理京兆旗产代办处章程》中有关“本处设在石驸马大街西口路北镶红旗满洲都统署内”〔2〕的记载，踏查主要集中在新文化街西口路北一带。采访中，新文化街西口路北一三五号老住户王女士（75岁）确认：“今新文化街一三七号的老门牌就是石驸马大街四八号。解放前做过粮库，解放后改为新文化街一小。”踏查结果，该院大门虽有所改建，但硬山式三间五架结构之旧貌尚基本保持，屋面为仰瓦灰梗过垄脊，与院内正房、厢房的屋顶结构有所不同，或为后来进行过改建。另外，大门的相关附属设施如抱鼓石、拴马桩等也已不存。院内现为大杂院，住居民二十余家，院内空地虽多已为自建房占据，但由于北、东、西三面房屋还基本保

〔1〕日本东洋文库现藏《镶红旗档》，就是镶红旗满洲都统衙门的档案，共计2400多件。此档原存于石驸马大街镶红旗满洲都统衙门内，后流入书肆，1936年被东洋文库收购。其中未见镶红旗蒙古、汉军都统衙门的档案，可见后来三旗的办公地点及档案文献保存确实是分开的。

〔2〕《八旗王公世爵清理京兆旗产代办处章程》，档号：J54-1-40-42，北京市档案馆藏。

持旧貌，故院落的形制尚无大的变化。北房五间（另带耳房二间）、东西厢房各五间，原均有檐廊，今已扩建为房间。北房和东厢房屋面均为仰瓦灰梗清水脊，西厢房屋面已经过翻修，失去原貌。

另外，还应该提及的是与一三七号相临的一三五号院。该院为三进四合院，并附带花园。大门为广亮式，屋面为阴阳瓦鞍子脊，门楼彩绘依稀可见，门簪上写有“厚德载福”四字，大门两侧各有一个抱鼓石。院内虽有一些自建房屋，但原有建筑基本保存完好，屋面亦多为阴阳瓦鞍子脊，与一三七号院房子屋面有所不同，当系民国时期后建，故总体状况好于一三七号院。据老住户王女士介绍：此院 1949 年前为“山西省驻京办事处”。参照上引《八旗通志初集》及《钦定八旗通志》关于镶红旗三军都统衙门有“官房一百零四间”并“增房二间”的记载，则今新文化街一三五号和一三七号院，可能在当时都属于镶红旗满洲、蒙古、汉军都统衙门范围。民国年间，其东侧一部分院落经过改建，另开新门，成为“山西省驻京办事处”的所在地。

除上述目前尚保留部分八旗都统衙门遗址外，还有已被改建拆毁或遗迹无寻衙门旧址。

（二）已被改建拆毁或遗迹无寻的衙门旧址 19 处

从上列《情形》档案记载可知，民国年间八旗都统衙门房产多数已经易主，有些院落房屋当时就已被改建，遗迹无存。1949 年以来，随着北京市政建设和旧城改造的进程，不少的街道胡同或被拆除或被扩路拆迁，而位于这些胡同中的八旗都统衙门遗址也多随之消失。经过实地踏查，在上述 23 处地点中，有 19 处已无遗迹可寻。

第一，镶黄旗满洲都统衙门，原在东城交道口东三九号。

第二，镶黄旗汉军都统衙门，原在东城交道口南街七九号。

上述两处地点，应分别位于今交道口东大街和交道口南大街上。踏查可知，这两条街道解放后都经过多次扩路整修，路两侧的建筑大多为新建。特别是交道口东大街为东西一线交通要道，道路几经改造，如今已原貌尽失，道路北侧现为东城区文化馆、图书馆、北京市第二十二中学等单位，南侧一线正在建设“交东危改小区”。

第三，镶黄旗蒙古都统衙门，原在东直门草厂一六号。

依据《加摹乾隆京城全图》《(宣统)详细帝京舆图》《北京街道胡同地图集》[1]所示，东直门草厂即今东直门南小街草园胡同。笔者踏查结果，草园胡同总体呈东西走向，胡同道路虽未见大改，但两侧房屋多已拆建为居民楼和办公楼，如北侧有“北京稻香村食品集团”，南侧有“太钢宾馆”等，原镶黄旗蒙古都统衙门已无遗迹可寻。

第四，正黄旗满洲都统衙门，原在德胜门大街三九号。

德胜门大街即今德胜门内大街。据《光绪顺天府志》记载：该署在“德胜桥南”，则大致位置可定。笔者踏查结果，今德胜门内大街德胜桥以南街道虽未见大变迁，但东西两侧房屋几乎都已改建为商店，原来面貌尽失，正黄旗满洲都统衙门已无遗迹可寻。

第五，正黄旗汉军都统衙门，原在西城半壁街二九号。

依据《加摹乾隆京城全图》《(宣统)详细帝京舆图》《北京街道胡同地图集》所示，西城半壁街即今西直门南小街的前半

〔1〕《加摹乾隆京城全图》;《(宣统)详细帝京舆图》;《北京街道胡同地图集》。

壁街。经笔者踏查，该街东西走向，南北两侧的房屋多已经改建，正黄旗汉军都统衙门遗迹难寻。

第六，正白旗蒙古都统衙门，原在东城报房胡同九号。

第七，正白旗汉军都统衙门，原在东城报房胡同一四号。

东城原有大、小两条“报房胡同”，据《京师坊巷志稿》卷上载：“正白旗蒙古、汉军都统署俱在大报房胡同。”〔1〕大报房胡同即今东城区王府井大街报房胡同。该胡同东西走向，街道保存较完好。采访中，胡同东部一七号院戴先生（66岁）明确表示，该院老门牌就是“九号”，20世纪30年代初由他父亲买下，现存的大门和院内建筑均为当时重建，已经没有清朝的“老房”了。经笔者踏查，十七号院大门为广亮式，影壁、石台阶、抱鼓石俱在，院内虽私建房很多，但四合院的结构不变，应属比较典型的官吏式住宅，与戴先生所述相符。据此可知，今报房胡同十七号应该就是正白旗蒙古都统衙门所在地，只是其遗迹已荡然无存。

沿一七号院向西的三一号，也是一个标准的四合院。该院老住户孙先生（74岁）介绍：他所住的三一号院的老门牌是“一三号”，该院西侧今报房胡同三三号、三五号都是老门牌“一四号”的地方，1949年前院子里种有大片果树，1949年后分成两个院子，三三号现在是“外交部职工宿舍”，三五号为“改革开放论坛”社租用。经笔者踏查，三三号院内已建成住宅楼，无正白旗汉军都统衙门遗迹可寻；三五号院门紧闭，门额上挂有一块张劲夫题写的“改革开放论坛”匾额，院内情况不详，但据孙先生言，院子已经改造，没保存下什么“古迹”。

---

〔1〕 朱一新《京师坊巷志稿》北京古籍出版社，1982年，第112页。

第八，正红旗满洲都统衙门，原在西城锦什坊街一四九号。

西城锦什坊街即今阜成门内大街锦什坊街。该街南北走向，颇为狭长，目前正在进行拆迁，已有不少院落房屋被拆毁。采访中，家住锦什坊街八〇号的老住户张中音老人（88岁）回忆道："老门牌一四九号应该就在（顺承）郡王府的北边，解放后建政协时就被拆了。"看来该都统衙门可能早在20世纪50年代就已不复存在了。但据《京师坊巷志稿》卷上"锦什坊街"条记载："正红旗满洲都统署在西。"[1]由于锦什坊街为南北走向，所谓"在西"当指在街道西侧一线，这与上述张中音老人的说法正好相反，因为今天仍能确指的顺承郡王府恰恰是在街道的东侧。从相关资料显示，正红旗满洲都统衙门自雍正元年设置后一直未见迁移，可见其所在位置就是《情形》档案记载的"一四九号"。而按照民国时期门牌编号的规则，南北走向的胡同应是自北至南、由西及东顺序编号，尽管锦什坊街颇为狭长，但老门牌"一四九号"也应该在胡同东侧一线。《北京市志稿·一·官署》在"自治事务第四区分所"条下，明确记载其办公地点为"锦什坊街路东一四九号"[2]。由上可证《京师坊巷志稿》的记载有误。

第九，正红旗蒙古都统衙门，原在西城水车胡同六号。

今阜成门内大街南侧分别有大水车、小水车、横水车、南水车四条名有"水车"二字的胡同，其中大、小水车胡同为东西走向，横水车和南水车胡同为南北走向。查《加摹乾隆京城全图》，阜成门内只标有"水车胡同"；《(宣统)详细帝京舆

〔1〕 朱一新《京师坊巷志稿》，第134页。

〔2〕《北京市志稿》，第427页。

图》分别标有“水车胡同”和“横水车胡同”;《京师坊巷志稿》卷上则记载有“东、西水车胡同”,同时还明确指出:“正红旗蒙古都统署在东水车胡同之东。”[1]经实地踏查显示,横水车胡同正好南北向把水车胡同一分为二,东边为大水车胡同,西边为小水车胡同,从方位来看大、小水车胡同正是朱一新所说的“东、西水车胡同”,而《情形》档案所载的“西城水车胡同”即今大水车胡同无疑。另外,朱一新书中所谓“东水车胡同之东”当是指衙门所在位置在东水车胡同的东段,这与《情形》档案“六号”的记载也相吻合。该地区目前正在进行危房改造,包括民康胡同(旧称巡捕厅胡同,雍正至乾隆间,正红旗蒙古都统衙门曾在此)南侧、大水车胡同已全部拆毁。大水车胡同今已不复存在。

第十,正红旗汉军都统衙门,原在西城卧佛寺街六号。

《钦定八旗通志·营建志一》载:正红旗“汉军都统衙门原设于鹫峰寺街”[2]。《钦定大清会典事例》(嘉庆朝)卷八五九、《嘉庆重修一统志·京师四》、《畿辅通志·帝制纪·京师一》、《光绪顺天府志·京师志七·衙署》亦载略同,可见其相沿未变。《京师坊巷志稿》卷上载:“鹫峰寺街,俗称卧佛寺街。”[3]查《加摹乾隆京城全图》《(宣统)详细帝京舆图》,卧佛寺街在城隍庙街(今成方街)南,1956年至1957年间,该街与相临的报子胡同、旧刑部街、邱祖胡同一起被拆除,辟为复兴门内大街。

第十一,镶白旗满洲都统衙门,原在东城王府大街六七号。

---

〔1〕 朱一新《京师坊巷志稿》,第139页。

〔2〕《钦定八旗通志》卷一一二《营建志一》,第1944页。

〔3〕 朱一新《京师坊巷志稿》,第134页。

《北京地名典》“王府井大街”条记载：“民国四年（1915）《北京四郊详图》上将此街分为三段：北段从五四大街到灯市口西街称王府大街；中段从灯市口西街到东安门大街称八面槽；南段称王府井大街。”[1]可见，“王府大街六七号”应该位于五四大街到灯市口西街区域。该街区东西两侧解放后多次扩路改建，如今商家、机关林立，著名者如华侨大厦、首都剧场、中华书局[2]、商务印书馆等，旧有院落及房屋早已荡然无存，无迹可寻。

第十二，镶白旗蒙古都统衙门，原在东城甘雨胡同二二号。

东城甘雨胡同即今王府井大街甘雨胡同。该胡同为东西走向，经笔者踏查，胡同已经扩路与拆迁，现名为“甘柏小区”。

第十三，镶白旗汉军都统衙门，原在东城灯草胡同九号。

东城灯草胡同即今东四南大街灯草胡同。该胡同东西走向，门牌单号为一至四一号，双号为二至六六号，街道原貌虽尚在，但两侧房屋已多有修缮。采访中，四十四号院老住户马先生（70岁）指着对面路北的一九号院明确地说：“一九号的老门牌就是九号。解放前这里住的是协和医院耳鼻喉科主任，现在是台办招待所。”该院大门紧闭，院内情形不详，但据马先生讲，院子前几年刚刚“整修”过，已经没有“老房子”了。

第十四，镶红旗蒙古都统衙门，原在西城回回营四号。

“西城回回营”其对应的今地，尚难以确指。根据朱一新《京师坊巷志稿》卷上记载，“东、西石驸马大街”后还有“石驸

---

〔1〕 王彬、徐秀珊主编《北京地名典》，第72页。

〔2〕 今移至丰台区太平桥西里。

马后宅”“回子营”“东、中、西铁匠胡同”等地名[1]，其中“回子营”与“回回营”一字之别，当指一地。查《(宣统)详细帝京舆图》，“石驸马后宅”位于西石驸马大街北侧，即今西城区文华胡同，“中铁匠胡同”位于石驸马后宅北侧，即今西城区文昌胡同，而“回子营”当位于这两条胡同之间或附近。《(宣统)详细帝京舆图》和《北京街道胡同地图集》[2]都显示，在文华、文昌胡同之间有一条南北向小巷，但均未标名。笔者实地踏查，今文华、文昌胡同之间已没有南北向的通道，不知是相关地图标注有误，还是后来有所改建。另据《实用北京街巷指南》记载，文华、文昌胡同西侧的闹市口中街二九号为“副食店（清真）”[3]，这说明该地区确有回族聚居。“闹市口中街”解放前称作“半截碑”，后因其南北分别为“南闹市口”和“北闹市口”而改名，此街是否又称“回子营”，尚无文献或口碑可证，待考。

另外，根据文献的记载，西城区还有两处叫“回子营”的地方：一处即今西长安街南东安福胡同，据《日下旧闻考》记载：“乾隆二十五年，奉旨授白和卓为回子佐领，以投诚回众，编为一佐领，于西长安街路南设回营一所居之。”[4]此地遂称之为“回回营”，亦称“回子营”；另一处即今白塔寺以北的安平巷，该巷在《加摹乾隆京城全图》《(宣统)详细帝京舆图》均标为“回子营”胡同，《京师坊巷志稿》卷上“阜成门大街”范围也载有“回子营”[5]。东安福胡同虽位于石驸马大街东边不

〔1〕 朱一新《京师坊巷志稿》，第73页。

〔2〕《北京街道胡同地图集》，第51图。

〔3〕《实用北京街巷指南》，北京燕山出版社，1987年，第156页。

〔4〕《日下旧闻考》卷七一，第1193页。

〔5〕 朱一新《京师坊巷志稿》，第143页。

远，但属于宣武门内，而该地区归属镶蓝旗管辖；安平巷虽远在石驸马大街以北，但在阜成门内，属镶红旗管辖范围，按理该旗蒙古都统衙门选择在这里的可能性较大。“东安福”和“安平巷”均为东西走向，街道原貌虽未尽失，但两侧房屋多数已经过改建，当地居民也无人能知晓相关历史沿革。

第十五，镶红旗汉军都统衙门，原在西城浸水河胡同八号。

西城浸水河胡同即今佟麟阁路受水河胡同。该胡同东西走向，街道原貌未失，但两侧房屋已多数经过改建。采访中，当地居民亦无人能确指老门牌八号院的位置，有居民估计胡同北侧的“受水河小学”可能就是老门牌八号院。

第十六，正蓝旗满、蒙都统衙门，原在东城本司胡同三三号。

第十七，正蓝旗汉军都统衙门，原在东城本司胡同三四号。

东城本司胡同即今东四南大街本司胡同。《八旗通志初集·营建志一》载：“雍正七年奏准，将东四牌楼灯市口大街本司胡同西口官房一所，共五十三间，作为三旗都统衙门。”《钦定大清会典事例》（嘉庆朝）卷八五九、《嘉庆一统志·京师四》、《畿辅通志·帝制纪·京师一》、《光绪顺天府志·京师志七·衙署》亦均有相应记载，可见衙署位置一直相沿未变。由此可知，《情形》档案所记三三号、三四号院也必在本司胡同西口。笔者踏查结果，本司胡同西口路北现为“北京东华制浆造纸企业集团”用房，院内建筑均为新建，已没有任何都统衙门遗迹可见。

第十八，镶蓝旗满洲都统衙门，原在西城华嘉寺一四号。

查《加摹乾隆京城全图》，在锦什坊街附近，有一条“花椒寺胡同”；《（宣统）详细帝京舆图》则标明“华迦寺”，从地理位置判断，即今锦什坊街华嘉胡同。又据民国二十九年（1940）出版《北京分区详图》载绘：华嘉寺的位置是，南为武定侯胡同北武衣库，西为香家园胡同（南北向），北为王府仓，东为锦什坊街。[1]这是一条东西走向的小街，胡同北侧已改建为“华嘉小区”。据一六号院居民介绍，华嘉胡同北侧一九号今“华嘉小学”所在地，就是“老门牌一四号”，已建成教学区，都统衙门遗迹无存。

第十九，镶蓝旗蒙古都统衙门，原在西城太仆寺街一〇号。

如前“镶蓝旗汉军都统衙门”条所述，太仆寺街是一条东西走向大街，西段已被改建为“府右街宾馆”和居民楼，“一〇号”院正好位于拆迁范围，遗迹今已不存。

综上，自明万历二十九年（1601）努尔哈赤创设四旗，到2002年9月15日笔者最后调查，长达四百年。其间，八旗都统衙门，从未设之原因，初设之缘起，中经衍变，终于现状，略作如上缕述，以备学者参酌。

（原载《满学研究》第7辑，民族出版社，2002年）

〔1〕《北京分区详图》，内四区第四图，北京亚洲舆地学社，民国二十九年。

满文的创制与价值

满文的创制是我国满族发展史上，也是人类文明史上的一件大事。满语属阿尔泰语系满-通古斯语族。阿尔泰语系满-通古斯语族包括满语、鄂温克语、鄂伦春语、锡伯语、赫哲语等。满族的先世女真人讲的就是阿尔泰语系的满语。

女真族在金代参照汉字创制了女真文，有女真大字和女真小字两种。女真大字为完颜希尹所造，金太祖于天辅三年（1119）颁行。《金史·完颜希尹传》载：

> 金人初无文字，国势日强，与邻国交好，乃用契丹字。太祖命希尹撰本国字，备制度。希尹乃依仿汉人楷字，因契丹字制度，合本国语，制女直字。天辅三年八月，字书成。太祖大悦，命颁行之。赐希尹马一匹、衣一袭。其后熙宗亦制女直字，与希尹所制字俱行用，希尹所撰谓之女直大字，熙宗所撰谓之小字。〔1〕

金熙宗在天眷元年（1138）制成“女直小字”〔2〕，后杀完

〔1〕《金史》卷七三《完颜希尹传》，中华书局，1975年，第1684页。
〔2〕《金史》卷四《熙宗纪》，第72页。

颜希尹。皇统五年（1145），“初用御制小字”[1]，女真小字颁行。大定四年（1164），金世宗“诏以女直字译书籍”[2]，后设女真进士科，而“用女直文字以为程文”[3]，并在中都设女真国子学，诸路设女真府学，以新进士充教授。到大定二十三年（1183）九月，译“《易》《书》《论语》《孟子》《老子》《扬子》《文中子》《刘子》及《新唐书》”[4]成，命颁行之。而所译《史记》《汉书》和《贞观政要》等书也已流行。

女真字是仿照汉字、契丹大字、契丹小字而创制的一种独特的文字。有些女真字采用了汉字的字义和字形，其读音则是女真语；有些女真字对汉字笔画做了增减改动，其读音也是女真语。所以，女真字是一种表音与表意相结合的方块字，但也有学者认为女真大字是方块字，而女真小字是拼音字。所以，女真字与蒙古拼音文字有所不同。

在金代，由于汉族文化影响深远而广泛，女真字本身又有弱点而难以普及。另外，由于女真贵族垄断文化，广大女真民众多不会女真字，加上接触中原文化后，女真学习汉语和汉字的人逐渐增多，因而到金朝后期使用女真文的人已经不多。同时，随着金亡元兴，蒙古族成为主导民族，蒙古与女真语又同属于阿尔泰语系，于是在女真地区蒙古文和女真文并行。此期有不少女真人学会蒙古语和蒙古文，而真正会女真文的人日趋减少。到元朝末年，懂女真文的人已经为数不多。其后女真文更加衰落下去。

---

〔1〕《金史》卷四《熙宗纪》，第 81 页。

〔2〕《金史》卷九九《徒单镒传》，第 2185 页。

〔3〕《金史》卷五一《选举一》，第 1130 页。

〔4〕《金史》卷八《世宗纪下》，第 184 页。

元亡明兴，明初著名的《永宁寺碑记》是用汉文、蒙古文和女真文三种文字镌刻的，其中女真文的书写人为“辽东女真康安”〔1〕，明成祖招抚女真吾都里、兀良哈、兀狄哈时，“其敕谕用女真书字”〔2〕。到明宣德九年（1434），据朝鲜《李朝世宗实录》记载：“建州左卫指挥童凡察遣管下人，用女直文字献书。译之。”说明此时建州女真还使用女真文。

明朝中叶以后，女真人已经不懂女真文。如《明英宗实录》记载：“玄城卫指挥撒升哈，脱脱木答鲁等奏：‘臣等四十卫无识女直字者，乞自后敕文之类第用达达字。’从之。”〔3〕达达字即蒙古字。这说明到15世纪中叶，女真文字已失传，女真人使用蒙古文字。不仅明朝对女真的敕书用蒙古文，而且朝鲜同建州的公文也用蒙古文。如弘治三年（1490），朝鲜兵曹通书右卫酋长罗下的公文，“用女真字，〈以〉蒙古字翻译书之”。〔4〕到明末，“凡属书翰，用蒙古字以代言者十之六七；用汉字以代言者十之三四。初未尝有清字也”。〔5〕由此可见，明末女真人已完全丢弃了女真文字。

努尔哈赤兴起之后，建州与明朝、蒙古、朝鲜的公文由汉人龚正陆用汉字书写，“凡干文书，皆出于此人之手”〔6〕。努尔哈赤通女真语，会蒙古文，又粗知汉文，唯独不会女真文字。

---

〔1〕《明代奴儿干永宁寺碑记校释》，《中央民族学院学报》1976年第1期。

〔2〕《李朝太宗实录》卷五，三年六月辛未，日本学习院东洋文化研究所影印本。

〔3〕《明英宗实录》卷一三，正统九年二月甲午，台北“中研院”史语所校勘本。

〔4〕《李朝成宗实录》卷二四一，二十一年六月戊子。

〔5〕福格《听雨丛谈》卷一《满洲字》，中华书局，1984年，第216页。

〔6〕《李朝宣祖实录》卷一二七，三十三年七月戊午。

所以，他在女真社会中的公文和政令先由龚正陆用汉文起草，再译成蒙古文发出或公布；或直接用蒙古文发布。“时满洲未有文字，文移往来，必须习蒙古书，译蒙古语通之。”[1]女真人讲女真语，写蒙古文，这种语言与文字的矛盾已不能满足女真社会发展的需要，更不能适应飞速发展的军事形势的需要，甚至已经成为满族共同体孕育、发展中的一个障碍。努尔哈赤为适应建州社会军事、政治、经济和文化迅速发展的需要，遂倡议并主持创制作为记录满族语言的符号——满文。

万历二十七年（1599）二月，努尔哈赤“欲以蒙古字编成国书”[2]，命扎尔固齐噶盖和巴克什额尔德尼创制满文。《清太祖高皇帝实录》载：

> 上欲以蒙古字制为国语颁行。巴克什额尔德尼、扎尔固齐噶盖辞曰：“蒙古文字，臣等习而知之。相传久矣，未能更制也！”
>
> 上曰：“汉人读汉文，凡习汉字与未习汉字者，皆知之；蒙古人读蒙古文，虽未习蒙古字者，亦皆知之。今我国之语必译为蒙古语读之，则未习蒙古语者不能知也！如何以我国之语制字为难，反以习他国之语为易耶？”
>
> 额尔德尼、噶盖对曰：“以我国语制字最善，但更制之法，臣等未明，故难耳！”
>
> 上曰：“无难也！但以蒙古字合我国之语音，联缀成句，即可因文见义矣。吾筹此已悉，尔等试书之。何为不可？”

---

〔1〕《满洲实录》卷三，辽宁通志馆影印本，1930年，第2页。

〔2〕《图本档》，中国第一历史档案馆藏。

> 于是，上独断："将蒙古字制为国语，创立满文，颁行国中。"满文传布自此始。[1]

努尔哈赤认为，创制满文可以使满族的语言与文字统一。女真人说女真语，再译成蒙古语诵读，不会蒙古语的人就听不懂。满文创制的方法可参照蒙古文字母，协合女真之语音，制成满文，拼读成句。

究竟怎样以蒙古文字母连缀女真之语音呢？据《无圈点老档》(《旧满洲档》)天聪七年（1633）记载：

> 初无满洲字。父汗在世时，欲创制满洲书，巴克什额尔德尼辞以不能。父汗曰："何谓不能？如阿字下合妈字，非阿妈（即父亲）乎？额字下合谟字，非额谟（即母亲）乎？吾意已定，汝勿辞。"

于是，额尔德尼和噶盖遵照努尔哈赤提出的创制满文的原则和方法，仿照蒙古文字母，根据满洲语音的特点创制满文。这种草创的满文没有加圈点，后人称之为"无圈点满文"或"老满文"。从此，满族有了自己的拼音文字。满文制成后，在统一的女真地区颁行。

额尔德尼和噶盖在努尔哈赤指导下撰制满文，他们是满族杰出的语言学家。额尔德尼，满洲正黄旗人，姓那拉氏，世居都英额，少年明敏，通晓蒙古语文，兼通汉语文，他投归建州后被赐号巴克什。巴克什为满语 baksi 的对音，是学者、文儒、

〔1〕《清太祖高皇帝实录》卷三，第 2 页，台湾华文书局影印本。

博士的意思。它源于蒙古语，原意为师傅。努尔哈赤起兵后对通语言、识文墨的归附者赐号巴克什，额尔德尼随从努尔哈赤“征讨蒙古诸部，能因其土俗、语言、文字传宣诏令、招纳降附，著有劳绩”〔1〕。额尔德尼一生虽建武勋，但其主要功绩为创制满文。与额尔德尼同时创制满文的噶盖姓伊尔根觉罗氏，世居呼纳赫，屡次立功，“位亚费英东”〔2〕。他受命创制满文，同年因哈达孟格布禄之事受牵连被杀。噶盖死后，额尔德尼“遵上指授、独任拟制”〔3〕。满文的初创有一个酝酿、切磋和研讨的过程。噶盖在被“正法”之前，同额尔德尼共同摹画、磋商满文创制的方案。当时噶盖已是扎尔固齐，额尔德尼只是18岁的青年。噶盖死后，才由额尔德尼独任之。所以说，满文的创制是以额尔德尼为主，由噶盖和额尔德尼共同拟制的。满文制成后，额尔德尼亦被杀，年仅43岁〔4〕。

从此，满族有了记录本民族语言与思想的拼音文字——满文。满文的创制是满族发展史上的划时代事件。努尔哈赤主持下由额尔德尼和噶盖创制的无圈点满文在统一的女真地区推行了33年，发挥了巨大的作用。然而，满文初创很不完善，还存在一些亟待改进的问题：第一，字母书写没有划一。同一个字母，往往有几种书写形式，常引起疑惑，不便于使用。第二，一字多音，时常混乱。老满文的元音和辅音音位比较混乱，字母互相假借，很难辨识。第三，汉语借词难以拼写。在满语中有大量的汉

〔1〕《清史列传》卷四《额尔德尼》，中华书局，1928年，第9页。

〔2〕《清史稿》卷二二八《额尔德尼传附噶盖传》，中华书局，1977年，第9254页。

〔3〕《清史列传》卷四《额尔德尼》，第9页。

〔4〕《满文老档·太祖》第五〇册，天命八年五月。

语借词，但老满文在拼写汉语借词中的人名、地名、官名、爵名、书名时，原有的语音、字母不够用。第四，相互假借，不够规范。《八旗通志初集》记载：老满文“不仅无圈点，且又有假借者，若不将上下字相合会意详究，则不易辨认”。

总之，老满文“形声规模，尚多未备”。老满文字母数量不够、辅音清浊不分，上下字无别，字形不统一，语法不规范，结构不严谨。所以，改进老满文，使之臻于完善，以便更加广泛地学习和使用，乃势在必行之事。因此，天聪六年（1632），皇太极发布了关于改进老满文的汗谕：

> 十二字头，原无圈点，上下字无别，故塔、达，特、德，扎、哲，雅、叶等字雷同不分，如同一体。书中平常语言，视其文义，尚易通晓。至于人名、地名，常致错误。[1]

皇太极命达海等对无圈点满文“可酌加圈点，以分析之，则音义明晓，于字学更有裨益矣”[2]。

老满文改进的时间，史料记载不一，学界观点也有不同：一说是在天命八年（1623），其史料依据为《八旗通志初集》；一说是在天聪三年（1629），其史料依据为乾隆年间重抄《满文老档》；一说是在天聪六年正月，其史料依据为《满文老档译注》；一说是在天聪六年三月，其史料依据为《清太宗实录》。应当说，满文初创之后，虽设立师傅教授满文，但在满文的教学与使用过程中，许多初创时所没有想到的问题出现了，在实

〔1〕《满文老档·太宗》第四五册，天聪六年正月十七日。

〔2〕《清太宗实录》卷一一，第19页，台湾华文书局影印本。

践中产生了改进老满文的需要。从上述文献记载看，改进老满文的整个过程大约经过十年的时间，主要经过问题提出、思想酝酿、设计方案、反复实验和谕准实行五个阶段。天聪六年三月，天聪汗皇太极发布汗谕，正式颁布、推行达海主持改进的新满文，表明这一改造的基本完成。

对改革老满文做出重大贡献者是满族杰出的语言学家达海。达海，又作大海，满洲正蓝旗人，世居觉尔察，以地为氏。他“九岁读书，能通满、汉文义。弱冠，太祖高皇帝召直文馆。凡国家与明及蒙古、朝鲜词命，悉出其手；有诏旨应兼汉文音者，亦承命传宣，悉当上意。旋奉命译《明会典》及《素书》《三略》”。天命五年即泰昌元年（1620），达海与纳扎通奸，拟罪当死，但努尔哈赤惜才，命杀死纳扎，将达海锁柱拘禁，后释放。天命七年即天启二年（1622），达海因罪受到“贯耳鼻”之刑。有学者推断，达海在受刑期间开始对老满文进行改进。清太宗时，达海被重新起用，为文馆领袖，正式受命改进无圈点满文。他“酌加圈点，又以国书与汉字对音未全者，于十二字头正字之外增添外字，犹有不能尽协者，则以两字连写切成，其切音较汉字更为精当，由是国书之用益备”。〔1〕达海还有未完之译稿《通鉴》《六韬》《孟子》《三国志》〔2〕《大乘经》等。达海因劳成疾，未竟而卒，时在天聪六年七月十四日〔3〕，年仅

〔1〕《清史列传》卷四《达海》，第10页。

〔2〕实为罗贯中的《三国演义》。

〔3〕达海卒之月、日，《满文老档》载八月一日奏闻；《清太宗实录》载为七月十四日；《八旗通志·大海巴克什传》载为七月二十日；《清史列传·达海》载为“六月卒”；《清史稿·达海传》载为：“六月，达海病，逾月病殛……数日遂卒。”本文从《清太宗实录》所记。

38岁。达海巴克什短暂而勤奋的一生，对满、汉文化交流做出了重大贡献。尤以改进无圈点满文为有圈点满文，是其一生中最杰出的业绩。所以史载“达海以增定国书，满洲群推为圣人”〔1〕。至康熙时，勒石纪绩。康熙帝旨称：“达海巴克式〔什〕，通满、汉文字，于满书加添圈点，俾得分明。又照汉字增造字样，于今赖之。念其效力年久，著有劳绩，着追立石碑。”〔2〕其碑文今存世。

库尔缠在改进老满文的过程中也做了贡献。库尔缠，又作库尔禅，钮祜禄氏，少时被努尔哈赤养在宫禁。他喜读书，嗜学问，通蒙古语、汉语；稍长，在文房办事，参与机密。天聪三年即崇祯二年（1629），后金兵临滦州，库尔缠用汉语谕令明军开城投降。天聪五年即崇祯四年（1631），皇太极谕：“库尔缠、大海学习汉书，训诲诸人，于国家大有裨益，着赐巴克什名。”其时满洲巴克什只有达海和库尔缠两人（额尔德尼已死）。据《盛京通志》记载：额尔德尼既卒，皇太极复命达海、库尔缠对老满文“述其义而增益之”。这证明库尔缠参与了对老满文的改进。有关库尔缠之死却有个故事。先是辽东开原人刘兴祚（爱塔）降后金，为副将，领盖、复、金三州。刘兴祚欲逃走，后金议严加管束。库尔缠同刘兴祚交谊深厚，极力保奏说“断无逃理”。刘兴祚杀一酒醉盲人冒充自己身死，焚房舍，逸逃去。后在明金交战中被俘，被斩杀。库尔缠脱下身上穿的衣服瘗埋刘兴祚尸，皇太极命挖其尸，寸磔之。库尔缠又偷葬其遗骨，被告发，遭处死。库尔缠重情义，遭杀害，但库尔缠协同

〔1〕《清史稿》卷二二八《达海传》，第9258页。

〔2〕《清圣祖实录》卷二九，第2页，台湾华文书局影印本。

达海改进满文的功绩不可磨灭。

达海对额尔德尼、噶盖所创制的无圈点满文主要做了如下改进：

第一，编制“十二字头”。《国朝耆献类征》记载：“达海继之，增为十二字头。”[1]为便于教授满文，达海编制了“十二字头”[2]。

第二，字旁各加圈、点。就是在字旁添加圈（○）、点（、），使之与原来的字母不再雷同，做到一字一音。如蒙古文“ha”与“ga”读音没有区别，但满语“aha”（阿哈）意为“奴隶”，而“aga”（阿戛）意为“雨”。达海在“ha”与“ga”旁各加圈、点，即把老满文的（aha，阿哈，意为奴）加圈。这样，因其各加圈、点，而使“奴”和“雨”两字有所区别。

第三，固定字形。对字母的书写形式加以固定，使之规范化。如在老满文中，元音u的词首、词中、词尾共有十余种写法；但在新满文中，其词首、词中、词尾基本上各有一种写法。书写形式划一，消除了老满文一字多种书写形式的杂乱现象。

第四，确定音义。改进字母发音，固定文字含义。如在老满文中，元音o、u、ū经常相互混用，辅音k、g、h的书写有时非常相似；在新满文中o、u、ū则加以区别，k、g、h的字形书写也各不相同。

第五，创制特定字母。设计了十个专为拼写外来语（主要是汉语）借词的特定字母，以拼写人名、地名等，解决了拼写一些外来语借词在语言学上的困难。

---

〔1〕 李桓《国朝耆献类征》卷一《达海传》，第14页。

〔2〕 舞格《清文启蒙》，清刻本。

第六，使用切音。《清史稿·达海传》记载："旧有十二字头为正字，新补为外字，犹不能尽协，则以两字合音为一字，较汉字翻切尤精当。"翻切即为反切，是汉语传统的一种注音方法，反切上字与所切之字声母相同，下字则取韵母和声调。达海将汉文的反切引入满文，解决了对一些人名、地名、官名等音译易错的问题，对老满文的改进起了一定的作用。

经过达海改进后的满文，后人称为"有圈点满文"或"新满文"，新满文较老满文更为完备。

改进后的满文，按语言学音素来说，有6个元音字母，22个辅音字母，10个专门用来拼写外来语的特定字母，共38个字母。字母不分大小写，但元音字母以及辅音与元音相结合所构成的音节，出现在词首、词中、词尾或单独使用时，都有不同的书写形式。

还有过去习称的满语"十二字头"，即6个元音和辅音与元音拼成的复合音（约相当于汉语拼音的音节），共131个，这就是"第一字头"，而"第一字头"内的各个音节分别与元音及辅音相结合所构成的音节共11个字头。以上总合为12个字头。"十二字头"笼统地包括了满文中的元音、辅音、特定字母以及其他音节。

满文的语法，名词有格、数的范畴，动词有体、态、时、式等范畴。句子成分的顺序是"主—宾—谓"，谓语在句子最后，宾语在动词谓语之前，定语在被修饰词之前。

满文的书写方式为竖行直写，字序从上到下，行序从左向右。

满文的标点符号。标点符号在书面语中是用作表示停顿、语气以及语词的性质和作用的符号。满文因创制时间晚、使用时间短，因而只有两个标点符号，即"·"号和"··"号。一般地说，“·”号相当于汉语的逗号（，）和顿号（、），“··”号相当于汉语的句号（。）和冒号（：）等。“·”号常用于句子的结构停顿和行文的语气停顿，“··”号常用于句子的末尾或段落的结束。满文的标点符号同古汉语相比，更为丰富，因为古汉语只有“句读”，其符号或为圈或为点（作用一样）。它比现代汉语又显得贫乏，因为现代汉语的标点符号，在1951年由国家定为14种。满文的标点符号在实际应用中使用极不规范。在满文书籍、档案里，通篇没有一个标点符号的例子是屡见不鲜的。

满文的创制促进了后金教育事业的发展。据《满文老档》记载：努尔哈赤下达文书云，“钟堆、博布赫、萨哈连、吴巴泰、雅兴噶、阔贝、扎海、洪岱，选为八旗的师傅。要对你们的徒弟们认真地教书，使之通文理，这便是功。如入学的徒弟们不勤勉读书，不通文理，师傅要治罪。入学的徒弟们如不勤勉学习，师傅要向诸贝勒报告。八位师傅不参与各种的事”〔1〕。

人们通常所说的满文是指“新满文”。据史料所载，“新满文”推行后，正式用以记载档案，始于崇德元年（1636）。

> 太宗丁卯，建元天聪，自元年至九年乙亥至。十年丙子四月，改元崇德，即为崇德元年。此后《老档》始有圈点。

上文中的丁卯年为天聪元年（1627），乙亥年为天聪九年（1635），丙子年为崇德元年。从崇德元年开始，满文档案开始使用加圈点满文即新满文记载。所以，《无圈点老档》即《旧满

〔1〕《满文老档》卷二四《太祖》，天命六年七月十一日。

洲档》的记载终于崇德元年。乾隆三十八年（1773），对《无圈点老档》即《旧满洲档》进行整理、重抄，在向满本堂调阅《无圈点老档》即《旧满洲档》时，得知崇德元年以后即没有《无圈点老档》了。

总之，新满文的推广大约用了十年的时间。到崇德年间，人们对“新满文”的使用基本上达到了熟练、规范的程度。因之，从崇德二年（1637）始用加圈点的新满文书写档案。尽管在以后的个别满文档案和文献中有时也会见到“老满文”的痕迹，但这只是个别现象，就同天聪六年以前的档案偶见加圈点满文一样。

满文创制后，在关外发展时期，它是官方文字；定都北京后，它成为“国书”，与汉文并用，是行使国家权力和谕敕外事咨文的官方文字。满洲文字的创制具有诸多的意义与价值：

第一，进行满语文教育。在满洲兴起以前，建州女真、海西女真都没有学校。满文创制之后，天命汗规定，设立师傅，教授满文。

第二，发布满文的政令。在创制满文之前，建州的政令、军报、文书，用蒙古文或汉文记载。在发布这些军令、政令时，还要再转译成女真语（满语）。有了满文，便可以直接用满文记载政事、发布军令与政令。后金政权同贵族、诸臣的沟通更加快捷、简明，极大地提高了办事效率。

第三，促进满族的强盛。满文创制之后，得到迅速推广。满族有了满文，既提高了满洲的民族文化素质，也汲取了汉族的高度文化营养。满文创制和八旗创建——这两条纽带将满族部民联结在一起，加速了满族共同体的形成，增加了巨大的精神和物质的力量，带来了满族的发展和强盛。

第四，记录了满族语言的发展。在中国历史上曾有许多少数民族叱咤风云，建立过政权，如匈奴、鲜卑、羌、氐等，但他们都没有文字，其民族语言的状况，后人无从知晓。满族语言现已基本消失，但赖有满文存在，尚可了解其语言状况。

第五，保存了清王朝的历史档案。有清一代，满文的使用非常普遍，从中央到地方各级机构在办理政务时，重要事件多用满文书写，尤其是天命、天聪、崇德、顺治、康熙、雍正、乾隆七朝更是如此。现存最早的满文档册为清入关前的《无圈点老档》(《旧满洲档》)。它保存着满洲最原始的史料，为汉文记载所无，具有极高的史料价值。此外，满文档案中关于边疆、民族、宫廷、军机者，多为汉文档案所缺。中国第一历史档案馆、辽宁省档案馆、内蒙古自治区档案馆以及台北故宫博物院，台北“中研院”历史语言研究所等现存满文档案200余万件(册)。这是中国历史上保存量最大、史料价值最高的少数民族文字历史档案。

第六，记录了口头文字。据初步调查，现有大量满文萨满教《神词》流散民间。这些满文《神词》没有汉文译本。满文《尼山萨满传》也仅有满文本，但近年已有汉文、英文、意大利文、韩文等译本。赖有满文才使许多满族民间的祭祀文学、口头文学等被记录并留传下来。

第七，保留了满译汉籍。早在关外时期，满族学者就用满文大量翻译汉文典籍，尔后满译汉籍更多。经部如《孟子》，史部如《资治通鉴纲目》《辽史》《金史》《元史》《明会典》，子部如《孙子兵法》《六韬》《三略》《三国演义》《水浒传》《西厢记》《樵史演义》《红楼梦》《聊斋志异》《金瓶梅》，佛教经典如《大乘经》《满文大藏经》。据统计，现存满文册籍有1000余种[1]。这对于促进满、汉及其他少数民族的文化、政治、经济之相互交流、相互提高起着重要的作用。

第八，为别族文字借鉴。在满-通古斯语族诸民族中，有的使用满文，也有的没有文字。它们在创制本民族的文字时，简单而便捷的途径就是借鉴满族文字。满-通古斯语族的锡伯族，在清代和民国初期通用满文。到20世纪40年代，锡伯族的学者在满文基础上略加改动而创制了锡伯文。现新疆察布查尔锡伯自治县的锡伯族用锡伯文进行教学，出版报刊，还将锡伯语用于广播、电视以及其他形式的文艺演出。此外，达斡尔族也曾有过满文字母的达斡尔文字。满文为这些民族文字的制定起了重要的借鉴作用。

第九，利于人类文化学的研究。在中国东北和东北亚满-通古斯语族诸民族中，最早的文字是12世纪创制的女真文，然早已失传，且留存文献罕见。1947年据满文稍加改动而创制的锡伯文时间短，使用面窄，影响不大。在俄罗斯，20世纪30年代虽创制了埃文基文、埃文文、那乃文，但与满文的历史价值无法相比。在中外满-通古斯语族诸民族中，唯有满族留下大量满文的档案与文献，这对于了解与研究满-通古斯语族各民族的语言、历史、宗教、民俗、文化、经济和社会具有重要的价值。尤其是对于东北亚诸多没有文字，或文字不完善，或文字创制甚晚的民族之人类文化学的研究更具有特殊的价值。

第十，为国际文化交流的桥梁。现今俄罗斯、意大利、日本、韩国、蒙古、哈萨克斯坦等国都保存有当时作为“国书”的满文档案。清前期来华的耶稣会士，出入宫廷并用满语向康

〔1〕 屈六生、黄润华《全国满文图书资料联合目录》，书目文献出版社，1991年。

熙帝讲述数学、医学等知识，他们还借用满译汉文古籍来阅读和研究中国古代典籍。后来俄罗斯出版《满俄词典》，德国出版《满德词典》，日本出版《满日辞典》，美国出版《满英词典》等。在当代，许多西方学者不会汉文而径直阅读满文历史档案，因为满文同西方文字一样都是拼音文字，故而他们学满文比学汉文容易得多。在中国诸多的民族文字中，因为满文的存在，有利于外国学者了解与研究中国历史文化，更有利于国际间的学术与文化交流，从而增设起一座中西文化交流的桥梁〔1〕。

总之，满文的创制和颁行是满族文化发展史上的里程碑。从此，满族人民有了自己的文字，可以用它来交流思想、书写公文、记载政事、编写历史、传播知识、翻译汉籍，这不仅加强了满族人民的思想交流，而且增进了满、汉之间的文化交流。努尔哈赤主持撰制满文后，在女真地区广泛推行，使女真各部和女真人民之间的交往更为密切，这对满族共同体的形成无疑是一条重要的精神纽带。特别是后金执政者，下令用满文翻译大量的汉文典籍，汲取中原王朝治国经验，加速了满族社会的封建化。同时，满文记录和保存了大量的文化遗产，丰富了中华民族的文化宝库。

（原载《故宫博物院院刊》2002年第2期）

---

〔1〕 阎崇年《满文——中西文化交流的桥梁》，《中外文化交流》1996年第1期。

《无圈点老档》及乾隆抄本名称诠释

《无圈点老档》及其乾隆朝抄本的名称，原来明确，间或不清；近百年来，却颇混乱。兹据史料，爬梳分析，阐明原委，做出诠释。

一

《无圈点老档》是以无圈点满文为主，兼以加圈点满文并间杂蒙古文和个别汉文书写的，记载满洲兴起和清朝开国的史事册档，是现存最为原始、最为系统、最为详尽、最为珍贵的清太祖和太宗时期编年体的史料长编。《无圈点老档》为世间孤本，现存40册，庋藏于台北故宫博物院。至乾隆朝，该档之纸，年久糟旧，屡次查阅，翻页摩擦，每有破损，以至残缺。经过奏准，以老满文，照写两份，将其抄本，恭藏阁府，这就是《无圈点字档》（底本）和《无圈点字档》（内阁本）。又以新满文，音写两份，贮之大库，以备查阅，这就是《加圈点字档》（底本）和《加圈点字档》（内阁本）。另办理阿哥书房《加圈点字档》（上书房本）一部。再办理贮藏于盛京崇谟阁《无圈点字档》（崇谟阁本）和《加圈点字档》（崇谟阁本）各一部。上述

《无圈点老档》原本及乾隆朝办理七部重抄本的名称，档案记载，书签所题，昭明彰然，应无争议。

《无圈点老档》，学界又称为《满文老档》《满文原档》《满文旧档》《老满文原档》和《旧满洲档》等。此档名称，多年以来，比较歧异，莫衷一是。我们已查到乾隆朝办理《无圈点老档》重抄本较为全面、系统、完整的档案。兹据乾隆朝办理《无圈点老档》重抄本时，所形成80件相关的系统档案统计，其中有40件档案先后共41次出现《无圈点老档》的记载。且除《无圈点老档》及其略称《老档》之外，别无他称。盖以此名，划一称谓。所以，我们沿袭乾隆朝《无圈点老档》办理重抄本时，对此档之称谓，称其为《无圈点老档》。

至于乾隆朝办理《无圈点老档》的七种抄本，除《加圈点字档》（上书房本）因现下落不明而未见其原书外，其余的六种抄本即：《无圈点字档》（底本）和《加圈点字档》（底本）、《无圈点字档》（内阁本）和《无圈点字档》（崇谟阁本）、《加圈点字档》（内阁本）和《加圈点字档》（崇谟阁本），在其每函封套与每册书签上，都有满文书名。

在《无圈点字档》（底本）和《无圈点字档》（内阁本）、《无圈点字档》（崇谟阁本）的每函封套和每册封面的题签上，都楷书写着满文书名。现以拉丁字转写，并汉文对译如下：

tongki fuka akū hergen i dangse
点 圈 无 字 的 档子

其汉意译文是：“无圈点字档”。

在《加圈点字档》（底本）和《加圈点字档》（内阁本）、

《加圈点字档》(崇谟阁本)的每函封套和每册封面的题签上，都楷书写着满文书名。现以拉丁字转写，并汉文对译如下：

tongki fuka sindaha hergen i dangse
点 圈 加 字 的 档子

其汉意译文是："加圈点字档"。

由上，近百年的争论，似可一锤定音。

二

20世纪以来，该档之称谓，中外学者，殊异不一，缕述历史，略作考察。

《满文老档》之称谓，始于内藤虎次郎。20世纪初，清朝日薄西山，列强觊觎中国，阁藏珍秘，始泄外人。清光绪三十一年(1905)，日本大阪《朝日新闻》评论部记者内藤虎次郎到盛京(今沈阳)，在崇谟阁见到[1]了《无圈点老档》乾隆朝办理之盛京崇谟阁抄本。民国元年(1912)，内藤虎次郎同羽田亨到盛京崇谟阁，将《加圈点字档》(崇谟阁本)全部进行翻拍。其时，内藤虎次郎等所翻拍的册档，其满文原书名是："Tongki fuka sindaha hergen i dangse"。照片洗印后，装订成相册，在册脊上书写着白色的汉、满两种文字："满文老档/Tongki fuka sindaha hergen i dangse"。神田信夫教授在《满学五十年》一书《从〈满文老档〉到〈旧满洲档〉》的论文中指

〔1〕 本文未用"发现"二字，而用"见到"二字。

出："《满文老档》的名称，实从内藤为始。"[1]内藤虎次郎以《满文老档》做书名，向世人介绍，因独着先鞭，又简明通俗，后被接受，流行世界。

当时，学界对《无圈点老档》及其乾隆朝办理之重抄本一无所知。后来，随着时光推移，所见版本日多，此一书名，受到挑战。《满文老档》原指《加圈点字档》中的盛京崇谟阁抄本，即《加圈点字档》（崇谟阁本），又称新满文小黄绫本。而于其他几种重抄本，《满文老档》一名，实在难以涵盖。经学者多年的研究，到目前为止，已知《无圈点老档》在乾隆朝共有七种不同的抄本。所以，《满文老档》这一称谓，是指《无圈点老档》及其七种重抄本中的哪一种或哪几种版本呢？实在难以回答。这就显露出《满文老档》称谓的局限性。特别是有的学者，在同一书文里，使用《满文老档》一称，忽而指此，忽而指彼，或滥用，或乱用。这是内藤虎次郎所始料不及的。究其滥用或乱用之症结，在于《满文老档》的初始定名，便含有不科学的基因。

《无圈点老档》及其乾隆朝办理之重抄本，拂去封尘，重见天日，使《满文老档》之称谓首遇诘难。《无圈点老档》为近人所见，始于民国二十年（1931）。是年一月，故宫博物院文献馆整理内阁大库档案，见到《无圈点老档》[2]。中国其时先后有五

---

〔1〕 神田信夫《〈满文老档〉から〈满文老档〉へ》，《满学五十年》，刀水书房，1992年。

〔2〕 内藤虎次郎《读史丛录》载："大正七年（1918），余承赵尔巽氏之厚意，观览清史馆史料，看见《满文老档原档》。"载《内藤湖南全集》卷七，第344页；见神田信夫《从〈满文老档〉到〈旧满洲档〉》，《满学研究》第3辑，民族出版社，1996年。笔者按：上文《满文老档原档》似指《无圈点老档》即《旧满洲档》，但内藤湖南之所述，未见其他史料佐证。

篇重要文章对之加以介绍：

一是，1934年4月，北平故宫博物院文献馆出版的《文献丛编》第10辑，在其卷首刊出《无圈点老档》照片两幅[1]，并载文公之于众。文曰："《满文老档》，旧藏内阁大库，为清未入关时旧档。民国二十年三月，本馆整理内阁东库档案，发见是档32册，原按千字文编号，与今所存者次序不连，似非全数。原档多用明代旧公文（纸）或高丽笺书写，字为无圈点之满文，且时参以蒙字。……原档长短厚薄不一，长者六十一厘米，短者四十一厘米，厚者五百余页，薄者仅九页。中有一册，附注汉文。"[2]此文所指，显然是《无圈点老档》。撰者虽已看到《无圈点老档》，但仍旧沿称《满文老档》，致使《无圈点老档》与《加圈点字档》（崇谟阁本）之称谓相混淆。

二是，1934年5月，谢国桢先生《清开国史料考·卷首》亦刊出《无圈点老档》照片两幅[3]，并于其卷末《清开国史料考补》介绍《无圈点老档》于众。文曰："天命、天聪朝满文档册，北平故宫博物院藏稿本，不知撰人名氏。民国二十年春，故宫博物院文献馆整理实录大库旧档，发现档册颇多。其《满文旧档》黄绫本，与辽宁崇谟阁藏老档相同。内有黄纸本三十一厚册，为天命、天聪朝满文旧档。"[4]同年末，在《国立

---

〔1〕 李学智《老满文原档论辑》云："据我详检原档，知其中前一张为'洪字号原档'之第一页。后一张为'盈字号原档'之第七十四页。"

〔2〕《文献丛编》第10辑，北平故宫博物院文献馆出版，1934年。

〔3〕 李学智《老满文原档论辑》云："两张原档影片一为'寒字号原档'之第二十七页，一为同号原档之第七十七页。"

〔4〕 谢国桢《清开国史料考补》，《清开国史料考》，北平图书馆刊印，1934年。笔者按："三十一"当为"三十七"，可能是排印疏误。

北平图书馆馆刊》第五卷第六号上，谢国桢先生撰文介绍这一珍贵的满文历史文献。谢国桢先生在这里未用《满文老档》，而用《满文旧档》。诚然，《满文老档》中的“老”字和《满文旧档》中的“旧”字，其满文体同为“fe”，是同一词语、同一含义。然而，在汉文中略有区别。谢文的《满文旧档》，既指原本又指抄本；在抄本中，指《无圈点字档》（崇谟阁本），又指《加圈点字档》（崇谟阁本），还指《无圈点字档》（内阁本），亦指《加圈点字档》（内阁本）。所以，鉴于时代的局限，这是一个不够准确的概念。它使《无圈点老档》与其抄本《加圈点字档》（崇谟阁本）之称谓相混淆。

三是，1935 年 1 月，方甦生在《清内阁旧档辑刊·叙录》中介绍《无圈点老档》曰：“《满文老档》为盛京旧档之巨擘，其记事年代，起天命以迄崇德元年。今存文献馆者凡三十七册，盖自乾隆以来，即仅有此数。原本以明代旧公文纸或高丽笺书写，中多残阙。册形之广、狭、修、短，页数之多寡，极不一致。其文字于厄儿得溺草创，达海增补及加圈点者，三体兼而有之。”[1]方氏于此仍沿用《满文老档》之书名，又致使《无圈点老档》与《加圈点字档》（崇谟阁本）之称谓相混淆。

四是，1936 年 10 月，张玉全在《述〈满文老档〉》一文中说：“内阁大库发现《满文老档》三十七本，又重钞无圈点本，及加圈点本各一百八十册。玉全参与整理之役，现在摘由编目行将蒇事，仅就工作时研究所得，略加陈述。……”[2]参与故宫

〔1〕 方甦生《清内阁库贮旧档辑刊·叙录》，《清内阁库贮旧档辑刊》，国立北平故宫博物院文献馆刊印，1935 年。

〔2〕 张玉全《述〈满文老档〉》，《文献论丛》，国立北平故宫博物院刊印，1936 年。

博物院文献馆《无圈点老档》整理工作的张玉全先生，亦沿用了《满文老档》之书名，再使《无圈点老档》及其乾隆朝重抄本《无圈点字档》(内阁本)与《加圈点字档》(内阁本)、《无圈点字档》(崇谟阁本)与《加圈点字档》(崇谟阁本)诸称谓相混淆。

五是，1936年10月，李德启在《〈满文老档〉之文字及史料》一文中论曰："清内阁大库所藏《满文老档》，自经故宫博物院文献馆发见后，颇引起世人之注意。盖自清太祖以兵甲十三副，崛起长白，征灭乌拉、叶赫诸部，进而略明。太宗继之，屡挫明师，声势益隆，卒为清代二百余年之帝业，创奠根基；其间所有军事政治之记载，并爱新觉罗氏族中之事迹及与朝鲜、蒙古、毛文龙等往来之文书，虽三朝实录、本纪及私家著述颇可稽考。然《满文老档》为实录、本纪之所自出；官修纪载，讳饰既多，删削自亦不免。故欲知清初秘史，当以老档较为质实。"[1]参与故宫博物院文献馆《无圈点老档》整理工作并通满文的李德启先生，亦沿用了《满文老档》之书名，复使《无圈点老档》与其乾隆重抄本《加圈点字档》(崇谟阁本)之称谓相混淆[2]。

综上五例，可以看出，内藤虎次郎首用的《满文老档》这一书名，初系专指盛京崇谟阁藏《加圈点字档》(崇谟阁本)。后来，《加圈点字档》(内阁本)，亦称为《满文老档》。再后，《无圈点字档》(内阁本)，复称为《满文老档》。由是《满文老

〔1〕 李德启《〈满文老档〉之文字及史料》，《文献论丛》，国立北平故宫博物院刊印，1936年。

〔2〕 单士元《整理满文老档记》，《我在故宫七十年》，北京师范大学出版社，1997年。

档》之概念，便逐渐外延。到 20 世纪 60 年代，《老满文原档》和《旧满洲档》称谓的出现，使《满文老档》之概念，又随之延拓。

三

20 世纪前半叶，已出现《满文老档》《满文旧档》之称谓；20 世纪后半叶，又出现《老满文原档》和《旧满洲档》之称谓。

《老满文原档》之称，始于广禄、李学智先生。1962 年 9 月，台湾大学满语教授广禄先生及其学生李学智先生，在台中雾峰北沟故宫博物院的地下仓库里，看到《无圈点老档》。当时李学智先生于匆忙间仅看到三五册即北返。同年 12 月，李学智先生又到台中，会同有关人士，将其拍摄缩微胶卷，于翌年元月完成，后洗印成放大照片。[1]广禄教授和李学智先生将其定名为《老满文原档》。其命名解释是："我们将这一批四十册老满文史料命名为《老满文原档》的意思是说，这一批老满文史料大部分是清太祖、太宗两朝的原始记录档案。至于这一命名是否正确，实在很难说。"[2]

李学智先生将《无圈点老档》命名为《老满文原档》，其贡献在于：一是打破《满文老档》称谓流传半个世纪的传统，而给《无圈点老档》以新的命名；二是澄清了《满文老档》概念

〔1〕 广禄、李学智《清太祖朝老满文原档译注·序》，《"中研院"史语所专刊》第 58 辑，1960 年。

〔2〕 李学智《评故宫博物院出版之所谓〈旧满洲档〉》，《老满文原档论辑》，文友印刷纸业公司，1971 年。

外延之含混；三是用“老满文”来限定其名称的内涵，突出了该档的文字特点；四是在时间上显现它是清太祖、太宗两朝的册档。

但是，它之被命名为《老满文原档》，受到主方的自诘和客方的叩问：

其一，主方的自诘。广禄教授和李学智先生在其长篇学术论文《清太祖朝〈老满文原档〉与〈满文老档〉之比较研究》中说：“现存清太祖的档册，虽仅有二十本；可是这二十本档册中，据我们的初步检证，事实上并不完全是原档，其中包括大部分书写的真正老满文原档，以及一本可称满文最早木刻印刷的敕书档。其他有一小部分是曾经后人重抄过的满文老档。而所谓原档，大致皆是利用明代辽东各衙门的旧公文纸所写或印成的。至于曾经后日重抄的老档，类皆用所谓高丽笺纸所书写。太祖朝的二十本档册，用明代旧公文纸所写及印刷的原档占十一册。用高丽笺纸所写的老档有九册。但是这两种档册的记事，常相互重复。而且不但是原档与老档的记事重复，就是原档与原档的记事也有重复的，老档与老档的记事也有重复的。”[1]由于《老满文原档》自身存在着“非原档的原档”，因而引起学界同行的商榷。

其二，客方的叩问。陈捷先教授在其长篇学术论文《〈旧满洲档〉述略》中阐述了自己的见解：“前几年广禄老师和李学智先生用《老满文原档》这个名称，按‘原档’一词，乾隆时已经使用，后来日本学者也有引述的。然而《老满文原档》

〔1〕 广禄、李学智《清太祖朝〈老满文原档〉与〈满文老档〉之比较研究》，《中国东亚学术研究计划委员会年报》第4期，1965年。

所指的档册应该是满洲人在关外用老满文所写的那些档子，至于同时期用新满文所作的旧档似乎就不能包含在内了。”[1]于是，陈捷先教授用《旧满洲档》的名称，取代《老满文原档》的称谓。

《旧满洲档》之称，始于陈捷先教授。1969年，台北故宫博物院将珍藏的《无圈点老档》影印出版。陈捷先教授在该书的前言即《〈旧满洲档〉述略》的论文中阐释道：“我们现在用《旧满洲档》来命名这批旧档，实际上是从清高宗上谕里得来的灵感，主要是相信这个名称既可以分别旧档与乾隆重抄本在时间上有先后，同时也可以包含早期满洲人在关外用老满文和新满文两种文体所记的档案。”陈教授所说乾隆四十年的《上谕》，原文征引如下：

> 朕恭阅旧满洲档册，太祖、太宗，初创鸿基，辟取舆图甚广，即如叶赫、乌拉、哈达、辉发、那木都鲁、绥芬、尼玛察、锡伯、瓜勒察等处，皆在旧满洲档册之内。虽在东三省所属地方，因向无绘图，竟难按地指名，历为考验。迩来平定准噶尔、回疆等处时，朕特派大臣官员，将所有地方，俱已绘图，昭垂永久。列祖初开鸿业，式廓疆圉，岂可转无绘图？着恭查满洲档册，详对盛京志、实录，缮写清单，札寄盛京、吉林、黑龙江将军等，各将省城为主，某地距省城几许，现今仍系旧名，或有更改，并有无名山大川、古人遗迹，逐一详查，三省会同，共绘一

〔1〕 陈捷先《〈旧满洲档〉述略》,《旧满洲档》，台北故宫博物院影印，1969年。

图呈览。[1]

陈捷先教授将《无圈点老档》命名为《旧满洲档》，其贡献在于：一是援引乾隆帝《上谕》，言之有据；二是将《无圈点老档》的原本，同乾隆朝的三种照写本——《无圈点字档》底本、内阁本和崇谟阁本区别开来；三是名称中回避"原档"二字，因其中有的并非原档；四是称谓中避开"老满文"三字，因其中虽以老满文为主，但不乏新满文和蒙古文；五是强调"旧档"之意，即满文"fe dangse"，符合历史传承；六是突出"满洲"二字，包容丰富历史内涵。

《满文老档》和《满文旧档》的名称，出现于20世纪的前半叶；《老满文原档》和《旧满洲档》的名称，出现于20世纪的后半叶。这些都是满学史、清朝史、文献史、民族语言史上，学术前进的重要界标。然而，在乾隆朝办理《无圈点老档》重抄本之前，它的名称是怎样的呢？

四

《无圈点老档》的名称，从康熙朝，经雍正朝，到乾隆初，档案之记载，文献之载录，检阅历史资料，概略加以考察。

《无圈点老档》的封面，未贴书签，未写书名。其当时之满文名称，现未查到原始记载。此部册档，成帙以来，它的名称有所变化。现在所能见到最早的记载，是康熙朝的档案与文献。

〔1〕《清高宗实录》卷九九六，乾隆四十年十一月壬午，中华书局影印本，1987年。

其一，汉文“无圈点字档子”。台北“中研院”历史语言研究所《清代内阁大库残档》中，在康熙朝“三朝实录馆”的档案里，有一条内容与《无圈点老档》中天命八年（1623）七月同条所载一样，其汉文题签为“内阁无圈点档子”。[1]而《无圈点老档》在清定鼎燕京后，庋藏于内阁大库，可知其源自于《无圈点老档》无疑。其“内阁”二字，标示此档出自内阁大库；其《无圈点档子》，即为乾隆中通称的《无圈点老档》。

其二，康熙称“无圈点档子”。《康熙起居注册》（汉文本）康熙五十四年（1715）九月二十五日，做了如下记载：

> 又覆请兵部覆原任郎中布尔赛等互争佐领控告，又闲散宗室佛格等控告满丕、和理、布尔赛等，原依仗索额图欺侮我等，将吏、户、兵三部档案毁匿，将内阁档案之字涂注一案。查《无圈点档案》所写系卓科塔，并无朱胡达之名。布尔赛等称朱胡达为伊曾祖，取供时又称系伊伯曾祖，不合。应将布尔赛等各罚俸一年……上曰：宗人府衙门及该部所议，俱偏向矣。卿安即兴安，隋分、兴安是一处。《无圈点档案》写卓科塔，卓科塔即是朱胡达。此即与称遵化为苏那哈，总兵官为苏明公等，是一而已，无有二也。今子孙称伊祖父曾为苏明公，谓非总兵官，可乎？称苏那哈效力，谓非遵化，可乎？即今各部奏疏内，遗漏圈点者甚多，朕亦有朱笔改正之处。俱以为非，可乎？[2]

---

〔1〕李光涛、李学智《明清档案存真选辑》（二集），《“中研院”史语所专刊》第38本，1973年。

〔2〕《康熙起居注册》，康熙五十四年九月二十五日，中国第一历史档案馆藏。

上述史料，两次确称："无圈点档案"。经查《无圈点老档》天命八年七月的有关记载，即为康熙五十四年九月，《起居注册》所涉互争佐领控告一事而调阅核查之档案，即《无圈点老档》。

其三，满文《康熙起居注册》记载。《康熙起居注册》（满文本）同上年月日的记载为："tongki fuka akū bithe"。"bithe"汉译意为"字"或"书"。它的汉译意为"无圈点档"。上引《康熙起居注册》（满文本），两次确称："tongki fuka akū bithe"。与之对应的汉文亦意译为"无圈点档"。二者所指，俱为乾隆朝统称的"无圈点老档"无疑。

其四，满文辞书《清文总汇》阐释。《清文总汇》于诠释"tongki fuka akū hergan"，文曰："无圈点字，国朝之本字也。天聪六年始加圈点，以成今之清字。"上述满文"tongki fuka akū hergen i dangse"，汉译意为"无圈点字档"；"tongki fuka sindaha hergen i dangse"，汉译意为"加圈点字档"。

其五，《八旗满洲氏族通谱·徐元梦》载述："《无圈点档案》所载，皆列祖事迹，乃金柜石室之藏也。"徐元梦为满洲正白旗人，康熙十二年（1673）进士，精通满、汉文，康熙帝赞谕："徐元梦翻译，现今无能过之。"[1]

其六，《宫中档雍正朝奏折》载录："庄亲王允禄呈奏，满洲八旗均有《实录》抄本存贮，用查八旗承袭官职、管理牛录之根由，值有争竞官职、查明牛录之事，查阅为凭。惟查时，都统等亲自监查，然旗上人多，难免泄漏、编造之弊，或无知之人，乘查档之便，见有与其祖宗之名相似者，即识记之，节

〔1〕《清史稿》卷二八九《徐元梦传》，中华书局，1977年，第10248页。

外生枝，争讼不已。因旗上难决，仍于内阁查《实录》《无圈点档》，或咨行户、兵二部，查看旧档。以此观之，八旗所存《实录》抄本，全然无益，徒滋争端。伏祈降旨，悉查八旗所存，送交内阁。在旗若有应查事项，照依旧例，咨行内阁，查看《实录》《无圈点档》，则事归专一，且争讼之事，亦可减少。”以上和硕庄亲王允禄之《奏查承袭官原本折》，末署雍正十三年（1735）十月十八日。雍正帝已于八月二十三日崩逝，时乾隆帝已继位。此为满文折，折中“tongki fuka akū dangse”[1]，先后两次出现。现以拉丁字转写，并汉文对译如下：

tongki	fuka	akū	dangse
点	圈	无	档子

这说明在雍正朝，它被称作《无圈点档》。

其七，乾隆帝称《无圈点字档》。乾隆六年（1741）七月二十一日，乾隆帝谕大学士、军机大臣鄂尔泰，加尚书衔、太子少保徐元梦曰：“无圈点字原系满洲文字之本，今若不编书一部贮藏，则日后湮没，人皆不知满洲之文字，肇始于无圈点字也。着交付鄂尔泰、徐元梦，阅览《无圈点字档》，依照十二字头，编书一部；并于宗学、觉罗学及国子监诸学，各钞录一部，使之收贮可也。钦此。”此旨载于《无圈点字书·卷首》。这是乾隆帝对该档的御称。

其八，乾隆初大臣称《无圈点字档》。鄂尔泰、徐元梦为

[1]《宫中档雍正朝奏折》（满文）第31辑，台北故宫博物院影印本，1980年，第778—779页。

乾隆朝主持编纂《无圈点字书》的大臣，他们对上述文献的称谓，是沿袭清初以来的传统称谓："tongki fuka akū hergen i dangse"。乾隆六年（1741）七月二十一日，命大学士鄂尔泰、徐元梦编《无圈点字书》的谕旨，同年十一月十一日书成之后，鄂尔泰、徐元梦为钦奉上谕事的奏折中，均有"tongki fuka akū hergen i dangse"之名。从鄂尔泰、徐元梦之奏折及《无圈点字书》中，可以肯定："tongki fuka akū hergen i dangse"，系指《无圈点老档》。上述满文名称，未见相应的汉文载录。它比之于《康熙起居注册》（满文本）的"tongki fuka akū dangse"，多"hergen i"一词。满文"hergen"，汉意译为"字"或"文"；"i"，汉意译为助词"的"。满文"dangse"，汉意译为"档子"或"档案"或"档册"。

其九，鄂尔泰等奏称《无圈点字档》。大学士太保鄂尔泰、加尚书衔太子少保徐元梦奏称："臣等已将内阁库藏之《无圈点字档》，详细阅览。此字今虽不用，然满洲文字，实肇始于此。且八旗牛录之渊源、给予世职之缘由，俱载于此档。此档之字，不仅无圈点，复有假借者，若不详细查阅，结合上下字义理解，则识之不易。今皇上降旨，编书收贮者，诚满洲文字之根源，永不湮没之至意。臣等钦遵谕旨，将内阁库内贮藏之《无圈点字档》，施加圈点。除读之即可认识字外，其与今字不同难认之字，悉行检出，兼注今字，依照十二字头，编成一书，恭呈御览。俟皇上指示后，除令内阁收贮一部外，并令宗学、觉罗学及国子监诸学，各钞一部收贮，俾使后世之人，知满洲文字，原肇始于此。"〔1〕

〔1〕《无圈点字书·卷首》，天津古籍出版社影印内府抄本，1987年。

上述九例，在时间上，起康熙朝，经雍正朝，迄乾隆初；在称谓上，为《无圈点档案》或《无圈点字档》。“无圈点”三个字，是共同的；所不同的是“档案”或“字档”。在满文里，“档”和“档案”是同一个词，即“dangse”。其差别所在，为一个“字”字。“字”的满文体为“hergen”。从满文来说，“tongki fuka akū dangse”与“tongki fuka akū hergen i dangse”二者是没有原则区别的。所谓“无圈点”或“加圈点”，严格说来，是指“无圈点”的“字”或“加圈点”的“字”。所以，这个“字”的有与无，在这里是没有本质区别的。

但是，到乾隆三十九年（1774），对此“老档”的称谓，开始规范为《无圈点老档》。

五

《无圈点老档》的这一称谓，开始正式出现于乾隆三十九年十一月。历史档案与历史文献，可资证明并相互参证。

第一，系统档案，提供证据。前面已述，在乾隆朝办理《无圈点老档》抄本时，所形成80件系统、完整档案，其中有40件档案先后41次出现《无圈点老档》的记载〔1〕。且除《无圈点老档》及其略称《老档》〔2〕之外，别无他称。此档珍贵，不易得见，现将相关记载，系统征引如下：

乾隆三十九年十一月二十一日，档案记载国史馆奉大学士、

〔1〕《国史馆·编纂档》，中国第一历史档案馆藏。以下凡引此档，不再注明出处。

〔2〕《加圈点字档》（内阁本）的410则书眉黄签中，有64则黄签共68次出现“老档”的字样。

军机大臣舒赫德、于敏中谕："所有天命、天聪、崇德年间《无圈点老档》，派满纂修官明善、麟喜二员，悉心校核画一，并派满誊录等，上紧缮录一分，逐本送阅，毋得草率。"又谕满本堂，"将大库内存贮《无圈点老档》，先付十本过馆"云云。此为其一。

同日，档案记载谕满本堂："将大库内存贮《无圈点老档》，先付十本过馆，并将'无圈点十二字头'查出，以便详校画一可也。右移付，满本堂。"此为其二。

同月二十二日，档案记载奉提调谕："现在交查天命、天聪、崇德年间《无圈点老档》，派翻译官书文、景明，以供查考……"此为其三。

同日，档案记载图提调谕："现在查天命、天聪、崇德年间《无圈点老档》，派供事缪涌涛、杨珩、王凤诏、杜日荣、吴鹏翥、周堂等六人，经理一切。"此为其四。

同月二十五日，档案记载国史馆移付满本堂："所有天命、天聪、崇德年间《无圈点老档》，业经移取十本过馆，其余二十七本，相应移付贵堂，移送过馆，以便详校画一可也。"此为其五。

同月二十六日，档案记载国史馆再移付满本堂："所有本馆领出天命、天聪、崇德年间《无圈点老档》三十七本，今本馆留存七本办理，其余三十本，仍送回贵堂贮库。"此为其六。

同月二十八日，档案记载图提调谕："现在交查天命、天聪、崇德年间《无圈点老档》，再增派翻译官爱星阿，以供查考……"此为其七。

同年十二月初四日，档案记载奉提调谕："现在查办天命、天聪、崇德年间《无圈点老档》，着增派翻译官魏廷弼，敬谨缮录，毋得草率。”此为其八。

同月二十四日，国史馆移付满本堂：“所有《无圈点老档》十七本，《十二字头》四本，一并暂送贵堂，恭藏大库。俟查对时，再行移取可也。”此为其九。

乾隆四十年（1775）正月初八日，档案记载国史馆移付满本堂：“所有天命年间《无圈点老档》，今应移付贵堂，开库移取壹本，到馆校对可也。”此为其十。

同月初十日，档案记载国史馆移付满本堂：“所有《无圈点老档》，今移付贵堂，即速开库，移取壹本，过馆校对可也。”此为其十一。

同月十四日，档案记载国史馆再移付满本堂：“照得本馆办理《无圈点老档》，需查《十二字头》，相应移付贵堂，即开库将《十二字头》四本，移付本馆，以便查考可也。”此为其十二。

同月二十四日，档案记载国史馆复移付满本堂：“所有天命、天聪《无圈点老档》，共计三十七本，业经移取贰本过馆在案，其余三十五本，相应移付贵堂，查照开库，发给可也。”此为其十三。

二月初七日，档案记载为查询天聪七、八、九等三年档案事，国史馆移付满本堂：“所有《无圈点老档》，本馆业已移取三十七本。今恭查档内，尚短天聪七、八、九等三年档案，相应移付贵堂，查明有无存贮《老档》，如有即行移复，以便付领办理可也。”此为其十四。

同日，档案记载满本堂移付国史馆：“所有本堂库存《无圈点老档》叁拾柒本，贵馆业已全行移取在案。今准付称尚短天聪七、八、九等三年档案，本堂随开库查明，并无此档，相应移付贵馆，查照可也。”此为其十五。

同月二十三日，档案记载大学士舒赫德、于敏中谕称：“派办《无圈点老档》之内阁中书舞量保，所有本衙门差务，暂行停止。”此为其十六。

三月初三日，档案记载：“查中书隆兴、瑚礼布二员，官亮、达敏二员，成永、三官保二员，现在办理《无圈点老档》，所有应得公费等项，仍在贵堂支领外，至该员等名下每月应扣茶费等项，概行毋庸坐扣。”此为其十七。

同月初五日，档案记载图、庆二位提调谕：“现在奏明办理《无圈点老档》，添派满誊录官富亮，敬谨恭缮，毋得草率。”此为其十八。

四月初三日，档案记载图提调谕：“所有《无圈点老档》，现设三股办理。今以每日每股，限音写三十篇，共应交功课九十篇。”此为其十九。

同月十二日，档案记载国史馆移付方略馆金国语处：“照得本馆奏明，办理《无圈点老档》，应查大金 Aguda han（阿骨打汗）……”此为其二十。

同月二十九日，档案记载国史馆移付满本堂：“照得本馆办理《无圈点老档》，奉舒、于中堂谕：每日恭请太祖高皇帝清、汉实录，全部逐日请出，至国史馆，敬谨查对。仍于每日酉刻送库恭贮。”此为其二十一。

九月初一日，档案记载舒赫德中堂谕：“派蒙古堂中书成泰，办理国史馆《无圈点老档》，所有本衙门差务，暂行停止。遇有保送升迁之处，仍照原资办理。”此为其二十二。

同月初六日，档案记载协办大学士、军机大臣官保中堂谕：“蒙古堂中书成永，不必在馆行走，仍回本堂当差，其缺补派该堂中书扬保，办理《无圈点老档》。”此为其二十三。

同月，档案记载国史馆移付蒙古堂：“所有中书成泰，现在办理《无圈点老档》，其本衙门差务，暂行停止。”此为其二十四。

同月，档案记载国史馆移付满本堂：“照得本馆办理《无圈点老档》，内有恭查太祖高皇帝四年、五年、六年清、汉实录，相应移付贵堂，于明日开库，恭请到馆，恭阅可也。”此为其二十五。

十月初四日，档案记载国史馆移付满票签、满本堂曰：“奉舒、于二位中堂谕：本馆办理《无圈点老档》，现在赶办，陆续进呈。……”此为其二十六。

同月二十一日，档案记载国史馆移付满本堂：“本馆于本年曾在内阁大库，移取《无圈点老档》等三十七本，内有天命、天聪年分俱无短少，所有崇德年分等八年，今只有崇德元年丙子一年《老档》，其二年至八年并无此档。”此为其二十七。

同月二十二日，档案记载国史馆移付满本堂：“照得本馆奉旨办理《无圈点老档》，先经贵堂付送《老档》三十七本在案。今奉舒、于中堂谕：恭阅《老档》内止有崇德元年《老档》二本，其二年起至八年《老档》，有无存贮之处，着即查。”此为其二十八。

同月三十日，档案记载国史馆移付满本堂：“照得本馆办理《无圈点老档》译汉，需恭阅《太祖高皇帝实录》，相应移付贵堂，于闰十月初一日开库，每日请出一套至馆，敬谨恭阅，仍于每日送库恭贮可也。”此为其二十九。

十一月初七日，档案记载国史馆移付典籍厅：“本馆付查办理《无圈点老档》，崇德二年以后，有无存贮《老档》之处。

今将本衙门自行查出崇德年间事件，回明各位中堂。”此为其三十。

上引三十史例，可以充分证明：《无圈点老档》是当时通行的、普遍的、规范的、旨准的称谓。

第二，历史文献，提供佐证。乾隆四十年二月十二日，《清高宗实录》卷九七六记载：“军机大臣等奏：内阁大库恭藏《无圈点老档》，年久糟旧，所载字画，与现行清字不同。乾隆六年，奉旨照现行清字，纂成无圈点十二字头，以备稽考。但以字头，厘正字迹，未免逐卷翻阅，且《老档》止此一分，日久或致擦损。应请照现在清字，另行音出一份，同原本恭藏。得旨：是，应如此办理。”〔1〕

第三，该档自身，亦供参证。在《加圈点字档》（内阁本）的书眉上，有附注黄签，凡四百一十则。其第二百一十四则，即太祖天命十年（1625）舒尔哈齐第五子宰桑之死，文中有查《无圈点老档》一段文字，引录如下：

> 谨查该篇所记：“二十九日，太祖庚寅汗之弟达尔汉巴图鲁贝勒之第五子宰桑台吉去世，享年二十八岁”等语。在太祖时之册档里，而写“太祖庚寅汗”，似不相宜。经查《无圈点老档》，此系为行旁增补，其后则有两行被涂抹。涂抹之文曰：“其人聪敏强健，勇于战阵，善于狩猎，临崖射猎，如履平地，战阵行猎，才艺俱佳。深得太祖庚寅汗喜爱。”上述文字被涂删。查得此段非太祖年间所记，似是

〔1〕《清高宗实录》卷九七六，乾隆四十年二月庚寅，中华书局影印本，1987年。

太宗时增记。

此则黄签，是全部黄签中最长的一条，译成汉字约180字，有的译作200余字。其所查者，即是《加圈点字档》(内阁本)之祖本《无圈点老档》。

第四，其他档案，提供旁证。仅举数例，以见一斑。

乾隆四十年二月十二日，大学士舒赫德等奏称：

该臣等查得，内阁库存《无圈点老档》，共三十七册。因该档之纸，年久糟旧，且所写之字，异于今字，难以辨识，故于乾隆六年，命鄂尔泰、徐元梦按无圈点字，兼书今字，依十二字头，编写一部，将《老档》逐页托裱，重订存库。臣等伏思，在太祖、太宗时，开国〈勋臣〉之功绩、八旗佐领之根源、给与世职之缘因，俱书于《老档》，关系至要。今虽比照《十二字头》之书，可识《老档》之字，然遇事辄查，未免逐册，反复翻阅。况且，《无圈点老档》，仅此一部，虽经托裱，但档册之纸，究属糟旧，年年查阅，以至档册，文字擦损，亦未可料。请照今字，另办一分，敬缮呈览。俟钦定后，置于内阁之库备查，将《老档》恭藏。如蒙俞允，臣等酌派国史馆纂修等官，趱紧以今字，钞录一分。臣等逐卷校阅，陆续呈览。[1]

乾隆四十三年(1778)闰六月二十八日，大学士公阿桂、大学士于敏中谨奏："为请旨事。臣等于乾隆四十年二月十三

[1]《清折档·乾隆四十年春季》，中国第一历史档案馆藏。

日，奉旨办理《无圈点老档》，节经奏明，酌派国史馆官员，敬谨办理”云云[1]。

同年十月，档案记载《堂稿》曰：“照得，本馆办理《无圈点老档》业经告竣，所有拣选在馆帮办满誊录官，已于七月初三日，奏请量予从优议叙，将该员等咨回各该旗在案。”[2]

乾隆四十五年（1780）《无圈点老档》告成请赏档案记载：“查奉旨办理《无圈点老档》，原系二分，续经奉旨添办一分，共三分，现在全行完竣。……”[3]

乾隆四十五年二月初十日，盛京将军福康安奏称：“恭照乾隆四十五年二月初四日，据盛京户部侍郎全〈魁〉自京回任。遵旨恭赍《无圈点老档》前来，奴才福〈康安〉谨即出郭，恭请圣安。”[4]

上引四例，可以看出：《无圈点老档》之命名与称谓，在乾隆朝办理《无圈点老档》重抄本之时及其以后，有时相同，有时不同。这里有三种情况。第一种，《无圈点老档》之命名与称谓相同，前举例一，即是明证。第二种，《无圈点老档》之命名与称谓含混，例二、三、四所指被办理之本为原本，而办理告成之本为抄本。第三种，《无圈点老档》之命名与称谓龃龉，例五福康安奏报收到的是《无圈点字档》（崇谟阁本）和《加圈点字档》（崇谟阁本），而不是《无圈点老档》，显然是以习惯称谓代替正式命名。此种现象，在嘉庆、道光、同治和光绪诸朝，

〔1〕《国史馆·人事档》卷七四二《国史馆为议叙办理老档舆图官员事》，中国第一历史档案馆藏。

〔2〕《国史馆·人事档》卷七四二，中国第一历史档案馆藏。

〔3〕《军机处·议复档》（满文），第922号，中国第一历史档案馆藏。

〔4〕《黑图档·乾隆京行档》卷三七六，第19页，辽宁省档案馆藏。

关于《无圈点老档》的查奏中屡有出现，但不宜以不规范的习惯称谓，替代钦定的正式命名。

综上，历史档案和历史文献，凡三十七例，充分地证明：第一，《无圈点老档》即是乾隆六年大学士鄂尔泰和徐元梦据之编纂《无圈点字书》并加以托裱的《无圈点字档》；第二，《无圈点老档》之称谓得到乾隆皇帝的旨准；第三，《无圈点老档》的名称在乾隆中期以后被广泛使用，且得到共识；第四，《无圈点老档》是此册档规范化、定型化的称谓，此后二百年间，相沿传袭，始终未变；第五，根据"尊重历史"和"名从主人"的原则，今台北故宫博物院珍藏以无圈点老满文为主兼以加圈点新满文并间杂蒙古文和个别汉文书写、记载满洲兴起和清朝开国史事、清太祖和太宗时期编年体史料长编、现存最为原始珍贵的四十册孤本册档，应正其名为《无圈点老档》。

在这里还要讨论的是，为什么在康熙、雍正和乾隆初称其为《无圈点档案》或《无圈点字档》，而到乾隆中改称作《无圈点老档》呢?《无圈点字档》与《无圈点老档》，虽只一字之差，却是大有原因。粗浅分析，原因有五：第一，此档在清定鼎燕京前形成，中经顺治、康熙、雍正三朝，到乾隆中期开始办理重抄本时，已经130多年，可谓"老档"。第二，此档之纸，"历年久远，颇为糟旧"，遇事辄查，致有破损，逐页托裱，加以装订，可谓"老档"。第三，此档之字，主要为老满文，"异于今字，难以辨识"，然满洲文字，实肇始于此，可谓"老档"。第四，此档办理新抄照写本三部，统名之为《无圈点字档》，原本可谓"老档"。第五，此档之外，照写本、音写本七部皆有新名（详见后文），原本实属老旧，可谓"老档"。总而言之，根据档案记载，从乾隆三十九年办理《无圈点老档》重抄本开始，它就被一个奏定的、统一的、通行的、规范的、科学的名称所界定，这就是《无圈点老档》。

六

《无圈点老档》及乾隆朝七种重抄本的名称，多年以来，比较杂乱。《无圈点老档》及其乾隆朝所办理七种重抄本的名称，应当划一，加以规范。

其实，早在乾隆朝办理《无圈点老档》重抄本时，由于篇页浩繁，时间紧迫，已经出现不够规范的称谓。

第一，早在乾隆朝办理《无圈点老档》的过程中，对抄本称谓，已不甚严格。乾隆四十三年闰六月二十八日，大学士阿桂、于敏中合奏：

> 臣等于乾隆四十年二月十三日，奉旨办理《无圈点老档》，节经奏明，酌派国史馆官员，敬谨办理。旋因篇页浩繁，请照恭修《玉牒》之例，于八旗候补中书、笔帖式、生监人员内，拣选额外帮办誊录，自备资斧，帮同缮写在案。今查，办就《加圈点老档》太祖丁未年至天命十一年八十一卷、太宗天聪元年至崇德元年九十九卷，照写《无圈点册档》一百八十卷，俱已陆续进呈。伏思，《老档》所载，俱系太祖、太宗开创鸿图，所关甚巨，请将进呈《老档》正本三百六十卷，交武英殿遵依实录黄绫本装潢成套，及誊出《老档》底本三百六十卷一并装订，恭送内阁，敬谨尊藏，以昭慎重。再臣等前经面奉谕旨，另办《加圈点

老档》一分，送阿哥书房，随时恭阅。[1]

大学士阿桂、于敏中在《无圈点老档》及其抄本告成的奏报中，称《加圈点字档》为《加圈点老档》；称《无圈点字档》为《无圈点册档》。其时缮录虽已经告成，但尚未装潢，亦未做每函封套和每册封面的书签，更未写上书名。《无圈点老档》新办理的抄本，此时书名，只是口传，正式名称，尚未命定。

第二，盛京将军福康安奏报收到盛京户部侍郎全魁赍回《老档》，奏称：

恭照乾隆四十五年二月初四日，据盛京户部侍郎全□自京回任。遵旨恭赍《无圈点老档》前来，奴才福谨即出郭，恭请圣安。同侍郎全□恭赍《老档》，至内务府衙门。奴才福□查明：赍到《老档》共十四包，计五十二套、三百六十本，敬谨查收。伏思《老档》乃纪载太祖、太宗发祥之事实，理宜遵旨，敬谨尊藏，以示久远。奴才福□当即恭奉天命年《无圈点老档》二[三]包，计十套、八十一本；天命年《加圈点老档》三包，计十套、八十一本，于崇谟阁《太祖实录》《圣训》金柜内尊藏。恭奉天聪年《无圈点老档》二包，计十套、六十一本；天聪年《加圈点老档》二包，计十套、六十一本；崇德年《无圈点老档》二包，计六套、三十八本；崇德年《加圈点老档》二包，计六套、三十八本，于崇谟阁《太宗实录》《圣训》

[1] 《国史馆·人事档》卷七四二《国史馆为议叙办理老档舆图官员事》，中国第一历史档案馆藏。

金柜内尊藏。并督率经管各员，以时晒晾，永远妥协存贮。……奉朱批谕旨：知道了。钦此。[1]

在上述奏折中，福康安将《无圈点字档》（崇谟阁本），称为《无圈点老档》；将《加圈点字档》（崇谟阁本），称为《加圈点老档》。《无圈点老档》新办理的两种盛京崇谟阁抄本，已经定名，书签为证。但福康安未加细检书名，致出微小差错。乾隆帝未予深究，而“朱批谕旨：知道了。钦此”。

但是，《无圈点老档》乾隆朝办理七种重抄本的书名，经过一定程序，正式加以确定，端庄精楷，写于书签。书签：底本为黄绢，正本为黄缎；字迹端楷，工整精写。

在装潢后的《无圈点字档》（底本）和《无圈点字档》（内阁本）、《无圈点字档》（崇谟阁本）每函封套和每册封面的题签上，都以精楷写着满文书名。前已援引，因其至要，不烦丹青，再做征录。现以拉丁字转写，并汉文对译如下：

tongki	fuka	akū	hergen	i	dangse
点	圈	无	字	的	档子

其汉意译文是：“无圈点字档”。

在装潢后的《加圈点字档》（底本）和《加圈点字档》（内阁本）、《加圈点字档》（崇谟阁本）每函封套和每册封面的题签上，都以精楷写着满文书名。前已援引，亦因至要，不烦笔墨，再做征录。现以拉丁字转写，并汉文对译如下：

---

〔1〕《黑图档·乾隆京行档》，卷号 376，页号 19，辽宁省档案馆藏。

tongki fuka sindaha hergen i dangse
点 圈 加 字 的 档子

其汉意译文是："加圈点字档"。

为着区别《无圈点老档》乾隆朝办理的七种重抄本，我们对这七种重抄本的名称，试表述如下：

第一，《无圈点字档》（底本），又称草本，180 册，书页为台连纸，封面为黄榜纸，原藏北京内阁大库，现藏北京中国第一历史档案馆。[1]

第二，《无圈点字档》（内阁本），又称正本，180 册，书页为白鹿纸，封面敷黄绫，因以黄绫装潢且开本较崇谟阁本略大而又称大黄绫本，原藏北京内阁大库，现藏北京中国第一历史档案馆。

第三，《无圈点字档》（崇谟阁本），又称副本，180 册，书页为白鹿纸，封面敷黄绫，因以黄绫装潢且开本较内阁本略小而又称小黄绫本，原藏盛京崇谟阁，现藏沈阳辽宁省档案馆。

第四，《加圈点字档》（底本），又称草本，180 册，书页为台连纸，封面为黄榜纸，原藏北京内阁大库，现藏北京中国第一历史档案馆。

第五，《加圈点字档》（内阁本），又称正本，180 册，书页为白鹿纸，封面敷黄绫，因以黄绫装潢且开本较崇谟阁本略大而又称大黄绫本，原藏北京内阁大库，现藏北京中国第一历史

---

〔1〕 阎崇年《〈无圈点老档〉乾隆朝办理抄本始末》，载《国学研究》第 5 卷，北京大学出版社，1998 年。

档案馆。

第六，《加圈点字档》（崇谟阁本），又称副本，180册，书页为白鹿纸，封面敷黄绫，因以黄绫装潢且开本较内阁本略小而又称小黄绫本，原藏盛京崇谟阁，现藏沈阳辽宁省档案馆。

第七，《加圈点字档》（上书房本），180册，书页应为白鹿纸，封面应敷黄绫，亦应为大黄绫本，原藏北京宫苑上书房，现下落不明[1]。可能原书在圆明园上书房时，毁于兵火。

上述七种不同的抄本，按满文的新老来说，有老满文本与新满文本之别；按有无圈点来说，有无圈点本与加圈点本之别；按誊写顺序来说，有底本与正本之别；按抄写书法来说，有草写本与正写本之别；按抄写类别来说，有照写本与音写本之别；按册档装裱来说，有黄绢本与黄绫本之别；按装潢开本来说，有大黄绫本与小黄绫本等之别；按收藏地点来说，有内阁本与崇谟阁本、上书房本之别。我们以新老满文为主，并参酌以成书时间、庋藏地点、书写字体和抄写类别等因素，简称为以下八种版本：

（1）《无圈点老档》。

（2）《无圈点字档》（底本）。

（3）《无圈点字档》（内阁本）。

（4）《无圈点字档》（崇谟阁本）。

（5）《加圈点字档》（底本）。

（6）《加圈点字档》（内阁本）。

（7）《加圈点字档》（崇谟阁本）。

〔1〕 赵志强、江桥《〈无圈点档〉及乾隆朝抄本补絮》，《历史档案》1996年第3期。

（8）《加圈点字档》（上书房本）。

显然，以上八种不同的版本，用《满文老档》作单一称谓，是根本不能涵盖的。而用《满文旧档》《满文原档》《老满文原档》和《旧满洲档》，虽其名称都专指《无圈点老档》，却不能涵盖其他七种不同的重抄本。这就需要有一个通用的名称，能涵盖这八种不同的版本。我们想，给以上八种版本起一个总的名称，这就是《满洲老档》。具体考虑，赘述如下：

其一，“满洲”二字的含义，一有民族含义，即满洲族（简称满族）所特有的文化；二有地域含义，即东北满洲特有的文化；三有时间含义，即满洲主导清朝历史舞台时期的文化；四有文字含义，即主要是用满洲文字（满文）书写的。

其二，“老档”二字的含义，满文体为“fe dangse”，即泛指“旧的档子”或“旧档”“老的档子”或“老档”。因在《无圈点老档》中，既有原档，也有“非原档的老档”，故而它们都可以称为“老档”或“旧档”。就是《无圈点字档》或《加圈点字档》，因其历史久远，也都是“老档”或“旧档”。

其三，“满文”二字的含义，主要强调是用满文书写的册档，如用“满文老档”来作为总的名称，那就难以回答下面的问题：《无圈点老档》的原本及其照写底本和照写正本，都含有蒙古文（或黄签标注），甚至有个别汉文，怎么可以称作《满文老档》呢？

其四，“原档”二字的含义，主要指《无圈点老档》，它的照写底本、照写正本都是重抄本，不宜称其为《满文原档》；至于它的音写底本、音写正本，则更不宜称其为《满文原档》。

总之，已经使用的《满文老档》《满文原档》《满文旧档》《老满文档》《满洲秘档》《老满文原档》以及《旧满洲档》等称谓，都是历史上形成的，也都有其命名的根据、合理的因素、历史的渊源、通行的习惯。我们尊重各种业已存在的书名，无意厚此薄彼，也无意扬秦抑晋。我们只想对其有一个合乎历史与逻辑的说法和科学与简明的称谓。但是，像任何事物都有欠缺、不完美一样，《无圈点老档》这一称谓，也存在有欠缺、不完美的地方。如学界同仁，惠赐嘉名，则弃歆取正，择善从焉。

（原载《历史研究》1998年第3期）

《无圈点老档》乾隆朝办理抄本始末

《无圈点老档》在乾隆朝办理的七部重抄本，其办理全部之过程，未见论著系统阐述；其办理过程之珍档，亦未见论著全面征引。现依据中国第一历史档案馆所藏档案和辽宁省档案馆贮藏档案，参酌《康熙起居注册》《宫中档雍正朝奏折》和《清高宗纯皇帝实录》等资料，于《无圈点老档》乾隆朝重抄本之办理，时经事纬，连缀排比，析作六点，阐述始末。

一

《无圈点老档》之形成。

清代《无圈点老档》的出现，在无圈点满文即老满文创制之后。满洲崇尚骑射，原无本族文字。其先世女真人，于金太祖天辅三年（1119），创制女真大字[1]；又于金熙宗天眷元年（1138），制成女真小字[2]。金亡元兴后，女真文字逐渐衰落。明初，著名的奴尔干都司《永宁寺记》，是用汉文、蒙古文和

〔1〕《金史》卷七三《完颜希尹传》，中华书局，1975年，第1684页。

〔2〕《金史》卷四《熙宗纪传》，第72页。

女真文三种文字镌刻的。但到明朝中期，女真之文字，通晓者益少。努尔哈赤兴起后，建州同明朝、朝鲜的公文，主要用汉文；而对部民的告谕，主要用蒙古文。《满洲实录》卷三记载下述史实：

> 太祖曰："汉人念汉字，学与不学者皆知；蒙古之人念蒙古字，学与不学者亦皆知。我国之言，写蒙古之字，则不习蒙古语者，不能知矣！"[1]

由是，清太祖努尔哈赤为适应满洲社会政治与经济、军事与文化之发展需要，于明万历二十七年（1599），主持创制满文。此事《清太祖高皇帝实录》卷三做了记载：

> 上欲以蒙古字制为国语颁行。巴克什额尔德尼、扎尔固齐噶盖辞曰："蒙古文字，臣等习而知之。相传久矣，未能更制也！"……上曰："无难也！但以蒙古字，合我国之语音，联缀成句，即可因文见义矣。吾筹此已悉，尔等试书之。何为不可？"于是，上独断："将蒙古字，制为国语，创立满文，颁行国中。"满文传布自此始。[2]

从此，满洲开始有了本民族的文字。初创的满文，缺乏经验，未加圈点，后称之为无圈点满文或老满文。

但无圈点满文，初创草昧，不够完善。主要是字母数量不

---

〔1〕《满洲实录》卷三，辽宁通志馆影印本，1930年，第2页。

〔2〕《清太祖高皇帝实录》卷三，中华书局影印本，1985年，第44页。

够，清浊辅音难分，字形不划一，语法不规范等。因此，天聪六年（1632）皇太极命巴克什达海等，对无圈点满文即老满文进行改进。《清太宗实录》卷十一记载：

> 国书十二头字，向无圈点，上下字雷同无别。幼学习之，遇书中寻常语言，视其文义，易于通晓；若至人名、地名，必致错误。尔可酌加圈点，以分析之。则音义明晓，于字学更有裨益矣。〔1〕

达海等改进的满文，主要是：字旁施加圈、点，编制十二字头，创制特定字母，固定字音形义。改进的满文，较为完备，施加圈点，后称之为加圈点满文或新满文。根据档案记载，从崇德元年（1636）开始，用加圈点满文即新满文记录档案。历史档案，提供佐证：天聪十年，“改元崇德，即为崇德元年，此后老档，始有圈点。”〔2〕这也是《无圈点老档》，在崇德元年以后，断缺之历史根因。

满文与突厥文、蒙古文分别代表阿尔泰语系中三个语族的文字。满语属阿尔泰语系满-通古斯语族，满文为拼音文字。改进后的满文即加圈点满文，有6个元音字母，22个辅音字母，另有10个专用拼写外来语（主要是汉语）的特定字母，共38个字母。满文的书写，字序从上到下，行序从左向右。其时东北亚满-通古斯语族的诸民族，如中国的鄂温克、鄂伦春、锡

〔1〕《清太宗实录》卷一一，天聪六年三月戊戌朔，中华书局影印本，1985年。

〔2〕《国史馆·编纂档》，北京中国第一历史档案馆藏。以下凡引此档，不再注明出处。

伯、赫哲等，俄罗斯国的埃文、涅基达尔、那乃、乌德等，都没有文字。所以，满文的创制，是满族发展史上一座划时代的里程碑，是中华文化史上也是东北亚文明史上的一件大事。满文的创制与改进——无圈点满文即老满文和加圈点满文即新满文，为《无圈点老档》的形成及其乾隆朝抄本之办理，奠定了文字的条件。

满文创制后，在建州推行。《八旗通志·大海巴克什传》记载："大海（达海）生而聪颖，九岁即通满、汉文。"[1]达海九岁为万历三十一年（1603），时满文刚创制四年，他已能学通满文，可见满文推行之快。满文创制之后，便产生满文档案。用无圈点满文即老满文记载的档子，这就是初始的无圈点满文档案，即老满文档案。满洲档案，起源很早。在后金建立之前，已产生满文档案。《无圈点老档》记载，万历四十三年（1615）十二月，"额尔德尼巴克什，将淑勒庚寅汗所施行的各种善政，记录下来"云云。天命六年（1621）五月记载，"库尔缠巴克什、尼堪巴克什所记之档子"云云。以上两条载述，为后金已有满文档案增添新的史证。而于档案相关的"书房""文馆"，努尔哈赤早期已有初始的"书房"，作为建州司书文翰的重地，后来演变为"文馆"。至于"书房"或"文馆"建立的确切年代，文献无征，难以敲定。

先有档案，后有档册。《无圈点老档》天命六年五月二十六日载："（汗）重阅档子，任命齐唐古尔为参将，并将汉人及死去者（之事迹），俱载入其他册档。"这条史料说明，至晚此年五

〔1〕《八旗通志》卷三三六《大海巴克什传》，东北师范大学出版社，1985年，第5324页。

月，满洲已经有了无圈点老满文的册档。同年七月十九日又载："每牛录派十人，记录档子。"这表明金国不仅已经有中央的档案，而且开始有各牛录的档子。至于《无圈点老档》形成的年代，有几种看法：一是形成于天命建元之初，二是形成于天命六年前后，三是形成于天聪三年成立文馆之时，四是形成于天聪末年修《清太祖实录》之时等。应当说《无圈点老档》的形成是一个过程。清太祖朝的《无圈点老档》，形成于其实录纂修的过程中。天聪九年（1635）八月初八日，《清太祖实录图》告成；崇德元年（1636）十一月乙卯，《清太祖武皇帝实录》告竣。所以，《无圈点老档》的成书，始于天聪年间纂修《清太祖武皇帝实录》之时。《清太祖武皇帝实录》始修之年，史无确载。《天聪朝臣工奏议》载杨方兴条陈《编修国史》云：

> 从古及今，换了多少朝廷，身虽往，而名尚在，以其有实录故也。书之当代谓之实录，传之后世谓之国史，此最紧要之事。我金国，虽有榜什在书库中，日记皆系金字，而无汉字。皇上即为金、汉主，岂所行之事，止可令金人知，不可令汉人知耶！辽、金、元三史，见在书房中，俱是汉字汉文，皇上何不仿而行之？乞选实学博览之儒公，同榜什将金字翻成汉字，使金、汉书共传，使金、汉人共知。千万后世，知先汗创业之艰难，知皇上续统之劳苦，凡仁心善政，一开卷朗然，谁敢埋没也。伏乞圣裁。[1]

其疏奏在天聪六年（1632）十一月二十八日，时已有满文

〔1〕《杨方兴条陈时政奏》，《天聪朝臣工奏议》上卷，史料丛刊初编，1924年。

编年体“日记”，尚无汉文编年体“日记”。不久，皇太极就《清太祖武皇帝实录》编修事宜，谕文馆儒臣。《清初内国史院档案》天聪七年记录皇太极谕文馆儒臣曰：“尔记载诸臣，将尔等所载之书，从头翻阅，若有舛错之处，尔等酌情订正。朕嗣皇考之位，皇考之治国之法，用兵之道，若不一一载入史册，名垂后世，则朕之不孝，后世子孙亦无由而知。”〔1〕《清太宗文皇帝实录》同年月日也做了类似的记载：“尔记载诸臣，将所载之书，宜详加订正。若有舛讹之处，即酌改之。朕嗣大位，凡皇考太祖，行政用兵之道，若不一一备载，垂之史册，则后世子孙，无由而知，岂朕所以尽孝乎？”〔2〕

天聪年间，在纂修《清太祖太后实录》过程中，充分利用过去的档案。为编纂《清太祖武皇帝实录》，要对原档进行梳理，按年编排，装订成册，于是形成清太祖朝的《无圈点老档》，随后又形成清太宗朝的《无圈点老档》。

这里应当说明的是，《无圈点老档》形成于清入关之前，其当时之满文名称，现未查到原始记载。但台北“中研院”历史语言研究所《清代内阁大库残档》中，有“内阁无圈点档子”的档案。其“内阁”二字，是界定该档的存贮处；其“无圈点档子”是该档的称谓。经查其内容与《无圈点老档》相关记载无异。又在《康熙起居注册》（汉文本）中查到，康熙五十四年（1715）九月二十五日，做了如下记载：

〔1〕 中国第一历史档案馆《清初内国史院满文档案译编》上册，光明日报出版社，1989年，第42页。

〔2〕《清太宗实录》卷一六，天聪七年十月己巳。

又覆请兵部覆原任郎中布尔赛等互争佐领控告，又闲散宗室佛格等控告满丕、和理、布尔赛等，原依仗索额图欺侮我等，将吏、户、兵三部档案毁匿，将内阁档案之字涂注一案。查《无圈点档案》所写系卓科塔，并无朱胡达之名。布尔赛等称朱胡达为伊曾祖，取供时又称系伊伯曾祖，不合。应将布尔赛等各罚俸一年……上曰：宗人府衙门及该部所议，俱偏向矣。卿安即兴安，隋分、兴安是一处。《无圈点档案》写卓科塔，卓科塔即是朱胡达。此即与称遵化为苏那哈，总兵官为苏明公等，是一而已，无有二也。今子孙称伊祖父曾为苏明公，谓非总兵官，可乎？称苏那哈效力，谓非遵化，可乎？即今各部奏疏内，遗漏圈点者甚多，朕亦有朱笔改正之处。俱以为非，可乎？〔1〕

上述史料，两次确称："无圈点档案"。经查《无圈点老档》天命八年七月的有关记载，即为原本《无圈点老档》。上述引文里的"无圈点档案"一语，在满文本《康熙起居注册》的满文，现以拉丁字转写，并汉文对译如下：

tongki	fuka	akū	dangse
点	圈	无	档子

它的汉文本译为"无圈点档案"或"无圈点档"。这就说明：在康熙朝它被称作"无圈点档案"或"无圈点档"。到乾隆

〔1〕《康熙起居注册》，康熙五十四年九月二十五日，中国第一历史档案馆藏。

朝在办理《无圈点档》的重抄本时，因其年代更久远，且要出现新抄本，而一概称之为《无圈点老档》。

另在《宫中档雍正朝奏折》[1]雍正十三年十月十八日记载：和硕庄亲王允禄在《奏查承袭官原本折》中，折云：满洲八旗官员承袭发生争执及查阅牛录渊源时，需查《无圈点档子》。此折为满文，现以拉丁字转写，并汉文对译如下：

tongki	fuka	akū	dangse
点	圈	无	档子

由上可见，在康熙朝、雍正朝，它的满文称谓是："tongki fuka akū dangse"。其汉译应作"无圈点档案"或"无圈点档"。

到乾隆朝在办理《无圈点档》的抄本时，因其年代更久远，且要出现重抄本，而一概称之为《无圈点老档》。

二

《无圈点老档》之整理。

整理《无圈点老档》，肇始于乾隆六年（1741）。此时，距无圈点满文即老满文的创制，已 142 年；距加圈点满文即新满文的实行，也已 109 年。换言之，无圈点满文即老满文基本已经一百多年不用。当时满洲八旗，虽然娴熟满语者极多，然不通满语者不乏其人。仅举一例。乾隆帝正在办理《无圈点老

〔1〕《宫中档雍正朝奏折》（满文）第 31 辑，台北故宫博物院影印本，1980 年，第 778—779 页。

档》抄本之时，谕责宗室、公宁僧额不能满语。《清高宗实录》记载：

> 去年九月，朕召见宗室、公宁僧额，不能清语。朕于寻常宗室，尚教以清语、骑射，况王公子弟乎！因降旨：命宗人府查明，伊等力能延师者，令其在家学习；无力者，令其入宗学学习。[1]

至于无圈点满文即老满文，就连满洲达官学者甚至乾隆皇帝本人，对于《无圈点老档》的阅读，已难辨识，感到困惑，甚至不懂。这就需要编纂一部辞书，对无圈点满文即老满文加以诠释，由是便产生了《无圈点字书》。

乾隆六年，保和殿大学士、军机大臣鄂尔泰，加尚书衔、太子少保徐元梦，奉敕编撰《无圈点字书》。乾隆皇帝谕曰：

> 无圈点字原系满洲文字之本，今若不编书一部贮藏，则日后湮没，人皆不知满洲之文字，肇始于无圈点字也。着交付鄂尔泰、徐元梦，阅览《无圈点字档》，依照十二字头，编书一部；并于宗学、觉罗学及国子监诸学，各钞录一部收贮。钦此。[2]

同年十一月十一日，大学士、军机大臣鄂尔泰，加尚书衔、太子少保徐元梦，为《无圈点老档》编纂字书一部及其

---

〔1〕《清高宗实录》卷九八〇，乾隆四十年四月甲申，中华书局影印本，1985年。

〔2〕《无圈点字书·卷首》，天津古籍出版社影印内府抄本，1987年。

托裱重订事，奉旨呈奏。其原折为满文，现将原折满文，用拉丁字转写，并加对译，以便参考。满文全文、汉文对译，如下：

dorgi yamun i aliha bithei da, taiboo, ilaci jergi be,
内阁 的 大学士 太保 三 等 伯

amban ortai sei gingguleme wesimburengge, hese
臣 鄂尔泰 等 谨 奏 旨

be gingguleme dahara jalin. abka i wehiyehe ningguci
把 谨 遵照 为 乾 隆 第六

aniya nadan biyai orin emu de hese wasimbuhangge,
年 七 月 二十一 于 旨 降

tongki fuka akū hergen, daci manju bithei fulehe, te aika
点 圈 无 字 原来满洲 文 根本 今 若

emu yohi bithe banj ibume arafi asaraburakū oci, amaga
一 部 书 编 写 不让收藏 若 日

inenggi burubufi niyalma gemu manju bithe, daci tongki
后 湮没 人 都 满洲 文 原来 点

fuka akū hergen ci deribuhengge be sarkū ombi, ortai,
圈 无 字 从 开始的 把不知 当 鄂尔泰

sioi yuwan meng de afabufi, tongki fuak akū hergen i
徐 元 梦 于 交付 点 圈 无 字 的

dangse be tuwame, eici juwan jewe uju be dahame emu yohi
档子 把 看 或 十 二 头 依照 一 部

bithe banjibume afafi, eici adarame emu yohi bithe
书 编 写 或 如何 一 部 书

arafi, uksun, gioroi tacikū, guwe dzy giyan yamun i
撰写 宗室 觉罗的 学校 国 子 监 衙门 的
geren tacikū de emte yohi sarkiyafi asarabukini
各 学校 的 各一 部 抄录 使收藏
sehebe gingguleme dahafi, amban be dorgi yamun i ku de
钦此 恭敬地 遵照 臣 我们 内阁 的 库 在
asaraha tongki fuka akū hergen i dangse be kimcime
收藏的 点 圈 无 字 的 档子 把 详细
tuwaha, te udu ere hergen be baitalarakū bicibe,
看了 今 虽然 这 字 把 不用 （虽然）
manju hergen, yargiyan i ereci deribuhengge, jai
满洲 字 实在 从这 开始的 再
jakūn gūsai nirui sekiyen, sirara hafan buhe turgun
八 旗的 牛录的 源 世袭的 官 给的 缘由
yooni ere dangsede ejehebi, ere dangse i hergen,
都 这 档子在 记载了 这 档子 的 字
tongki fuka akū teile akū, geli teodenjeme
点 圈 无 仅仅 无 又 挪移
baitalahangge bi, dergi fejergi hergen de acabume gūnin
使用的 有 上 下 字 于 结合 意思
gaime kimcime tuwarakū oci, ja i takarakū, te ejen
取 详细 不看（若） 容易 不认识 今 君主
hese wasimbufi, bithe banjibume arafi asaraburengge,
旨 降 书 编 写 使收藏的
yargiyan i manju hergen i da sekiyen be enteheme
实在是 满洲 字 的根 源 把 永远

buruburakū obure ferguwecuke gūnin, amban be
不湮没 使 神奇的 心意 臣 我们

ejen i hese be gingguleme dahafi, ere dangse i
君主的 旨 把 恭敬地 遵照 这 档子 的

dorgi tongki fuka sindame hūlaci, uthai takaci ojoro
里面 点 圈 施加 读则 立即 认识 可以的

hergen ci tulgiyen, te i hergen ci encu, takara de
字 从 除外 现在的 字 比 异样 认识 于

mangga hergen be yooni tukiyefi, te i hergen kamcibufi,
困难 字 把 都 抬 现在的 字 兼

juwan juwe uju be dahame, emu yohi bithe banjibume arafi,
十 二 头 把 依照 一 部 书 编 写

dele tuwabume wesimbuhe, ejen jorime tacibuha
皇上 使阅览 奏进 君主 指 教

manggi, dorgi yamun de emu yohi asarabureci tulgiyen,
后 内阁 于 一 部 使收藏 外

uksun, gioroi tacikū, guwe dzy giyan yamun i geren tacikū
宗室 觉罗的 学校 国 子 监 衙门 的 各 学校

de emte yohi sarkiyame gamabufi asarabufi, amaga urse
于各一 部 抄录 使拿去 使收藏 后来的 人们

be, manju bithe daci ere hergen ci deribuhengge be
让 满洲 书 原来这 字 从 开始的 把

sakini, geli baicaci, ere dangse aniya goidara jakade,
知道 又 查得 这 档子 年 久 由于

umesi manahabi, ere enteheme goidame asarara dangse
很 破烂了 这 永远 长久 收藏的 档子

be dahame, afaha tome hooan jibsime biyoolafi dasame
相应 页 每 纸张 加衬 裱 重新
kiyalafi asarabuki sembi, erei jalin gingguleme
装订 使收藏 想要 这 为 恭敬地
wesimbuhe hese be baimbi seme abkai wehiyehe
奏了 旨 把 祈求 等因 乾隆
ningguci aniay omon biyai juwan emu de aliha bithei da
第六 年 十一 月 十 一 于 大学士
taiboo ilaci jergi be ortai, aliha amban i jergi
太保 三 等 伯 鄂尔泰 尚书 的 等级
tai dzy ooboo sioi yuwan meng wesimbuhede, ineku
太子 少保 徐 元 梦 奏时 本
inenggi hese wasimbuhangge iedzy be bithei juleri
日 旨 降 折子 把 书的 前面
ara eri songkoi ilan dobton afafi dolo benju gūwa be
写 这 照样 三 部 写后 内 送 其余 把
gisurehe songkoi obu sehe.
说的 照样 作为 钦此

以上鄂尔泰和徐元梦的满文奏折，汉译如下：

内阁大学士太保三等伯臣鄂尔泰等谨奏：为钦奉上谕事。乾隆六年七月二十一日奉旨："无圈点字原系满洲文字之本，今若不编书一部贮藏，则日后湮没，人皆不知满洲之文字，肇始于无圈点字也。着交付鄂尔泰、徐元梦，阅览《无圈点字档》，依照十二字头，编书一部；并于宗学、觉罗学及国子监诸学，各抄录一部收贮。”钦此。钦遵。臣等已将内阁库藏之《无圈点字档》，详细阅览。此字今虽不用，然满洲文字，实肇始于此。且八旗牛录之渊源、给予世职之缘由，俱载于此档。此档之字，不仅无圈点，复有假借者，若不详细查阅，结合上下字义理解，则不易辨识。今皇上降旨，编书收贮者，诚满洲文字之根源，永不湮没之至意。臣等钦遵圣旨，将内阁库内贮藏之《无圈点字档》，施加圈点。除读之即可认识字外，其与今字不同难认之字，悉行检出，兼注今字，依照十二字头，编成一部，恭呈御览。俟皇上指示后，除令内阁收贮一部外，并令宗学、觉罗学及国子监诸学，各抄录一部收贮，俾使后世之人，知满洲文字，原肇始于此。又查得，此项档册，历年久远，颇为糟旧。此属永久贮藏之档，拟应逐页托裱，重订贮藏。为此谨奏，请旨。乾隆六年十一月十一日，大学士太保三等伯鄂尔泰、加尚书衔太子少保徐元梦奏。本日奉旨："着将此折，录于书前。照此缮录三帙，送内。余依议。钦此。"

上述谕定要做两件事情：一件是编纂《无圈点字书》，将其中难以辨认的无圈点满文即老满文检出，按照满文十二字头排列，并附加圈点满文即新满文，实际上是无圈点满文与加圈点满文，两相比照的辞书。另一件是将其全档逐页托裱、重订贮藏。两件事情，均已告成。但是，徐元梦于同年同月病故。徐元梦，满洲正白旗人，年十九，中进士，后充日讲起居注官。凡孤臣直节，不容于众口。元梦历事三朝，宦场几经沉浮。他精通满汉文义。康熙帝称："徐元梦翻译，现今无能过之。”[1]上引徐元梦和鄂尔泰合奏后七日，乾隆帝谕祭徐元梦过世，谕言：

> 尚书徐元梦，人品端方，学问优裕，践履笃实，言行相符，历事三朝，出入禁近，小心谨慎，数十年如一日，谓之完人，洵可无愧。[2]

徐元梦过世后，鄂尔泰也于上引奏折后翌年遭到密劾。后乞解任，寻病谢世[3]。

但是，事过33年，徐元梦未竟之业，由其孙大学士、军机大臣兼翰林院满掌院学士舒赫德等，筹划办理《无圈点老档》抄本之准备，后总纂完成之。

三

《无圈点老档》乾隆朝办理重抄本之准备。

民国元年以来，学者传统认定：乾隆四十年（1775）二月十二日，是《无圈点老档》开始办理重抄本的起始时间。台湾大学教授广禄先生和台北“中研院”历史语言研究所李学智先生，在其《清太祖朝〈老满文原档〉与〈满文老档〉之比较研究》的著名论文中，援引徐中舒先生《再述内阁大库档案之由来及其整理》文内所征录《大学士舒赫德乾隆四十年二月十二

〔1〕《清史稿》卷二八九《徐元梦传》，第10248页。

〔2〕《清高宗实录》卷一五五，乾隆六年十一月己卯。

〔3〕《清史列传》卷一四《鄂尔泰传》，中华书局，民国十七年（1928），第21页。

日赶办老档》的奏折后说："到了乾隆四十年（西元一七七五），清高宗始又命令臣工们，根据乾隆六年敕编的《无圈点满文字书》，澈［彻］底整理这一批老满文原档，并敕命将这一批老满文原档，用当时通行的新满文加以重钞。"[1]上述关于《无圈点老档》乾隆朝办理抄本开始时间之论断，延续达半个世纪之久。但是，徐、广、李三位先生等之上述论断，皆因没有看到乾隆朝办理重抄本的原始系统档案所致。

乾隆朝《无圈点老档》办理抄本，始于乾隆三十九年（1774）十一月二十一日。是日，国史馆奉大学士、军机大臣舒赫德和大学士、军机大臣于敏中谕曰："所有天命、天聪、崇德年间《无圈点老档》，派满纂修官明善、麟喜二员，悉心校核画一，并派满誊录等，上紧缮录一分，逐本送阅，毋得草率。奉此。"又谕满本堂曰："将大库内存贮《无圈点老档》，先付十本过馆，并将《无圈点十二字头》查出，以便详校画一可也。"（《国史馆·编纂档》）这是现存《无圈点老档》乾隆朝办理抄本的最早档案。但是，原档前残，页损字漶，其前当有数页，已然无法查阅。所以，《无圈点老档》乾隆朝开始办理重抄本的时间，可能还要略早一些。

办理《无圈点老档》的重抄本，其准备时间，从乾隆三十九年十一月二十一日，至乾隆四十年二月十一日。其准备事宜，主要有六点：

第一，调派纂修官员。十一月二十二日，档案记载："奉提调图老爷谕：现在交查天命、天聪、崇德年间《无圈点老

〔1〕 广禄、李学智《清太祖朝〈老满文原档〉与〈满文老档〉之比较研究》，《中国东亚学术研究计划委员会年报》第4期，1965年。

档》，派翻译官书文、景明，以供查考；满誊录无量保、佛喜等，上紧缮录，毋得草率。奉此。”（《国史馆·编纂档》）前文“无量保”即“舞量保”。同日，档案再载图提调谕：“现在查天命、天聪、崇德年间《无圈点老档》，派供事缪涌涛、杨珩、王凤诏、杜日荣、吴鹏翥、周堂等六人，经理一切，并派李志道、林恒督办，毋得诿卸。特谕。”（《国史馆·编纂档》）同月二十八日，图提调再谕增派办理人员：“现在交查天命、天聪、崇德年间《无圈点老档》，再添派翻译官爱星阿，以供查考；满誊录德禄等，上紧缮录，毋得草率。”（《国史馆·编纂档》）十二月初四日，提调复谕增派人员：“现在查办天命、天聪、崇德年间《无圈点老档》，着添派翻译官魏廷弼，敬谨缮录，毋得草率。特谕。”（《国史馆·编纂档》）此类谕档，日后载录，人事变动，不胜枚举。不仅从满本堂、蒙古堂等衙门调派人员，还从八旗候补中书、笔帖式、生监内拣选帮办誊录人员，甚至从觉罗官学等考取满缮录人员。笔者统计，见诸档案，先后谕派——提调、纂修、誊录、翻译、校对、供事、收掌、回递等官员，共132人。

第二，移付满汉文献。十一月二十一日，在调派纂译官员的同时，移付有关满文档册。谕满本堂：“将大库内存贮《无圈点老档》，先付十本过馆，并将《无圈点十二字头》查出，以便详校画一可也。”（《国史馆·编纂档》）二十五日，命满本堂再移付二十七本：“所有天命、天聪、崇德年间《无圈点老档》，业经移取十本过馆，其余二十七本，相应移付贵堂，移送过馆，以便详校画一可也。”（《国史馆·编纂档》）二十六日，复移付满本堂：“所有本馆领出天命、天聪、崇德年间《无圈点老档》三十七本，今本馆留存七本办理，其余三十本，仍送回贵堂贮库，俟校对之日，再行付取可也。”（《国史馆·编纂档》）《无圈点老档》时仅37册，缺崇德二年至八年《老档》。为此，乾隆四十年闰十月二十一日，国史馆移付满本堂：“今只有崇德元年丙子一年《老档》，其二年至八年并无此档。本馆既奉舒中堂谕‘彻底清查，立等覆奏’等谕，应将崇德二年至八年有无之处，相应移付贵堂，速即开库查明，移覆过馆，以便今晚奉覆中堂可也。”二十三日，国史馆又移付典籍厅：“相应移付贵厅，逐细检查，即日移付过馆，以便回堂，事关紧要，幸无刻迟可也。”（《国史馆·编纂档》）经开库查明回覆，只有此37本。此外，尚移取满、汉文《清太祖高皇帝实录》《皇朝开国方略》《清文鉴》，以及其时零散老满文档案原片等。

第三，制定编修条规。档案详细记载，《办理老档条规》，文献宝贵，全录如下：“一、派办正副书篇人员，俱在敬谨恭缮，如有私行携出，立即回堂黜退，并令收掌官，逐日稽查，倘瞻情隐讳，一并回堂。一、原派及现考取人员，俱于每日辰刻到馆，敬谨音缮，各按后开功课，上紧办理，其有该班告假者，概不准扣除功课。一、功课五日一缴收掌官处，先行查核，如有短少者，立即举出，毋得瞻顾徇情。一、音写副本人员，现在分股办理，每日每股交音写书篇三十页，如有短少，惟承办、收掌官是问。一、恭写正本人员，每日每员照现进《国史列传》字画，书写两篇，交领办供事处存贮，五日汇齐一次，交承发供事查收，转交收掌查核。一、缮写正本，每十篇准废纸一篇，如有逾额者，各自赔补，不准开销，其废篇一并缴回。一、校对人员，每日于辰刻到馆，悉心校对正、副书篇，交［校］对后交承值供事，转送纂修官复核后，即交承值供事，转送画一处，详核呈阅。一、正本进呈发下后，令领办之供事，即送收掌官，敬谨尊藏书库，以昭慎重。”（《国史馆·编纂档》）在办理抄本过程中，上述条规，认真执行，按时检查，奖惩分明，并不断增加新的规定。

第四，制定誊录凡例。国史馆关于《老档书篇事宜》档案，文献首见，极为珍贵，不易看到，全文录下：“一、凡赶办书篇，以八十篇为率，成本后即行进呈，每月两次。一、凡书皮面，拟先用黄笺纸，告成后再通行装潢进呈。一、凡档内重复者，毋庸誊录。一、凡档内残缺至字迹不全，而又无甚紧要者，俱酌量采录。一、凡档内人、地名，俱按实录，考查音出。一、凡世职等官，俱按旗册，查对办理。一、凡档内年月，俱按实录，查考编纪。一、凡档内官衔，俱按原本音出。一、凡应行回避字样，俱遵照回避办理。一、凡应抬写之处，俱照例抬写。”（《国史馆·编纂档》）上述十条凡例，规定明确具体，实际基本遵行，略有变通调整。

第五，规定书篇样式。事在办理抄本之前，制定《老档书篇式样》，对全书的开本、版心、纸张、封面、分页、行数、白荡、页数、函帙、封套和装潢等，均做出规定。此项档案资料，未见学者征引，为儆读者，全录如下：“长一尺二寸五分，宽八寸，上白二寸三分，下白一寸二分，中九行白荡。每卷计八十篇成本，每本俱按年纪月成套，每套计四本。纸用白鹿纸，皮面用黄笺纸。进呈发下后装潢，皮面用黄绢，签用黄绫，套用黄绢，装订成部。原档计三千篇，分页计五千篇，共计六十四本，计成十六套。”（《国史馆·编纂档》）另一残缺档案记载：“原档约计三千篇，分页约计五千篇，每卷约计四五十篇成本，四本成套，约计一百本，计成二十五套。”（《国史馆·编纂档》）但是书成之后，其每函册数、每册页数、每页行数、封面及函套装潢等，实有不同，均做变通。

第六，开始分册呈送。《无圈点老档》乾隆朝办理的抄本，开始名称，不够划一。做正本前，先做底本。底本有二：一为无圈点满文即老满文本，另一为加圈点满文即新满文本。无圈点满文本，又称照写本；加圈点满文本，又称音写本。做出底本后，再誊录正本。档案记载：乾隆三十九年十二月初七日，“呈送天命乙丑（十年），音清（三十篇）、底本（二十篇）各一本”（《国史馆·编纂档》）。是为第一次呈送。上文中的“音清”，当指音写正本。同月十三日，“呈送天命以前（四年）甲寅、乙卯，音清（三十五篇）、底本（二十一篇）各一本”（《国史馆·编纂档》）。文中“四年”似为“二年”之误。是为第二次呈送。同月二十日，“呈送天命丙辰（元年）、丁巳（二年）、戊午（三年），音清（二十九篇）、底本（空）各一本”（《国史馆·编纂档》）。是为第三次呈送。

以上史料，充分说明，乾隆三十九年，《无圈点老档》乾隆朝办理重抄本事宜，不仅准备就绪，而且开始呈送。在准备事项初具头绪后，便正式开始其内阁抄本的办理。

四

《无圈点老档》其照写、音写的内阁本之办理。

在办理《无圈点老档》抄本的过程中，先做底本，也就是先做草本。底本或草本是缮录正本的工作本，以草书抄写，其上分别标明分页、分行、分段、抬格等记号，经过纂修官审定后，再以楷书誊录成正本。底本或草本，按照满文文体，分为照写本和音写本两种。照写本是照《无圈点老档》基本原样而用无圈点满文即老满文抄写，所以是无圈点字本；音写本是依《无圈点老档》字音而用加圈点满文即新满文抄写，所以是加圈点字本。以上共为四部抄本，即《无圈点字档》（底本）、《无圈点字档》（内阁本）和《加圈点字档》（底本）、《加圈点字档》（内阁本）。它们都贮藏于内阁大库，因之统称为内阁本，以同贮藏于京师上书房的上书房本、贮藏于盛京崇谟阁的崇谟阁本相区别。

《无圈点老档》乾隆朝办理抄本正式开始，应从乾隆四十年二月十二日算起。从档案看，在此前两个多月时间里，可能舒赫德和于敏中得到乾隆帝的口谕，要进行《无圈点老档》办理抄本的工作。他们经过前述的六项准备，已经摸清底数，调集人员，多方筹划，并做试抄。至此，准备事宜，大体就绪。于是，武英殿大学士、军机大臣兼翰林院满掌院学士舒赫德等，为趱办《无圈点老档》抄本事，奉旨呈奏。其原折为满文，现将原折满文，用拉丁字转写，并加对译，以便参酌。满文全文，汉文对译，如下：

aliha bithei da uhede sei gingguleme wesimburengge;
大学士 舒赫德 等 谨 奏

hese be baire jalin. amban be baicaci, dorgi yamun i
旨 把 请求 为 大臣 把 查得 内阁 的

namun de asaraha tongki fuka akū hergen i fe dangse,
库 在 存储的 点 圈 无 字 的 老 档子

uheri gu-sin nadan debtelin, erei dangse i hooan
共 三十 七 册 这 档 的 纸张

aniya goidafi manaha bime araha bergen te i hergen ci
年 久 糟旧 且 写的 字 今的 字 比

encu takara de mangga turgunde, abkai wehiyehe i ningguci
异 辨识 于 难 缘故 乾隆 的 第六
aniya, ortai, sioi yuwan meng de hese wasimbufi, tongki
年 鄂尔泰 徐 元 梦 于 旨 降 点
fuka akū hergen be tuwame te i hergen kamcibume juwan
圈 无 字 把 看 今的 字 使兼 十
juwe uju be dahame, emu yohi bithe banjibume arabufi,
二 字头 把 依照 一 部 书 编 写
fe dangse be afaha tome hooan jibsime biyoolafi
老 档子 把 页 每 纸张 衬托 裱
dasame kiyalafi namun de asarabuhabi. amban be hujufi
重新 装订 库 于 使存储 大臣 我们 俯伏
gūnici, fe dangse de taidzu taidzung forgon i fukjin
想 老 档子 在 太祖 太宗 时代 的 初
gurun be neihe gungge faan jakūn gūsai mirui
国 把 开 功 绩 八 旗的 牛录的
sekiyen sirara hafan buhe da turgun be yooni arahabi.
根源 承袭 官 给的 根 缘由 把 都 写了
holbobuhangge ujen oyonggo te udu juwan juwe uju bithe
关系 重 要 今 虽 十 二 字头 书
be acabuma tuwame, fe dangse i hergen be takaci ocibe,
把 对 看 老 档子 的 字 把 辨认 可以
baita teisulefi baicara dari, debtelin aname
事情 遇到 查 每 册 依次
fuhaame tuwara be akū obume muterakū. eredade,
反复 看 把 无 依然 不能 况且

tongki fuka akū fe dangse, damu ere emu yohi teile,
点 圈 无 老 档子 唯 这 一 部 仅仅
udu hooan jibsime biyoolaha bicibe, dangse i
虽 纸张 衬托 裱糊 虽然 档子 的
hooan jiduji ferekengge aniya aniya i baicame
纸张 毕竟 糟旧了 年 年 的 查
genehei dangse i hergen hishabume manabure de isinara
过去 档子 的 字 被摩擦 损伤 于 至
be boljoci ojorakū. bahaci, te hergen i songkoi encu
把 预料 不可 请 今 字 的 依照 另
emu ubu icihiyafi gingguleme arafi tuwabumei bebufi
一 部 办理 谨 缮 使看 进
dergici toktobuha manggi, dorgi yamun i namun de sindafi
呈 上从定 后 内阁 的 库 于 放置
baicara de belhebuki. fe dangse be gingguleme asarabuki
查 于 使准备 老 档子 把 谨使 存储
hesei yabubuci, amban be acara be tuwame gurun i
旨 想要 大臣 用 公允 若 酌情 国 的
suduri kuren i banjibume arara hafan sembi. i jergi
史 馆 的 编修 等 官 称为 的 品级
hafasa be tucibufi hacihiyame te i hergen i eme ubu
官员们 把 派出 赶紧 今 的 字 用 一 部
sarkiyame arafi debtelin aname amban be acabume tuwafi
抄录 写 册 依次 大臣 我们 校对 看
siran siran i tuwabume ibebuki. jai tucibufi icihiyabure
陆续 地 使阅览 进呈 再 派出 办理

niyalma de encu budai derei menggun bahaburaku obuki.
人　于 另　饭　桌　　银　　　不发给　　使然
bairengge ejen jorime tacibureo. erei jalin gingguleme
伏祈 皇上　　指　　　教　　　此　为　　　谨
wesimbuhe.
奏

以上大学士舒赫德等的满文奏折，汉译如下：

大学士舒赫德等谨奏：为请旨事。臣等查得，内阁库存《无圈点老档》，共三十七册。因该档之纸，年久糟旧，且所写之字，异于今字，难以辨识。故于乾隆六年，命鄂尔泰、徐元梦按无圈点字，兼书今字，依十二字头，编写一部，将《老档》逐页托裱，重订存库。臣等伏思，在太祖、太宗时，开国（勋臣）之功绩、八旗佐领之根源、给予世职之缘由，俱书于《老档》，关系至要。今虽比照十二字头之书，可识《老档》之字，然遇事辄查，未免逐册，反复翻阅。况且，《无圈点老档》，仅此一部，虽经托裱，但档册之纸，究属糟旧，年年查阅，以至档册，文字擦损，亦未可料。请照今字，另办一份，敬缮呈览。俟钦定后，置于内阁之库备查，将《老档》恭藏。如蒙俞允，臣等酌派国史馆纂修等官，趱紧以今字，抄录一份。臣等逐卷校阅，陆续呈览。所派出办理官员之饭食银，不再另发。伏乞皇上赐教。为此谨奏。

此份重要之奏折，节载于当日实录："军机大臣等奏：内阁大库恭藏《无圈点老档》，年久糟旧，所载字画，与现行清字不同。乾隆六年，奉旨照现行清字，纂成《无圈点十二字头》，以备稽考。但以字头，厘正字迹，未免逐卷翻阅，且《老档》止此一分，日久或致擦损。应请照现在清字，另行音出一分，同原本恭藏。得旨：是，应如此办理。"〔1〕

但是，三月二十日，舒赫德等再上奏折云："查《老档》原页共计三千余篇，今分页缮录，并另行音出一份。"

由上，可见：

其一，所谓"是，应如此办理"，是指《无圈点老档》的重抄事宜，正式得到旨准。

其二，所谓"请照现在清字，另行音出一分"，是指以加圈点满文即新满文抄录一份，其中包括底本和正本各一部。

此外，以无圈点满文即老满文，照写原档一份，何时开始，档案未见。实际上，办理照写本可能比办理音写本稍晚一些，但在后来，照写本与音写本、底本与正本，既有先后，又有同步；既相交错，又相联系。现将有关问题，试作如下讨论。

第一，照音底正，交错抄录。办理《无圈点老档》的抄录，第一份有四种抄本：照写本即无圈点本、音写本即加圈点本及其底本、正本各一部，是分步交错抄录的。从档案可知，先做底本，再做正本；其照写即无圈点满文的正本，其音写即加圈点满文的正本，在抄录的时间上，既有先后，又有交叉。在其时工作记录档案里，加圈点满文的草本叫作"底本"；加圈点满文的正本叫作"音清本"。早在乾隆三十九年十二月初七日的《呈送档》中，有"呈送天命乙丑（十年）音清（三十篇）、

〔1〕《清高宗实录》卷九七六，乾隆四十年二月庚寅。

底本（二十篇）各一本”的载录。这种每隔数日登记一次的记录，持续到翌年五月二十七日。而后，开始无圈点满文本即照写本的底本和正本的抄录。底本与正本在时间上有先后之分，其时的《领纸单》提供了有力的证据。如从乾隆三十九年十一月二十三日至翌年九月二十三日，领用誊录的纸张为台连纸，共领台连纸 63 次，总计 8857 张。这是抄录底本即草本所用的纸。而从乾隆四十年四月二十三日至十月初六日，领用誊录的纸张为白鹿纸，共领纸 31 次，总计 8030 张。这是抄录正本所用的纸。由上可见：办理《无圈点老档》的抄本，其底本办理的时间，大体上从乾隆三十九年十一月至四十年九月；其正本办理的时间，大体上从乾隆四十年四月至四十三年（1778）闰六月（二者在时间上或有交叉）。

档案记载，提供另证。办理之始，曾设想《无圈点字档》和《加圈点字档》的两种正本同时进行。残缺档案载述“《无圈点老档》一同办理”（《国史馆·编纂档》）即是一例。档案又载：“奉中堂谕：现在赶办《老档》，所有学习中书继善等，着仍在老档处，赶缮书篇，并老清语。俟书竣之日，即回满本堂当差。”（《国史馆·编纂档》）从档案载述所派定的功课，亦可得到明证。“所有派定功课，本提调遵堂谕，开列于后。计开：第一股：校对正本，音清本——成善、扬保、景明，原本——隆兴、魏廷弼；第二股：音清本——明善、宝淑、沃克精额，原本——瑚礼布、书文；第三股：音清本——诺穆福、官亮、爱星阿，原本——富伸布、诚泰。以上每股各对一本，一月可得原本、音清各九十本，共一百八十本，闰十月内即可以对完。”（《国史馆·编纂档》）大学士舒赫德、于敏中为恭进《无圈点老档》事称，“音写一本，并照写原档一本，恭呈御览。谨奏”（《满本堂·堂谕档》）。这是音写本与照写本后来同时进行的史证。

第二，分股分班，责任明确。办理《无圈点老档》抄录事宜，既分股，又分班，日夜兼抄，责成趱办。分设三股，规定限额，按时稽查，不顾情面。“奉图都老爷谕：所有《无圈点老档》，现设三股办理。今以每日每股，限音写三十篇，共应交功课九十篇。本院以五日稽查一次，何股短少功课，初次责惩经手供事，将承办之员记过；二次短少即令承办之收掌，查明系何项人员，本院立即回堂办理，断不看顾情面。各宜自慎凛遵。特谕。”（《国史馆·编纂档》）又设早晚班，日夜赶办。“提调老爷谕：办理《老档》正本，并校对处供事等知悉，每日务分早、晚班次。每值早班供事，将应缮书篇，发誊录各官缮写；晚班供事，从收掌官处领书收贮，至次早即交校对处供事，领去转送勘校，俟校完时，敬谨收贮。该供事等如有误班不到，以及缮写、校勘迟延者，即将承办供事，咨回原衙门，断不宽容。特谕。”（《国史馆·编纂档》）类似上述训谕，档案所载，不胜枚举。

第三，仔细校对，按簿稽查。“奉中堂谕：校对正本，最为紧要。该纂修等官，各按派定课程，详细查考，毋得怠玩。着提调等将现办《老档》若干本，酌量分派，登记册簿。每股每日，各对一卷，每十日呈报功课一次，月底汇报一次。本阁按簿稽查，勤惰立见。其各凛遵勿忽。特谕。”（《国史馆·编纂档》）中堂又谕：“嗣后《老档》正本，务须加意，敬须加意，详细校对妥协。送阅时，将专办校对、音清、誊录等职名开送，遇有错误，惟该员是问。”（《国史馆·编纂档》）对发现抄校中的错误，大学士舒赫德亲谕责罚：“所有癸亥第一册《老档》音清副本，错误处甚多，殊属怠玩。其校对、翻译官景明，加圈点中书成永、隆兴，俱着记大过一次。嗣后如再有舛误，定行指名参奏。”（《国史馆·编纂档》）前文所谓“校对正本，最为紧要”，是因缮写正本，要奏递乾隆帝，故格外敬慎。

第四，乾隆皇帝，亲自审阅。舒赫德和于敏中二位中堂谕：“所有《老档》正本，交该馆纂修等再行详细校对，以备十六日进呈。其续接应进之正本，亦着预行详细校妥，以备送阅。”（《国史馆·编纂档》）国史馆移付满票签、满本堂文曰：“奉舒、于二位中堂谕：本馆办理《无圈点老档》，现在赶办，陆续进呈。着派内阁侍读图桑阿、崇泰，帮办国史馆递书、回书事务。”（《国史馆·编纂档》）进呈数量，每日两卷：“奉舒中堂谕：所有派办校对《老档》正本，理宜赶办送阅，以备进呈。嗣后每日，呈送二卷，不得稽迟。奉此。”（《国史馆·编纂档》）乾隆四十一年（1776）五月十五日舒赫德中堂谕：“办理《老档》，原奏定一年告成，现已届期。正本虽已覆校完竣，未经检阅妥协及粘贴黄签者，尚有一百零六本。今添派校对中书官亮、达敏、瑚礼布，翻译爱星阿、景明、魏廷弼，誊录继善、德成、沃克精额等九员，会同总股校对中书舞量保、兴宁、三官保等三员，上紧赶办，限于六月初六日，全行完竣，以便按期奏闻。每日限定校妥册档六本，即交轮派之收掌官，逐日呈报登记各员名姓，以便查核。承办各员，如有迟误、草率，并收掌徇情短收及限内不能完竣者，即行指名参处，毋贻后悔。特谕。”（《国史馆·编纂档》）在送呈乾隆帝审阅时，有的送到圆明园，如四月初七日《呈送单》记载：“天命庚申（五年）音清、底本各一本，十四日登覆，于十五日发回。本月十四日圆明园交回，交杨珩收。”（《国史馆·编纂档》）查《清高宗实录》乾隆四十年四月份记载：甲申（初七）日，乾隆帝幸圆明园，丙戌（初九）日至己丑（十二）日幸静宜园，庚寅（十三）日回圆明园，辛丑（二十四）日还宫。上述呈送之日乾隆帝在圆明园，发回之日乾隆帝也在圆明园。又五月初二日《呈送单》记载："天命辛酉（六年）原本、音清各一本，十二日由圆明园发回，交董收去，收掌景昌送去。"(《国史馆·编纂档》) 查《清高宗实录》乾隆四十年五月份记载：乾隆帝上月二十四日回宫，御乾清宫殿试，翌日御太和殿传胪赐一甲吴锡龄等进士，当日幸圆明园，直至五月二十六日由圆明园启銮幸避暑山庄。所以，五月初二日上述呈送之日，乾隆帝在圆明园；十二日上述发回之日，乾隆帝也在圆明园。以上二例，可以说明：四册抄本，均呈送圆明园，经乾隆帝亲自审阅过。

第五，装潢精美，堪称珍本。办理《无圈点老档》抄录事宜，自乾隆三十九年十一月开始准备，四十年二月十三日正式启动，至四十三年闰六月二十八日奏报告成，历时三年零八个月。时大学士、军机大臣兼翰林院满掌院学士舒赫德已病故，由大学士阿桂继任其事。大学士阿桂、大学士于敏中为《无圈点老档》办理抄本完竣事，于乾隆四十三年闰六月二十八日折奏："为请旨事。臣等于乾隆四十年二月十三日，奉旨办理《无圈点老档》，节经奏明，酌派国史馆官员，敬谨办理。旋因篇页浩繁，请照恭修《玉牒》之例，于八旗候补中书、笔帖式、生监人员内，拣选额外帮办誊录，自备资斧，帮同缮写在案。今查，办就《加圈点老档》太祖丁未年至天命十一年八十一卷、太宗天聪元年至崇德元年九十九卷，照写《无圈点册档》一百八十卷，俱已陆续进呈。伏思《老档》所载，俱系太祖、太宗开创鸿图，所关甚巨，请将进呈《老档》正本三百六十卷，交武英殿遵依《实录》黄绫本装潢成套，及誊出《老档》底本三百六十卷一并装订，恭送内阁，敬谨尊藏，以昭慎重。”（《国史馆·人事档》）《无圈点老档》的五部正本，函套与封面，敷以黄绫，用白鹿纸，楷书精写，典雅大方，美轮美奂，洵为书苑珍品。

第六，抄写版本，别具特色。中国第一历史档案馆现藏《无圈点老档》乾隆朝办理的四种抄本即：《无圈点字档》（底本）、《加圈点字档》（底本）和《无圈点字档》（内阁本）、《加圈点字档》（内阁本）。其两部底本，是照写本和音写本各一部，也就是《无圈点字档》（底本）和《加圈点字档》（底本）各一部。经过观测，《无圈点字档》（底本）的尺寸是：长 30.4 厘米，宽 22 厘米；上白 6.2 厘米，下白 3.5 厘米。《加圈点字档》（底本）的尺寸是：长 29.6 厘米，宽 22.4 厘米；上白 5.5 厘米，下白 3.5 厘米。《无圈点字档》（底本）比《加圈点字档》（底本）的开本略长一点。以上两种底本，书页为台连纸，未画乌丝栏，无内衬纸。每半页七行。书内符号：○抬一格，○○抬二格，○○○抬三格；空一行；○红圈，行另起始。每册衬页，前后各一。封面均为黄榜纸双折，两书每册的书签，尺寸相同，为黄绢，无黑框，长 20.8 厘米，宽 4.7 厘米；中签亦为黄绢，无黑框，横 9.7 厘米，高 7.8 厘米。函套纸板，内裱台连纸，外敷以黄绢。函套上有书签，签系黄绢，双线黑框，外粗内细，长 21.4 厘米，宽 4.8 厘米；中签亦双线黑框，外粗内细，横 9.8 厘米，高 8 厘米。其两部正本，是照写本和音写本各一部，也就是《无圈点字档》（内阁本）和《加圈点字档》（内阁本）各一部。又经过观测，《无圈点字档》（内阁本）的尺寸是：长 39.8 厘米，宽 23.8 厘米；上白 8 厘米，下白 3.2 厘米。《加圈点字档》(内阁本)开本的尺寸和《无圈点字档》(内阁本)的尺寸相同。以上两种内阁本，书页为白鹿纸，页夹衬纸。每半页七行，皆端楷精写。书页画朱丝栏，为双红线，外粗内细。版心长 27.2 厘米，宽 17 厘米。书中开缝处，画红单鱼尾。封面和封底，内裱白鹿纸，外敷以黄绫。每册都有书签，签为黄缎，双线黑框，长 28.6 厘米，宽 5.6 厘米；中签亦为黄缎，双线黑框，横 11.4 厘米，高 9.8 厘米。书册装订，用珠儿线。每本衬页，前后各一。函套木制，外敷黄绫，着象牙驼骨签。函套的书签，黄缎，黑框，双线，外粗内细，长 28.7 厘米，宽 5.5 厘米；中签亦为黄缎，黑框，双线，外粗内细，横 11.5 厘米，高 9.8 厘米。在《加圈点字档》(内阁本)的书眉上，贴有黄签，黄纸黑字，中有白荡。其长同书眉，上折入页内；签之宽窄，依文字多寡而定，二至七行不等。黄签共 410 则，其主要内容：一是对老满文费解之处，用新满文，加以注解；二是对档内个别蒙古文，译成新满文，书写签上，贴于书眉。所有黄签，在其被说明满文之左侧，贴有黄细无字纸条，以做标志。在《无圈点字档》(内阁本)的书内，于《加圈点字档》(内阁本)黄签的相应处，亦贴黄纸无字细签，便于两种版本，相互对应比照。

在《无圈点字档》(底本)和《无圈点字档》(内阁本)的每函封套和每册封面上，都写有满文书名。现以拉丁字转写，并汉文对译如下：

tongki	fuka	akū	hergen	i	dangse
点	圈	无	字	的	档子

其汉意译文是："无圈点字档"。

在《加圈点字档》（底本）和《加圈点字档》（内阁本）的每函封套和每册封面上，都写有满文书名。现以拉丁字转写，并汉文对译如下：

tongki fuka sindaha hergen i dangse
点 圈 加 字 的 档子

其汉意译文是："加圈点字档"。

在《无圈点老档》照写、音写的内阁本办理期间，还进行其音写的上书房本之办理。

五

《无圈点老档》其音写的上书房本之办理。

办理《无圈点老档》音写之上书房本，将有关问题，作简要论述。

第一，首次提出。20世纪以来，凡论及《无圈点老档》乾隆朝办理之抄本，盖言共有六种，即《无圈点字档》（底本）和《加圈点字档》（底本）、《无圈点字档》（内阁本）和《加圈点字档》（内阁本）、《无圈点字档》（崇谟阁本）和《加圈点字档》（崇谟阁本），未见有论述办理《加圈点字档》（上书房本）者。但是，赵志强、江桥在《〈无圈点档〉及乾隆抄本补絮》一文中论道："迄今为止，中外论著言及乾隆时'音写''照写'《无圈点档》一事，都认为共写六部，分藏两处，即音写'底本'（草写本）和正本、照写'底本'和正本各一部，藏于内阁大库；

音写和照写正本（或谓副本）各一部，藏于盛京（今沈阳）崇谟阁。其实，除此六部之外，还有音写正本一部，藏于上书房。”〔1〕由是，他们首次提出：乾隆朝《无圈点老档》办理之抄本，除《无圈点字档》（底本）和《加圈点字档》（底本）、《无圈点字档》（内阁本）和《加圈点字档》（内阁本）、《无圈点字档》（崇谟阁本）和《加圈点字档》（崇谟阁本）六部之外，还有音写正本一部，藏于上书房。这部藏于上书房的音写正本，就是《加圈点字档》（上书房本）。

第二，办理时间。《加圈点字档》（上书房本）办理的时间，从乾隆四十一年六月二十三日开始，至四十三年闰六月二十八日告成。档案记载，大学士、军机大臣阿桂和于敏中联名折奏：“臣等前经面奉谕旨，另办《加圈点老档》一份，送阿哥书房，随时恭阅。遵即于乾隆四十一年六月二十三日，奏请仍交原办人员办理，统俟完竣时，应否议叙，再行请旨，仰蒙皇上俞允。今已办理完竣，请一并装潢，恭送阿哥书房，敬谨存贮。”末署“乾隆四十三年闰六月□日”。（《国史馆·人事档》）这是《加圈点字档》（上书房本）办理时间的档案证明。寻交武英殿装潢完竣，送阿哥书房贮藏。于《加圈点字档》（上书房本），军机大臣福隆安、和珅具奏：续办《老档》，缮写完竣，前经奏明，交武英殿装潢，恭送阿哥书房，敬谨遵藏。此折“于七月初三日具奏。本日奉旨：知道了”〔2〕。此档说明：《加圈点字档》（上书房本）不仅誊录完竣，而且装潢完毕，送上书

〔1〕 赵志强、江桥《〈无圈点档〉及乾隆抄本补絮》，《历史档案》1996年第3期。

〔2〕《军机处·议复档》（满文），第922号，北京中国第一历史档案馆藏。以下凡引此档，不再注明出处。

房，永久珍藏。

第三，办理份数。办理《无圈点老档》抄本的照写正本和音写正本各一部，也就是《无圈点字档》(内阁本)和《加圈点字档》(内阁本)各一部。但是，这两部老、新满文抄本的《老档》，贮藏在内阁大库。而内阁大库属国史馆的满本堂和典籍厅，其地在东华门内，属于外朝，皇子查阅不便。所以，乾隆帝命再办一份《加圈点字档》正本，贮藏于上书房，便于皇子皇孙阅览。我们将这一份《老档》称作《无圈点字档》(上书房本)。上书房是皇子皇孙读书之处所，先称尚书房，后称上书房。我们按照后来上书房的习称，称其为《加圈点字档》(上书房本)。

第四，办理过程。办理《加圈点字档》(上书房本)，主要用办理《老档》的原班人马。乾隆四十一年，“八月二十七日，奉提调老爷谕：交现在赶办《老档》之誊录官等，所有缮写书篇，务须逐日，交纳功课，毋得迟玩。总以三个月为限，才可校对呈堂，以便转送阿哥书房备阅。倘有怠惰因循、了草塞责书篇，必致更换，断不能克期完竣，有干各自功名，不得不预为明示。倘嗣后功课有误，字画了草，一经察出，议叙时断不前引，勿谓言之不早也。特谕”(《国史馆·编纂档》)。办理四个月后，舒赫德、于敏中两位中堂谕：“所有缮写阿哥书房册档，迄今四月，尚未完竣。令校对纂修明善、成善，中书官亮、隆兴、瑚里布、达敏，翻译官爱星阿、景明、魏廷弼、书文等十员，分为五股，上紧悉心，校对妥协，限一月内校完，毋得迟误。如不依期完竣，惟该员等是问。”(《国史馆·编纂档》)为加快誊录，并保证质量，提调又谕：“收掌房收掌官员，务须每日按定早、晚班到馆。每值晚班者，承收各誊录官所缮书篇，查明若干，转交值班供事收贮；次日早班之供事收掌，将前一日所收之书篇，令存贮书篇之供事取出，交核对处供事，转送勘校。仍限三日一次呈报：共收誊录处书篇若干卷，共收已校对过书篇若干卷。再校对处于每日每股校书一本，亦限三日呈报。倘有迟玩，惟收掌官是问。特谕。”（《国史馆·编纂档》）此件谕示，虽涵指内阁抄本之功课，也涵指上书房抄本之功课。

第五，下落不明。乾隆四十二年（1777）九月初一日，档案记载：“奉舒中堂谕：所有阿哥书房正本，先将已进呈过之天命年间册档五十四本，校对妥协，俟皇上回銮之日，即应恭送阿哥书房，毋得迟误舛错，致干考成。奉此。”（《国史馆·编纂档》）查《清高宗实录》记载：是月壬申日（初十日）乾隆帝自圆明园启銮，谒泰陵、泰东陵；壬午日（二十日）回至圆明园[1]。其时，乾隆帝正准备祭乃父泰陵，无暇审阅为阿哥书房续办之《加圈点字档》正本。乾隆帝回驻圆明园后，当对《加圈点字档》（上书房本）细加御阅。是本办理告竣，函套装潢，敷以黄绫，送阿哥书房，供尊藏披览。但是，迄今未见到其书。《加圈点字档》（上书房本）装潢成书后，或藏于大内上书房，或藏于圆明园上书房。如系前者，当后转藏于故宫文献馆，其馆藏文献应在今故宫博物院图书馆，或今中国第一历史档案馆。经过查找，两馆均未藏此档。如系后者，是毁于兵燹，还是遭劫而去？斯存斯毁，尚且不知。故《加圈点字档》（上书房本）今存何处，下落不明。

已如上两节所述，《无圈点字档》（底本）、《无圈点字档》

---

〔1〕《清高宗实录》卷一〇四〇，乾隆四十二年九月壬申；卷一〇四一，乾隆四十二年九月壬午。

（内阁本）和《加圈点字档》（底本）、《加圈点字档》（内阁本）以及《加圈点字档》（上书房本），这五种抄本告竣后不久，便着手《无圈点字档》（崇谟阁本）和《加圈点字档》（崇谟阁本）的办理事宜。

六

《无圈点老档》其照写、音写的崇谟阁本之办理。

办理《无圈点老档》照写、音写的崇谟阁本，有关问题，阐述如下。

第一，办理时间。在《无圈点老档》其内阁本、上书房本完成之后，由于盛京是清朝龙兴之地，又是关外留都，所以乾隆帝命将《无圈点老档》再办一份，即新、老满文各一部，送盛京贮藏。其办理发抄工作，始于乾隆四十三年九月十九日。档案记载："今于九月十九日，奉旨：着再写一分，送盛京尊藏。钦此。"〔1〕其办理告竣时间，据档案记载，是在乾隆四十四年（1779）十二月。军机处满文《议复档》中有一折片，记载军机大臣兼兵部尚书福隆安、军机大臣兼步军统领和珅的奏言："奉谕旨：着再写一分，送盛京遵藏。钦此。钦遵，仍派原办官员上紧赶办。今将办出《无圈点老档》三百六十本装潢完竣，臣等遵旨交盛京户部侍郎全魁，恭赍盛京，敬谨遵藏。为此谨奏。"此件汉文奏片，保存在乾隆四十四年十二月的记事档中。可见在这一年的年末，《无圈点老档》再办盛京抄本两部正

〔1〕《国史馆·人事档》卷七四二《国史馆为议叙办理老档舆图官员事》，北京中国第一历史档案馆藏。以下凡引此档，不再注明出处。

式完成。翌年二月初四日，由盛京户部侍郎全魁，恭至盛京，尊藏于崇谟阁。这就是后来被称作的《无圈点字档》（崇谟阁本）和《加圈点字档》（崇谟阁本）各一部。

第二，办理过程。大学士、军机大臣阿桂和大学士、军机大臣于敏中，于乾隆四十三年十月初二日，签发一份《堂稿》。其《堂稿》曰："照得，本馆办理《无圈点老档》业经告竣，所有拣选在馆帮办满誊录官，已于七月初三日，奏请量予从优议叙，将该员等咨回各该旗在案。今于九月十九日奉旨：着再写一分，送盛京尊藏。钦此。今酌于帮办满誊录内拣选得，德成、噶尔炳阿、查郎阿、乌尔衮、得禄、塔尔炳阿、永恰布、隆泰、沃克精额、王兆麟等十员在馆，仍令自备资斧，上紧缮写完竣，以便恭送盛京尊藏。相应知照吏部并值年旗，转行知照各该旗，饬令该誊录等，赴馆缮写可也。理合呈明中堂，伏候批示遵行。乾隆四十三年十月□日。"（《国史馆·人事档》）同月初五日，关于办理盛京崇谟阁本《老档》事，档案记载："乾隆四十三年十月，奉阿、于中堂谕：现在遵旨，再办《老档》一分，恭送盛京。仍派前次办理之内阁中书兴宁、继善、三官保、达敏、贵保、瑚里布、官亮、隆兴等八员，上紧赶办。所有本衙门差务，暂行停止。至各员遇有保送、升迁之处，各堂仍照原资办理。奉此。十月初五日。"（《国史馆·编纂档》）上文中的阿中堂，即是武英殿大学士、军机大臣阿桂。时原武英殿大学士、军机大臣舒赫德已于同年四月二十二日死，阿桂由协办大学士于六月初三日补授武英殿大学士。文中的瑚里布，即瑚礼布。在前述阿、于两位中堂谕后的第二天，提调"图老爷已将堂谕交满票签，发抄三堂"（《国史馆·编纂档》）。上件为折片，楷书，置于前件之后。其文似指将阿、于两位中堂的上述《堂谕》，交发满票签处，抄发满本堂、汉本堂和蒙古堂。十月十五日，满本堂亦为此发出内容相同的《堂谕》："奉阿、于中堂谕：现在遵旨再办《老档》一分，恭送盛京。仍派前次办理之内阁中书兴宁、继善、三官保、达敏、贵保、湖里布、官亮、隆兴等八员，上紧赶办。"（《满本堂·堂谕档》）湖里布即瑚里布。

在办理过程中，大学士、军机大臣于敏中督促检查遵旨再办《老档》一份的进度。乾隆四十四年三月初十日，档案记载："奉提调老爷谕：本月初十日，于中堂问及续办《老档》功课一事。本提调已将现今督催各承办人员，上紧赶办缘由回明。奉于中堂谕：此份《老档》，较前办理甚易，现已办理数月，何得任意耽延？即须严饬承办各员，勒期详细趱办，如有有意托故稽延者，即将该员带领回明，从重办理，为玩视公务者戒。将此传谕各承办人员知之。奉此。尔承办各员，共宜遵谕，终日在馆，上紧详细校核，统限于五月内，办理完竣。若有托故稽延、不实力校办者，经本提调查出，即将该员回堂，从重办理，勿视为具文也。特谕。"（《国史馆·编纂档》）经过办理人员的努力，到本年之末，不仅抄录完成，而且装潢告竣。

第三，盛京贮藏。今沈阳市辽宁省档案馆珍藏的《乾隆京行档》，详细地载述乾隆朝续办《老档》，贮藏于盛京崇谟阁。此档珍贵，抄录如下。"将军福谨奏：为奏闻事。恭照乾隆四十五年二月初四日，据盛京户部侍郎全自京回任。遵旨恭赍《无圈点老档》前来，奴才福谨即出郭，恭请圣安。同侍郎全恭赍《老档》，至内务府衙门。奴才福查明：赍到《老档》共十四包，计五十二套、三百六十本，敬谨查收。伏思《老档》乃纪载太祖、太宗发祥之事实，理宜遵旨，敬谨尊藏，以示久远。

奴才福当即恭奉天命年《无圈点老档》二［三］包，计十套、八十一本；天命年《加圈点老档》三包，计十套、八十一本，于崇谟阁《太祖实录》《圣训》金柜内尊藏。恭奉天聪年《无圈点老档》二包，计十套、六十一本；天聪年《加圈点老档》二包，计十套、六十一本；崇德年《无圈点老档》二包，计六套、三十八本；崇德年《加圈点老档》二包，计六套、三十八本，于崇谟阁《太宗实录》《圣训》金柜内尊藏。并督率经管各员，以时晒晾，永远妥协存贮。……奉朱批谕旨：知道了。钦此。”折署时间为“乾隆四十五年二月初十日”〔1〕。上文中的“福”即福康安，时任盛京将军；“全”即全魁，时任盛京户部侍郎。从此，《无圈点老档》乾隆朝续办的两部抄本——《无圈点字档》（崇谟阁本）和《加圈点字档》（崇谟阁本），便贮藏于盛京崇谟阁的金龙柜中。此后，嘉庆十一年（1806），盛京将军兼盛京内务府总管大臣富俊，曾将崇谟阁内所存贮之《老档》清点奏报，嘉庆帝阅后做了“朱批”〔2〕。道光十二年（1832），盛京工部侍郎并协同盛京内务府事惠嵩，将崇谟阁内贮藏典籍清点奏报：“崇谟阁尊藏《实录》一千零六十七包、《圣训》二百二十包、《老档》十四包。……奴才敬谨瞻仰供奉尊藏，均属妥协。”云云。道光帝朱批：“知道了。”〔3〕此后，光绪四年（1878），盛京将军崇厚撰称：“崇谟阁三间，上层设金龙柜二十二顶，尊藏《实录》《圣训》《老档册》。”〔4〕上文中的“老档册”，就是《无圈点字档》（崇谟阁本）和《加圈点字档》（崇谟阁本）。以上说

〔1〕《黑图档·乾隆京行档》卷七三六，第 19 页，辽宁省档案馆藏。

〔2〕《黑图档·嘉庆京来档》卷七三一，第 40 页，辽宁省档案馆藏。

〔3〕《黑图档·道光部行档》卷九七三，第 106 页，辽宁省档案馆藏。

〔4〕崇厚《盛京典制备考》卷一，第 23 页，清光绪四年刻本。

明,《无圈点字档》(崇谟阁本)和《加圈点字档》(崇谟阁本)各180册，直至清末，仍存盛京。

第四，版本特征。《无圈点字档》(崇谟阁本)和《加圈点字档》(崇谟阁本)与《无圈点字档》(内阁本)和《加圈点字档》(内阁本)，其套数、册数、页数、装潢、记事、纸张等，虽均为相同，却同中有异。翻检此册档，有以下特征：其一是开本略小。《无圈点字档》(崇谟阁本)和《加圈点字档》(崇谟阁本)的开本尺寸，比《无圈点字档》(内阁本)和《加圈点字档》(内阁本)略小一些。其书页长33.8厘米，宽20厘米；上白6.8厘米，下白2.8厘米；版心长22.7厘米，宽15厘米；画朱丝栏，长24厘米，宽15.5厘米。每半页七行。封面书签，外套黑框，外粗内细，长24厘米，宽5.4厘米；封面中签，外套黑框，外粗内细，高8.6厘米，宽10厘米。其二是贴黄纸条。新、老满文的抄本，记事文内有的地方贴黄纸条，上写“原档残缺”字样。此与内阁本相同，均用黄纸，而非黄绫。其三是没有签注。《加圈点字档》(崇谟阁本)，没有粘贴黄签。其原因可能是时限过紧而催办太急、谨备尊贮而不供阅览。同样,《无圈点字档》(崇谟阁本)的书内，因《加圈点字档》(内阁本)没有签注，而其相应之处，亦未贴黄纸细签。其四是内容略异。《无圈点字档》(崇谟阁本)和《加圈点字档》(崇谟阁本)，虽亦抄自《无圈点字档》(底本)和《加圈点字档》(底本)，但在抄录过程中，有的语句稍作改动，有的标点微为更动，有的转行间有变通，有的换页略显不同。后二者或因满文单词书写时长短出现差异所致，并不影响档案之内容。

此外，因《无圈点字档》(内阁本)和《加圈点字档》(内阁本)与《无圈点字档》(崇谟阁本)和《加圈点字档》(崇谟阁本），其函套、封面都敷以黄绫；而《无圈点字档》（内阁本）和《加圈点字档》（内阁本）开本较大，《无圈点字档》（崇谟阁本）和《加圈点字档》（崇谟阁本）开本较小，故俗称前者为大黄绫本，后者为小黄绫本。

在《无圈点字档》（崇谟阁本）的每函封套和每册封面上，也都写有满文书名。现以拉丁字转写，并汉文对译如下：

tongki fuka akū hergen i dangse
点 圈 无 字 的 档子

其汉意译文是："无圈点字档"。

在《加圈点字档》（崇谟阁本）的每函封套和每册封面上，也都写有满文书名。现以拉丁字转写，并汉文对译如下：

tongki fuka sindaha hergen i dangse
点 圈 加 字 的 档子

其汉意译文是："加圈点字档"。

综上，清朝乾隆皇帝"身处盛世"，"稽古右文"，在开馆纂修《四库全书》的同时，派员办理《无圈点老档》重抄本。清乾隆朝《无圈点老档》办理重抄本，使这部以无圈点满文即老满文记录的清初开国史实孤本典册，抄录七部，庋藏两京，弘满洲文化，扬中华文明，丰富民族文库，福祉后世文华。

（原载《国学研究》第5卷，北京大学出版社，1998年）

《无圈点老档》及其乾隆抄本译研述评

《无圈点老档》及其乾隆朝重抄本办理告竣之后，经过百余年珍藏，到 20 世纪出现了公开、翻译、利用和研究的新局面。本文对其在 20 世纪上半叶和下半叶前后各 25 年的过程，分析整合，略作述评。

一

《无圈点老档》乾隆办理抄本，在乾隆四十五年（1780）全部告竣之后，《无圈点老档》及其乾隆朝七种重抄本，分处秘藏，尘封阁库。在述评 20 世纪《无圈点老档》及其乾隆朝重抄本的新局面时，先对其秘藏与尘封的状况，做历史的回顾。

乾隆帝退位之后，嘉庆帝嗣登大位。但嘉庆帝初登宝座，内困外扰，危机四伏。于京师内，天理教举事，攻入禁城，攀墙登殿，互相厮杀，亘古未有；于京师外，白莲教烽火，燃及五省，历时九年，清廷耗银两亿两。以此为标志，大清帝国迅速走向衰落。此期，嘉庆帝已无暇顾及祖宗秘籍之事。然而，对于珍藏的皇祖秘典仍例行核查。

于《无圈点老档》，嘉庆十一年（1806），在内阁典籍厅的

《杂项事件档》中，著录《无圈点老档》，其稿本登录为“原账三十七本，少一本”；其正本登录为“三十七本”。说明因事过三十年，粗查缺一本，细查又足本，抑或并未细查而照抄旧数免得招事。至道光二十八年（1848），内阁大库编制《元亨利贞四柜库贮总档》，例行公事，已不查核，只是“遵照旧档，钞录一本”。及到同治六年（1867），在《满本堂内阁大库尊藏一切细档》的“旧存《无圈点老档》”项下，载录其为“三十七本”，同民国二十年（1931）文献馆所见册数相同。紫禁城里，内阁大库，“穴壁为窗，砖檐暗室”；库中档册，数量庞巨，“尘封插架，灰堆积土”[1]。

于《无圈点老档》另办送盛京的《无圈点字档》（崇谟阁本）和《加圈点字档》（崇谟阁本），辽宁省档案馆所藏《嘉庆京来黑图档》做了记载：

> 奴才富谨奏。恭查前奏移请五朝实录、圣训折内，敬缮《太宗文皇帝实录》《圣训》二十八套，《无圈点老档》三包、《加圈点老档》三包。前于六月十一日辰时，奴才遵旨同侍郎荣成、广穆，萨副都统宜等，拈香行礼，恭请五朝实录、圣训时，敬阅《太宗文皇帝实录》《圣训》二十八套，《无圈点老档》四包、《加圈点老档》四包，俱已敬谨移请尊藏。但奴才原奏无圈点、加圈点《老档》各系三包，今移请《老档》各系四包，实属舛错。奴才不胜悚惶之至。查前遵旨恭查时，系照该管官佐领延福、皂住，录单缮折，未能查出讹写，非寻常疏忽可比。理合请旨，将奴才富交

〔1〕 阮葵生《茶余客话》卷二，第1页，上海进步书局铅印本。

部议处，该管佐领延福、皂住交内务府议处。谨据实检举，奏闻请旨，等因。于嘉庆十一年六月二十日奏。奉朱批："俱从宽免议。钦此。"（于七月初一日到）[1]

上述档案中的"富"即富俊，字松岩，卓特氏，蒙古正黄旗人，乾隆四十四年（1779）己亥科译蒙进士[2]。嘉庆八年（1803），由吉林将军调任盛京将军，至十五年，因事褫职，后被起复，官至理藩院尚书、东阁大学士[3]。富俊居官勤谨敬慎，廉洁礼士，道光帝称其"清慎公勤，克尽厥职"[4]。时任盛京将军兼盛京内务府总管大臣的富俊，轻信所属官员疏忽，误将"四包"报成"三包"。其时朝中能据档案核查，说明对此档册是严肃而认真的。盛京将军兼盛京内务府总管大臣富俊的奏折证明：到嘉庆十一年，《无圈点字档》（崇谟阁本）和《加圈点字档》（崇谟阁本）各四包，仍完好地保存于盛京崇谟阁上层金龙柜内。

道光朝，英国炮舰，叩打国门，兵败议和，屈辱签约。但是，朝廷对于《无圈点老档》及其乾隆朝抄本，例行公事，清查奏报。其时，《无圈点字档》（崇谟阁本）和《加圈点字档》（崇谟阁本）各一部，均保存于盛京崇谟阁。据辽宁省档案馆所珍藏《道光部行黑图档》记载：

---

〔1〕《黑图档·嘉庆京来档》卷七三一，第40页，辽宁省档案馆藏。

〔2〕《明清进士题名碑录索引》中册，上海古籍出版社，1980年，第1003页。

〔3〕《清宣宗实录》卷二四九，道光十四年二月乙丑，中华书局影印本，1986年。

〔4〕《清史稿》卷三四二《富俊传》，中华书局，1977年，第11121页。

窃奴才嵩抑［仰］蒙圣恩，派令协同管理盛京内务府事务，应将宫殿内供俸［奉］尊藏、内库恭贮一切，敬谨查明具奏。谨查内务府案卷内载：……崇谟阁尊藏实录一千零六十七包、圣训二百二十包、老档十四包，……奴才敬谨瞻仰供奉尊藏，均属妥协。……谨将奴才详查缘由恭折具奏，伏乞皇上圣鉴。谨奏。道光十二年四月二十三日奉到朱批："知道了。"〔1〕

上述档案中的"嵩"即嵩惠，时任盛京工部侍郎。他的奏折证明：道光十二年（1832）四月，《无圈点字档》（崇谟阁本）和《加圈点字档》（崇谟阁本）各一部，共十四包，仍完整无缺地保存在盛京崇谟阁上层的金龙柜内。

后经咸丰、同治、光绪、宣统四朝，先是太平天国，继是八国联军，慈禧逃难西安，订立屈辱条约，圆明三园，化为废墟。太后与皇帝，内廷与外朝，社稷惟危，帝统惟危，珍档秘典，金柜尘封。但是，光绪朝做过盛京将军的崇厚，在其《盛京典制备考》中记载：

崇谟阁三间，上层设金龙柜二十二顶，尊藏实录、圣训、老档册……〔2〕

崇厚，字地山，完颜氏，内务府镶黄旗人，其父为麟庆，做过河道总督，著有《鸿爪因缘图记》，是知其出身于官宦书香门

〔1〕《黑图档·道光部行档》卷九七三，第106页，辽宁省档案馆藏。

〔2〕崇厚《盛京典制备考》卷一，第23页，光绪四年刻本。

第。光绪二年（1876），崇厚署奉天将军，后离任，寻使俄。崇厚贸然同俄订约，朝野哗然，“下崇厚狱，定斩监候，以徇俄人请，贷死仍羁禁”[1]。崇厚虽屈膝订约，应予批评；但他在任仅一年半，便留下《盛京典制备考》，书中记载《无圈点字档》（崇谟阁本）和《加圈点字档》（崇谟阁本）各一部，均保存于盛京崇谟阁。

从乾隆帝命办理《无圈点老档》抄本事宜，到宣统帝退位，150年间，《无圈点老档》及其乾隆朝抄本，一直是秘本，外人难得涉阅。曾做过乾隆朝内阁中书、后迁刑部右侍郎的阮葵生著《茶余客话》，记其有幸夜直票签入库，“携长蜡三枝，竟夕披览”，而“九卿翰林部员，有终身不得窥见一字者”。

历史进入20世纪，列强觊觎，辛亥鼎革，《无圈点老档》及其乾隆朝抄本，开始了被开禁、翻译、注释、利用和研究的新时期。在这一时期，其特点有五：一是开放性，它由金柜尘封变成公开阅览；二是广阔性，它由满文文献译成多种文体史册；三是资料性，它由皇家秘档变成研究资料；四是学术性，它由庙堂典籍变成评议册档；五是交流性，它由中国典籍变成国际交流课题。

总之，《无圈点老档》及其乾隆抄本，走下神圣殿堂，进入普通书库，成为可资利用的历史资料。综观20世纪，《无圈点老档》及其乾隆抄本，随着时代的脚步，在20世纪上半叶和下半叶前后各25年的时间里，呈现出公开与汉译、重现与日译、译注与研究、拓展与整合的四个阶段性特征。

---

〔1〕《清史稿》卷四四六《崇厚传》，第12477页。

二

第一个时期：公开与汉译。20世纪上半叶前25年，《无圈点老档》及其乾隆朝抄本，先后在盛京和北京公开，并在国外传播和国内汉译。《无圈点老档》及其乾隆朝抄本，在清代属于宫廷秘档，外人盖难得涉览。但是，20世纪初元，日俄战争叩开清朝陪都——盛京的大门。光绪三十一年（1905）三月，俄军从盛京退却，日军则占领盛京。外国军人学者，纷向盛京沓来。盛京崇谟阁贮藏典籍，外人始得以置身窥秘。

光绪三十一年，日俄战争刚结束，日本国大阪《朝日新闻》评论部记者内藤虎次郎到盛京，时赵尔巽任盛京将军。尔巽，汉军镶蓝旗人，同治甲戌科进士，光绪三十年（1904）署户部尚书，翌年任盛京将军。三十三年（1907），改四川总督，宣统初任东三省总督，辛亥鼎革后任清史馆总裁。同年八月二十七日，内藤虎次郎初次进入盛京崇谟阁。他在当天的日记中写道："到了（盛京）宫殿，观览了崇谟阁的实录、战图及清宁宫等。崇谟阁有天聪、崇德年间旧档册，载有金国汗云云之书。"〔1〕但他没有记载观览满文档册。他在同年十月十一日，给富冈谦三的明信片中写道："发现太祖、太宗二代的满文记录二百余卷。"〔2〕上述记载，不够明晰。翌年正月，内藤虎次郎回到日本。他在同年六月刊行的《早稻田文学》上，发表《在奉天宫殿看到的图书》一文。文中写道：

〔1〕《内藤湖南全集》卷六，第386页，见《满学研究》第3辑，民族出版社，1996年，第256页。

〔2〕《内藤湖南全集》卷一四，第413页《书简》122，见《满学研究》第3辑，第257页。

> 有关崇谟阁存有老档的事，《盛京典制备考》也提及过，数量大约十四包，载于《盛京通鉴》。因其全部为满文，而且是三百册的精抄本，自己亲眼得见也不免大吃一惊。书名为满文，叫作“Tongki fuka sindaha hergen i dangse”，意为“加圈点的档子”。我不知道它记了些什么事。打开书页看看，写有天命第一包《加圈点老档》共三套、二十二本，太祖丁未年起，天命六年止。以下六包为太祖时代的记录。太宗的部分八包，在其中实际见到的是崇德第一包《加圈点老档》共三套、十八本，崇德元年起，至六月止。[1]

上述记载，可能由于内藤虎次郎观览时间不够充裕，其所记包数和册数均较实际数字有所出入。民国元年（1912），时已为京都大学教授的内藤虎次郎，同该校讲师羽田亨，重到盛京崇谟阁内，将《加圈点字档》（崇谟阁本），全部进行翻拍；并在同年刊行的《艺文》杂志上，发表《清朝开国期之史料》一文，清楚地介绍其26套、180册的套序、册数及其记事起讫时间。其所翻拍的《加圈点字档》（崇谟阁本）干版约6300张，后将照片洗印出来，分装成相册，其中太祖朝16册，太宗朝天聪年号12册、崇德年号8册，共36册，于翌年前半期完成。各册的册脊都书写有白色汉、满两种文字：“满文老档 /Tongki fuka sindaha hergen i dangse”。内藤虎次郎在同文中释言：用无圈点满文和加圈点满文抄写，崇谟阁本《无圈点字档》和《加

〔1〕《内藤湖南全集》卷一二，第34页，见《满学研究》第3辑，第256—258页。

圈点字档》，“因这两种文字都是比较为时甚早的记录，所以称为老档”。从此，由内藤虎次郎定名的《满文老档》之称谓，逐渐在世界上作为固定的书名通用。这些照片册及其副本，现藏于日本京都大学文学院图书馆、东京大学综合图书馆、东洋文库和广岛大学等处。

内藤虎次郎的历史贡献在于：他是20世纪清廷之外见到并介绍《加圈点字档》（崇谟阁本）的第一人；他和羽田亨最早将《加圈点字档》（崇谟阁本）翻拍成照片，晒制为蓝图，收藏于图书馆，始被公众所利用；他阐述《加圈点字档》（崇谟阁本）这一新鲜、珍贵的史料，是清史研究所不可或缺的，应让研究者自由利用；他给《加圈点字档》（崇谟阁本）命名为《满文老档》，神田信夫教授在《满学五十年》论集中指出：“《满文老档》的名称，实从内藤为始。”〔1〕

此期，《加圈点字档》（崇谟阁本）的解禁，金梁先生亦在盛京开始。金梁，字息侯，满洲正白旗人，出身于书香门第，光绪三十年（1904）甲辰恩科进士，学问广博，通满、汉文。戊戌变法时，他是个进步者，同章炳麟支持变法。变法失败后，他被捕下狱。大学士荣禄因与金梁同为费英东后裔而令将其释出。章炳麟称赞金梁为满洲之才智逾众者。〔2〕宣统退位之后，金梁一度消沉，改字希侯为息侯，潜心文史，从事著述。日本国内藤虎次郎在洗印《加圈点字档》（崇谟阁本）照片之时，恰为中国辛亥鼎革之际。崇谟阁所藏清朝秘籍，开始被少数人涉

〔1〕 神田信夫《〈满文老档〉から〈满文老档〉へ》，《满学五十年》，刀水书房，1992年。

〔2〕 阎崇年《满族认同的价值取向——评〈孤军〉》，《清史研究》1991年第3期。

览。金梁以其宣统初任奉天旗务处总办兼管盛京内务府事之有利条件，而独着先鞭。因日本当时会满文者甚属寥寥，而中国是满文的故乡，通满文者较日本为多，故《加圈点字档》(崇谟阁本)的汉译，中国早于东瀛。金梁联络一些学者专家，对崇谟阁珍藏《无圈点字档》(崇谟阁本)和《加圈点字档》(崇谟阁本)，进行查验，着手翻译。他在《满洲老档秘录·序》中写道：

> 盛京故宫旧藏《满洲老档》一百七十九册，分纪天命、天聪、崇德朝事，多三朝实录、《东华录》、《开国方略》所不载。见所未见，闻所未闻，诚三百年来之秘史也。原本为无圈点体满文，其字近蒙古，与通用满洲文字不同，翻译至难。经满、汉文学士十余人之手，费时二载，今始脱稿，当分编百卷。以卷帙过多，校刊非易，遂择要摘录，名曰《满洲老档秘录》，分上下两编，先付缮印。此不及全书二十分之一。以索观者多，聊快先睹云尔。戊午中秋，瓜圃老人金梁。[1]

是《序》末署戊午年即民国七年(1918)，但《满洲老档秘录》的出版却在甲子年即民国十三年(1924)；在铅印本《瓜圃丛刊叙录》中，以《满洲老档秘录·序》为题，先刊出此《序》[2]；尔后，金梁在癸酉年即民国二十二年(1933)重印《满洲秘档·自序》中，再引戊午《序》，但于“名曰《满洲

〔1〕 金梁《满洲老档秘录·序》，铅印线装本，民国十三年、民国十八年。

〔2〕 金梁《瓜圃丛刊叙录》，铅印线装本，民国十三年。

老档秘录》”之后，增加“亦曰《满洲秘档》”，删去“分上下两编”数字。在上文之后，增补一段文字：

> 《满洲秘档》原名《满洲老档秘录》，初版早罄，而愿阅者多驰书纷索，乃复增题而重刊之。其书亦自有可存者：一原档满文百八十册，编年纪事，为实录、本纪之所本，……全档百卷，别有副本，惜以卷帙过巨，未能即付刊耳。回忆昔上崇谟，检译老档，忽忽二十余年，恍如隔世云。癸酉岁暮，息侯金梁再识。[1]

上引金梁之《序》，其初作时为戊午年即民国七年；其初载于《瓜圃丛刊叙录》，时为甲子年即民国十三年；但书的印出在己巳年即民国十八年（1929）；其书重刊时为癸酉年即民国二十二年，前后达15年之久。

金梁等汉译《满洲老档秘录》，上编92则，下编76则，凡168则。全书每半页11行，每行25字，正文共99页，总字数为54450字。《满洲老档秘录》与《满洲秘档》比对，二书内容基本相同，所不同的是：后者比前者少上编《定七项课税》和下编《太宗读金世宗史》二则，多《大福晋遗命同殉》一则。《满洲秘档》全一册，为小字本，每页10行，每行30字，共200页；在校对与印刷上显得更粗糙一些，如标题《太祖行军琐记》的“琐”误作“璜”，《阿敏與介桑古不睦》的“與（与）”误作“舆”等。

在这里有一个问题要做考证。金梁的《序》在十五年间三

〔1〕 金梁《满洲秘档·自序》，铅印本，民国二十二年。

次排印，均称《老档》为179册，实际上却为180册。其差一册之因，方甦生在《清内阁旧档辑刊·叙录》中谓："何以较少一册？今未能喻。"金毓黻在《〈满文老档〉考》一文中亦曰：

> 金梁氏谓盛京旧藏老档一百七十九册，此语亦误。余考见存崇谟阁老档，两种本各为一百八十册，绝无缺少。然金氏何以有此语，亦应根究。盖《无圈点老档》第一函第一册内，夹一黄纸条云：缺首册。不知为何人所加。余倩通习满文之关君德栋细加审视，其第一册满文标签，仍为第一册，并无其前尚缺一册之纪载。……金氏亦未曾细检崇谟阁藏本确数，遽谓其总册数为一百七十九册，实为大误。吾友谢国桢《清开国史料考》亦据金氏册数著录，可谓因讹承误，余故特为辨之。[1]

此档册数，现无异议。金梁之误，在一纸条；纸条之误，其因何在？查《无圈点字档》（崇谟阁本）第一函、第一册、第一页夹有三张纸条：

其一，黄色纸条，墨书："此套内缺头一本注册"。此条长19.3厘米，宽5.4厘米。

其二，红格白笺条，墨书："第八包内□套原缺一本"。此条长22.8厘米，宽6.2厘米。

其三，浅黄宣纸条，墨书：

光绪十三年

---

〔1〕 金毓黻《〈满文老档〉考》，《国立沈阳博物院筹备委员会汇刊》第1期，民国三十六年。

男横

兴祖第五子男竖格汉档三本

男竖

此条长 25 厘米，宽 8.5 厘米。

由上，经查验《无圈点字档》(崇谟阁本)第一函、第一册、第一页所夹三张纸条，综合考虑，似可认为：上述三张纸条，原夹在《玉牒》中，整理人员误窜入《老档》内，其所缺实系《玉牒》，而非《老档》；金梁未核检《老档》实数，只据纸条所书文字便断定其缺少一册；谢国桢先生的《清开国史料考》，未核原书，以讹录误[1]。

在上引《满洲老档秘录·序》文之后，金梁又云："是稿成于戊午秋，今始付印，已逾十余年矣。全档百卷，别有副本。徐东海师及赵次帅，先后索稿，拟为代刊，亦久未果。梁复无余力，不识何日始能了此愿也。临刻书此，以志岁月。时复还盛京故宫，又重上崇谟阁，拜观《老档》原本，恍如隔世云。己巳九秋，息侯金梁再识。"文中徐东海即徐世昌，做过光绪末、宣统初东三省总督和民国初年大总统；赵次帅即前文述及的赵尔巽。金梁受到他们的支持与关照，但未能全稿付印。有幸，其汉文译稿被北平故宫博物院文献馆张溥泉馆长收购，以《汉译满洲老档拾零》为总题，连载于《故宫周刊》。其前的《编者识语》言：

〔1〕 1997 年 5 月，笔者同赵志强、徐丹、江桥一行，赴辽宁省档案馆，查阅《无圈点字档》(崇谟阁本)和《加圈点字档》(崇谟阁本)等档案，细阅夹条，测量尺寸，仔细推敲，得此共识。

> 金梁旧藏译稿，成于戊午秋，至己巳秋，仅付印二册，其未及印者多散失。本院张馆长溥泉先生，以二百元购其遗稿于沈阳书肆中，计档册二十四本、众臣发誓书一本、旗档一本。承惠本刊发表，兹以编年纪事体，将其未及刊者摘要录后，以饷修史者。〔1〕

《故宫周刊》自民国二十四年（1935）六月第245期，至翌年六月第459期，总共215期，刊出了《汉译满洲老档拾零》。

金梁主持汉译的《满洲老档秘录》或《满洲秘档》和《汉译满洲老档拾零》印出之后，受到海内外学者的批评。金毓黻先生指其“未彻底了解《老档》，不过敷衍涂附而已”〔2〕。孟森先生则指称：“惟金梁之译《满文老档》，绝不可信。”〔3〕上文二评，虽有道理，似为过之。其批评之要点是：金梁翻译所据之本，非为《无圈点字档》（崇谟阁本），亦非为《无圈点老档》，而是《加圈点字档》（崇谟阁本）；金梁主持汉译之文字，有的袭用《东华录》和《皇朝开国方略》，有的译文不够准确，甚或有的译文系臆撰者。陈捷先教授既举例指出其17处错误，又平心而论其功绩：“这本书还是国内唯一翻译满文档册较有系统的作品，它对后来我国史学界和史家的影响还是很大的。”〔4〕摒弃

〔1〕《故宫周刊》第245期，北平故宫博物院印，民国二十四年。

〔2〕金毓黻《〈满文老档〉考》，《国立沈阳博物院筹备委员会汇刊》第1期，民国三十六年。

〔3〕孟森《清太祖告天七大恨之真本研究》，《明清史论著集刊》上册，中华书局，1959年，第207页。

〔4〕陈捷先《〈满文老档〉述略》，《旧满洲档》第1册，台北故宫博物院影印，1969年，第17页。

时代情感，持以历史公论：尽管金梁主持汉译的《满洲老档秘录》或《满洲秘档》和《汉译满洲老档拾零》，存在着这样或那样的缺憾和错误，但是金梁主持对《加圈点字档》（崇谟阁本）的汉译与传播，其历史功绩是应当肯定的。

金梁主持汉译《满洲老档秘录》或《满洲秘档》和《汉译满洲老档拾零》的问世，其历史贡献在于：第一，金梁是20世纪除清廷之外亲眼见到并公开介绍《加圈点字档》（崇谟阁本）的中国第一人。第二，金梁及其组织的赵时敏[1]等十余位学人，是将部分《加圈点字档》（崇谟阁本）汉译并出版的第一批学者。第三，金梁给《加圈点字档》（崇谟阁本），定名为《满洲老档秘录》或《满洲秘档》，成为中华史籍中的一个文献版本。第四，金梁等《加圈点字档》（崇谟阁本）汉译稿，后在《故宫周刊》上连载，成为《加圈点字档》（崇谟阁本）第一个较为完整的汉文译本。第五，金梁主持的上述译本，对后来的清史、满学研究产生了一定的刺激和影响。总之，在20世纪的第一个25年间，《加圈点字档》（崇谟阁本）之拂去封尘，被公开介绍、进行汉译和广泛流布，是《无圈点老档》及其乾隆抄本演变史，也是满学史和清朝史研究上的破天荒性的事件，它为满学、清史、民族史研究带来突破性的进展。

三

第二个时期：日译与重现。20世纪上半叶后25年，围绕

〔1〕 赵景祺（时敏），金毓黻在《〈满文老档〉考》中称之为“翰林”，在清代翰林当为进士出身；查清代进士题名碑录中并无此人。

着《无圈点老档》及其乾隆朝抄本有两件大事：一是日译《满文老档》的问世；另一是《无圈点老档》及其乾隆抄本的重现，在中国和日本都有学者对之进行研究。

日本国最早开始翻译《加圈点字档》（崇谟阁本）者，是内藤虎次郎先生。他自述研习满文较早："我在一九〇二年（明治三十五年），一见到黄寺诸藏经之后，感到有学习满文、蒙文的必要。其后在北京搜购有关这两种文字的典籍、字书等自学。"[1]后他将《加圈点字档》（崇谟阁本）各册满文封面题签及有的摘由内容加以翻译。神田信夫教授指出：虽其文字简略，却是"第一次把《满文老档》译成日语"。后来可能因其难度太大，工作过繁，兴趣他移，未竟而止。在日本国，将《加圈点字档》（崇谟阁本）译成日文的第一人是藤冈胜二先生。藤冈胜二先生是东京帝国大学教授、语言学家。他从1920年开始，利用东洋文库所藏《加圈点字档》（崇谟阁本）照片上的满文，用拉丁字转写，再译成日语。他时断时续地进行翻译，到1932年2月完成第二次修改。后抱病不断地修订，至1935年2月病逝而止，以未定稿留给后人。其遗稿仍有多处修改的痕迹，由他的弟子服部四郎等编辑，"选取最佳原稿，未作更改"[2]，以《〈满文老档〉译稿》作书名，1939年由岩波书店以原稿胶印出版。尽管藤冈胜二不是历史学教授，其日译文因缺乏历史知识而有所缺憾；但这毕竟是《加圈点字档》（崇谟阁本）的第一部比较完整的日文译本，为后来完善的日译本奠定了基础，并推

〔1〕《内藤湖南全集》卷一四，第664页，见《满学研究》第3辑，第260页。

〔2〕小仓进平、金田一京助、服部四郎《〈满文老档〉译稿·序》，岩波书店胶印本，1939年（昭和十四年）。

动了日本的满学、清史研究。

继藤冈胜二之后，京都大学内藤虎次郎教授的女婿鸳渊一及其弟子户田茂喜的《满文老档邦文译稿》，在1937年问世。虽然它比藤冈胜二的《满文老档译稿》早出版两年，但这只是清太祖朝的第一册。再后为京都大学羽田亨教授门下今西春秋先生，于1938年到北平，查看了故宫博物院贮存的《加圈点字档》（内阁本）。今西春秋的《满和对照满文老档》，其特点是：第一，根据之底本为故宫博物院文献馆所藏《加圈点字档》（内阁本），而不同于其他日译本依据之《加圈点字档》（崇谟阁本），故避免了内藤先生照片某些模糊不清和“误撮误脱”[1]之憾。第二，译本首附满文原文的拉丁字转写，这是此前译本都没有做的。第三，在日译文后附加注释，便于读者了解其原意。第四，对《加圈点字档》（内阁本）书中的黄签，也做出翻译。其翻译成果发表在满铁大连图书馆发行的《书香》杂志上，从1943年11月的第15卷第11号，到1944年12月的第16卷第5号，分六期连载。因时局变化，该杂志停刊，其译稿发表自清太祖的第一册至第十五册，也是一部未完之作。

此期，日本利用《加圈点字档》资料进行研究，取得一批可贵的成果。鸳渊一的《舒尔哈齐之死》[2]《褚英之死》[3]，是较早用《加圈点字档》（崇谟阁本）的史料研究清初历史的两篇重要论文。安部健夫的《八旗满洲牛录の研究》（1941年）、户田茂喜的《清太祖の迁都问题》（1937—1938年）等也是这方面

---

〔1〕 今西春秋《满和对照满文老档·翻译例言》，《书香》杂志，满铁大连图书馆，1943年11月。

〔2〕 鸳渊一《舒尔哈齐之死》，《史林》第17卷第3号，1932年。

〔3〕 鸳渊一《褚英之死》，《史林》第18卷第2号，1933年。

的重要论文。

在中国,《无圈点老档》及其乾隆朝4种抄本，拂去封尘，公之于世。1925年10月，故宫博物院成立，其下设图书馆文献部，定南三所为办公处。1927年11月，改组文献部为掌故部，负责档案的保管和整理。1929年3月，掌故部从图书馆中分离，成立文献馆。故宫博物院文献馆从1931年1月，开始整理内阁大库档案。2月，文献馆在整理故清内阁东库尘封档案时，“于内阁大库档案发见清未入关时《满文老档》”〔1〕，就是见到了《无圈点老档》即《老满文原档》《旧满洲档》〔2〕。《文献丛编》最早刊印其书影两幅，并著文简介：

> 《满文老档》，旧藏内阁大库，为清未入关时旧档。民国二十年三月，本馆整理内阁东库档案，发见是档三十二册，原按千字文编号，与今所存者次序不连，似非全数，原档多用明代旧公文（纸）或高丽笺书写，字为无圈点之满文，且时参以蒙字。……原档长短厚薄不一，长者61cm，短者41cm，厚者五百余页，薄者仅九页，中有一册，附注汉文；知为战阵记功之簿，其译名，则为选录档、记录档、分配兵丁档等。〔3〕

上文中的“三月”,《文献馆大事年表》作“二月”，本文取

〔1〕《文献馆大事年表》，民国二十年二月,《文献论丛》，国立北平故宫博物院文献馆，民国二十五年。

〔2〕单士元《整理满文老档记》,《我在故宫七十年》，北京师范大学出版社，1997年。

〔3〕《〈满文老档〉说明及照片》,《文献丛编》第10辑，民国二十年。

后者“二月”说；“三十二册”，应作“三十七册”，系一时之疏误。又上文原档之长、短、宽、窄、厚、薄及页数之多寡，经笔者实测：最长者为第六册洪字档 61 厘米，最短者为第二十九册阳字档 26.5 厘米，最宽者为第六册洪字档 48 厘米，最窄者为第七册荒字档 22.5 厘米，最厚者为第十五册张字档 13.5 厘米共 555 页（均为单面），最薄者为第二十九册阳字档 0.3 厘米仅 2 页（另有空白 2 页）[1]。同年出版的《国立北平图书馆馆刊》，李德启先生也撰文予以介绍：

> 真正无圈点之满文，以前惟有零星之发现，至于大批之文献为吾人所确知用此种文字写成者，只有故宫博物院文献馆于最近整理实录大库时所发现之《满文老档》。此项老档余曾与友人往故宫作一度之参观，见其字体虽甚潦草，而于保存方法则颇为缜密。每页俱用厚纸托裱，装订成册。每册多者五百余页，少者八九页，共约三十余册。此外该库尚有精抄之满文档案两份：一名《无圈点档案》，一名《有圈点档案》。余最初即疑精抄本为此项老档之副本，及取出对照比较，果于精抄本中发现数册，与老档完全相同。老档残阙之处，于精抄本中俱用黄签标注［原档残阙］字样。按《无圈点字汇》为乾隆时依据老档所作，已如上述，则此项老档之副本，当亦系成于乾隆之手。盖当时对于此项老档，已极为宝重，故将原本藏诸宫中，严密保存，而

〔1〕 笔者于 1997 年 12 月，在台北市士林外双溪台北故宫博物院图书文献处，查阅《旧满洲档》时所做的实测数据。

另缮副本以作流传之用也。[1]

李德启先生在上文中，不仅概略地介绍了《无圈点老档》，而且介绍了《无圈点老档》之乾隆抄本——《无圈点字档》（内阁本）及其满文书名："tongki fuka akoe xirgen i dangse"和《加圈点字档》（内阁本）及其满文书名："tongki fuka sidaxa xirgen i dangse"。

同年，国立北平图书馆出版谢国桢先生《清开国史料考》一书，其扉页有《满文老档》书影二幅，卷末《清开国史料考补·天命天聪朝满文档册》载述：

> 天命、天聪朝满文档册，北平故宫博物院藏稿本，不知撰人名氏。民国二十年春，故宫博物院文献馆整理实录大库旧档，发现档册颇多。其满文旧档黄绫本，与辽宁崇谟阁藏老档相同。内有黄纸本三十一厚册，为天命、天聪朝满文旧档。间有用嘉靖时文书纸所书，有巡按山东监察御史张、刘等字样。有满、汉文并行者，有仅用满文所书者。其中"叶赫"作"拽黑"，"吴喇"作"兀剌"。天命前间有用万历、天启年号。奉宽先生及吾师陈寅恪先生尝至实录大库览其档册，确定为老满文所书。[2]

其文后附有原档的编号与存放的箱号。但册数不确，似未

〔1〕 李德启《满洲文字之来源及其演变》，《国立北平图书馆馆刊》第5卷第6号，民国二十年。

〔2〕 谢国桢《天命天聪朝满文档册》，《清开国史料考》，国立北平图书馆印，民国二十年。

加细核，其“三十一厚册”当为“三十七厚册”之误。《无圈点老档》37册重现之后，1935年9月，故宫博物院文献馆在“内阁大库发见满文老档三册”[1]。于此，文献馆著文介绍：

> 本馆最近整理内阁残乱档案，复发见老满文档册三册，一为天命九年（明天启四年——西一六二四），一为天聪六年（明崇祯五年——西一六三二），一为天聪九年，均未加装裱，而其字体及记事体裁，与已裱之老档，颇为相近。当系同类之物，而为乾隆六年装裱时所未见者。[2]

由上，《无圈点老档》先重现37册，继重现3册，共40册。当时称之为《满文原档》或《满文老档》。至是，始有《无圈点老档》40册之说。《无圈点老档》40册，自乾隆以降二百多年之缺，终于圆了起来。而在整理内阁东库档案时，又看到《无圈点字档》（内阁本）和《加圈点字档》（内阁本）共52套各180册，《无圈点字档》（底本）和《加圈点字档》（底本）也共52套各180册。据《清内阁库贮旧档辑刊·叙录》对《无圈点老档》及其乾隆朝抄本做出详细述载：

> 满文老档为盛京旧档之巨擘，其记事年代，起天命以迄崇德元年。今存文献馆者凡三十七册，盖自乾隆以来，即仅有此数。……原本以明代旧公文纸或高丽笺书写，中

〔1〕《文献馆大事年表》，民国二十四年九月，《文献论丛》，国立北平故宫博物院文献馆，民国二十五年。

〔2〕《整理内阁大库满文老档之缘起与计划》，《文献特刊》，国立北平故宫博物院文献馆，民国二十四年。

多残阙，册形之广、狭、修、短，页数之多寡，极不一致。

该文在简述乾隆朝办理抄本过程后，又述载其四部抄本：

> 加圈点老档正本五包，二十六套，一百八十本；无圈点老档正本五包，二十六套，一百八十本；有、无圈点草本老档五包，共五十二套。此档两分，均存文献馆，完好无缺。草本为无格宣纸草写，册衣、函帙均以黄纸为之。正本为泾县榜纸，画朱丝栏，精写，册衣、函帙均敷黄绫。[1]

经实际观察，方氏上文的"有、无圈点草本"即《无圈点字档》（底本）和《加圈点字档》（底本），其册衣即封面确为黄纸，准确地说为黄榜纸；其函帙即函套外敷黄绢；其书页为台连纸。又经实际观察，方氏上文的正本即《无圈点字档》（内阁本）和《加圈点字档》（内阁本）。档案明确记载：《无圈点字档》（内阁本）和《加圈点字档》（内阁本），其书页为白鹿纸[2]。方氏所载虽有可商榷之处，但方氏继谢氏之后，于《无圈点老档》及其乾隆朝抄本——《无圈点字档》（底本）和《加圈点字档》（底本）、《无圈点字档》（内阁本）和《加圈点字档》（内阁本）的重现再做述介，引起国内外学术界的震动。日本国今西春秋在其《清三朝实录编纂下》中，也刊出照片，对《无圈点老档》进行介绍。但是，"九一八"事变发生，华北危

〔1〕 方甦生《清内阁库贮旧档辑刊·叙录》，国立北平故宫博物院文献馆，1935年，第48页。

〔2〕 阎崇年《〈无圈点老档〉乾隆朝办理抄本始末》，《国学研究》第5卷，北京大学出版社，1998年。

急。1933年，故宫博物院的珍贵文物南迁，运至上海。1935年，“满文老档自沪库运平整理”，由上海运回北平。尔后，华北时局趋紧。1936年2月，《无圈点老档》再运到上海：“满文老档原本，运回沪库。”1936年末，运沪文物，转至南京。日军侵华，战火大燃，运宁文物，再转四川。日本投降后，1947年，运渝文物，返回南京。1948年冬至1949年春，这批文物运到台湾。先藏台中故宫博物院雾峰北沟地库，现藏台北故宫博物院图书文献处。

此期，中国对《无圈点老档》及其乾隆抄本做了大量工作。时故宫博物院文献馆拟定出《整理内阁大库满文老档之缘起与计划》，企划主要进行四项工作。第一，纂辑《满文无圈点字典补编》，先影印《无圈点字书》，再以原档与抄本，逐字校对，抄写卡片，补充缺漏，划一体例，对乾隆朝《无圈点字书》做出补充。第二，编辑《满文老档总目》，将抄本与原档互校，签注每册起讫年月，顺序编排，并做“满文老档原本与抄本校勘表”。第三，编修《满文老档细目》，因影印原档，全部翻译，工作量大，需财力多，故先据原档，分段摘由：“就其每段内容，分立标题，成为《满文老档细目》，附以索引，使阅者先知其内容之梗概。”〔1〕此项工作，从1935年11月开始，至1936年12月底告竣。据《文献馆二十五年十二月分工作报告》记载：“查此项档案，全部共一百八十册，现已摘由完毕，……除重复者归并外，计共三千一百一十七则。”〔2〕第四，

〔1〕《整理内阁大库满文老档之缘起与计划》，《文献特刊》，国立北平故宫博物院文献馆出版，1935年。

〔2〕《文献馆二十五年十二月分工作报告》，《文献丛编》第37辑，1937年。

编纂《选译满文老档》，对原档中之重要事件，或实录等书所不载者，进行翻译，摘选梓印，成为《选译满文老档》。但是，"七七"事变发生，狼烟弥漫，时局恶化，原档再次南运，《文献丛编》停刊，文献馆之工作报告亦因之辍载。上述四项成果，未见公开出版。

抗战胜利之后，1946年11月，在沈阳成立以金毓黻为主任的"明清档案整理委员会"。12月10日，该委员会呈报计划称："《满文老档》分新旧两种，各一百八十册。……期以四个月，编成付印。"[1]后时局变化，未见其实现。

这一时期，学者利用《无圈点老档》及其乾隆抄本，进行学术研究，取得了一批有价值的成果。主要有：李德启《满洲文字之来源及其演变》和《满文老档之文字及史料》、张玉全《述满文老档》、金毓黻《〈满文老档〉考》等学术论文。在此期，金梁先生主持汉译《加圈点字档》（崇谟阁本），以《满洲老档秘录》为书名，于1929年分两册铅印。1933年，他又以《满洲秘档》为书名再印。1933年至1935年，在《故宫周刊》上，复以《汉译满洲老档拾零》为题，分期连载。还有文□汉译、金毓黻移录的《盛京崇谟阁满文老档译本》等。此书只有移录者姓名，而无汉译者之名，可谓缺憾。《盛京崇谟阁满文老档译本》的内容，起丁未年"东海瓦尔喀部费攸城主策穆特黑来谒"，迄天命四年（1619）夺取铁岭。书每半页14行，每行30字，凡24页，共20160字，是一个既颇为简略又很不完整的汉文译本。此外，在美国哈佛大学燕京学社存有满文本的太祖

[1]《为成立明清档案整理委员会请备案由》（民国三十五年十二月九日），第171号，辽宁省档案馆藏。

朝“tongki fuka sindaha hergen i dangse”，即《加圈点字档》抄本10册，每半页7行；并存有其汉文译本的太祖朝《满文老档》10册，每半页8行。[1]

总之，在20世纪的第二个25年间，《无圈点老档》及其贮藏在原内阁大库的四部乾隆抄本，拂去封尘和公开介绍，《加圈点字档》（崇谟阁本）日译本和汉译本的出版，是《无圈点老档》及其七种抄本演变史，也是满学史和清朝史研究上的大事件，它为满学、清史研究带来重要的发展契机。在同时期，对《无圈点老档》及其六种抄本翻译、利用和研究，中国与日本，各有优长。但是，由于时局变化，北平沦陷，南京失守，文物播迁，学人南下，本来可以做出更多、更大、更新之成绩，却因为时局之播迁，而延迟了一个时代。

四

第三个时期：译注与研究。20世纪下半叶前25年，《无圈点老档》及其乾隆抄本，先后在东京和台北进行译注、研究，取得重大学术成果。“二战”结束不久，日本成立了“《满文老档》研究会”[2]。以此为中心，荟萃了一批青年满学专家学者，开始对《满文老档》进行日文译注。该会主要成员有神田信夫、松村润、冈田英弘、石桥秀雄、冈本敬二、岛田襄平、本田实信等。《满文老档译注》是以内藤博士《加圈点字档》（崇

[1] 神田信夫《〈满文老档〉から〈满文老档〉へ》，《满学五十年》，刀水书房，1992年。

[2] 和田清《满文老档·序》第I册，“《满文老档》研究会”译注，东洋文库，1955年。

谟阁本）之照片为底本，将满文用拉丁字转写，译成日文，进行注解。《满文老档译注》全书，每页分两栏：上栏是满文拉丁字转写、日文逐句对译；下栏是日文意译。全书共七册，第一至第三册为清太祖卷，第四至第五册为清太宗天聪卷，第六至第七册为清太宗崇德卷，第三册之后和第七册之后各附《注》和《人名索引》《地名索引》《满汉对照表》。第一册卷首由和田清教授撰《序》。全书总共2978页，其中太祖卷正文1225页，注文11页，索引和表98页；太宗卷正文1503页，注文26页，索引和表115页。自1955年至1963年，先后分七册出版〔1〕。

以神田信夫教授为译注者代表的"《满文老档》研究会"的集体学术成果——《满文老档译注》的出版，其重要价值在于：第一，《满文老档译注》是世界上第一部《加圈点字档》（崇谟阁本）用拉丁字转写的、含对译意译的、完整规范的日文译注本；第二，《满文老档译注》是在内藤、羽田、藤冈、鸳渊、今西等先生成就的基础上的一部权威严谨的学术之作；第三，《满文老档译注》使《加圈点字档》（崇谟阁本），被世界众多满学家、清史学家所了解；第四，《满文老档译注》为战后几代满学、清史学者，掌握清入关前史料提供了锁钥；第五，《满文老档译注》的出版，推动满学、清史研究出现飞跃性的进展；第六，《满文老档译注》的完成，是日本满学、清史群英俊彦锐进合作的结晶。它是日本满学、清史研究发展中的一块里程碑。

此期，印出羽田亨的《太祖老档译注》和神田信夫、松村

〔1〕《满文老档·后记》第Ⅶ册，"《满文老档》研究会"译注，笠井出版印刷社，1963年。

润、冈田英弘合作译注的《旧满洲档天聪九年》二书，发表三田村泰助《满文太祖老档与清太祖实录之对校》和《满文太祖老档与满洲实录对校并译》，今西春秋的《〈满文老档〉乾隆附注译解》《〈满文老档〉的重钞年代》《〈满文老档〉的目次》等译注性与研究性的著述。

在中国，抗日战争胜利后不久，爆发国内战争。而后，因政治运动、干部下放、“文化革命”和自我封闭，再加上《无圈点老档》不在北京，以及史学界热衷于研讨所谓“五朵金花”[1]，而使《无圈点老档》及其乾隆朝抄本之研究，完全处于沉寂的、封闭的、落后的状态。在中国台湾，由于《无圈点老档》即《老满文原档》或《旧满洲档》庋藏于台中雾峰北沟地库，且台湾在60年代实行开放政策，故此期台北对于《无圈点老档》即《老满文原档》或《旧满洲档》的译注与研究，其启动时间较大陆略早一些。广禄教授和李学智先生于1962年9月，在台中雾峰北沟故宫博物院的地库里，重新看到《无圈点老档》即《老满文原档》或《旧满洲档》。同年12月，李学智先生会同有关人士在台中将其拍摄缩微胶卷，于翌年元月完成，后洗印成放大照片。随之，在台北掀起一股《无圈点老档》即《老满文原档》或《旧满洲档》译注、利用和研究的学术热浪。其主要成果有：

第一，出版《旧满洲档》。台北故宫博物院于1969年，将珍藏《无圈点老档》即《老满文原档》或《旧满洲档》，以《旧

〔1〕所谓“五朵金花”，是指讨论中国奴隶制与封建制分期问题、汉民族形成问题、中国封建社会土地所有制问题、农民战争问题和中国资本主义萌芽问题。

满洲档》为书名，分成十册，影印出版。书前有陈捷先教授撰写的长篇论文——《〈旧满洲档〉述略》[1]，就《旧满洲档》之命名依据、历史渊源及其相关诸问题，《旧满洲档》与《满文老档》之关系，《旧满洲档》与《满文老档》之译述及研究，《旧满洲档》之价值，做了全面、深刻、系统、精辟的论述。此书的公开出版，缩短了研究者同它的距离，便于更多的学者直接对《无圈点老档》即《老满文原档》或《旧满洲档》了解、利用和研究。

第二，出版汉文译注。1970 年 3 月，广禄、李学智二位先生以《清太祖朝老满文原档》为书名，由台北“中研院”历史语言研究所出版了其“荒”字档的译注，作为第一册。1971 年 9 月，又出版了其“昃”字档的译注，作为第二册。该书将满文用拉丁字转写，逐句对译成汉文，并进行了意译。书末附录有“老满文注释”“注”“人名索引”“地名索引”和“满汉人名对译索引”。这是第一次《无圈点老档》的汉文译注本，体现了译注者的辛劳和学问，斯功斯绩，永志学林。继之，张葳女士的《旧满洲档译注》“太宗朝一”部分，于 1977 年由台北故宫博物院出版，1980 年又出版“太宗朝二”部分。遗憾的是，以上译注，未成完璧，待竟其业。

第三，发表学术成果。广禄、李学智先生的论文——《清太祖朝〈老满文原档〉与〈满文老档〉之比较研究》[2]，就《老满文原档》与《满文老档》之历史关系，《老满文原档》之价值等问

---

〔1〕 陈捷先《〈满文老档〉述略》，《旧满洲档》，台北故宫博物院影印，1969 年。

〔2〕 广禄、李学智《清太祖朝〈老满文原档〉与〈满文老档〉之比较研究》，《中国东亚学术研究计划委员会年报》第 4 期，1965 年；又见李学智《老满文原档论辑》，文友印刷纸业公司印行，1971 年。

题，做了长篇的、详尽的论述，全文长164835字，后收入李学智先生所著《老满文原档论辑》中。李学智先生《乾隆重抄本满文老档签注正误》一书，就《加圈点字档》(内阁本)的“签注”，进行汉译、辨证与研究。陈捷先教授除前述的论文《〈旧满洲档〉述略》外，还在1988年用英文出版了《满洲档案资料——〈旧满洲档〉的价值》[1]一书——这是第一部用英文论述《旧满洲档》及其价值的学术专著。他还利用《旧满洲档》的资料，进行满文与汉文“本纪”“实录”的比较研究，出版《满文清本纪研究》和《满文清实录研究》，从而为满学、清史研究做出开拓性的贡献。黄彰健先生也发表《奴儿哈赤所建国号考》和《清太祖建元天命考》等论文。[2]

总之，在20世纪的第三个25年间，东京《满文老档译注》的出版，台北《无圈点老档》即《老满文原档》或《旧满洲档》的再现，《旧满洲档》的影印出版，《清太祖朝老满文原档》(部分)译注和《旧满洲档译注》(部分)的出版，是此间《无圈点老档》及其乾隆朝抄本演变史，也是满学史和清朝史研究上的大事件，它极大地促进了满学、清史研究的发展。

五

第四个时期：拓展与整合。20世纪下半叶后25年，《无圈点老档》及其乾隆朝抄本，先后在世界各地，尤其在北京，翻

〔1〕 Chien-hsien Chen, *Manchu Archival Materials*, Linking Publishing Co. Press, 1988.

〔2〕 黄彰健《明清史研究丛稿》，台北商务印书馆，1977年。

译、注释、利用和研究，有着重大的学术进展。

第一，汉文译注。20世纪的第四个25年，中国文化环境发生了重大变化。改革开放，市场经济，既为学术事业繁荣提供了外部环境，又为满学国际交流准备了有利条件。在中国大陆，《满文老档》的汉译，出现大的突破。“文化大革命”尚未结束，辽宁大学历史系便着手《满文老档》的重译工作。负责翻译的李林先生，历时五年，初获成果：《重译满文老档》（太祖朝），于1980年由辽宁大学历史系刊印。李燕光教授在其《前言》中说：

> 一九七四年至一九七七年，李林同志用汉字译文，并用崇谟阁的无圈点满文本和原稿本的刊本，加以校勘；还参考金梁的汉文译本、“《满文老档》研究会”的日文译本。凡是《满文老档》原稿本上有的字句，而崇谟阁本所无的，都在方括号［ ］中补出；凡非加以说明，不能表达原意的地方，增添的说明文字，一律放在圆括号（ ）内。遇有满文拼写的汉文名词，就恢复原词；某些重要的满文名词也用音译，另加注释。总之，力求忠于原文，不轻易增删一字一意，便于科学研究之用。〔1〕

李林先生独力汉译的《满文老档》（太祖朝），虽为半璧，却有特色：一是广采博取，以《加圈点字档》（崇谟阁本）为底本，适当参酌《满洲老档秘录》本、《满文老档译注》（日文）本、《旧满洲档》影印本；二是视野广阔，如用《无圈点老档》

〔1〕 李燕光《重译〈满文老档〉前言》，《重译〈满文老档〉》，《清初史料丛刊》第1种，辽宁大学历史系印本，1980年。

的内容加以补充；三是忠于原文，名词中满译汉者恢复原词，原满文者采用音译；四是力求通俗，译文不取“实录体”，而尽量用口语化的满语。但囿于人力、经费、条件，不完备之处亦多。在沈阳《重译〈满文老档〉》进行之中，北京中国第一历史档案馆和中国社会科学院历史研究所即合作策划，准备出版汉文译注的《满文老档》：

> 近年来，国内史学、语言学研究工作进一步深入开展，学术界皆视《满文老档》为重要史料，迫切要求准确译成汉文发行。为此，1978年由中国第一历史档案馆与中国社会科学院历史研究所合作，成立了《满文老档》译注工作组，由任世铎任组长，周远廉任副组长，其成员有关孝廉、张凤良、郭美兰、刘建新、罗丽达、佟永功、富丽、季永海、赵展。
>
> 译注组全体成员以保存在北京中国第一历史档案馆的音写本和照写本为蓝本，两相对照进行翻译，并参考了有关史料，吸取了前人的经验教训，纠正了各种《满文老档》注译本中出现的错误与不妥之处，译文力求做到准确完整，通顺易懂，并能体现历史文件的时代语言特点和风格，以适应学术研究的需要。[1]

《满文老档》的汉译，以中国第一历史档案馆收藏的《加圈点字档》(内阁本)，作为底本，集中十余人，历时十二年，

〔1〕《满文老档·前言》，中国第一历史档案馆、中国社会科学院历史研究所译注，中华书局，1990年。

以《满文老档》[1]为书名，于1990年由中华书局出版。《满文老档》汉文译注本的价值在于：第一，它是《加圈点字档》(内阁本)之第一个完整的汉文译注本；第二，它的译注反映了满学、清史研究的最新成果；第三，它集中满文俊彦，共译同磋，聚众所长，是集体合译的一次尝试；第四，它为研究清初历史提供了重要的原始性汉文翻译资料；第五，它为《无圈点老档》及其抄本的衍化增添新文献和新版本；第六，它的出版标志着中国大陆对《无圈点老档》及其乾隆朝抄本的译注和研究，达到了新的水平。此外，《天聪九年档》由关嘉录、佟永功、关照宏汉译，于1987年由天津古籍出版社出版。

第二，抄本研究。中国学者对《无圈点老档》及其乾隆朝抄本的研究，有新的建树。这主要表现在：其一，搞清《无圈点老档》乾隆朝所办理抄本的实数。海内外学者一向认为，《无圈点老档》乾隆朝只办理六种抄本，即《无圈点字档》(底本)和《加圈点字档》(底本)、《无圈点字档》(内阁本)和《加圈点字档》(内阁本)、《无圈点字档》(崇谟阁本)和《加圈点字档》(崇谟阁本)。但是，赵志强先生和江桥女士从尘封的档案中，查到关于办理《加圈点字档》(上书房本)的记载，这就改写了历来认定《无圈点老档》在乾隆朝只有六种抄本的载述，由是，《无圈点老档》在乾隆朝共办理七种抄本[2]。其二，搞清乾隆朝《无圈点老档》办理抄本的具体实情。笔者写出《〈无圈点老档〉乾隆朝办理抄本始末》一文，就其办理之准备、办理

〔1〕《满文老档》之书名，似宜加上“译注”或“汉译”二字。

〔2〕赵志强、江桥《〈无圈点档〉及乾隆抄本补絮》，《历史档案》1996年第3期。

照写和音写七种抄本之过程以及办理缮写之组织和规程等，做出详细的论述〔1〕。其三，搞清现存六种抄本的细节。关孝廉的《〈满文老档〉原本与重抄本比较研究》〔2〕，佟永功的《〈满文老档〉收藏、翻译研究与价值述评》〔3〕等，均详细地介绍了照写与音写的内阁本和崇谟阁本之版本、特点、收藏与价值。

第三，深层探研。刘厚生教授的《旧满洲档研究》，是经过长期积累而对《无圈点老档》研究的一部学术专著。〔4〕同期，还发表了一批重要学术论文。从统计数字看，中国学者本世纪发表的有关论文，第一个时期为零，第二个时期占同期研究成果的 15%，第三个时期占 20%，第四个时期占 65%。这说明论文数量是按时期递升的，且第四个时期呈现突发性上升的态势。另以台湾学者与大陆学者相比：在第三个时期，中国大陆学者的论文为零；而在第四个时期，台湾学者的论文占 16%，大陆学者的论文则占 84%。在大陆学者的论文中，王戎笙教授《清太祖太宗朝满文档案的出版和研究》一文，表明中国大陆学者的视野已由封闭走向开放〔5〕。周远廉教授《〈满文老档〉与清朝开国史研究》〔6〕，凝结了著者运用《满文老档》做历史资料，对

〔1〕 阎崇年《〈无圈点老档〉乾隆朝办理抄本始末》，《国学研究》第 5 卷，北京大学出版社，1998 年。

〔2〕 关孝廉《〈满文老档〉原本与重抄本比较研究》，《历史档案》1990 年第 1 期。

〔3〕 佟永功《〈满文老档〉收藏、翻译研究与价值述评》，《海峡两岸档案学术交流会论文集》(大陆地区代表部分)，中国档案学会编印，1995 年。

〔4〕 刘厚生《旧满洲档研究》，吉林文史出版社，1993 年。

〔5〕 王戎笙《清太祖太宗朝满文档案的出版和研究》，《中华文史论丛》1987 年第 1 期。

〔6〕 周远廉《〈满文老档〉与清朝开国史研究》，《明清档案与历史研究》(中国第一历史档案馆六十周年纪念论文集)，中华书局，1988 年。

清朝开国史研究的贡献。关孝廉研究员《论〈满文老档〉》和《〈满文老档〉谕删秘要全译》[1]，佟永功研究员《〈满文老档〉收藏、翻译研究与价值述评》，刘厚生教授《〈旧满洲档〉形成年代刍议》[2]，刘子扬和张莉先生《〈满文老档〉综析》[3]，拙文《〈无圈点老档〉及其乾隆抄本名称诠释》[4]等，都是极重要的研究成果。此外，陈捷先教授用英文出版的专著《满洲档案资料——〈旧满洲档〉的价值》，李学智先生的《乾隆重抄本满文老档签注正误》[5]，庄吉发教授的《〈旧满洲档〉的由来及其史料价值》[6]等，则是台湾学者此期的重要论著。

第四，海外新绩。在亚洲，日本神田信夫、松村润、冈田英弘三位教授率先推出《旧满洲档天聪九年》译注。神田信夫教授《从〈满文老档〉到〈旧满洲档〉》一文，全面、系统地论述了20世纪七十年来《无圈点老档》及其抄本的重现、翻译和研究的历史，并评价了相关的论著[7]。松村润教授《关于

〔1〕 关孝廉《〈满文老档〉谕删秘要全译》，《满学研究》第1辑，吉林文史出版社，1992年。

〔2〕 刘厚生《〈满文老档〉形成年代刍议》，《史学月刊》1990年第5期。

〔3〕 刘子扬、张莉《〈满文老档〉（太祖朝）综析》，《满语研究》1995年第2期；《〈满文老档〉（太宗朝）综析》，《满语研究》1996年第1期。

〔4〕 阎崇年《〈无圈点老档〉及其乾隆抄本名称诠释》，《历史研究》1998年第3期。

〔5〕 李学智《乾隆重抄本满文老档签注正误》，大进印刷有限公司印行，1982年。

〔6〕 庄吉发《〈满文老档〉的由来及其史料价值》，《故宫档案述要》，台北故宫博物院印行，1983年。

〔7〕 神田信夫《清朝兴起史的研究——序说从〈满文老档〉到〈旧满洲档〉》，《明治大学人文科学研究年报》第20号，1980年；又《〈满文老档〉から〈旧满洲档〉へ》，《满学五十年》，刀水书房，1992年。

无圈点老档》一文[1]，对《无圈点老档》做了深入的论述。在韩国，成百仁教授发表《〈旧满洲档〉의 jisami〈满文老档〉의 kijimi》[2]的论文。在北美洲，美国的柯娇燕（Pamela Crossley）教授、罗友枝（Evelyn S. Rawski）教授、陆西华（Gertraude Roth Li）博士等，都运用《无圈点老档》的满文资料，进行满洲史、清初史研究，取得了重要的学术成果。在欧洲，德国魏弥贤（Michael Weiers）教授，于1987年发表了《〈旧满洲档〉与〈加圈点字档〉索校》（1620—1630）[3]，对两者间之差异做出对校。这是欧洲学者研究《无圈点老档》及其抄本的首创之著。总之，在本世纪的第四个25年间，《加圈点字档》（内阁本）的全文汉译和广泛流布，《无圈点老档》及其乾隆朝七种抄本的全面考察与分体研究，日本、韩国、美国、德国等对《无圈点老档》的利用和《无圈点老档》与《加圈点字档》的比对索校，是《无圈点老档》及其乾隆朝抄本研究也是满学史和清朝史研究的大事件，它为满学、清史、民族史和语言学史的研究带来突破性的进展。

综上，在20世纪，《无圈点老档》及其乾隆朝抄本之重现、译注、利用和研究，像一块巨大的磁石，吸引着整个世纪的满学与清史的研究。但是，其中也不乏缺憾和问题。这主要表现在：其一，至今没有《无圈点老档》完整的汉文译本；其二，至今没

---

〔1〕 松村润《关于无圈点老档》，《满学研究》第3辑，民族出版社，1996年。

〔2〕 成百仁《〈旧满洲档〉의 jisami〈满文老档〉의 kijimi》，《阿尔泰学报》1996年第6期。

〔3〕 魏弥贤《〈旧满洲档〉与〈加圈点字档〉索校》（1620—1630），《满洲时代》，1987年，威斯巴登。（Michael Weiers，Konrordaez Zum Aktenmaterial，*Aetas Manjurica*，1987）

有《加圈点字档》带满文或拉丁字转写的汉文译本；其三，至今没有《无圈点老档》与《加圈点字档》相比对的汉文译注本；其四，至今没有《无圈点老档》及其乾隆抄本反映当代满学、清史研究成果的汉文考释本。因此，企盼能有一部整合的《无圈点老档》及其乾隆抄本译注考释的著作问世，以作为《无圈点老档》（崇谟阁本）即《满文老档》重现百年的纪念。

（原载《故宫博物院院刊》1998年第3期）

《无圈点老档》乾隆朝办理抄本长编

《无圈点老档》是以无圈点满文为主，兼以加圈点满文并间杂蒙古文和个别汉文书写的，记载满洲兴起和清朝开国的史事册档，是现存最为原始、最为系统、最为详尽、最为珍贵的清太祖和太宗时期编年体的史料长编。《无圈点老档》又称《老满文原档》《旧满洲档》等，为世间孤本，现存40册，庋藏于台北故宫博物院。唯在乾隆朝，册档之纸，年久糟旧，屡次查阅，以至摩擦，每有破损，以至残缺。经过奏准，以老满文，照写二份，将其原档，恭藏秘府，这就是《无圈点字档》（底本）和《无圈点字档》（内阁本）。又以新满文，音写二份，贮之于库，以备查阅，这就是《加圈点字档》（底本）和《加圈点字档》（内阁本）。另办理阿哥书房的《加圈点字档》（上书房本）一部。再办理贮藏于盛京的《无圈点字档》（崇谟阁本）和《加圈点字档》（崇谟阁本）各一部。其前后办理之过程，依据《康熙起居注册》《宫中档雍正朝奏折》《清高宗实录》、中国第一历史档案馆藏档案和辽宁省档案馆藏档案等资料，进行摘录，按照时序，经贯排比，草成此编，缺漏疏误恐多，聊供读者参阅。

乾隆六年（1741）辛酉

七月

二十一日，乾隆帝谕大学士、军机大臣鄂尔泰，加尚书衔、太子少保徐元梦曰："无圈点字原系满洲文字之本，今若不编书一部贮藏，则日后湮没，人皆不知满洲之文字，肇始于无圈点字也。着交付鄂尔泰、徐元梦，阅览《无圈点字档》，依照十二字头，编书一部；并于宗学、觉罗学及国子监诸学，各钞录一部，使之收贮可也。钦此。"（《无圈点字书·卷首》）

十一月

十一日，大学士、军机大臣鄂尔泰，加尚书衔、太子少保徐元梦，为《无圈点字档》编书一部及其托裱重订事，奉旨呈奏。其原折为满文，现将原折满文，用罗马字转写，并加对译，以便参酌。满文全文、汉文对译如下：

dorgi yamun i aliha bithei da, taiboo, ilaci jergi be,
内阁 的 大学士 太保 三 等 伯

amban ortai sei gingguleme wesimburengge, hese
臣 鄂尔泰 等 谨 奏 旨

be gingguleme dahara jalin. abka i wehiyehe ningguci
把 谨 遵照 为 乾 隆 第六

aniya nadan biyai orin emu de hese wasimbuhangge,
年 七 月 二十 一 于 旨 降

tongki fuka akū hergen, daci manju bithei fulehe, te aika
点 圈 无 字 原来满洲 文 根本 今 若

emu yohi bithe banj ibume arafi asaraburakū oci, amaga
一 部 书 编 写 不让收藏 若 日

inenggi burubufi niyalma gemu manju bithe, daci tongki
后 湮没 人 都 满洲 文 原来 点

fuka akū hergen ci deribuhengge be sarkū ombi, ortai,
圈 无 字 从 开始的 把 不知 当 鄂尔泰

sioi yuwan meng de afabufi, tongki fuak akū hergen i
徐 元 梦 于 交付 点 圈 无 字 的

dangse be tuwame, eici juwan jewe uju be dahame emu yohi
档子 把 看 或 十 二 头 依照 一 部

bithe banjibume afafi, eici adarame emu yohi bithe
书 编 写 或 如何 一 部 书

arafi, uksun, gioroi tacikū, guwe dzy giyan yamun i
撰写 宗室 觉罗的 学校 国 子 监 衙门 的

geren tacikū de emte yohi sarkiyafi asarabukini
各 学校 的 各一 部 抄录 使收藏

sehebe gingguleme dahafi, amban be dorgi yamun i ku de
钦此 恭敬地 遵照 臣 我们 内阁 的 库 在

asaraha tongki fuka akū hergen i dangse be kimcime
收藏的 点 圈 无 字 的 档子 把 详细

tuwaha, te udu ere hergen be baitalarakū bicibe,
看了 今 虽然 这 字 把 不用 （虽然）

manju hergen, yargiyan i ereci deribuhengge, jai
满洲 字 实在 从这 开始的 再

jakūn gūsai nirui sekiyen, sirara hafan buhe turgun
八 旗的 牛录的 源 世袭的 官 给的 缘由

yooni ere dangsede ejehebi, ere dangse i hergen,
都 这 档子在 记载了 这 档子 的 字

tongki fuka akū teile akū, geli teodenjeme
点 圈 无 仅仅 无 又 挪移

baitalahangge bi, dergi fejergi hergen de acabume gūnin
使用的 有 上 下 字 于 结合 意思

gaime kimcime tuwarakū oci, ja i takarakū, te ejen
取 详细 不看（若）容易 不认识 今 君主

hese wasimbufi, bithe banjibume arafi asaraburengge,
旨 降 书 编 写 使收藏的

yargiyan i manju hergen i da sekiyen be enteheme
实在是 满洲 字 的根 源 把 永远

buruburakū obure ferguwecuke gūnin, amban be
不湮没 使 神奇的 心意 臣 我们

ejen i hese be gingguleme dahafi, ere dangse i
君主的 旨 把 恭敬地 遵照 这 档子 的

dorgi tongki fuka sindame hūlaci, uthai takaci ojoro
里面 点 圈 施加 读则 立即 认识 可以的

hergen ci tulgiyen, te i hergen ci encu, takara de
字 从 除外 现在的 字 比 异样 认识 于

mangga hergen be yooni tukiyefi, te i hergen kamcibufi,
困难 字 把 都 抬 现在的 字 兼

juwan juwe uju be dahame, emu yohi bithe banjibume arafi,
十 二 头 把 依照 一 部 书 编 写

dele tuwabume wesimbuhe, ejen jorime tacibuha
皇上 使阅览 奏进 君主 指 教

manggi, dorgi yamun de emu yohi asarabureci tulgiyen,
后　内阁 于　一　部　使收藏　外

uksun, gioroi tacikū, guwe dzy giyan yamun i geren tacikū
宗室 觉罗的 学校　国　子　监　衙门 的　各　学校

de emte yohi sarkiyame gamabufi asarabufi, amaga urse
于各一　部　抄录　使拿去　使收藏　后来的 人们

be, manju bithe daci ere hergen ci deribuhengge be
让 满洲　书 原来 这　字　从　开始的　把

sakini, geli baicaci, ere dangse aniya goidara jakade,
知道　又 查得　这　档子　年　久　由于

umesi manahabi, ere enteheme goidame asarara dangse
很　破烂了　这　永远　长久 收藏的　档子

be dahame, afaha tome hooan jibsime biyoolafi dasame
相应　页　每　纸张 加衬　裱　重新

kiyalafi asarabuki sembi, erei jalin gingguleme
装订　使收藏　想要　这　为　恭敬地

wesimbuhe hese be baimbi seme abkai wehiyehe
奏了　旨 把　祈求 等因　乾隆

ningguci aniay omon biyai juwan emu de aliha bithei da
第六　年　十一　月　十　一　于　大学士

taiboo ilaci jergi be ortai, aliha amban i jergi
太保　三　等　伯　鄂尔泰　尚书　的 等级

tai dzy ooboo sioi yuwan meng wesimbuhede, ineku
太子　少保　徐　元　梦　奏时　本

inenggi hese wasimbuhangge iedzy be bithei juleri
日　旨　降　折子　把 书的　前面

ara eri songkoi ilan dobton afafi dolo benju gūwa be
写 这 照样 三 部 写后 内 送 其余 把

gisurehe songkoi obu sehe.
说的 照样 作为 钦此

以上鄂尔泰等的满文奏折，汉译如下：

内阁大学士太保三等伯臣鄂尔泰等谨奏：为钦奉上谕事。乾隆六年七月二十一日奉旨："无圈点字原系满洲文字之本，今若不编书一部贮藏，则日后湮没，人皆不知满洲之文字，肇始于无圈点字也。着交付鄂尔泰、徐元梦，阅览《无圈点字档》，依照十二字头，编书一部；并于宗学、觉罗学及国子监诸学，各抄录一部收贮。"钦此。谨遵。臣等已将内阁库藏之《无圈点字档》，详细阅览。此字今虽不用，然满洲文字，实肇始于此。且八旗牛录之渊源、给予世职之缘由，俱载于此档。此档之字，不仅无圈点，复有假借者，若不详细查阅，结合上下字义理解，则不易辨识。今皇上降旨，编书收贮者，诚满洲文字之根源，永不湮没之至意。臣等谨遵圣旨，将内阁库内贮藏之《无圈点字档》，施加圈点。除读之即可认识字外，其与今字不同难认之字，悉行检出，兼注今字，依照十二字头，编成一部，恭呈御览。俟皇上指示后，除令内阁收贮一部外，并令宗学、觉罗学及国子监诸学，各抄一部收贮，俾使后世之人，知满洲文字，原肇始于此。又查得，此项档册，历年久远，颇为糟旧。此属永久贮藏之档，拟应逐页托裱，重订贮藏。为此谨奏，请旨。乾隆六年十一月十一日，大学士太保三等伯鄂尔泰、加尚书衔太子少保徐元梦奏。本日奉旨："着将此折，录于书前。照此缮录三帙，送内。余依议。钦此。"

乾隆三十九年（1774）甲午

十一月

二十一日，是现在能见到办理《无圈点老档》重抄本事务最早的日期记载。是日，国史馆奉大学士、军机大臣舒赫德、于敏中谕："所有天命、天聪、崇德年间《无圈点老档》，派满纂修官明善、麟喜二员，悉心校核画一，并派满誊录等，上紧缮录一分，逐本送阅，毋得草率。奉此。"同文谕满本堂，"将大库内存贮《无圈点老档》，先付十本过馆，并将《无圈点十二字头》查出，以便详校画一可也。右移付，满本堂"。（《国史馆·编纂档》）

二十二日，"乾隆三十九年十一月二十二日，奉提调图老爷谕：现在交查天命、天聪、崇德年间《无圈点老档》，派翻译官书文、景明，以供查考；满誊录无量保、佛喜等，上紧缮录，毋得草率。奉此"（《国史馆·编纂档》）。前文的"无量保"即"舞量保"。

同日，又载提调图老爷谕："现在查天命、天聪、崇德年间《无圈点老档》，派供事缪涌涛、杨珩、王凤诏、杜日荣、吴鹏翥、周堂等六人，经理一切，并派李志道、林恒督办，毋得诿卸。特谕。十一月二十二日。"（《国史馆·编纂档》）

二十五日，再移付二十七本："所有天命、天聪、崇德年间《无圈点老档》，业经移取十本过馆，其余二十七本，相应移付贵堂，移送过馆，以便详校画一可也。右移付，满本堂。"（《国史馆·编纂档》）

二十六日，国史馆再移付满本堂："所有本馆领出天命、天聪、崇德年间《无圈点老档》三十七本，今本馆留存七本办理，其余三十本，仍送回贵堂贮库，俟校对之日，再行付取可也。"（《国史馆·编纂档》）

二十八日，提调图老爷再谕增派办理人员："现在交查天命、天聪、崇德年间《无圈点老档》，再添派翻译官爱星阿，以供查考；满誊录德禄等，上紧缮录，毋得草率。奉此。十一月二十八日。"（《国史馆·编纂档》）

十二月

初四日，提调老爷谕增派人员："现在查办天命、天聪、崇德年间《无圈点老档》，着添派翻译官魏廷弼，敬谨缮录，毋得草率。特谕。十二月初四日。"（《国史馆·编纂档》）

初七日，"呈送天命乙丑（十年），音清（三十篇）、底本（二十篇）各一本"（《国史馆·编纂档》）。是为第一次呈送。

十三日，"呈送天命以前（四年）甲寅、乙卯，音清（三十五篇）、底本（二十一篇）各一本"（《国史馆·编纂档》）。文中"四年"似为"二年"之误。是为第二次呈送。

二十日，"呈送天命丙辰（元年）、丁巳（二年）、戊午（三年），音清（二十九篇）、底本（空）各一本"（《国史馆·编纂档》）。是为第三次呈送。

某日，国史馆移付满本堂："所有领出无圈点天命、天聪、崇德年间'老档'，本馆存贮七本在案，今应再领十本查办。相应移付贵堂，查明给领可也。须至移付者。右付满本堂。乾隆三十九年十二月。"（《国史馆·编纂档》）此十七本《无圈点老档》，国史馆收到并用过之后，于同月二十四日，送回满本堂。

二十四日，国史馆移付满本堂："所有《无圈点老档》十七本，《十二字头》四本，一并暂送贵堂，恭藏大库。俟查对时，再行移取可也。右移付，满本堂。乾隆三十九年十二月二十四日。"（《国史馆·编纂档》）

是年，有三件无年月日档案，暂系之于本年。

其一，"恭查：太祖元年癸未起，至三十三年乙卯止，未有年号。至三十四年，始建元天命。自元年丙辰起，至十一年丙寅止。

"太宗丁卯，建元天聪，自元年至九年乙亥止。十年丙子四月，改元崇德，即为崇德元年。此后《老档》始有圈点。

"以上共计三十七本"。

上文中的"太祖元年癸未"，系明万历十一年（1583）；"太祖三十三年乙卯"，系明万历四十三年（1615）。

其二，"恭查：太祖元年癸未起，至三十三年乙卯止，未有年号。二十五年丁未，始有档案。三十四年丙辰，始建元天命。自丁未起，至天命十一年丙寅止，《老档》共计十五年。

"太宗丁卯，建元天聪，至十年丙子改元崇德，共计《老档》二十二年。

"以上共计三十七本。

"原档约计三千篇，分页约计五千篇。每卷约计四五十篇成本，四本成套，约计一百本，计成二十五套。

"《无圈点老档》一同办理。每次拟进四本，每月拟进两次。（以下残缺）"（《国史馆·编纂档》）

乾隆四十年（1775）乙未

正月

初五日，"呈送天命戊午（三年），音清、底本各一本，各二十八篇”（《国史馆·编纂档》）。是为第四次呈送。

初七日，前述第一、第二、第三、第四次呈送，共计四份，“俱于四十年正月初七日，由满票签交馆。初八日，即交供事王凤诏收去”（《国史馆·编纂档》）。

初八日，国史馆又移付满本堂：“所有天命年间《无圈点老档》，今应移付贵堂，开库移取壹本，到馆校对可也。须至移付者。右移付，满本堂。乾隆四十年正月初八日。”（《国史馆·编纂档》）

初十日，国史馆移付满本堂：“所有《无圈点老档》，今移付贵堂，即速开库，移取壹本，过馆校对可也。须至移付者。右移付，满本堂。乾隆四十年正月初十日。”（《国史馆·编纂档》）

同日，“呈送天命戊午（三年），音清（二十六篇）、底本各一本。十一日交下，即交供事缪海涛收去”（《国史馆·编纂档》）。是为第五次呈送。

十四日，国史馆再移付满本堂：“照得本馆办理《无圈点老档》，需查《十二字头》，相应移付贵堂，即开库将《十二字头》四本，移付本馆，以便查考可也。须至移付者。右移付，满本堂。乾隆四十年正月十四日。”（《国史馆·编纂档》）

二十四日，国史馆复移付满本堂：“所有天命、天聪《无圈点老档》，共计三十七本，业经移取贰本过馆在案，其余三十五本，相应移付贵堂，查照开库，发给可也。须至移付者。右移付，满本堂。乾隆四十年正月二十四日。”（《国史馆·编纂档》）

二十六日，“呈送天命己未（四年），音清（三十六篇）、底本各一本。二月初四日，由票签交供事王凤诏收去”（《国史馆·编纂档》）。是为第六次呈送。

二月

初七日，为查询天聪七、八、九等三年档案事，国史馆移付满本堂："所有《无圈点老档》，本馆业已移取三十七本。今恭查档内，尚短天聪七、八、九等三年档案，相应移付贵堂，（查）明有无存贮《老档》，如有即行移复，以便付领办理可也。须至移付者。右移付，满本堂。乾隆四十年二月初七日。"末署收掌官长［庚］押。（《国史馆·编纂档》）

同日，满本堂移付国史馆，其文曰："所有本堂库存《无圈点老档》叁拾柒本，贵馆业已全行移取在案。今准付称尚短天聪七、八、九等三年档案，本堂随开库查明，并无此档，相应移付贵馆，查照可也。须至移付者。右移付，国史馆。乾隆四十年二月初七日。"（《国史馆·编纂档》）此件由中书舒明阿签押。

十二日，大学士、军机大臣舒赫德等，为遴办《无圈点老档》抄本事，奉旨呈奏。其原折为满文，现将原折满文，用拉丁字转写，并加汉文对译，以便参酌。满文全文、汉文对译如下：

aliha bithei da uhede sei ginggulеme wesimburengge;
大学士　舒赫德 等　谨　奏

hese be baire jalin. amban be baicaci, dorgi yamun i
旨 把 请求 为　大臣 把 查得　内阁　的

namun de asaraha tongki fuka akū hergen i fe dangse,
库　在 存储的 点　圈　无　字　的 老 档子

uheri gu-sin nadan debtelin, erei dangse i hooan
共　三十　七　册　这　档　的 纸张

aniya goidafi manaha bime araha bergen te i hergen ci
年　久　糟旧　且 写的　字　今的　字　比

encu takara de mangga turgunde, abkai wehiyehe i ningguci
异 辨识 于 难 缘故 乾隆 的 第六

aniya, ortai, sioi yuwan meng de hese wasimbufi, tongki
年 鄂尔泰 徐 元 梦 于 旨 降 点

fuka akū hergen be tuwame te i hergen kamcibume juwan
圈 无 字 把 看 今的 字 使兼 十

juwe uju be dahame, emu yohi bithe banjibume arabufi,
二 字头 把 依照 一 部 书 编 写

fe dangse be afaha tome hooan jibsime biyoolafi
老 档子 把 页 每 纸张 衬托 裱

dasame kiyalafi namun de asarabuhabi. amban be hujufi
重新 装订 库 于 使存储 大臣 我们 俯伏

gūnici, fe dangse de taidzu taidzung forgon i fukjin
想 老 档子 在 太祖 太宗 时代 的 初

gurun be neihe gungge faan jakūn gūsai mirui
国 把 开 功 绩 八 旗的 牛录的

sekiyen sirara hafan buhe da turgun be yooni arahabi.
根源 承袭 官 给的 根 缘由 把 都 写了

holbobuhangge ujen oyonggo te udu juwan juwe uju bithe
关系 重 要 今 虽 十 二 字头 书

be acabuma tuwame, fe dangse i hergen be takaci ocibe,
把 对 看 老 档子 的 字 把 辨认 可以

baita teisulefi baicara dari, debtelin aname
事情 遇到 查 每 册 依次

fuhaame tuwara be akū obume muterakū. eredade,
反复 看 把 无 依然 不能 况且

tongki fuka akū fe dangse, damu ere emu yohi teile,
点 圈 无 老 档子 唯 这 一 部 仅仅
udu hooan jibsime biyoolaha bicibe, dangse i
虽 纸张 衬托 裱糊 虽然 档子 的
hooan jiduji ferekengge aniya aniya i baicame
纸张 毕竟 糟旧了 年 年 的 查
genehei dangse i hergen hishabume manabure de isinara
过去 档子 的 字 被摩擦 损伤 于 至
be boljoci ojorakū. bahaci, te hergen i songkoi encu
把 预料 不可 请 今 字 的 依照 另
emu ubu icihiyafi gingguleme arafi tuwabumei bebufi
一 部 办理 谨 缮 使看 进
dergici toktobuha manggi, dorgi yamun i namun de sindafi
呈 上从定 后 内阁 的 库 于 放置
baicara de belhebuki. fe dangse be gingguleme asarabuki
查 于 使准备 老 档子 把 谨使 存储
hesei yabubuci, amban be acara be tuwame gurun i
旨 想要 大臣 用 公允 若 酌情 国 的
suduri kuren i banjibume arara hafan sembi. i jergi
史 馆 的 编修 等 官 称为 的 品级
hafasa be tucibufi hacihiyame te i hergen i eme ubu
官员们 把 派出 赶紧 今 的 字 用 一 部
sarkiyame arafi debtelin aname amban be acabume tuwafi
抄录 写 册 依次 大臣 我们 校对 看
siran siran i tuwabume ibebuki. jai tucibufi icihiyabure
陆续 地 使阅览 进呈 再 派出 办理

niyalma de encu budai derei menggun bahaburaku obuki.
人 于 另 饭 桌 银 不发给 使然

bairengge ejen jorime tacibureo. erei jalin gingguleme
伏乞 皇上 指 教 此 为 谨

wesimbuhe.
奏

以上大学士舒赫德等的满文奏折，汉译如下：

大学士舒赫德等谨奏：为请旨事。臣等查得，内阁库存《无圈点老档》，共37册。因该档之纸，年久糟旧，且所写之字，异于今字，难以辨识。故于乾隆六年，命鄂尔泰、徐元梦按无圈点字，兼书今字，依十二字头，编写一部，将《老档》逐页托裱，重订存库。臣等伏思，在太祖、太宗时，开国（勋臣）之功绩、八旗佐领之根源、给予世职之缘由，俱书于《老档》，关系至要。今虽比照十二字头之书，可识《老档》之字，然遇事辄查，未免逐册，反复翻阅。况且，《无圈点老档》仅此一部，虽经托裱，但档册之纸，究属糟旧，年年查阅，以至档册，文字擦损，亦未可料。请照今字，另办一份，敬缮呈览。俟钦定后，置于内阁之库备查，将《老档》恭藏。如蒙俞允，臣等酌派国史馆纂修等官，趱紧以今字，抄录一份。臣等逐卷校阅，陆续呈览。所派出办理官员之饭食银，不再另发。伏乞皇上赐示。为此谨奏。

同日，大学士舒赫德等奏称："该臣等查得，内阁库存《无圈点老档》，共三十七册。因该档之纸，年久糟旧，且所写之字，异于今字，难以辨识。故于乾隆六年，命鄂尔泰、徐元梦按无圈点字，兼书今字，依十二字头，编写一部，将《老档》逐页托裱，重订存库。臣等伏思，太祖、太宗时开国之功绩、八旗佐领之根源、给予世职之缘由，俱书于《老档》，关系重要。今比照十二字头之书，可识《老档》之字，然而遇事辄查，未免逐册翻阅。况且，《无圈点老档》，仅此一部，虽经托裱，但档册之纸，究属糟旧，年年查阅，以至档册之字擦损，亦未可料。请照今字，另办一份，敬缮呈览。俟钦定后，置于内阁之库以备查，将《老档》恭藏。如蒙俞允，臣等酌派国史馆纂修等官，赶紧以今字，钞录一分。臣等逐卷校阅，陆续呈览。”（《国史档·清折档》）

同日，“军机大臣等奏：内阁大库恭藏《无圈点老档》，年久糟旧，所载字画，与现行清字不同。乾隆六年，奉旨照现行清字，纂成《无圈点十二字头》，以备稽考。但以字头，厘正字迹，未免逐卷翻阅，且《老档》止此一分，日久或致擦损。应请照现在清字，另行音出一份，同原本恭藏。得旨：是，应如此办理”[1]。

二十三日，舒赫德、于敏中二位中堂谕：“派办《无圈点老档》之内阁中书舞量保，所有本衙门差务，暂行停止。奉此。相应移付贵堂，查照可也。须至移付者。右移付，满本堂。乾隆四十年二月二十三日。”（《国史馆·编纂档》）

三月

初三日，调派人员办理《无圈点老档》之重抄，国史馆移

〔1〕《清高宗实录》卷九七六，乾隆四十年二月庚寅。

付满本堂、汉本堂和蒙古堂："查中书隆兴、瑚礼布二员，官亮、达敏二员，成永、三官保二员，现在办理《无圈点老档》，所有应得公费等项，仍在贵堂支领外，至该员等名下每月应扣茶费等项，概行毋庸坐扣。相应移付贵堂，查照可也。"末署乾隆四十年三月初三日。(《国史馆·编纂档》)

初五日，"奉提调图、庆老爷谕：现在奏明办理《无圈点老档》，添派满誊录官富亮，敬谨恭缮，毋得草率。奉此。三月初五日"(《国史馆·编纂档》)。

二十日，《清内阁库贮旧档辑刊·叙录》中引用历史语言研究所藏乾隆四十年三月二十日大学士舒赫德等趱办老档奏本。引文曰："本年二月十二日，奏明将内阁大库恭藏《无圈点老档》三十七本，交国史馆纂修等官加增圈点，照紧赶办，陆续进呈。……查《老档》原页共计三千余篇，今分页缮录，并另行音出一份，篇页浩繁，未免稽延时日。虽《老档》卷页前经裱托，究属年久糟旧，恐日久摸擦，所关甚巨。必须迅速趱办，敬谨尊藏，以昭慎重。"[1]

四月

初三日，档案记载："奉图、麟二位老爷谕：承发房供事陶晋三，着在书库行走，所有承发房供事正缺，以张简充补，并着车书帮办承发书房事务。奉此。四月初三日。"(《国史馆·编纂档》)该件为夹片，插在四月十二日条前，故系于此。

初四日，分设三股，规定限额，按时稽查，不顾情面。"奉图都老爷谕：所有《无圈点老档》，现设三股办理。今以每日

〔1〕《清内阁库贮旧档辑刊·叙录》，国立北平故宫博物院文献馆编印，1935年。

每股，限音写三十篇，共应交功课九十篇。本院以五日稽查一次，何股短少功课，初次责惩经手供事，将承办之员记过；二次短少即令承办之收掌，查明系何项人员，本院立即回堂办理，断不看顾情面。各宜自慎凛遵。特谕。四月初四日。"（《国史馆·编纂档》）该件为散页，插在五月初七日前，故系于此。

十二日，国史馆移付方略馆："照得本馆奏明，办理《无圈点老档》，应查大金阿骨打汗、阿骨打弟太宗吴乞买、成吉思汗（下残）三人。贵馆承办金国语处，查明三名，相应移付贵馆承办金国语处。详细查明，移付本馆可以。右移付方略馆。乾隆四十年四月十二日。收掌景昌押。"〔1〕(《国史馆·编纂档》)

二十九日，国史馆移文满本堂，调取《清太祖高皇帝实录》："国史馆为移付事。照得本馆办理《无圈点老档》，奉舒、于中堂谕：每日恭请太祖高皇帝清、汉实录，全部逐日请出，至国史馆，敬谨查对。仍于每日酉刻送库恭贮。奉此。相应移付贵堂，查照开库恭请可也。右移付，满本堂。乾隆四十年四月二十九日。"（《国史馆·编纂档》）

五月

初六日，"奉舒、于二位中堂谕：翻译官德膺、龄福，票签中书富伸布、兴宁，着在老档上协同各纂修、分校兼行，奉此。相应移付贵处，即行知会该员等，赴馆办事可也"（《国史馆·编纂档》)。此件署乾隆四十年五月初六日。贵处即为满票签处。

同日，又奉舒赫德、于敏中二位中堂谕："凡老档上分校及

〔1〕 录者注：阿骨打等三人名为满文。

承办之纂修等官，如正本内有一二处舛错者，经本阁看出，初次记过，二次定行指名参处，毋得自误。奉此。”（《国史馆·编纂档》）此件之前为“五月初六日奉”，接着为“又奉”即本件，故系于此。

初七日，舒中堂谕：“嗣后《老档》正本，务须加意，敬须加意，详细校对妥协。送阅时将专办之校对、音清、誊录等职名开送，遇有错误，惟该员是问。奉此。”（《国史馆·编纂档》）此件首记“五月初七日奉”，故系于此。

同日，舒赫德已看过《无圈点老档》抄本两本：“今日，舒中堂将老档二本，俱已阅过。定于十六日奏递。并奉谕：此后《老档》正本，务须加意，敬谨缮录，详细校对妥协。送阅时将专办之纂修、校对、音清、誊录等职名开送，遇有错误，惟该员是问。奉此。五月初七日。”（《国史馆·编纂档》）

十一日，国史馆移付满票签处：“舒、于二位中堂谕：满票签中书顺扬保、景顺、德麟、色布、星额，着在国史馆老档上分校处兼行。奉此。相应移付贵处，作速知会各该员，赴馆办事可也。”末署乾隆四十年五月十一日。（《国史馆·编纂档》）

十三日，为准备进呈事，“中堂谕：所有《老档》正本，交该馆纂修等再行详细校对，以备十六日进呈。其续接应进之正本，亦着预行详细校妥，以备送阅。奉此。五月十三日”（《国史馆·编纂档》）。

七月

初二日，“奉舒中堂谕：所有癸亥第一册《老档》音清副本，错误处甚多，殊属怠玩。其校对、翻译官景明，加圈点中书成永、隆兴，俱着记大过一次。嗣后如再有舛误，定行指名参奏。

特谕”(《国史馆·编纂档》)。癸亥年即天命八年(1623)。

二十五日,奉“舒中堂谕:本馆满协修官芳泰,令专办《皇清开国方略》清文。其《老档》底本,着中书隆兴、瑚里布,敬谨办理。奉此。七月二十五日”(《国史馆·编纂档》)。瑚里布,又作瑚礼布。

是月,国史馆移付满本堂:“照得本馆办理《无圈点老册档》,奉舒、于中堂谕:‘每日恭请太祖高皇帝清、汉《实录》,于酉刻归库。’今应恭查壬戌、癸丑两年《实录》。今派收掌官贵保恭请。相应移付贵堂,开库恭请到馆可也。须至移付者。右付,满本堂。收掌贵保。”(《国史馆·编纂档》)

同月,国史馆移付满本堂:“照得本馆恭进太祖高皇帝天命四年己未(1619)老册档,奉旨查对清、汉实录恭进。相应移付贵堂,即刻开库,恭请到馆抄录,以便今日发围可也。须至移付者。右付,满本堂。乾隆四十年七月。收掌台(伦)。”(《国史馆·编纂档》)

八月

二十六日,舒赫德谕:“中书福森布、兴宁,着在国史馆校对《老档》正本,其票签差务,暂行停止,俟四五个月后,校对完竣,即赴票签处当差。奉此。八月二十六日。”(《国史馆·编纂档》)

二十七日,“奉提调老爷谕:现在赶缮《老档》,所有派办、收拾、挖补书篇之满誊录官佐韬、同福,每日轮流值日,毋得误班不到,如遇书内因收拾、挖补迟延者,惟该员等是问。特谕。八月二十七日”(《国史馆·编纂档》)。

是月,“提调老爷谕:办理《老档》正本,并校对处供事等知悉，每日务分早、晚班次。每值早班供事，将应缮书篇，发眷录各官缮写；晚班供事，从收掌官处领书收贮，至次早即交校对处供事领去，转送勘校，俟校完时，敬谨收贮。该供事等如有误班不到，以及缮写、校勘迟延者，即将承办供事，咨回原衙门，断不宽容。特谕”（《国史馆·编纂档》）。此件档案，无年月日，因与上面档案抄在同一页，且装订在册，故系于此月。

九月

初一日，“奉舒中堂谕：派蒙古堂中书成泰，办理国史馆《无圈点老档》，所有本衙门差务，暂行停止。遇有保送升迁之处，仍照原资办理。奉此。九月初一日”（《国史馆·编纂档》）。此份档案，共有两件，内容相同，录其一件。

初六日，协办大学士、军机大臣官保中堂谕：“蒙古堂中书成永，不必在馆行走，仍回本堂当差。其缺补派该堂中书扬保，办理《无圈点老档》。所有本衙门差务，暂行停止。遇有保送、升迁之处，仍照原资办理。奉此。九月初六日。”（《国史馆·编纂档》）此件有月日而无年，查官保死于乾隆四十一年三月，故此条系于四十年。

十七日，“奉中堂谕：校对正本，最为紧要。该纂修等官，各按派定课程，详细查考，毋得怠玩。着提调等将现办《老档》若干本，酌量分派，登记册簿。每股每日，各对一卷，每十日呈报功课一次，月底汇报一次。本阁按簿稽查，勤惰立见。其各凛遵勿忽。特谕。奉此。所有派定功课，本提调遵堂谕，开列于后。计开：第一股：校对正本，音清本——成善、扬保、景明，原本——隆兴、魏廷弼；第二股：音清本——明善、宝淑、沃克精额，原本——瑚礼布、书文；第三股：音清本——诺穆福、官亮、爱星阿，原本——富伸布、诚泰。以上每股各对一本，一月可得原本、音清各九十本，共一百八十本，闰十月内即可以对完。舞量保、兴宁、达敏、观澜，检阅进呈正本及粘贴黄签，分算行数，办理清字略节、一切查奏事件。九月十七日”（《国史馆·编纂档》）。在上文，舞量保即无量保。其文后署月日而未署年，但行文中有“闰十月”三字，乾隆四十年闰十月，故将本谕排在此年。

二十七日，“奉中堂谕：现在赶办《老档》，所有学习中书继善，着仍在老档处，赶缮书篇，并老清语。俟书竣之日，即回满本堂当差。奉此。九月二十七日”（《国史馆·编纂档》）。

同月，还有两件移文。其一，国史馆移付蒙古堂：“国史馆为移付事。所有中书成泰，现在办理《无圈点老档》，其本衙门差务，暂行停止。遇有保送、升迁之处，仍照原资办理。相付贵堂，查照可也。须至移付者。右移付，蒙古堂。乾隆四十年九月□日。”（《国史馆·编纂档》）其二，国史馆移付满本堂：“国史馆为移付事。照得本馆办理《无圈点老档》，内有恭查太祖高皇帝四年、五年、六年清、汉实录，相应移付贵堂，于明日开库，恭请到馆，恭阅可也。须至移付者。右移付，满本堂。乾隆四十年九月□日。”（《国史馆·编纂档》）

十月

初四日，国史馆移付满票签、满本堂文曰：“奉舒、于二位中堂谕：本馆办理《无圈点老档》，现在赶办，陆续进呈。着派内阁侍读图桑阿、崇泰，帮办国史馆递书、回书事务。奉此。相应移付贵堂，查照可也。右移付，满票签，满本堂。乾隆四十年十月初四日。”（《国史馆·编纂档》）类同文件，共有三件，兹取其一，可见概貌。

十一日，“提调图、庆二位老爷谕：所有查办地名，并无年月《老档》，同老清语工课，限五日一交。《老档》译汉及《皇清开国方略》翻清工课，十日一交，呈送中堂阅。再派收掌官长庚、景昌，查应交工课。奉此。十月十一日”（《国史馆·编纂档》）。前文“工课”之“工”，未用“功”字。但是，同日另有一件，内容与上件相同，亦全录于下。“提调图、庆二位老爷谕：所有查办地名，并无年月《老档》，同老清语工课，限五日一交。《老档》译汉及《皇清开国方略》翻清工课，十日一交，呈送中堂阅。再派收掌官长庚、景昌，查应交工课。奉此。十月十一日。”（《国史馆·编纂档》）

同日，“奉提调老爷谕：派供事马思贤缮写清字地名，董玫、史伦缮写汉字地名，钱志显收交清、汉地名，钱允若收交老清语，按五日一次，交收掌刘开玉、张简。按十日一次，交译汉老档。奉此。十月十一日”（《国史馆·编纂档》）。

此外，有一件未记年月日，但订在上件之下，十三日件之上，内容相关，故排在此。又“奉提调图老爷谕：派满誊录王兆麟、查朗阿，帮办地名。奉此”（《国史馆·编纂档》）。

十三日，“奉提调图、庆二位老爷谕：奉中堂谕：令在本馆满、汉誊录内，拣选各八员，前赴翻书房，缮写《三合字清文鉴》，奉此。今派定满誊录官舒通、喜敬、苏桑额、衍福、永恰布、余庆、增福、乌尔衮，汉誊录官严鸣、梅澍、詹廷献、左琦、王乔年、吴炳、王述缙、高桂，前赴翻书房，缮写《清文鉴》，所有本馆应写书篇工课，仍照旧缮写。奉此。十月十三日”（《国史馆·编纂档》）。此件档案，楷书精抄，装订在册，顺序明确。

二十四日，“奉舒、于二位中堂谕：中书宝淑现在补放颜料库司库，所有本馆翻译官额缺，毋庸另补，仍令其照旧办事。奉此”（《国史馆·编纂档》）。此件首署“十月二十四日奉”云云，时间清楚。

二十七日，国史馆“奉提调图、庆二位老爷谕：本馆向例翻译等官内轮流值宿，近有旷班竟不值夜者，除已往不究外，嗣后派定班次，如有仍前旷班者，立即回堂咨退，毋得自误。特谕。十月二十七日”（《国史馆·编纂档》）。

三十日，国史馆移付满本堂，“照得本馆办理《无圈点老档》译汉，需恭阅《太祖高皇帝实录》。相应移付贵堂，于闰十月初一日开库，每日请出一套至馆，敬谨恭阅。仍于每日送库恭贮可也。右付，满本堂。乾隆四十年十月三十日”（《国史馆·编纂档》）。

闰十月

十三日，“大学士臣舒赫德、臣于敏中谨奏：为恭进《无圈点册档》事。臣等敬谨办理太祖高皇帝，天命六年五月册档，音写一本，并照写原档一本。恭呈御览。谨奏”（《满本堂·堂谕档》）。

二十一日，国史馆移付满本堂，“本馆于本年曾在内阁大库，移取《无圈点老档》等三十七本，内有天命、天聪年分俱无短少，所有崇德年分等八年，今只有崇德元年丙子一年《老档》，其二年至八年并无此档。本馆既奉舒中堂谕‘彻底清查，立等覆奏’等谕，应将崇德二年至八年有无之处，相应移付贵堂，速即开库查明，移覆过馆，以便今晚奉覆中堂可也。须至移付者。右移付，满本堂。乾隆四十年闰十月二十一日”（《国史馆·编纂档》）。

二十二日，国史馆移付满本堂：“照得本馆奉旨办理《无圈点老档》，先经贵堂付送《老档》三十七本在案。今奉舒、于中堂谕：恭阅老档内止有崇德元年《老档》二本，其二年起至八年《老档》，有无存贮之处，着即查。奉此。相应移付贵堂，开库逐细查明，即日移覆过馆，以便回堂可也。须至移付者。右移付，满本堂。乾隆四十年闰十月二十二日。”（《国史馆·编纂档》）

二十三日，国史馆为查询崇德二至八年《老档》事，移付典籍厅：“本馆奉旨办理《无圈点老档》，先准满本堂将老册档三十七本付送本馆在案。现奉堂谕：查崇德二年以后有无存贮《老档》之处，相应移付贵厅，逐细检查，即日移付过馆，以便回堂，事关紧要，幸无刻迟可也。右付，典籍厅。乾隆四十年闰十月二十三日。”（《国史馆·编纂档》）

二十七日，“闰十月二十七日，奉舒中堂谕：所有派办校对《老档》正本，理宜赶办送阅，以备进呈。嗣后每日，呈送二卷，不得稽迟。奉此”（《国史馆·编纂档》）。

十一月

初三日，“大学士臣舒赫德、臣于敏中谨奏：为恭进《无圈点册档》事。臣等敬谨办理太祖高皇帝，天命六年九月、十月册档，音写一本，并照写原档一本。恭呈御览。谨奏”（《满本堂·堂谕档》）。

同日，“奉提调图都老爷谕：嗣后每逢回书、递书，俱要二位收掌齐到，如有托故不到，定行指名，回堂参奏，毋得自误。奉此。十一月初三日”（《国史馆·编纂档》）。此件有月日而无年，其上件为十月十三日，且为楷书，装订在册，故将其系于此年。

初七日，国史馆为移付事：“准贵处付称：奉堂谕：所有太祖击破四路明兵清字原折，着取来核对，奉此。等日前来。今

将清字原折移付贵处，查照可也。须至付者，计原折壹件。乾隆四十年十一月初七日。”（《国史馆·编纂档》）

同日，国史馆移付典籍厅：“准贵厅付称：本馆付查办理《无圈点老档》，崇德二年以后，有无存贮《老档》之处。今将本衙门自行查出崇德年间事件，回明各位中堂。奉舒中堂谕：交国史馆纂修、分校，查出应用事件呈阅。奉此。所有查出崇德年间事件，列清单移送过馆，赴厅领取可也。计清单一纸。乾隆四十年十一月初七日。”（《国史馆·编纂档》）

初九日，“谕：朕恭阅旧满洲档册，太祖、太宗，初创鸿基，辟取舆图甚广，即如叶赫、乌拉、哈达、辉发、那木都鲁、绥芬、尼玛察、锡伯、瓜勒察等处，皆在旧满洲档册之内。虽在东三省所属地方，因向无绘图，竟难按地指名，历为考验。迩来平定准噶尔、回疆等处时，朕特派大臣官员，将所有地方，俱已绘图，昭垂永久。列祖初开鸿业，式廓疆圉，岂可转无绘图？着恭查满洲档册，详对盛京志、实录，缮写清单，札寄盛京、吉林、黑龙江将军等，各将省城为主，某地距省城几许，现今仍系旧名，或有更改，并有无名山大川、古人遗迹，逐一详查，三省会同，共绘一图呈览”[1]。

乾隆四十一年（1776）丙申

五月

十五日，“奉舒中堂谕：办理《老档》，原奏定一年告成，现已届期。正本虽已覆校完竣，未经检阅妥协及粘贴黄签者，尚有一百零六本。今添派校对中书官亮、达敏、瑚礼布，翻

〔1〕《清高宗实录》卷九九六，乾隆四十年十一月壬午。

译爱星阿、景明、魏廷弼，誊录继善、德成、沃克精额等九员，会同总股校对中书舞量保、兴宁、三官保等三员，上紧赶办，限于六月初六日，全行完竣，以便按期奏闻。每日限定校妥册档六本，即交轮派之收掌官，逐日呈报登记各员名姓，以便查核。承办各员，如有迟误、草率，并收掌官徇情短收及限内不能完竣者，即行指名参处，毋贻后悔。特谕。五月十五日”(《国史馆·编纂档》)。该条有月日，而无系年。从其内容及排档顺序，可断定是为本年。

八月

二十七日，为办理阿哥书房即上书房《老档》事，“八月二十七日，奉提调老爷谕：交现在赶办《老档》之誊录官等，所有缮写书篇，务须逐日，交纳功课，毋得迟玩。总以三个月为限，才可校对呈堂，以便转送阿哥书房备阅。倘有怠惰因循、了草塞责书篇，必致更换，断不能克期完竣，有干各自功名，不得不预为明示。倘嗣后功课有误，字画了草，一经察出，议叙时断不前引，勿谓言之不早也。特谕”(《国史馆·编纂档》)。此条紧接上件，并考虑到内容，故断定为本年。

同日，“又奉提调老爷谕：交收掌房收掌官员，务须每日按定早、晚班到馆。每值晚班者，承收各誊录官所缮书篇，查明若干，转交值班供事收贮；于次日早班之收掌，将前一日所收之书篇，令存贮书篇之供事取出，交核对处供事，转送勘校。仍限三日一次呈报：共收誊录处书篇若干卷，共收已校对过书篇若干卷。再校对处于每日每股校书一本，亦限三日呈报。倘有迟玩，惟收掌官是问。特谕”(《国史馆·编纂档》)。此为行书记录件，紧接上条，并装订在同页，亦断定为本年。

九月

二十七日，“奉舒、于二位中堂谕：侍读伍灵泰、崇泰，着帮办国史馆递书、回书事务。奉此”（《国史馆·编纂档》）。此件虽为粘着之散片，但其文首有“乾隆四十一年九月二十七日奉”十三个字，故时间是肯定的。

乾隆四十二年（1777）丁酉

四月

初三日，档案记载：“玉牒馆因人员不敷应用，奏准于国史、方略、经馆清字誊录内，各咨取十名，协同缮写清字等因，移会前来。经本馆拣选得字画端楷之效力满誊录官，同福等十员，于四月初九日，回明舒、于二位中堂。奉谕：同福、德成、崇安、麟祥、福宁、噶尔炳阿、克蒙额、隆泰、恒泰、恩麟，着拨送玉牒馆，自备资斧，效力缮写清字，仍兼本馆行走。奉此。”（《国史馆·编纂档》）上文的噶尔炳阿，又作噶尔秉阿。同文两件，内容雷同，一行书，一楷书，前者装订，后者散页。此件虽为楷书散页，但其文首有“乾隆四十二年四月初三日”十一字，故系于本年是明确的。

十九日，关于契丹、女真、蒙古、满洲之文字，国史馆移文方略馆查询。其文曰：“国史馆为付查事：照得本馆办理《老档》内，需查大辽、大金、大元、大清文，应单写、连写之处，相应移付贵馆，希即查覆本馆，以便缮写可也。须至移付者。右付，方略馆。乾隆四十二年四月十九日。兴宁老爷押。”（《国史馆·编纂档》）

九月

初一日，“奉舒中堂谕：所有阿哥书房正本，先将已进呈过之天命年间册档五十四本，校对妥协，俟皇上回銮之日，即应恭送阿哥书房，毋得迟误舛错，致干考成。奉此。九月初一日”(《国史馆·编纂档》)。此件原档，为粘贴页，有月日，而无年，依其内容，应在本年。

二十四日，“大学士公臣阿桂、大学士臣于敏中谨奏：为恭进《无圈点册档》事。臣等敬谨办理太宗文皇帝，天聪元年七月至八月册档，音写一本，并照写原档一本。恭呈御览。谨奏”(《满本堂·堂谕档》)。

乾隆四十三年（1778）戊戌

闰六月

二十八日，大学士公阿、大学士于谨奏：“为请旨事。臣等于乾隆四十年二月十三日，奉旨办理《无圈点老档》，节经奏明，酌派国史馆官员，敬谨办理。旋因篇页浩繁，请照恭修《玉牒》之例，于八旗候补中书、笔帖式、生监人员内，拣选额外帮办誊录，自备资斧，帮同缮写在案。今查，办就《加圈点老档》太祖丁未年至天命十一年八十一卷、太宗天聪元年至崇德元年九十九卷，照写《无圈点册档》一百八十卷，俱已陆续进呈。伏思《老档》所载，俱系太祖、太宗开创鸿图，所关甚巨，请将进呈《老档》正本三百六十卷，交武英殿遵依《实录》黄绫本装潢成套，及誊出《老档》底本三百六十卷一并装订，恭送内阁，敬谨尊藏，以昭慎重。再臣等前经面奉谕旨，另办《加圈点老档》一份，送阿哥书房，随时恭阅。遵即于乾隆四十一年六月二十三日，奏请仍交原办人员办理，统俟完竣时，应否议叙，再行请旨，仰蒙皇上俞允。今已办理完竣，请一并装潢，恭送阿哥书房，敬谨存贮。再臣等遵旨办理《盛京吉林黑龙江舆图》，并即于办理老档熟练人员内拣派，敬谨办就，亦经进呈发下。查该承办人员，自乾隆四十年在馆办理，迄今已逾三年，共办《老档》九百本、《舆图》五排，均属小心奋勉，详细校录。可否量予从优议叙，出自皇上天恩。如蒙俞允，臣等将承办《老档》《舆图》之纂修、提调、收掌、翻译、誊录等官，并额外帮办誊录及供事等，分别等第，造册咨部办理。至额外帮办誊录在馆，自备资斧，效力行走，已逾三年。今《老档》《舆图》既经完竣，则该员等并无接办事件，请照此次恭修《玉牒》告成之例，交部分别铨选，毋庸另扣到馆年限。是否有当，伏候睿鉴。为此谨奏，请旨。乾隆四十三年闰六月日。"[1]

此呈堂稿，大学士阿桂、于敏中批示日期为：闰六月二十八日。

七月

初三日，大学士、军机大臣阿桂，大学士、军机大臣于敏中，为办理《无圈点老档》和《舆图》完竣，奏请将有关官员等，咨吏部议叙事，档案记载："国史馆为咨送事。照得，本馆总裁大学士公阿、大学士于，为办理《无圈点老档》《舆图》完竣，奏请将在馆办理《老档》《舆图》之纂修、提调、收掌、翻译、誊录等官，并额外帮办誊录及供事等，分别等第，咨部议

〔1〕《国史馆·人事档》卷七四二，国史馆为议叙办理老档、舆图官员事。

叙一折，于乾隆四十三年七月初三日具奏。本日奉旨：知道了。钦此。”（《国史馆·人事档》卷七四二）

十八日，国史馆为办理《老档》和《舆图》告竣，奏准将有关官员，分别等级，议叙之事，咨文吏部。现存《堂稿》，酌加摘录：“国史馆为咨送事。照得，本馆总裁大学士公阿、大学士于，为办理《无圈点老档》《舆图》完竣，奏请将在馆办理《老档》《舆图》之纂修、提调、收掌、翻译、誊录等官，并额外帮办誊录及供事等，分别等第，咨部议叙一折，于乾隆四十三年七月初三日具奏。本日奉旨：知道了。钦此。谨遵，知照吏部在案。今将应行议叙之纂修、提调等官拾陆员，并额外帮办誊录叁拾柒员，供事贰拾名，造具等第、履历清册，移送吏部，查照办理可也。理合呈明总裁大人，伏候，批示遵行。

“计开

“列为一等，提调官觉罗图思义、庆玉贰员；

“列为一等，满纂修官觉罗麟喜、汉纂修官彭绍观贰员；

“列为二等，满纂修官明善一员；

“列为一等，校对官陆员：临保、兴宁、达敏、三官保、官亮、爱星阿；

“列为二等，校对官五员：窝星额、瑚里布、隆兴、景明、仲福；

“额外帮办誊录三十七名：

“拟一等，十六名：景昌、继善、同福、台伦、德成、麟祥、福宁、乌尔衮、景凯、崇安、恩麟、沃克精额、王兆麟、恒泰、查朗阿、善明；

“拟二等，二十一名：克蒙额、噶尔炳阿、得禄、塔尔秉阿、塔克慎、阿克东阿、苏明阿、贵保、隆泰、永恰布、塔宁阿、服松、海宁、商安、增福、岱明安、喜敬、余庆、宝德、观澜、衍福；

“供事二十名：

“拟一等，八名：王耀、朱涵、张简、刘开玉、车书、王凤诏、董枚、叶永青；

“拟二等，十二名：杜鸿纬、马思贤、吕明义、杜文涛、孙世恒、林邦干、潘光耀、时和、吴浩、程立端、丁凤梧、张凌云。

“以上额外帮办誊录及供事，共计五十七名。

“乾隆四十三年七月十八日。”（《国史馆·人事档》卷七四二）

二十七日，国史馆为移送议叙帮办誊录离馆事，呈《堂稿》于总裁阿桂、于敏中，副总裁程景伊、福隆安、和珅。《堂稿》曰：“国史馆为移会事。照得，本馆前经奉旨，办理《无圈点老档》，因在馆人员不敷缮写，即于四十年二月内奏明，于八旗候补选中书、笔帖式以及生监人员内，拣选额外帮办缮写书篇。今《老档》俱已办理完竣，经本馆于本年七月初三日，奏请量予从优议叙，并声明本馆并无接办事件，毋庸另扣年限。所有已行议叙之额外帮办满誊录景昌等三十五员，及未入议叙之满誊录广闻一员，俱已离馆。再查，已行议叙之满誊录乌尔衮等八员，前送翻书房，仍兼本馆行走。今准翻书房付称，仍留乌尔衮、王兆麟、海宁、隆泰、喜敬、增福、沃克精额、同福等，专在翻书房缮写《三合清文鉴》。相应一并开明该誊录旗分佐领，行文值年旗，转行各该旗查明可也。理合呈明总裁大人，批示遵行。乾隆四十三年月日。”（《国史馆·人事档》卷七四二）上文中的程景伊，时为协办大学士、吏部尚书，福隆安时为军机大臣、兵部尚书，和珅时为军机大臣、户部左侍郎兼步军统领。

九月

十九日，乾隆帝命《无圈点老档》再办一份，送盛京贮藏。史载："今于九月十九日，奉旨：着再写一份，送盛京尊藏。钦此。"（《国史馆·人事档》卷七四二）上条材料表明，《无圈点字档》（崇谟阁本）和《加圈点字档》（崇谟阁本）的发抄工作，始于乾隆四十三年（1778）九月十九日。

十月

初二日，国史馆为遵旨再办一份《无圈点老档》送盛京贮藏，拣选帮办满誊录内德成等十员事，《呈稿》大学士、军机大臣阿桂，大学士、军机大臣于敏中。《堂稿》曰："照得，本馆办理《无圈点老档》业经告竣，所有拣选在馆帮办满誊录官，已于七月初三日，奏请量予从优议叙，将该员等咨回各该旗在案。今于九月十九日奉旨：着再写一份，送盛京尊藏。钦此。今酌于帮办满誊录内拣选得，德成、噶尔炳阿、查郎阿、乌尔衮、得禄、塔尔炳阿、永恰布、隆泰、沃克精额、王兆麟等十员在馆，仍令自备资斧，上紧缮写完竣，以便恭送盛京尊藏。相应知照吏部并值年旗，转行知照各该旗，饬令该誊录等，赴馆缮写可也。理合呈明中堂，伏候批示遵行。乾隆四十三年十月□日。"（《国史馆·人事档》卷七四二）此件《堂稿》，阿桂、于敏中于当月初二日签阅。

初五日，关于办理盛京崇谟阁本《老档》事，记载："乾隆四十三年十月，奉阿、于中堂谕：现在遵旨，再办《老档》一份，恭送盛京。仍派前次办理之内阁中书兴宁、继善、三官保、达敏、贵保、瑚里布、官亮、隆兴等八员，上紧赶办。所有本衙门差务，暂行停止。至各员遇有保送、升迁之处，各堂仍照原资办理。奉此。十月初五日。”(《国史馆·编纂档》)上文中的阿中堂，即是武英殿大学士、军机大臣阿桂。时原武英殿大学士、军机大臣舒赫德已于同年四月二十二日死，阿桂由协办大学士于六月初三日补授武英殿大学士。文中的瑚里布，即瑚礼布。

初六日，“图老爷已将堂谕交满票签，发抄三堂”(《国史馆·编纂档》)。上件为折片，楷书，置于前件之后。其文似指将阿、于二位中堂的上述《堂谕》，交发满票签处，抄发满本堂、汉本堂和蒙古堂。

十五日，“奉阿、于中堂谕：现在遵旨再办《老档》一份，恭送盛京。仍派前次办理之内阁中书兴宁、继善、三官保、达敏、贵保、湖里布、官亮、隆兴等八员，上紧赶办……十月五日”(《满本堂·堂谕档》)。

乾隆四十四年(1779)己亥

三月

初十日，档案记载：“乾隆四十四年三月初十日，奉提调老爷谕：本月初十日，于中堂问及续办《老档》功课一事。本提调已将现今督催各承办人员，上紧赶办缘由回明。奉于中堂谕：此份《老档》，较前办理甚易，现已办理数月，何得任意耽延？即须严饬承办各员，勒期详细趱办，如有有意托故稽延者，即将该员带领回明，从重办理，为玩视公务者戒。将此传谕各承办人员知之。奉此。尔承办各员，共宜遵谕，终日在馆，上紧详细校核，统限于五月内，办理完竣。若有托故稽延、不实力校办者，经本提调查出，即将该员回堂，从重办理，勿视为具文也。特谕。”(《国史馆·编纂档》)

乾隆四十五年（1780）庚子

臣等遵查办理《无圈点老档》各官员，有连办三次者，有只办过第一次者，有续行派出帮办一次者。谨分别三单，恭呈御览。谨奏。查奉旨办理《无圈点老档》，原系二份，续经奉旨添办一份，共三份，现在全行完竣。上次二份办竣进呈时，未蒙恩赏。谨奏。遵旨拟赏恭缮《无圈点老档》之提调三员，每人大缎一匹；纂修九员，每人八丝缎一匹；誊录十员，每人五丝缎一匹。谨奏。臣福隆安、臣和珅谨奏：为奏闻事。臣等恭查，大学士公阿桂等，遵旨办理《无圈点老档》二份，缮写完竣，遂经奏明交武英殿装潢，恭送内阁及阿哥书房，敬谨遵藏。又奉谕旨：著再写一份，送盛京遵藏。钦此。钦遵，仍派原办官员上紧赶办。今将办出《无圈点老档》三百六十本装潢完竣，臣等遵旨交盛京户部侍郎全魁，恭赍盛京，敬谨遵藏。为此谨奏。〔1〕

二月

初十日，“将军福谨奏：为奏闻事。恭照乾隆四十五年二月初四日，据盛京户部侍郎全自京回任。遵旨恭赍《无圈点老档》前来，奴才福谨即出郭，恭请圣安。同侍郎全恭赍《老档》，至内务府衙门。奴才福查明：赍到《老档》共十四包，计五十二套、三百六十本，敬谨查收。伏思《老档》乃纪载太祖、太宗发祥之事实，理宜遵旨，敬谨尊藏，以示久远。奴才福当即恭奉天命年《无圈点老档》二［三］包，计十套、八十一本；天命年《加圈点老档》三包，计十套、八十一本，于崇谟阁《太

〔1〕 军机处满文《议复档》，第922号。

祖实录》《圣训》金柜内尊藏。恭奉天聪年《无圈点老档》二包，计十套、六十一本；天聪年《加圈点老档》二包，计十套、六十一本；崇德年《无圈点老档》二包，计六套、三十八本；崇德年《加圈点老档》二包，计六套、三十八本，于崇谟阁《太宗实录》《圣训》金柜内尊藏。并督率经管各员，以时晒晾，永远妥协存贮。……奉朱批谕旨：知道了。钦此”[1]。

《办理老档条规》

一、派办正副书篇人员，俱在敬谨恭缮，如有私行携出，立即回堂黜退，并令收掌官，逐日稽查，倘瞻情隐讳，一并回堂。

一、原派及现考取人员，俱于每日辰刻到馆，敬谨音缮，各按后开功课，上紧办理，其有该班告假者，概不准扣除功课。

一、功课五日一缴收掌官处，先行查核，如有短少者，立即举出，毋得瞻顾徇情。

一、音写副本人员，现在分股办理，每日每股交音写书篇三十页，如有短少，惟承办、收掌官是问。

一、恭写正本人员，每日每员照现进《国史列传》字画，书写两篇，交领办供事处存贮，五日汇齐一次，交承发供事查收，转交收掌查核。

一、缮写正本，每十篇准废纸一篇，如有逾额者，各自赔补，不准开销，其废篇一并缴回。

一、校对人员，每日于辰刻到馆，悉心校对正、副书篇，

---

〔1〕 辽宁省档案馆藏《黑图档·乾隆京行档》卷三七六，第19页，乾隆四十五年二月初十日。

交（校）对后交承值供事，转送纂修官复核后，即交承值供事，转送画一处，详核呈阅。

一、正本进呈发下后，令领办之供事，即送收掌官，敬谨尊藏书库，以昭慎重。

（《国史馆·编纂档》）

《老档书篇事宜》

一、凡赶办书篇，以八十篇为率，成本后即行进呈，每月两次。

一、凡书皮面，拟先用黄笺纸，告成后再通行装潢进呈。

一、凡档内重复者，毋庸誊录。

一、凡档内残缺至字迹不全，而又无甚紧要者，俱酌量采录。

一、凡档内人、地名，俱按实录，考查音出。

一、凡世职等官，俱按旗册，查对办理。

一、凡档内年月，俱按实录，查考编纪。

一、凡档内官衔，俱按原本音出。

一、凡应行回避字样，俱随照回避办理。

一、凡应抬写之处，俱照例抬写。

（《国史馆·编纂档》）

《老档书篇式样》

长一尺二寸五分，宽八寸，上白二寸三分，下白一寸二分，中九行白荡，每卷计八十篇成本，每本俱按年纪月成套，每套计四本，纸用白鹿纸，皮面用黄笺纸，进呈发下后装潢，皮面用黄绢，签用黄绫，套用黄绢，装订成部，原档计三千篇，分页计五千篇，共计六十四本，计成十六套。

再《无圈点老档》一同上成本、成套办理进呈。

（《国史馆·编纂档》）

办理《无圈点老档》呈送底单

乾隆三十九年（1774）甲午

十二月

初七日，"呈送天命乙丑（十年），音清（三十篇）、底本（二十篇）各一本"（《国史馆·编纂档》）。是为第一次呈送。

十三日，"呈送天命以前（四年）甲寅、乙卯，音清（三十五篇）、底本（二十一篇）各一本"（《国史馆·编纂档》）。文中"四年"似为"二年"之误。是为第二次呈送。

二十日，"呈送天命丙辰（元年）、丁巳（二年）、戊午（三年），音清（二十九篇）、底本（空）各一本"（《国史馆·编纂档》）。是为第三次呈送。

乾隆四十年（1775）乙未

正月

初五日，"呈送天命戊午（三年），音清、底本各一本，各二十八篇"（《国史馆·编纂档》）。是为第四次呈送。

初七日，前述第一、第二、第三、第四次呈送，共计四份，“俱于四十年正月初七日，由满票签交馆。初八日，即交供事王凤诏收去”（《国史馆·编纂档》）。初十日，“呈送天命戊午（三年），音清（二十六篇）、底本各一本。十一日交下，即交供事缪海涛收去”（《国史馆·编纂档》）。是为第五次呈送。

二十六日，“呈送天命己未（四年），音清（三十六篇）、底本各一本。（发园，图老爷、长老爷）二月初四日，由票签交供事王凤诏收去”（《国史馆·编纂档》）。是为第六次呈送。

二月

初七日，“呈送天命己未（四年），音清（二十三篇）、底本各一本。十四日发下，即于是日交供事杨珩收。图老爷、长老爷”（《国史馆·编纂档》）。是为第七次呈送。

十九日，“呈送己未音清（二十二篇）、底本各一本。麟老爷、长老爷送，二十一日收下，交杨手”（《国史馆·编纂档》）。是为第八次呈送。

二十三日，“呈送天命己未音清、底本各一本。图老爷、长老爷，由票签崇老爷交”（《国史馆·编纂档》）。是为第九次呈送。

三月

初五日，“呈天命己未音清、底本各一本。三月二十日交杨手”（《国史馆·编纂档》）。是为第十次呈送。

十四日，“呈天命己未音清、底本各一本”（《国史馆·编纂档》）。是为第十一次呈送。

四月

初七日，“呈天命庚申音清、底本各一本。十四日登核，于十五日发回。本月十四日，圆明园交回，交杨珩收”(《国史馆·编纂档》)。是为第十二次呈送。

十四日，“呈太祖丁未二十五年，音清、底本各一本。十五日收，交张”(《国史馆·编纂档》)。是为第十三次呈送。

十六日，“太祖壬子、癸丑，原本、音清各一本。十九日，交回。收掌景老爷送”(《国史馆·编纂档》)。此件无“呈”字。是为第十四次呈送。

十九日，“呈太祖甲寅、乙卯，各一本。兰收回。收掌阿老爷送”(《国史馆·编纂档》)。是为第十五次呈送。

二十三日，“天命五年庚申，各一本。初阅。麟老爷收掌，贵老爷送。二十四，收”(《国史馆·编纂档》)。是为第十六次呈送。

二十八日，“天命五年庚申，音清、底本各一本。初阅。麟老爷收掌，景老爷送。圆明园交回”(《国史馆·编纂档》)。是为第十七次呈送。

五月

初二日，“天命六年辛酉，音清、底本各一本。初阅。收掌贵老爷送”(《国史馆·编纂档》)。是为第十八次呈送。

十一日，“天命六年辛酉，原本、音清各一本。十二日，由园发回，交董收去。收掌景昌送”(《国史馆·编纂档》)。是为第十九次呈送。

十六日，“天命六年辛酉，原本、音清各一本。收掌贵老爷送。十六，陈石谦收回”(《国史馆·编纂档》)。是为第二十次呈送。

二十日，“天命六年辛酉，四册，原本、音清各一本。二十七，交下。王凤诏收。收掌贵老爷”（《国史馆·编纂档》）。是为第二十一次呈送。

二十三日，“天命六年辛酉，音清、原本各一本。收掌景老爷送。未呈送”（《国史馆·编纂档》）。

二十七日，“天命六年辛酉，第五册，底本、音清各一本。收掌阿老爷送。二十八日，交下”（《国史馆·编纂档》）。是为第二十二次呈送。

二十九日，“天命辛酉，原本、音清各一本。收掌景老爷送”（《国史馆·编纂档》）。是为第二十三次呈送。

六月

初一日，“天命辛酉，原本、音清各一本。收掌阿送。暂存□（此字不清）兄处”（《国史馆·编纂档》）。是为第二十四次呈送。

初二日，“天命六年辛酉，八册，原本、音清各一本。收掌景老爷送”（《国史馆·编纂档》）。是为第二十五次呈送。

十二日，“天命六年辛酉，九册，原本、音清各一本。收掌阿老爷送。十三日收”（《国史馆·编纂档》）。是为第二十六次呈送。

十三日，“天命六年辛酉，第十册，音清、原本各一本。收掌景老爷送。十四日收”（《国史馆·编纂档》）。是为第二十七次呈送。

十五日，“呈天命五年庚申，音清、底本各一本。收掌贵老爷送”（《国史馆·编纂档》）。是为第二十八次呈送。

同日，“又呈天命七年壬戌，音清、底本各一本。收掌贵老爷送”（《国史馆·编纂档》）。是为第二十九次呈送。

十七日，“呈天命七年壬戌，二、三册各一本。收掌贵老爷。第二册十八日收回”（《国史馆·编纂档》）。是为第三十次呈送。

十八日，“天命七年壬戌，各一本。收掌景老爷送”（《国史馆·编纂档》）。是为第三十一次呈送。

十九日，“天命七年壬戌，第五册，音清、原本各一本。收掌贵老爷（送）。二十日，收回”（《国史馆·编纂档》）。是为第三十二次呈送。

二十日，“天命七年壬戌，第六册，音清、原本各一本。收掌阿老爷（送）。二十一［日］，收回”（《国史馆·编纂档》）。是为第三十三次呈送。

二十一日，“呈天命七年壬戌，第七册，原本、音清各一本。收掌阿老爷送。二十三［日］，收”（《国史馆·编纂档》）。是为第三十四次呈送。

二十三日，“天命八年癸亥，音清、原本各一本。收掌阿老爷送”（《国史馆·编纂档》）。是为第三十五次呈送。

同日，“又八年癸亥，音清、原本各一本。收掌阿老爷送”（《国史馆·编纂档》）。是为第三十五次呈送（与上同次送）。

二十九日，“天命八年癸亥，音清、原本各二本。呈送第三、四册。收掌景老爷送。收回”（《国史馆·编纂档》）。是为第三十六次呈送。

七月

初三日，“呈天命八年癸亥，音清、原本各一本，第五册。

收掌贵老爷送。初四日，收回”（《国史馆·编纂档》）。是为第三十七次呈送。

初五日，“呈天命八年癸亥，第六、七册，音清、原本各贰本。收掌贵老爷送”（《国史馆·编纂档》）。是为第三十八次呈送。

初八日，“天命八年癸亥，八、九两册，音清、原本各二本。收掌贵老爷送”（《国史馆·编纂档》）。是为第三十九次呈送。

二十七日，“送天命九年甲子，一册，添写一字，再送，□收”（《国史馆·编纂档》）。是为第四十次呈送。

同日，“送天命十年乙丑，第一册，《老档》各一本，贵老爷送”（《国史馆·编纂档》）。同上共为第四十次呈送。

二十八日，“呈天命十年乙丑，第二册，音清、原本各一本”（《国史馆·编纂档》）。是为第四十一次呈送。

二十九日，“呈送天命十年乙丑，敕书，第一册，音清、原本各一本。天命十一年丙寅，第一册。阿老爷送”（《国史馆·编纂档》）。是为第四十二次呈送。

三十日，“天命十年乙丑，敕书，一册。八月五日收。阿老爷送”（《国史馆·编纂档》）。是为第四十三次呈送。

八月

初一日，“呈第六十本，天命十一年丙寅，音清、原本各一本。阿老爷送”（《国史馆·编纂档》）。是为第四十四次呈送。

初二日，“天聪元年丙寅一册，二年丁卯一册、二册，阿老爷送”（《国史馆·编纂档》）。是为第四十五次呈送。按：丙寅应为即位年，丁卯应为元年。

初七日，“呈天聪元年丁卯，三册、四册，音清、原本

（各）二本。阿老爷送”（《国史馆·编纂档》）。是为第四十六次呈送。

初八日，“呈天聪元年丁卯，五、六册，音清、原本各二本”（《国史馆·编纂档》）。是为第四十七次呈送。

初九日，“天聪二年戊辰，一、二册，音清、原本各二本”（《国史馆·编纂档》）。是为第四十八次呈送。

初十日，“天聪二年戊辰，三、四册，音清、原本各二本”（《国史馆·编纂档》）。是为第四十九次呈送。

十二日，“天聪二年戊辰，敕书，第五册；三年己巳，第一册，音清、原本各二本”（《国史馆·编纂档》）。是为第五十次呈送。

十三日，“天聪三年己巳，第二册，音清、原本各一本”（《国史馆·编纂档》）。是为第五十一次呈送。

十四日，“天聪三年己巳，第三册，音清、原本各一本”（《国史馆·编纂档》）。是为第五十二次呈送。

同日，“天聪四年庚午，第一册，音清、原本各一本”（《国史馆·编纂档》）。同上共为第五十二次呈送。

十六日，“天聪四年庚午，第三、四册，音清、原本各二本”（《国史馆·编纂档》）。是为第五十三次呈送。

十七日，“天聪四年庚午，第二、五册，音清、原本各二本”（《国史馆·编纂档》）。是为第五十四次呈送。

十八日，“天聪四年庚午，第六、七册，原本、音清各二本”（《国史馆·编纂档》）。是为第五十五次呈送。

二十二日，“天聪四年庚午，第八册；五年辛未，第一册，音清、原本各二本”（《国史馆·编纂档》）。是为第五十六次呈送。

九月

初九日，“发围呈户口册档三本，诸大臣誓书四本，无年月事件、纪月未编年一本，崇德丙子十本”（《国史馆·编纂档》）。是为第五十七次呈送。

领纸账单

下面是领纸的账单，标题为编者所拟。从中可以看出《无圈点老档》办理的进度、手续及所用的纸张。

乾隆三十九年（1774）甲午

十一月二十三日，取台连纸一百张，杨手。

二十五日，取台连纸三十张，王手。

同日，取台连纸十张，周手。

三十日，取台连纸二十张，杜手。

十二月初二日，取台连纸三十七张，缪手。

初三日，取台连纸五十张，杨手。

初四日，取台连纸五十张，缪手。

初十日，取台连纸五十张，缪手。

同日，取台连纸十五张，王手。

十一日，取台连纸五十张，戴手。

十九日，取台连纸五十张，杨手。

二十一日，取台连纸五十张，戴手。

乾隆四十年（1775）乙未

正月初八日，取台连纸十张，缪手。

二十一日，取台连纸二十张，王凤兄手。

二十五日，取台连纸五十张，杨手。

二月初一日，取台连纸五十张，杨手。

初八日，取台连纸二十张，西王手。

十一日，取台连纸五十张，张老哥手。

十七日，取台连纸五十张，杨手。

补十四日，取黄榜纸七张，杨手。

二十三日，取台连纸五十张，杨手。

二十六日，取台连纸五十张，王手。

二十九日，取台连纸五十张，杨手。

三月初二日，取台连纸一百三十张，西王手。

初四日，取台连纸六十张，杨手。

初八日，取台连纸乙刀，杨手。

十一日，取台连纸乙刀，杨手。

十四日，取台连纸乙刀，杨手。

十九日，取台连纸乙刀，杨手。

二十二日，取台连纸乙刀，杨手。

二十九日，取台连纸乙刀，杨手。

四月初一日，取台连纸三十张，王手。

初三日，取台连纸乙刀，杨手。

同日，取台连纸十五，裱老档面，杨手。

初四日，取榜纸三十张，杨手。

初六日，取台连纸三刀，杨手。

初十日，取台连纸一百（张），杨手。

十二日，取台连纸三十一刀，杨手。

五月二十三日，取黄榜纸一篓，杨手。

六月初六日，付台连纸六刀。

同日，付（黄）榜纸二十张，褙纸。

台连纸（共）八千六百七十。

同日，黄榜纸十张，杨手。

榜纸共五十七张。

十一日，黄榜纸贰张，杨手。

十六日，黄榜纸贰张，杨手。

二十一日，付台连纸贰刀，杨手。

二十六日，付台连纸贰刀，杨手。

七月初五日，付台连纸乙刀，裱榜纸夹。

同日，白榜纸贰十张，做书夹。

同日，黄榜纸十张。

初八日，付台连纸贰刀。

十五［日］，付台连纸乙刀。

十九［日］，付台连纸乙刀。

二十五日，付台连纸乙刀，缪手。

二十八日，付台连纸乙刀。

八月初二日，付台连纸乙刀，西王手。

初六日，付台连纸贰刀。

初九［日］，黄榜纸十张。

十二［日］，台连纸乙刀。

十七日，付台连纸乙刀，杨手。

二十日，付台榜纸二十五张。

同日，黄榜纸十张。

同日，台连纸乙刀，杨手。

二十三［日］，付台连纸贰刀。

九月二十三［日］，榜纸五张。

十月初五［日］，付台连纸贰刀。

同日，黄榜纸三十张。

同日，白榜纸三十张。

九月二十六日，付台连纸乙刀。

十月初一日，付台连纸乙刀。

同日，黄榜纸十张。

十五日，付台连纸张五十张。

九月初三［日］，付台连纸三十张。

同日，付台连纸乙刀。

同日，付台连纸乙刀。

十三［日］，付台连纸乙刀。

十七［日］，付台连纸乙刀。

二十二［日］，付台连纸三十张。

二十三［日］，付台连纸乙刀。

四月二十三日，取白鹿小纸壹百张，张手。

同日，取白鹿小纸贰百张，张手。

初十日，取白鹿纸贰百张，杨手。

五月十四日，付白鹿纸叁百张，王、缪手。

二十四日，付白鹿纸叁百张，杨手。

二十九日，付白鹿纸叁百张，杨手。

六月初二日，付白鹿纸叁百张，张手。

初七日，付白鹿纸叁百张，继手。

十一日，付白鹿纸叁百张，继手。

十六日，付白鹿纸贰百三十张，杨手。

十九日，付白鹿纸贰百张，杨手。

二十四日，付白鹿纸叁百张，杨手。

二十八日，付白鹿纸叁百张，张手。

七月初四日，付白鹿纸叁百张，张手。

初九日，付白鹿纸叁百张，张手。

十六日，付白鹿纸叁百张，张手。

二十日，付白鹿纸叁百张，张手。

二十六日，付白鹿纸叁百张，张手。

八月初一日，付白鹿纸贰百张。

初五日，付白鹿纸贰百张。

初八日，付白鹿纸贰百张。

十二日，付白鹿纸叁百张。

二十四日，付白鹿纸叁百张。

九月初一［日］，付白鹿纸叁百张。

初七［日］，付白鹿纸叁百张。

十四［日］，付白鹿纸叁百张。

二十三［日］，付白鹿纸贰百张。

二十九［日］，付白鹿纸贰百张。

十月初二日，付白鹿纸贰百张。

初六日，付白鹿纸叁百张。

办理《无圈点老档》名单

说明：此名单根据《国史馆·编纂档》等资料，将参与办理《无圈点老档》乾隆抄本之官员人等，分为总纂、提调、官员三类，依姓或名首字汉语拼音顺序排列。

总纂

舒赫德　满洲，武英殿大学士、军机大臣，兼翰林院掌院学士，乾隆四十二年四月丁巳二十二日死。

于敏中　汉军，文华殿大学士、军机大臣，兼翰林院掌院学士，乾隆四十四年十二月戊午初八日死。

阿　桂　满洲，原协办大学士、军机大臣兼吏部尚书，舒赫德死后改为武英殿大学士、军机大臣，后兼翰林院掌院学士。

官　保　满洲，协办大学士、军机大臣，兼刑部尚书，后兼户部尚书，后兼吏部尚书，乾隆四十一年正月休，三月死。

提　调　觉罗图思义　图都　庆玉　麟喜　海广

官员

A. 爱星阿　阿克东阿

B. 宝淑　宝德　博文

C. 成永　崇泰　成善　成泰　长庚　查朗阿
诚泰　崇安　陈石谦　车书　程立端

D. 德膺　德麟　德成　德明阿　达敏　杜日荣
杜鸿纬　杜文涛　德禄　得禄　丁凤梧　董玫
岱明安

E. 恩麟

F. 富伸布　佛喜　富亮　芳泰　福森布　福宁
服松

G. 官亮　高桂　观澜　广闻　贵保
噶尔炳阿

H. 恒泰　海宁　瑚礼布*

J. 景顺　景明　继善　景昌　景凯*　积善

K. 克蒙额

L. 龄福　隆兴　李志道　林恒　林邦干　麟祥
临保　隆泰　刘开玉　吕明义

M. 明善　缪涌涛　马思贤　梅澍

N. 诺穆福

P. 彭绍观　潘光耀

Q. 钱志显　钱允若

S. 顺扬保　色布　书文　史伦　舒通　苏桑额
三官保　舒明阿　商安　善明　苏明阿　孙世恒
时和　石兴阿

T. 图桑阿　同福　陶晋三　塔克慎　塔宁阿　台伦
塔尔秉阿*

W. 魏廷弼　舞量保　吴鹏翥　吴炳　王凤诏　王兆麟
王乔年　王述缙　王耀　伍灵泰　温祥阿　沃克精额
乌尔衮　窝星额　吴浩

X. 兴宁　星额　喜敬

Y. 扬保　杨珩　衍福　永恰布　余庆　严鸣
叶永青

Z. 佐韬　周堂　增福　佐琦　张简　朱涵
仲福　张凌云　詹廷献

以上共计：一百三十六人。[1]

---

〔1〕 瑚礼布又作瑚里布，景凯又作京凯，塔尔秉阿又作塔尔炳阿。

《奏查承袭官原本折》

《宫中档雍正朝奏折》载录和硕庄亲王允禄《奏查承袭官原本折》。满文拉丁字转写、汉文对译如下：

hooi tob cin wang amban yun lu ginngguleme
和硕 庄 亲 王 臣 允禄 谨

wesimburengge. hese be baire jalin. baicaci.
奏 旨 把 请 为 查得

jakūn gūsai hafan sirara. niru booro da
八 旗的 官 袭 牛录 管理 根

sekiyen be baicara jalin. ne jakū n manju
源 把 查 为 今 八 满洲

gūsde gemu asaraha sarkiyaha yargiyan kooli bi.
旗在 都 存贮 抄录的 实录 有

aika hafan temere. niur getukelere baita bihe
如果 官 争 牛录 查明 事情 有

manggi. temgetu obufi baicame tuwambi. damu
后 凭证 作为 查 看 只是

baicabure de udu gūsai ambasai beye tuwame
使查 时 虽 都 统等 自己 看

baicabucibe. gūsai bade niyalma geren.
使查 旗的 地方 人 众多

firgembume banjibure hacin be akū obume muterakū
泄露 编造 事项 把 无 作为 不能

ememu ulhicun akū niyalma. dangse be baicara
有的 灵性 无 人 档册 把 查

ildun be ini mafar i gebu de adaliarangge be
便利 于 他的 众祖 名 于 相似的 把

sabufi. uthai ejefi. emu baita obume gargan
看见 就 记住 一 事情 作为 枝

banjinafi leheme habara de obufi memerembi
生成 勒索 诉讼 于 作为 固执

gūsai baci lashalame muterakū ofi kemuni dorji
旗的 地方从 决断 不能 因 仍 内

yamun de yargiyan kooli tongki fuka akū dangse
阁 于 实录 点 圈 无 档册

eici boigon coohai jurgan de yabubufi fe
或 户 兵 部 于 咨行 旧

dangse be baicambi erebe tuwahade jakūn gūsade
档册 把 查 将此 看时 八 旗

asaraha sarkiyaha yargiyan kooli umai tusa
存贮 抄录 实录 并 益

akū bime baibi temen banjinara be dahame
无 而且 徒然 争端 生成 既然

bairengge hese wasimbufi jakūn gūsade
请求 旨 降 八 旗于

asarahangge be gemu baicafi dorgi yamun de
存贮的 把 都 查 内阁 于

benebufi afabume gūsai bade aika baicaci
使送 交给 旗的 地方在 加 查

acara hacin bici fe kooli songkoi dorgi yamun
应 事项 有若 旧 例 照样 内阁
de yabubufi yargiyan kooli tongki fuak akū
于 咨行 实录 点 圈 无
dangse be baicabure ohode baita lali emu
档册 把 使查 若 事情 爽利 一
ombime temere habere hacin be inu komso
成为而且 争 诉讼 事项 把 也 少
obuci ombi. acanara acanarakū babe ejen
作为 可以 对 不对 地方把 主
genggiyen i bulekuereo. erei jalin gingguleme
明 地 祈请 此 为 谨
wesimbuhe:
奏
hūwaliyasun tob i juwan ilaci aniya juwan
雍 正的 十 三 年 三
biyai juwan jakūn.
月 十 八

上录《奏查承袭官原本折》，汉意译文如下：

和硕庄亲王允禄谨奏："为请旨事。查得，今满洲八旗均有《实录》抄本存贮，用查八旗承袭官职、管理牛录之根由，值有争竞官职、查明牛录之事，查阅为凭。惟查时，虽都统等亲自监查，然旗上人多，难免泄露、编造之弊，或无知之人，乘查档之便，见有与其祖宗之名相似者，即识记之，节外生枝，争讼不已。因旗上难决，仍于内阁查《实录》《无圈点档》，或咨行户、兵二部，查看旧档。以此观之，八旗所存《实录》抄本，全然无益，徒滋争端。伏祈降旨，悉查八旗所存，送交内阁。在旗若有应查事项，照依旧例，咨行内阁，查看《实录》《无圈点档》。则事归专一，且争讼之事，亦可减少。应否之处，伏乞皇上睿鉴。为此谨奏。雍正十三年十月十八日。”〔1〕

奴才富谨奏。恭查前奏移请五朝实录、圣训折内，敬缮《太宗文皇帝实录》《圣训》二十八套，《无圈点老档》三包、《加圈点老档》三包。前于六月十一日辰时，奴才遵旨同侍郎荣成、广穆，萨副都统宜等，拈香行礼，恭请五朝实录、圣训时，敬阅《太宗文皇帝实录》《圣训》二十八套，《无圈点老档》四包、《加圈点老档》四包，俱已敬谨移请尊藏。但奴才原奏无圈点、加圈点《老档》各系三包，今移请《老档》各系四包，实属舛错。奴才不胜悚惶之至。查前遵旨恭查时，系照该管官佐领延福、皂住，录单缮折，未能查出讹写，非寻常疏忽可比。理合请旨，将奴才富交部议处，该管佐领延福、皂住交内务府议处。谨据实检举，奏闻请旨，等因。于嘉庆十一年六月二十日奏。奉朱批：“俱从宽免议。钦此。”〔2〕（于七月初一日到）

道光十二年三月二十日，奏报盛京内务府清点《老档》结果：窃奴才嵩抑［仰］蒙圣恩，派令协同管理盛京内务府事务，应将宫殿内供俸［奉］尊藏、内库恭贮一切，敬谨查明具奏。谨查内务府案卷内载：……崇谟阁尊藏《实录》一千零六十七包、《圣训》二百二十包、《老档》十四包，……奴才敬谨瞻仰供奉尊

〔1〕《宫中档雍正朝奏折》第31辑，台北故宫博物院影印，1980年，第778—779页。

〔2〕辽宁省档案馆藏《黑图档·嘉庆京来档》卷七三一，第40页。

藏，均属妥协。……谨将奴才详查缘由恭折具奏，伏乞皇上圣鉴。谨奏。道光十二年四月二十三日奉到朱批："知道了。"〔1〕

崇谟阁三间，上层设金龙柜二十二顶，尊藏《实录》《圣训》《老档册》……〔2〕

《整理内阁大库满文老档之缘起与计划》（民国二十四年）

一、整理之动机

去岁十一月间，内阁书籍表章库（即内阁大库东库楼下）曾发现满文木牌二十六支，字体为老满文与加圈点满文两种，内容记载战地杀敌俘虏及掠获战利品等事，当经考定，知为崇德元年（明崇祯九年——西一六三六）武英郡王阿济格略明时军中之记载，于清初史料及满洲文字史上，颇多裨助，遂编译刊行。嗣以前此内阁大库所发见之满文老档，乃系清初关外之秘籍，有清二百余年，外间从未窥见。其中于明清两朝之史事，多为官修私撰之书籍所不载。而满洲文字，自太祖于明万历二十七年（己亥——西一五九九）创制无圈点满文（即老满文）及太宗于天聪六年（明崇祯五年——西一六三二）增加圈点后，直至崇德初年，其间演变经过之程序，亦舍此莫能得其真实面目，爰有积极整理之议。当时老档已运上海，嗣于本年春间，经本院理事会议决：满文老档运回北平整理于是此项工作，遂告开始。

---

〔1〕 辽宁省档案馆藏《黑图档·道光部行档》卷九七三，第106页。

〔2〕 崇厚《盛京典制备考》卷一。

二、满文无圈点字典之编纂与满文老档之保存

满文老档共三十七册，形式极不一致，最厚者达五百余页，最薄者二页；最宽者为四十七公分，最窄者为二十四公分；最长者为六十点六公分，最短者为三十六公分。原档无圈点之老满文，在乾隆时，辨识已觉困难。乾隆欲使此种满文，流传后世，因于六年（西一七四一）七月，命鄂尔泰、徐元梦等，依原档难辨识之字，辑为一编。名曰满文无圈点字典（tongki fuka akoe xergen i bitxe）。依字头排列，每一老满文下，注以相当之加圈点满文，分订四册，精装黄绫书套，于是老满文之构造及其形体之演变，借此得以参考。嗣以此项档案，历年久远，残损甚多，鄂尔泰等奏进无圈点字典时，遂请逐页以纸托裱，装订保存。后于乾隆四十年（西一七七五）由大学士舒赫德等，重钞无圈点与加圈点草本正本各一份，每份一百八十册，装潢书套，标名为 tongki fuka akoe xergen i dangse（无圈点档案）及 tongki fuka sindaxa xergen i dangse（加圈点档案）。此外于乾隆四十三年（西一七七八）复重抄一部，藏于盛京崇谟阁。于是原档之外，复有重抄本三份（参看方甦生编内阁旧档辑刊）。近徐世昌金梁等所译之满洲老档及金梁摘录刊行之满洲老档秘录，所据者即崇谟阁藏之重抄本也。

此外，本馆最近整理内阁残乱档案，复发现老满文档册三册，一为天命九年（明天启四年——西一六二四），一为天聪六年（明崇祯五年——西一六三二），一为天聪九年，均未加装裱，而其字体及记事体裁，与已裱之老档，颇为相近。当系同类之物，而为乾隆六年装裱时所未见者。

三、整理之计划

满文原档与重抄本既经运回北平，当即着手整理。因草拟整理计划如下：

甲、原档三十七册，其记事年代，起自丁未（明万历三十五年，清天命元年前九年，西历一六〇七年），迄于清崇德元年（明崇祯九年——西一六三六年）。每册起讫，不具年月者，约有半数，故全部档册，尚无次序。兹依重抄本与原档互校，签注每册起讫年月，顺序编排，成为满文老档总目。而重抄本之内容，与原档大体虽无差异，其文字间时有增减，兹借互校之便，录其不同，作一满文老档与重抄本档案校勘表，是为初步工作。

乙、重抄本档案于原始满文字形之研究，颇有关系；而满文无圈点字典，尤为后世研究原始满洲文字者解决困难之绝好参考书籍。本馆现拟影印流传。……再以原档与重抄本档案及此书逐字校对，阙漏者补之，划一体例，……依上列体例，以卡片抄写，按字头排列，成为满文无圈点字典补编。是为文字方面的工作。

丙、原档内容，多为实录及东华录所不载，实有翻译之价值，唯原档多至三十七本，绝非短期间所能竣事；且既译其文字，原档似应全部影印，如此巨帙，恐非财力所能及。兹拟就其每段内容，分立标题，成为满文老档细目，附以索引，使阅者先知其内容之梗概，然后择其重要事件，或为实录等书所不载者，选印翻译，成为选译满文老档，是为史的方面工作。[1]

---

〔1〕《文献特刊》，国立北平故宫博物院文献馆印，民国二十四年双十节。

民国三十五年十二月十日，沈阳图书馆《呈为成立明清档案整理委员会请备案由》。为呈请事。查本馆旧藏档案二百五十余万件之多，为全国首屈一指。其中之明清内阁大库档案及《满文老档》，最为精粹。且为海内外关心文献人士所注意。内阁大库档案原为上虞罗氏旧藏，计有六万四千八百余件，为明清两代之重要史料，且经一度之初步整理。《满文老档》分旧、新两种，各一百八十册。兹由在沈关心文献人士，倡组明清档案整理委员会，于十一月十九日，在本馆开第一次会议，公推金毓黻为主任委员……已由本月二日开始工作。期以四个月，编成付印。理合将明清档案整理委员会成立经过及工作情形，呈报鉴核备案。谨呈东北行辕政治委员会。

附呈明清档案整理委员会委员、干事名单一份。

教育部东北区院校接收委员兼沈阳图书馆主任周之风。[1]

（原载《满学论集》，民族出版社，1999 年）

〔1〕 辽宁省档案馆藏《民国时期档案》全宗一，目录九，卷八七，第 3008—3010 页。

《八旗通志》的史学价值

八旗制度是清朝的根本社会制度，前代未有，后世也无。清朝重视八旗制度，先后编修了两部《八旗通志》，为加区别，称前书为《八旗通志初集》，后书为《钦定八旗通志》[1]。

两书内容详细、系统、全面、完整，是研究清代旗分、政治、经济、军事、文化、社会、民俗、氏族、典制、教育、宗教等不可或缺的珍贵资料，也是研究者必备的经典著作。其前书，

〔1〕《辞海》"八旗通志"条："书名。清代官修。初集二百五十卷，二集三百五十六卷（包括卷目十二卷）。雍正五年（1727）开馆编纂，乾隆四年（1739）成书。分八志（旗分、土田、营建、兵制、职官、学校、典礼、艺文）、八表（封爵、世职、八旗大臣、宗人府、内阁大臣、部院大臣、直省大臣、选举）、列传。事迄于世宗，嘉庆元年（1796）续修二集，三百五十六卷（包括卷首十二卷），记乾隆一朝事。"（上海辞书出版社，1999年，修订版）此条解释，似应商榷：第一，《八旗通志初集》二百五十三卷（包括卷首一卷、目录二卷、正文二百五十卷）。第二，《八旗通志初集》除八志、八表外，还有八传（宗室王公、名臣、勋臣、忠烈、循吏、儒林、孝义、列女）。第三，"所收事迹迄于世宗朝"之后，不应作逗号，而应作句号，即应当点断。第四，《钦定八旗通志》始修于乾隆三十七年（1772），重辑于乾隆五十一年（1786），而不是"嘉庆元年（1796年）续修"。第五，《钦定八旗通志》所载录史事，其下限时间为乾隆六十年（1795），其上限时间则为满洲八旗制度肇始。

1985年东北师范大学出版社已经校点出版；其后书，清代的刻本，印数少，卷数多，未加标点，没有索引，广大读者借阅不便，查检困难，甚感头痛。吉林文史出版社新近出版校点本《钦定八旗通志》，受到学界的重视，也得到学者的好评。

八旗制度是清太祖努尔哈赤于明万历二十九年（1601）在女真狩猎组织牛录的基础上创建的，初制为四旗。到万历四十三年（1615），析置为八旗，建立了军政合一的满洲八旗制度。后发展八旗蒙古、八旗汉军，成为清朝重要的社会制度。八旗兴则清兴，八旗衰则清衰。八旗制度对于清代历史、满洲民族之发展，起过极为重要的作用。不了解八旗制度，就不了解满学，也不了解清史。八旗制度的深入研究，是满学，也是清史研究中的重大课题。《八旗通志初集》于雍正五年（1727）敕撰，鄂尔泰等修，乾隆四年（1739）刊印。其记述始于满洲肇兴，迄于雍正十三年（1735）。《八旗通志初集》以八旗兵制为经，以八旗法令、职官、人物为纬，有卷首、志、表、传四个部分。包括卷首一卷、目录二卷、志七十四卷、表五十四卷、传一百二十二卷，共二百五十三卷。〔1〕志分为旗分、土田、营建、兵制、职官、学校、典礼、艺文八志；表分为封爵、世职、八旗大臣、宗人府、内阁大臣、部院大臣、直省大臣、选举八表；传分为宗室王公、名臣、勋臣、忠烈、循吏、儒林、孝义、

---

〔1〕《八旗通志初集》卷数，《四库全书总目提要》作250卷，乾隆《御制八旗通志·序》作“乾隆四年书成，凡二百五十三卷”，校点本《八旗通志·点校说明》作250卷，校点本《钦定八旗通志》《附录·钦定八旗通志考略》作254卷，《中国古籍善本书目》作“《八旗通志初集》二百五十卷、目录一卷”。综上《八旗通志初集》正文250卷、卷首1卷、目录2卷，共253卷，应以乾隆《御制八旗通志·序》所载253卷为是。

列女八传。志、表、传三者之间，既相互联系，又各具特色。志以事系史，表以年系人，传以人系事，各有侧重，相得益彰。但存在缺失：有的项目同而内容相违，体例同而文事不合。其艺文志，收帝王敕令、臣工奏议，缺八旗人之著述，违传统体例，且名实不符。《四库全书总目提要》撰写的是《八旗通志初集》，收入《四库全书》的却是《钦定八旗通志》。这是因为纪昀等撰修《四库提要》时前书已成，而后书未纂，待缮录《四库全书》时，后书已经告成，誊录编入，按架归函，故而出现《四库提要》与《四库全书》目先书后、相互龃龉的现象。

《钦定八旗通志》于乾隆五十一年（1786）敕撰，纪昀等修，嘉庆年间成书。此书实际上分为御制诗文十二卷、志一百二十卷、传一百四十九卷、表六十九卷、其他四卷、目录二卷，共三百五十六卷，“著一代之宪章，垂奕世以法守”。先是乾隆三十七年（1772）敕纂《四库全书》，命修订《八旗通志初集》。乾隆五十一年，乾隆帝批阅四库馆呈进修订后之《八旗通志》，发现该书有严重缺失：人名、地名、官名满文记载，不注汉文，后人难以“开卷晓然”；馆臣办理疏漏，修订无多，“是钞史，非修史”。乾隆帝驳回呈稿，谕“着交军机大臣会同该馆总裁重加辑订”。于是《八旗通志》开始重修，至乾隆末，基本完稿。其间经乾隆帝多次抽检，馆臣反复勘核，不断修订、抽换、增补、缮录，直至嘉庆间告竣，装匣插架，收入四库。其记事始于满洲肇兴和八旗制度创建，迄于乾隆六十年（1795）。对于两书的关系，《钦定八旗通志》是在《八旗通志初集》的基础上纂修，既有同，又有异。所谓同，两书时间上限一致，编写体例相似。所谓异，两书的时间下限、内容结构、资料取舍、范围规模等有所不同。后书较前书增加一百零三卷，多出二百万字，共六百余万言。特别是补续乾隆朝六十年之八旗史事。然而，前书纂修在先，有开创之首功，后书重纂继续，集资料之大成。所以后书不是前书的续编或二集。其史料来源，就点校者征引所见，有六朝实录、康熙会典、六科史书、御制文集、盛京通志、上谕八旗、旗册、会典等书，也采摘了大量八旗档案和地方文书。志的主要资料来源，有宗人府、六部、国子监的原档和八旗将军、都统、省府州县衙的来文来册，以及诏诰、上谕、奏疏、诗文等；表的主要资料来源，有玉牒、封册、诰命、世爵世职敕书及地方名宦册等；传的主要资料来源，有国史列传、实录、史书及各旗册、旌表册等。上述档案文书大多散佚，赖《钦定八旗通志》得以保存，其史料价值，更弥足珍贵。由此可见，《钦定八旗通志》既是清人纂修的一部八旗史，又是一部关于八旗的史料集。这对于研究清史、满学，尤其是研究八旗制度史，具有极其重要的价值。

校点本《钦定八旗通志》的文献与学术价值，分作四点，略加评述。

第一，分段标点，方便读者。1986年台北学生书局出版《八旗通志初集》和《钦定八旗通志》影印本。东北师范大学出版社于1985年出版校点本《八旗通志初集》。但《钦定八旗通志》一书，经点查现藏：稿本残缺，殿本珍善，四库本难求。读者迫切希望出版一部校点本的《钦定八旗通志》。八旗研究成果之所以不丰，同研究者查阅《八旗通志》困难有关。最近国家开始纂修大型《清史》，满学已成为一门国际性学科，八旗研究又一再升温，所以二百年以来第一次出版标点本《钦定八旗通志》，正逢其时，恰当所需。这项学术工作，更具重要意义。此次点校《钦定八旗通志》的主要工作是：分段、标点、校注、索引。其分段，便于读者阅览；其标点，虽方便读者，却似易实难。古籍的标点，或难于疏解。清人姚鼐曾言：书籍“圈点启发人意，甚于解说”。校点古籍，功力不深，态度不慎，鱼鲁不辨，臆断文意，贻害读者。标点古籍正如鲁迅所言：“往往害得有名学者出丑。”此书的标点，更多一层：满洲、蒙古，人名、地名、官爵、衙署、赐号等；满、蒙、汉文翻译之难。故而学人标点旨趣，尽量谨慎，力求避免“误点破句，贻笑大方”，表现出校点者与编辑者的严谨态度。

第二，精校精印，惟慎惟微。其校注，见功力。本书以嘉庆内府武英殿刻本为底本，以文渊阁四库全书本为校本，参证《清实录》《清会典》《八旗通志初集》，以及文献、档案等，并汲取前人研究成果，进行校勘、注释。正如前贤所言：“观天下书未遍，不可妄加雌黄。”由是，本书校点者规定“三勤——勤思、勤查、勤问”和“慎改——校出之讹、误、衍、脱，必查实根据，亦必出校勘记”。此项校点工作，“其底本之缺行、漏段，词序颠倒及讹、误、衍、脱之字，均据校本予以补足、理顺、勘误，并出校于所校补之段、行、字词下，加校改顺序号，按号作注，置于卷表”。对于书中新旧体字如争、爭，异体字如误、悮，古今字如姪、侄，通假字如闲、閒等，均“以仍其旧，不做改动”。至于简化字表中异义归并之字，如适、适（适音狄），术、术（术音朱），叶、叶（叶音谐）等，“校本中皆离析还原”。据笔者统计，《八旗通志初集》仅出校勘记164则。《钦定八旗通志》的校勘，做得更多、更细、更广、更精。经笔者统计，全书共收录校注401则，其中第285卷25则、第283卷24则、第284卷22则。勘误校正，举其例如：“回子营”误作“回子劳”，“冤抑”误作“冤仰”，“满达海”误作“海达海”，“侍卫”误作“待卫”，“谕曰”误作“踰曰”，“乾隆”误作“乾乾”等，甚至于“明总兵祖大寿以锦州降”中的“锦州”误作“荆州”，均加以校勘，并出注依据。全书印装精美，厚重典雅。

第三，志传索引，嘉惠学人。《八旗通志初集》中的人物传记，凡122卷，收录满洲、蒙古、汉军旗人3977人，列女3308人，共计7285人。《钦定八旗通志》中的人物志记，凡149卷，入传满洲、蒙古、汉军旗人3409人，列女15997人，共计19406人。两书累计共收录满洲、蒙古、汉军旗人7386人，列女19305人，总计26691人。其所收人物范围之广、数量之多，为《清史列传》《清史稿》《清国史》《碑传集》《国朝耆献类征》等书所不及。《八旗通志》从某种意义上说，也是一部八旗人物传记。但志中或传中人物，分散各卷，头绪纷杂，查阅检索，非常繁难。而《三十三种清代传记综合引得》也没有收录《八旗通志》中的人物志传。此书将《八旗通志初集》和《钦定八旗通志》两书的正传和附传人物7386人（列女除外），加以排比，做出索引。分为上下两篇：上篇为《八旗通志初集·人物传索引》，下篇为《钦定八旗通志·人物志索引》。每篇分列出汉字姓氏笔画检索和汉语拼音检索。每传主之下列出名字、姓氏、旗分，并注明校点本的册数、页码和原底本的卷数、页码。有歧义者，加注说明。使用起来，十分方便。仅此一项，功莫大焉。

第四，选择版本，反复核查。东北师范大学古籍整理研究所为抢救民族古籍，适应学术界之急需，乃着手组织人力，整理校点《钦定八旗通志》。整理古籍，版本为要。台北学生书局影印的《八旗通志初集》，系据美国华盛顿大学所藏缩微胶卷，因胶片断简而出现白页。校点本《钦定八旗通志》则以嘉庆年间武英殿刻本为底本，以《四库全书》本为校本，遴选版本，更为精当。如果说《八旗通志初集》是一部八旗制度的资料长编，那么《钦定八旗通志》则是一部八旗制度的专史专志，同时也是一部更为可信的八旗资料集，具有很高的文献与学术价值。本书的点校工作，由著名教授李洵、赵德贵先生等任总校点，先后有五十余人参与其事。他们态度严谨，学风严肃："前不愧对古人，后不贻害来者。"本书的校点工作，开始于1986年。工作分为前后两期：前期历时五年，完成点校；继是五年的繁体竖排；再是六年周折；最后是复校、定稿、出版。此间课题组人员与出版社编辑，分别校对清样，先后达十二轮（包括对红）。仅两位主校点者，即对照底本、校本通校了三遍。校点本《钦定八旗通志》的校注出版，多历磨难，总算问世。

校点本《钦定八旗通志》已经出版，十七春秋磨一部书，至诚精神，实在感人。精校精注，精印精装，秀于书林，惠于学人。

（本文原题《评校点本〈钦定八旗通志〉》，载《满语研究》2003年第1期，收入本书时有修改）

附录 《20世纪世界满学著作提要》序言

在我的书案上，经常翻阅的一部书就是《四库全书总目提要》。中国古典文献，数量之多，浩如烟海，穷毕生精力，难卒读万一。若时常阅读《四库提要》，对于经史子集，多知其一二，亦心惟其义。推而言之，满学是一门新兴的国际性学科，学术积累疏简，资料基础薄弱，更需要一部《满学著作提要》，以供习者，方便查阅。

"满学"一词，20世纪90年代才开始在中文报刊、论著文献中正式出现。"满学"一词出现在学术论著的书名中，近年来只有十一次，这就是《满学研究》七辑、《满学论集》《满学五十年》《爱新觉罗氏三代满学论集》《满学朝鲜学论集》。由此看来，"满学"的确是一门新兴的国际性学科。关于"满学"的界定，我于1992年在《满学研究》第1辑《满学研究刍言》中，做了如下表述：

> 满学（Manchuology）即满洲学之简称，是主要研究满洲历史、语言、文化、八旗、社会等及其同中华各族和域外各国文化双向影响的学科。在这里，研究满洲历史、语言、文化、八旗和社会等，是满学定义的内涵与核心；

研究满洲同中华各族和域外各国文化的双向影响，则是满学定义的外延与伸展。

回顾20世纪100年来，世界各国学者在满族的历史、语言、文化、八旗、社会、人物、档案、宫苑、宗教、民俗诸方面，都做了广泛而深入的研究，出版了一批优秀的学术著作。如果能将百年来的满学著作加以汇集，做出提要，结集出版，既是对20世纪学术成果的总结与检阅，也是于21世纪学术研究以借鉴与推动。因此，思绪发于胸臆之内，构想生于方寸之间，冀望编辑出版一部《20世纪世界满学著作提要》，给学者们提供一本学术性、参考性、资料性、实用性的工具书。

要进行这项艰巨繁杂的工作，需要有一定的学术条件。1991年，成立北京市社会科学院满学研究所；1992年，在北京成功地举办了第一届国际满学研讨会；1993年，成立北京满学会；1994年，建立北京满学研究基金会；1996年，成立北京市社会科学院满学资料中心；1997年，开展"全国满学研究优秀成果评奖"活动；1999年，在北京举行第二届国际满学研讨会；2002年，在北京举行第三届国际满学研讨会；2003年，在辽宁抚顺举行第四届国际满学研讨会。同期，北京满学会从成立以来每年举行一届学术年会，已经连续举办10次；学术丛刊《满学研究》已经出版七辑；进行多次广泛的双边或多边学术访问与交流活动。以上学术机构的建立和学术活动的举行，结成了一张国际性的学术的满学网络。这些有利的学术条件，为实现上述学术构想提供了可能性。

先是，1999年1月中，我同满学研究所赵志强、徐丹俍二君谈及编纂《20世纪世界满学著作提要》的想法，一经挂怀，推之不去。2月初，我到北京市社会科学院图书馆看书，同王超湘馆长谈及此事。他表示：这很有意思，也很有价值。当晚，王超湘馆长给我打电话，说他同院里科研处韩长霞处长、马仲良副院长商量应当设立此项课题，高起祥院长也给予支持。随之决定成立“20世纪世界满学著作提要”课题组，并提出要我担任课题组的组长。

事情有了眉目，稍释于怀；我的事情很忙，婉谢担纲。转瞬之间，春节临近。王超湘馆长利用春节假期，拉出了一个《20世纪世界满学著作提要·书目》长篇索引，令人感动。春节之后，经过商量，课题组由院图书馆、院满学所共同组建，王超湘（院图书馆馆长）任组长，赵志强（院满学所所长）、徐丹俍（《满学研究》编辑部主任）任副组长，组员（中间有变动）有滕仲日（院图书馆副馆长）、张淑英（院图书馆副研究馆员）、金启平（院满学所研究员）、江桥（院满学所副研究员）、晓春（院满学所助理研究员），我则为诸成员之一，并做一些统筹、咨询、协调、指导工作。

3月中旬，“20世纪世界满学著作提要”课题组举行成立会议，商定由徐丹俍先生起草《凡例》。后几经讨论、修改，初步定下《凡例》之草稿。“样稿”则按满族历史、语言文字、调查报告三个方面，请胡增益、赵志强、徐丹俍三位先生分别拟稿。后课题组对三份“样稿”进行多次讨论，“样稿”撰者也相应地做了多次修改。

4月下旬，北京满学会举行第六届学术年会。会上专家们讨论了“提要”的《凡例》（草稿）和“样稿”（草稿），以及《20世纪世界满学著作提要·书目索引》（征求意见稿）。经过专家学者讨论、修正、补充，再一次做了修改。这项工作直至8月初才告一段落，《20 世纪世界满学著作提要》的架构基本成形。

同年 8 月 10—12 日，在北京举行第二届国际满学研讨会。莅会百余位海内外专家教授又就此再次进行讨论，并在会下广泛交换意见。此间，我同海外及台湾地区部分专家教授商量，海外及台湾地区满学著作提要，请以下教授给予支持：

中国台湾：陈捷先教授（台湾大学）、庄吉发教授（台北故宫博物院）总牵头；

日　本：神田信夫教授（明治大学）、松村润教授（日本大学）为顾问，华立教授（大阪经济法科大学）、楠木贤道教授（筑波大学）、杉山清彦教授（大阪大学）总负责；

韩　国：成百仁教授（汉城大学）、任桂淳教授（汉阳大学）进行总指导；

美　国：韩书瑞教授（普林斯顿大学）、司徒琳教授（印第安纳大学）、罗友枝教授（匹兹堡大学）、柯娇燕教授（达特茅斯学院）、张海惠博士（匹兹堡大学）等负责美国的满学著作；

德　国：马丁·嵇穆教授（科隆大学）负责德文文献等；

意大利：乔瓦尼·斯达里教授（威尼斯大学）提供由他主编的西文资料；

俄　国：庞晓梅研究员（俄罗斯科学院彼得堡分院）负责俄文著作；

蒙古国：图木尔研究员（蒙古国科学院）负责蒙古国著作。

在国内，胡增益研究员于满族语言文字、屈六生研究员于满文档案文献译注、张佳生研究员于满族文化、孟慧英与宋和平研究员于萨满教、张秉戍教授于纳兰性德研究、穆鸿利教授于女真语言文字等，都认真地做了大量的学术工作。

及 2003 年初，本课题的期限已至。然而，完成的提要数目，仅为总数的三分之一，且海外160余条尚未完稿。令我心急如焚，寝食难安。此时，想起《论语·述而》中孔子“发愤忘食，乐以忘忧”的话。先师的志尚与境界，促我奋然，责任在肩，既“意在斯乎”，又“何敢让焉”！不久，SARS降临，举国惊恐，北京尤甚。尔后我审读与督催海外稿件，所缺之文，倩君补写，并同徐丹俍、金启平、王超湘诸君跑图书馆，查遗补缺，校对调理，时届年末，总算告竣。

满学著作提要这项学术工作，涵盖时间长，分布地域广，牵涉国家多，语种很复杂，比我们原先设想的困难要多得多。因此，这个课题从策划酝酿，到结题出书，寒来暑往，历时五载，个中甘苦，冷暖自知。

本提要涵盖的国家和地区：中国、日本、美国、韩国、蒙古国、英国、法国、德国、意大利、俄罗斯、加拿大、葡萄牙以及中国台湾和香港地区等。现收录满学著作提要606条，参考存目252条，共858条，计50万字。

日文著作提要，多有著者简介，内容详细，资料准确，文字洗练，介评兼具，有利于我国读者掌握更多的学术信息，实不忍割爱其篇幅。

英文著作提要，为了多些信息，采录面稍宽，先由美国匹兹堡大学图书馆张海惠博士收集、复印、梳理、提供英文资料，尔后由北京师范大学常书红博士等翻译编写成中文提要。

本书《补充参考存目》，系由徐丹俍先生选编；《著（编、译）者索引》由王超湘先生编制。

本书的出版，北京市社会科学界联合会张文启常务副主席、张兆民秘书长，北京市社会科学院朱明德院长和袁懋栓副院长、高尔强科研处长等，都给予支持。王超湘、赵志强二君做了大量的学术与协调工作。徐丹俍先生、金启平研究员最后通审并通校全稿。课题组全体同仁，齐心协力；撰写“提要”的专家学者们，也都为此付出辛勤劳动。民族出版社的领导、编辑，给予了关心与支持。谨向诸君，致以谢意！

一书未见为羞，一字疏误为耻。我们尽了心力，仍然存在缺憾——尚存遗珠，间有讹误；容找机会，再行订补。且按著作内容分类，后发现有不当之处，因杀青时限，不便作调整，特为说明，敬请谅解。

人贵有自知之明，但做总比不做好。祈望同道，俯予指正。

（《20世纪世界满学著作提要》，民族出版社，2003年）

后　记

早在30年前，即1988年的一天，北京燕山出版社成立不久，刘珂理社长找我，要给我出一本学术论文集。他说，经过反复研究，计划第一批出三位先生的学术著作：一位是北京大学侯仁之教授，一位是故宫博物院单士元副院长，再一位就是您。我立马说：还是出侯老和单老二位的吧！他干脆回答："已经商定，您准备吧。"在侯、单二老面前，我是后学，心存仰慕，想拖拖再说。珂理先生非常认真，过些日子就催一遍，过些日子再催一遍，三催四催，盛情难却，即翻检已发论文，做筛选修订，把稿子交了。出版社决定由历史编辑室赵珩主任做责编。书名叫什么？恩师白寿彝先生曾送我一本他的论文集《学步集》。先生"学步"，学生"跟步"，又因在燕京读书、研究，就定名为《燕步集》。赵珩先生请其家父、著名历史学家、中华书局副总编辑赵守俨先生题签。是为我的第一本学术论文集。1989年《燕步集》刚出版，恰逢我应邀到美国讲学，便带上《燕步集》作为与美国同行交流的"见面礼"。在美国耶鲁大学历史学系，应系主任、时任美国历史学会会长史景迁教授之邀，在该校做学术演讲。史景迁教授在台上主持报告会时，有一段开场白："当年钱穆教授就是在这个讲台上做演讲，今天阎崇年教授也是在这个讲台上做演讲。他们不同的是，钱教授穿着长袍、布鞋，阎教授穿着西服、革履。好，现在欢迎阎教授给我们做《清史研究的新资料》的学术演讲。”演讲结束之后，我郑重地将签名本《燕步集》赠给史景迁教授。他高兴地说：“我们美国教授以能出版个人学术论文集而骄傲！”

1994年，我的《袁崇焕研究论集》，应台湾文史哲出版社彭正雄社长邀请，在该社出版。是为我的第二本学术论文集。1997年，燕山出版社陈文良社长到我家，约我再出一本关于北京史的学术论文集，由赵珩副总编做责编。这样，就有了《燕史集》的出版。是为我的第三本学术论文集。1999年，值满文创制四百周年、举行国际满学大会，我的《满学论集》由民族出版社出版。是为我的第四本学术论文集。2014年，《清史论集》，由中国友谊出版公司出版。是为我的第五本学术论文集。2016年《阎崇年自选集》，由九州出版社李勇副社长策划并出版。是为我的第六本学术论文集。这是零敲碎打地分卷出版论文集阶段。

2014年，一些热心朋友要出版25卷本《阎崇年集》，作为我80年人生著述的一个节点。《燕步集》《燕史集》《满学论集》《清史论集》和《袁崇焕研究论集》列在《阎崇年集》中，使我的学术论文集得以整体出版。于史学研究者而言，能够出版学术论文集，既是学术幸运，也是学术幸福，而能够连续地、集中地出版自己的五卷本学术论文集，我作为历史科学研究者的感受是：始在其难，苦在其中，乐在其后。

最后，感谢关心、支持和鼓励我的生活·读书·新知三联书店，感谢全国政协文化文史和学习委员会副主任、中国版权协会理事长阎晓宏先生，感谢中国紫檀博物馆陈丽华馆长，感谢我的夫人帮助查核史料、审读书稿和儿子阎天参与策划、讨论，感谢所有的良师益友，谨致敬诚谢意。

谨以上文，作为后记。